普通高等教育规划教材

汽车专业系列

汽车金融服务

Qiche Jinrong Fuwu

何忱予　主　编
王红国　副主编

高等教育出版社·北京

内容提要

本书为普通高等教育规划教材，主要内容包括：概述、金融基础知识、国内外汽车金融服务业、汽车消费信贷、汽车保险服务、汽车租赁、汽车置换服务。附录包括汽车金融公司管理办法、汽车贷款管理办法及机动车登记规定。

本书可作为高职高专、应用型本科汽车技术服务及营销专业、汽车服务工程等专业教材，也可供相关从业人员参考。

图书在版编目（CIP）数据

汽车金融服务 / 何忱予主编. —北京：高等教育出版社，2012.8（2021.7重印）

ISBN 978-7-04-035736-3

Ⅰ.①汽⋯ Ⅱ.①何⋯ Ⅲ.①汽车-金融-高等职业教育-教材 Ⅳ.①F830.571②F840.63

中国版本图书馆 CIP 数据核字（2012）第141325号

| 策划编辑 | 徐 进 | 责任编辑 | 徐 进 | 封面设计 | 于 涛 | 版式设计 | 余 杨 |
| 插图绘制 | 尹 莉 | 责任校对 | 殷 然 | 责任印制 | 韩 刚 |

出版发行	高等教育出版社	咨询电话	400-810-0598
社　　址	北京市西城区德外大街4号	网　　址	http://www.hep.edu.cn
邮政编码	100120		http://www.hep.com.cn
印　　刷	涿州市星河印刷有限公司	网上订购	http://www.landraco.com
开　　本	787mm×1092mm 1/16		http://www.landraco.com.cn
印　　张	17	版　　次	2012年8月第1版
字　　数	420千字	印　　次	2021年7月第6次印刷
购书热线	010-58581118	定　　价	29.80元

本书如有缺页、倒页、脱页等质量问题，请到所购图书销售部门联系调换
版权所有　侵权必究
物料号　35736-00

前　　言

　　2010年、2011年，我国汽车工业在全球金融危机下连续两年创下产销量双双突破1 800万辆的历史记录，跃居世界首位。随着国民经济的健康发展、城乡道路建设的快速发展、居民收入的迅速增加，汽车已逐渐成为普通百姓的代步工具。中国已迎来一个汽车消费的高潮，汽车消费主体也由公务用车转向私家用车。这要求推进汽车金融服务创新，诸如以金融信贷、分期付款、购车储蓄、租赁销售等国际通行的销售方式，促进消费方式从自我积累型向信用支持型转变。扩大汽车消费，是促进城乡居民消费结构升级、扩大内需、拉动经济增长的重大措施，也是拉动我国汽车产业快速发展的强劲动力。为满足日益增长的汽车消费的需要，我国的汽车金融服务领域，随着服务范围的扩大，服务方式的改变，服务标准的提高，对汽车金融从业人员在专业知识的广度、深度等方面提出了更高的要求。为此，我们组织了上海大学、上海中侨职业技术学院、上海汽车工业（集团）总公司、中国工商银行上海市分行等单位中长期从事汽车金融服务的专家编写了本书。

　　本书较为全面地介绍了当今汽车金融服务业的几个主要业务范畴。系统地介绍了汽车金融公司及其融资的基本理论；详细阐述了汽车消费信贷的概念、种类、风险防范、法律实务，汽车保险与理赔，以及汽车租赁、汽车置换等其他汽车金融服务模式。本书兼顾学术性和实用性，有较强的针对性，切合教学的实际需要和专业人才培养的需求。

　　本书由上海大学何忱予教授担任主编，上海中侨职业技术学院王红国担任副主编。参加编写的有：何忱予（第一、四章），王红国（第三、五章），朱渭波（第二章），樊瑶雯（第六章），何运舟（第七章）。

　　同济大学陈永革教授担任本书主审，并提出了宝贵的修改意见，在此表示衷心的感谢。中国工商银行上海市分行的黄静霓同志、上海通用汽车"诚新二手车"经理王岗对本书的编写给予了支持和帮助，高等教育出版社的编辑亦对本书的编写和出版付出了辛勤的劳动，我们在此深表感谢。

　　由于编者水平有限，书中难免有不妥和错误之处，敬请广大读者指正。

编　者
2012年5月

目　　录

第一章　概述 ………………………… 1
　第一节　汽车金融服务的基本概念 …… 1
　第二节　汽车金融服务的功能与
　　　　　特点 ………………………… 10
　第三节　汽车金融服务的环境分析 …… 16

第二章　金融基础知识 ……………… 22
　第一节　货币与货币制度 ……………… 22
　第二节　信用与信用制度 ……………… 26
　第三节　利息、利率及其计算 ………… 28
　第四节　金融市场 ……………………… 35
　第五节　金融体系及主要金融机构 …… 38
　第六节　其他金融机构 ………………… 42

第三章　国内外汽车金融服务业 …… 49
　第一节　国外汽车金融服务业的
　　　　　现状 ………………………… 49
　第二节　国外汽车金融服务的发展
　　　　　趋势 ………………………… 56
　第三节　国内汽车金融服务概况 ……… 59
　第四节　国内汽车金融服务发展
　　　　　中存在的问题 ……………… 61
　第五节　中外汽车金融服务比较
　　　　　分析 ………………………… 65

第四章　汽车消费信贷 ……………… 69
　第一节　汽车消费信贷的概念与
　　　　　形式 ………………………… 69
　第二节　汽车消费信贷实务 …………… 74
　第三节　汽车消费信贷操作性
　　　　　文件举例及说明 …………… 84
　第四节　汽车消费信贷的风险
　　　　　防范 ………………………… 99
　第五节　典型案例 ……………………… 104

第五章　汽车保险服务 ……………… 111
　第一节　汽车保险的概述 ……………… 111
　第二节　汽车保险的种类 ……………… 120
　第三节　机动车辆保险实务 …………… 127
　第四节　汽车保险理赔 ………………… 135
　第五节　机动车辆消费贷款
　　　　　保证保险 …………………… 154
　第六节　汽车保险案例分析 …………… 164

第六章　汽车租赁 …………………… 172
　第一节　汽车租赁概述 ………………… 172
　第二节　我国的汽车租赁业 …………… 175
　第三节　汽车租赁企业运营实务 ……… 177
　第四节　汽车租赁企业的经营
　　　　　管理 ………………………… 184
　第五节　汽车租赁业常用的文书
　　　　　范本 ………………………… 192
　第六节　典型案例 ……………………… 200

第七章　汽车置换服务 ……………… 204
　第一节　汽车置换服务概述 …………… 204
　第二节　汽车置换服务的业务
　　　　　体系 ………………………… 209
　第三节　旧车鉴定估价的基本
　　　　　方法 ………………………… 224
　第四节　汽车置换操作实务 …………… 234
　第五节　汽车置换的手续办理 ………… 240
　第六节　典型案例 ……………………… 244

附录 …………………………………… 246
　附录一　汽车金融公司管理办法 ……… 246
　附录二　汽车贷款管理办法 …………… 250
　附录三　机动车登记规定 ……………… 253

参考文献 ……………………………… 267

第一章

概　　述

汽车产业是我国及多数发达国家的支柱产业,而金融行业在国民经济中的重要作用也是毋庸置疑的。将汽车产业与金融服务结合起来,对促进我国汽车产业的发展,加速汽车消费市场的成长,拓展金融业的经营范围,推动以内需拉动国民经济发展的国家战略的落实,都有重要的现实意义。

第一节　汽车金融服务的基本概念

在当今世界,发展汽车金融服务业已经成为主流趋势。在汽车的生产、流通与消费环节中融通资金的金融活动主要包括资金筹集、信贷运用、抵押贴现、证券发行与交易,以及相关保险、投资活动,它是汽车业与金融业相互渗透的必然结果。近年来,汽车产业已经成为我国经济增长的支柱性产业之一。金融作为现代经济的核心,必然成为支持汽车产业发展的重要力量,同时,汽车产业的发展也对金融业提出了新的要求。发展汽车金融服务业是促进我国汽车业和金融业良性互动的最有效的途径。

汽车金融服务经过近百年的发展,在国外已成为位居房地产金融之后的第二大个人金融服务项目,是一个规模大、发展成熟的产业,每年的平均增长率在3%左右。目前在全世界每年的汽车销售总额中,现金销售额为30%左右,汽车金融服务融资约占70%。

一、汽车金融服务的定义

汽车金融服务是指在汽车的生产、流通与消费环节中融通资金的金融服务活动。它主要包括为最终用户提供零售性消费贷款或融资租赁,为经销商提供批发性库存贷款,为各类汽车用户提供汽车保险,为汽车服务企业提供营运资金融资等活动,具有资金量大、周转期长、资金运动相对稳定和价值增值等特点。它是汽车制造业、流通业、服务维修业与金融业相互结合渗透的必然结果,并与政府有关法律、法规、政策,以及与金融保险等市场相互配合,是一个复杂的大系统。

二、与汽车金融服务有关的各种因素

汽车金融活动就是在汽车生产、流通、消费的各个环节中涉及的资金融通的方式、路径,即资金在汽车领域是如何流动的。从广义上讲,汽车金融应该包括汽车金融资金在融通中所涉及的几个关键要素,即汽车金融机构(资金供应者)、汽车金融工具(融通媒介)、汽车金融市场(融通场

所)、汽车供应者及汽车需求者。汽车金融应该是这几大要素所组成的一个完整的系统。当前一些对汽车金融的研究主要集中于对汽车需求者(个人)的汽车金融支持上,即金融是如何支持居民购买汽车的,而没有对汽车供应者(汽车生产商)的资金需求、资金融通模式进行系统研究,即使有对汽车生产商的资金需求进行的研究,也是与个人汽车金融分割开来的。汽车金融作为一个完整的整体,其资金融通应是一个全方位的资金融通过程,作为汽车金融领域的资金需求者既应该有汽车需求者,又应该有汽车供应者;作为资金供应者,既应该有银行等金融机构,又应该有资本市场上的广大投资者,还应该有汽车投资基金等新的资金来源。

三、关于汽车金融服务范围的确定

从汽车业的发展过程看,需要金融服务的不仅是购买汽车的消费者,也来自汽车经销商和汽车制造商;他们对金融服务内容的要求,也不仅仅限于资金的融通,还包括减少汽车制造厂的风险、提高用户购买力,使汽车制造商、经销商、用户在金融业的牵线下,保持长期稳定的关系等。从这方面来说,金融机构是"一手托三家"。由于以上原因,中国银行业监督管理委员会发布了《汽车金融公司管理办法》,办法中规定:

经中国银监会批准,汽车金融公司可从事下列部分或全部人民币业务:

(1) 接受境外股东及其所在集团在华全资子公司和境内股东3个月(含)以上定期存款;

(2) 接受汽车经销商采购车辆贷款保证金和承租人汽车租赁保证金;

(3) 经批准,发行金融债券;

(4) 从事同业拆借;

(5) 向金融机构借款;

(6) 提供购车贷款业务;

(7) 提供汽车经销商采购车辆贷款和营运设备贷款,包括展示厅建设贷款、零配件贷款以及维修设备贷款等;

(8) 提供汽车融资租赁业务(售后回租业务除外);

(9) 向金融机构出售或回购汽车贷款应收款和汽车融资租赁应收款业务;

(10) 办理租赁汽车残值变卖及处理业务;

(11) 从事与购车融资活动相关的咨询、代理业务;

(12) 经批准,从事与汽车金融业务相关的金融机构股权投资业务;

(13) 经中国银监会批准的其他业务。

从服务上来看,汽车金融机构涵盖了汽车售前、售中、售后的全过程,除了提供汽车信贷服务以外,还包括以担保方式向金融机构借款,购车储蓄、融资租赁、汽车消费保险、信用卡、汽车旅游信贷等业务。可以说是以汽车信贷为中心的专业银行。

四、汽车金融服务的内容

汽车金融服务的内容涉及范围甚广,在我国常见的有以下四种。

(一) 汽车消费信贷服务

消费信贷是指金融机构为购买消费品的客户提供的一种信贷业务。它以消费者未来的购买力为放款基础,旨在通过信贷方式预支远期消费能力,来刺激或满足个人即期消费需求。个人消费信贷通常按偿还形式划分为分期付款和非分期付款两大类。分期付款一般按周、月偿还贷款款项。这种贷款最主要的用途是支持消费者购买汽车、家电等高档耐用消费品。非分期付款即为在规定的期限内一次还清贷款。我国各类金融机构大力拓展消费信贷业务,已经开办的消费贷款种类主要有住房贷款、汽车贷款、家电等耐用消费品贷款和助学贷款等。目前在商业银行贷款结构中,消费信贷比例明显上升,对促进消费、拉动经济增长起到了积极作用。

汽车消费贷款是对申请购买汽车的借款人发放的人民币担保贷款;是商业银行、城乡信用社、汽车财务公司及获准经营汽车贷款业务的非银行金融机构向购买者一次性支付车款所需的资金提供担保贷款,并联合保险、公证机构为购车者提供保险和公证。贷款的个人要具有稳定的职业和经济收入或易于变现的资产,足以按期偿还贷款本息;贷款的法人和其他经济组织要具有偿还贷款的能力。汽车贷款的贷款期限(含展期)不得超过5年,其中,二手车贷款的贷款期限(含展期)不得超过3年,汽车经销商贷款的贷款期限不得超过1年。汽车消费信贷可以极大地把汽车消费者的潜在需求转化为现实需求。人们把汽车消费信贷称为汽车产业发展的催化剂,其多样灵活的金融产品和便捷的服务手段有利于汽车市场的不断开拓。同时,它也能给汽车金融服务业带来丰厚的利润。中国证券网2011年8月23日报道:"梅赛德斯-奔驰汽车金融有限公司首席财务官燕凌云表示,汽车的价值链里面,包括生产销售、售后服务、金融服务、二手车四块,在这个价值链里面,生产销售占30%,售后服务占30%,金融服务占30%,二手车占10%。就是说,在汽车的价值链里面,有30%的价值是由汽车金融产生的,汽车金融在这个汽车价值链里面是有非常大的作用"。因此,汽车消费信贷不管对汽车制造商,还是对金融服务商均是一块十分诱人的"大奶酪"。对汽车制造商而言,汽车消费信贷最大的效能是开拓汽车销售市场;对汽车金融服务商而言,汽车消费信贷最大的效能则是获取利润。

对购车者来说,需求欲望产生以后是否能够变为现实的购买力,最重要的条件之一就是存不存在支付能力。对于汽车这种价格相对较高的耐用消费品来说,"汽车消费信贷"正是购车者最期盼的服务项目。数据显示,全球有70%的私人用车都是通过贷款购买的,美国更是高达80%。目前,全球一年的汽车金融服务涉及的融资金额达到1万亿美元,且每年以3%~4%的速度在增长。根据中国人民银行调查统计司提供的数据,截止2008年12月31日,金融机构汽车消费贷款余额已达1 583亿元。汽车消费贷款正在成为推动我国汽车消费的重要手段。

同时,汽车消费信贷是汽车企业重要的"战略后勤"。汽车生产企业的生命线在于生产的实物产品能够得到消费者的认同,并在较短的时间里实现销售,货款回笼。在企业中,它属于企业市场营销的范畴,若我们把企业市场营销战略称之为"企业战略主体"的话,那么,为实现企业营销战略的一系列相关的重要服务活动就可以称之为"战略后勤"。随着经济全球化的进程加快,人们消费水平的迅速提高,市场竞争的日益加剧,人们对企业的要求越来越苛刻,已不满足仅仅是价廉物美的产品,而且要求提供良好的服务。企业市场营销已扩展到服务营销领域,企业营销活动的成败不单纯依靠销售能力,在很大程度上还取决于"战略后勤"的保障程度。汽车消费信贷恰恰在汽车企业的战略后勤中扮演着十分重要的角色。国外大汽车公司为了开拓中国汽车市场,首先在"战略后勤"方面下工夫。据悉,通用、福特、大众等公司的金融服务公司已纷纷在中国开展汽车消费信贷业务。从企业营销战略的角度,最理想的模式是拥有自己的汽车金融服务公司,在企业总战略的指导下,为本企业的产品销售活动最大限度地做好战略后勤,为本企业的产品培育和开拓市场。

在我国,汽车金融服务集中体现在消费信贷上。目前,国内汽车消费信贷主要存在三种形式:制造商贷款、经销商贷款和"经销商-银行-保险"三方贷款。

由于中国目前还缺乏个人信贷记录系统及存在银企职责难分、法制不健全等原因,造成了汽车贷款的风险较高,致使汽车金融服务离期望的目标还很遥远。

(二) 汽车保险服务

汽车保险始于 20 世纪初,它目前已发展成为最重要的险种之一。在这一保险中,保险人负责赔偿被保险人因自然灾害和意外事故而蒙受的汽车车辆损失,以及对第三者应承担的经济责任。汽车保险作为一种社会保障功能,为保障遇险人的基本生活和生产的继续进行以及维护社会稳定起到了无法替代的作用,所以备受广大汽车用户的青睐。汽车保险是财产保险中的主要险种,它已成为发达国家的一大产业,被各国政府所重视。

2011 年中国累计生产汽车 1 841.89 万辆,销售汽车 1 850.51 万辆。成为世界第一汽车生产大国和世界第一大汽车市场。在中国,汽车保险是财产保险的第一大险种,财产险的 60% 是汽车保险。由于我国机动车辆保险具有相对的强制性,机动车辆保险作为我国财产保险的支柱业务,其保险费收入自 20 世纪 80 年代以来一直位居财产险业务榜首。据统计,2009 年,全国机动车辆保险保费收入近 1 800 亿元,占整个财产险保费收入的 60%。从世界范围来看,汽车人均拥有量较高的发达国家,机动车辆保险费占全部财产保险业务的比例大致为 20% 左右。目前我国机动车辆保费占全部财产保险业务如此之高的比例在全世界上是罕见的。这说明目前我国汽车保险业尚不成熟和完善。随着我国汽车产业的高速发展,汽车保险作为汽车产业链上的重要一环也必然随之快速发展。

汽车保险的险种主要有以下几种:

(1) 车辆损失险 负责赔偿由于自然灾害和意外事故造成投保车辆本身的损失。

车辆损失险是车辆保险中用途最广泛的险种,无论是小刮小蹭,还是损坏严重,都可以由保险公司来支付修理费用。

(2) 第三者责任险 保险车辆因意外事故,致使他人遭受人身伤亡或财产的直接损失,保险公司依照保险合同的有关规定给予赔偿。这里强调的是"他人",也就是第三方。保险公司所负的保险责任在保险合同中是这样规定的:被保险人允许的合格驾驶员在使用保险车辆过程中发生意外事故,致使第三人遭受人身伤亡或财产的直接损毁,保险公司依照《道路交通事故处理办法》和保险合同的规定给予赔偿。

(3) 车上责任险 投保了本项保险的机动车辆在使用过程中,发生意外事故,致使保险车辆上所载货物遭受直接损毁和车上人员的人身伤亡,依法应由被保险人承担的经济赔偿责任,保险公司在保险单所载明的该保险赔偿额内计算赔偿。

(4) 无过失责任险 投保了本项保险的车辆在使用中,因与非机动车辆、行人发生交通事故,造成对方人员伤亡和财产直接损毁,保险车辆一方无过失,且被保险人拒绝赔偿未果,对被保险人已经支付给对方而无法追回的费用,保险公司负责给予赔偿。

(5) 车载货物掉落责任险 投保了本保险的机动车辆在使用中,所载货物从车上掉下致使第三者遭受人身伤亡或财产的直接损毁,依法应由被保险人承担的经济赔偿责任,保险公司负责赔偿。

(6) 玻璃单独破碎险 投保了本项保险的机动车辆在停放或使用过程中,发生本车玻璃单独破碎,保险公司按实际损失进行赔偿。

(7) 车辆停驶损失险　投保了本项保险的机动车辆在使用过程中,因遭受自然灾害或意外事故,造成车身损毁,保险公司按照与被保险人约定的赔偿天数和日赔偿额进行赔付。

(8) 自燃损失险　投保了本项保险的机动车辆在使用过程中,因本车电路、线路、供油系统发生故障及运载货物自身起火燃烧,造成保险车辆的损失,由保险公司负责赔偿。

(9) 新增加设备损失险　投保了本项保险的机动车辆在使用过程中,因自然灾害或意外事故造成车上新增设备的直接损毁,由保险公司负责赔偿。

(10) 不计免赔特约保险　办理了本项特约保险的机动车辆发生事故后,损失险及第三者责任险等投保险种对应事故造成的赔偿,对其在符合赔偿规定的金额内按责任应承担的免赔金额,由保险公司负责赔偿。

(11) 全车盗抢险　保险车辆全车被盗窃、被抢夺,经公安刑侦部门立案证实,满3个月未查明下落,或保险车辆在被盗窃、被抢劫、被抢夺期间受到损坏,或车上零部件及附属设备丢失需要修复的合理费用,由保险公司负责赔偿。

(三) 汽车租赁服务

租赁是以支付(或收取)租金的形式取得(或让出)一项资产使用权的经营业务。租赁有两个基本的当事人,即出租方和承租方。所谓出租方即将其所拥有的资产出租给他人使用的单位或个人;所谓承租方即指从他人手中租用资产的单位或个人。租赁一般是通过契约的形式来实现的。租赁契约即规定出租人在一定的时期内将资产的使用权转让给承租人的一种协议,即租约。按与租赁资产所有权有关的风险和报酬的归属分为经营性租赁和融资性租赁两种形式。

1. 汽车的经营性租赁

是指汽车消费者通过与汽车销售者之间签订各种形式的付费合同,以在约定时间内获得汽车的使用权为目的,经营者通过提供车辆功能、税费、保险、维修、配件等服务实现投资增值的一种实物租赁形式。汽车租赁业的核心思想是资源共享,服务社会。按租赁时间它可分为长期租赁和短期租赁两种形式。长期租赁,是租赁企业与用户签订长期(一般以年计算)租赁合同,按长期租赁期间发生的费用(通常包括车辆价格、维修保养费、各种税费开支、保险费及利息等)扣除预计剩存价后,按合同中的月数平均收取租赁费用,并提供汽车功能、税费、保险维修及配件等综合服务的租赁形式。短期租赁,是租赁企业根据用户要求签订合同,为用户提供短期汽车租赁服务(一般以小时、日、月计取短期租赁费),解决用户在租赁期内与之相关的各项服务要求的租赁形式。

2. 融资租赁(又称金融租赁或财务租赁)

是指出租人根据承租人对供货人和租赁标的物的选择,由出租人向供货人购买租赁标的物,然后租给承租人使用。融资租赁的主要特征是:由于租赁物件的所有权只是出租人为了控制承租人偿还租金的风险而采取的一种形式所有权,在合同结束时最终有可能转移给承租人,因此租赁物件的购买由承租人选择,维修保养也由承租人负责,出租人只提供金融服务。租金计算原则是:出租人以租赁物件的购买价格为基础,按承租人占用出租人资金的时间为计算依据,根据双方商定的利率计算租金。它实质是依附于传统租赁上的金融交易,是一种特殊的金融工具。资产的所有权最终可以转移,也可以不转移。客户提出融资租赁要求,租赁公司作为金融平台提供客户指定车辆,同时客户只需按照合同按月交付租金,即可享用高级汽车服务。其工作流程:通过与银行和加盟商的资金融合,向汽车厂商购买客户指定汽车,与保险公司配合,满足客户的购车需求,并收取租金以回报银行和加盟商。汽车融资租赁业务是一种促进汽车生产、销售和刺激汽车消费的有效的金融工具。

在融资租赁期内租赁车辆的所有权属于租赁公司,承租人拥有租赁车辆的使用权。租期届满,租金支付完毕并且承租人根据融资租赁合同的规定履行完全部义务后,根据合同约定,租赁车辆可以退还给租赁公司,也可将租赁车辆所有权转归承租人所有。融资租赁属于表外融资,不体现在企业财务报表的负债项目中,不影响企业的资信状况。这对需要多渠道融资的中小企业而言是非常有利的。

在西方各主要汽车大国,汽车租赁业已有很长的历史,从1918年至今,经过近一个世纪的发展和竞争,在众多的汽车租赁公司中,已经形成了赫兹、阿维斯、巴基特、欧洲汽车和福乐斯等国际汽车租赁业的巨头。21世纪全球汽车租赁产业已达千亿美元规模,汽车作为经营辅助手段的观念成为时代潮流,越来越多的中小企业利用租赁汽车来完成其经营活动。2000—2006年,美国汽车租赁营业额每月平均增长10.5%,其中,与中小企业发生的营业额每月平均增长31%。在日本新开业的中小企业中,有80%主要靠租赁汽车来完成各种经营业务活动。

从国外的发展情况来看,汽车租赁业务的发展非常迅速。以美国为例,一年内在各地销售的轿车和货车中,有大约1/4进入了租赁市场。主要汽车厂商用租赁方式销售的汽车数量,占其总产量的30%以上。在加利福尼亚许多家庭中,有50%的新车是租来的。

截至2008年年底,我国持有驾照人数已达1.22亿,而且这个数字每年都在增加,同年我国汽车保有量约为6 467.21万辆,这使得相当一部分人的用车需求得不到满足。而汽车租赁因为具有使用快捷、高效、负担低、灵活方便等特点,很大程度上解决了有照无车者的用车问题。

由于租车可以少占资金,节约人力,免去多项杂费和驾驶员工资,所以不少经营者也是汽车租赁业的固定客户。

因为资源共享的属性,汽车租赁服务在提高车辆使用效率,缓解财政控制购买与企业用车之间的矛盾和控制社会车辆总量方面也发挥着很大的作用,这在很大程度上提高了整个社会资源的利用效率,有着很强的社会效应。

汽车租赁业对厂商也存在着显著的市场效应。因为厂商可以通过对汽车租赁市场的介入和占领,增加品牌的认知度,扩大市场占有率,从而把潜在市场转变为现实需求。而且它与汽车厂商及保险公司的相互促进与合作,也大大加快了相关产业发展。由于汽车租赁特殊的市场作用,现在已经被国内外汽车生产企业所广泛采用,成为扩大销售,争取用户的重要手段。

(四)汽车置换服务

汽车置换,从狭义上说,就是以旧换新,经销商通过二手车的收购、与新车的对等销售获取利益。从广义上说,则是指在以旧换新业务的基础上,同时还兼容二手车的整新和跟踪服务,二手车再销售乃至折抵分期付款等项目的一系列业务组合,从而成为一种有机而独立的营销方式。

在发达国家二手车的交易量是新车的1.5~3倍。其活跃程度已明显超越新车。过去10年,美国新车的年平均销量为1 600万辆,而二手车的年销量却高达4 000万辆以上,基本上是新车的2~3倍。二手车作为替代产品,已经对新车销售构成威胁。国内各地的旧车市场虽然起步较晚,但目前的交易规模已经相当可观,狭义上的置换业务也得到长足的发展。而广义的置换业务在目前国内市场则处于萌芽状态,亟待必要的关心与扶持。

2011年我国民用汽车保有量为10 578万辆,2011年全国汽车产量达1 841.89万辆,这必然形成一个庞大的旧车市场。2011年全国二手车交易量为433万辆,全国目前建有各类旧车交易市场近400家,交易额超过1 546亿元。故旧车置换大有可为。

当前,中国汽车市场完成了从卖方市场到买方市场的转变,已基本形成生产能力大于销售能力,而销售能力又大于现实市场需求的态势。与此相应的是,各大汽车厂商彼此之间的竞争趋于白热化。自1997年下半年以来,国内轿车市场呈现多元化全面竞争态势,竞争形式变化多样,从贯穿于整车、配件两大市场的价格战,到愈演愈烈的产品战、广告战、新闻战,以及目前激战正酣的服务战,各轿车厂商均在有限的市场增幅中争夺最大的市场发展空间。在此基础上,销售方式也层出不穷,厂商希望借此刺激需求,打出一片新天地。

各大汽车厂商普遍认为,当前轿车进入家庭的关键问题是相对较高的新车价格与相对低下的消费能力的矛盾。于是,置换业务便应运而生了。开展汽车置换业务可以加快经济发达地区的车辆更新速度,同时刺激经济欠发达地区对车辆的需求,是满足特定消费市场,进一步提高市场占有率的重要手段,而且,作为置换业务商品之一的二手车可以在某种程度上调和高车价与低收入之间的矛盾,使其成为轿车真正进入家庭的前奏曲。

地域经济差异使不同地区商品消费水平不同,一辆在经济发达城市淘汰下来的二手车在经济欠发达地区可能成为炙手可热的抢手货。两地的消费水平不同导致同样商品在不同消费群当中具有不同的消费剩余,这种消费剩余的差异直接导致地区间供求关系的转化与价差。在置换市场形成以前,有大批的俗称"黄牛"的自由捐客充当沟通二手车供求双方的中间人,而且收入颇丰,在某些市场甚至形成"黄牛"行会,这固然说明旧车市场有待加强管理和疏导,同时也说明了这一市场具有广阔的发展潜力。1997年下半年,以国内第一家专业汽车置换公司——上海汽车工业机动车置换有限公司的成立为标志,中国的汽车置换业务正式登台亮相了。

大汽车生产厂商为提高各自市场占有率,对置换业务给予政策扶持,汽车置换业务在中国市场诞生的那一刻起,就是作为整车新车市场的一个辅助市场和竞争手段。从根本上讲,当前置换的主要任务还是加快车辆更新周期,刺激新车消费。这和国外的"二手车"市场的经营宗旨是有所区别的,因而具有现阶段鲜明的中国特色。但从另一方面讲,各大汽车厂商为扶持这一新兴市场,也给予了重点照顾。无论是车辆供应品种、资金配套、储运分流还是其他相关的广告宣传,厂商给予的关怀可谓"无微不至"。这也是置换业务能在竞争日趋白热化的汽车市场获得生存并在短时间内打开局面的一个重要原因。

相关业务利润丰厚是置换业务产生的重要原因之一,除了后援公司的支持以外,汽车置换业务自身就有很大的盈利因素,且不论信息不均衡所产生的地区车价差,单旧车交易与新车置换过程中收取的手续费、交易费等各种费用也会给从业者带来丰厚的利润,更何况随着业务的发展,置换业务将不再满足于旧车收购后的简单再销售,而是着眼于车辆收购、整新、办证一条龙服务。如此,随着置换规模的形成,其所产生的利润将更为可观。

由于置换业务的重点市场主要有两处,即车辆保有量相对大的经济发达城市与相对经济落后、旧车需求量大的经济欠发达地区。因此,应迅速健全旧车置换的有关法律和法规,使置换市场交易操作规范化、有序化、简便化。还应积极向国外先进交易方式学习,如引进电视拍卖会和电脑网上交易等方式,从而做到置换业务的公平、公开、公正和高效。

总之,置换业务是汽车市场激烈竞争和市场需求多样化的必然产物。作为一个方兴未艾的新生事物,它在前进道路上有诸多挑战,道路是坎坷的前途是光明的。

五、汽车金融服务的历史和现状

(一) 发达国家汽车金融服务的历史和现状

在汽车产业及金融服务体系较为成熟的欧美国家,汽车金融服务是一个广泛的概念,主要是指与汽车有关的金融服务,包括为最终用户提供的零售性消费贷款,为经销商提供的批发性库存贷款,以及为汽车维修服务的硬件设施投资建厂等。从金额上看,零售性消费贷款占整个汽车融资额的75%以上,且其利润远大于批发性贷款,是汽车融资业务的主导。

提供汽车融资的金融机构主要是商业银行和各大汽车集团下的财务公司。商业银行受理最终用户或经销商的贷款申请,一般不与特定的车款车型挂钩,对借款人在何处购车也没有限制。由于汽车产业是一个技术性很强的行业,融资机构进行融资评估需要掌握较高的专业知识,对产品有较深入的分析和了解,这是银行较难做到的;同时银行并非为处理二手车、库存车的专业机构,因此银行并不是汽车融资的主要提供者。汽车厂商自己组建的财务公司,虽然只为自己的汽车品牌服务,但由于用户购车一般是直接找到汽车经销商,选购、筹款、付款或过户等所有的手续都在一地一次完成,给消费者带来极大的方便,因此由汽车制造商组建自己的财务公司为自己的品牌汽车量身定做金融服务产品才是国际上的主流做法。主要汽车厂商的财务公司,如通用票据承兑公司(GMAC)、福特信贷公司(FMCC)、标志-雪铁龙金融有限公司(PCAFC)等等,都建有自成体系的一套生产、销售及售后服务模式,构建起了独立的汽车金融服务体系,极大地推动了汽车制造业和金融服务业的发展。20世纪30年代,德国大众集团首先推出了针对该公司生产的"甲壳虫"汽车购车储蓄计划,向"甲壳虫"汽车的未来消费者募集资金,这被业界公认为开辟了汽车金融服务向社会融资的先河。而世界上第一家真正的汽车金融服务公司是美国通用汽车公司于1919年设立的通用汽车票据承兑公司(GMAC),该公司专门承兑或贴现通用汽车经销商的应收账款。现在,汽车金融公司已遍布全球,其中最大的三家分别是通用票据承兑公司(GMAC)、福特信贷公司(FMCC)、大众汽车金融公司(VW Finance)。

根据国外的资料统计,全球有70%的私人用车都是通过贷款购买的。可见汽车金融服务对汽车销售的增长起到了助推器的作用。而目前中国汽车销售中最多有25%是通过融资贷款进行的,这一数据大大低于70%的世界平均水平,这反映出我国汽车金融无论在规模上,还是在服务上都还处于一个很低的水平。

从西方发达国家的实践来看,汽车金融服务具有两大特点。其一,服务主体多样化。从事汽车金融服务的机构主要包括汽车金融公司、银行、信贷联盟(credit union)、信托公司等,其中专业汽车金融公司具有极其重要的地位。以美国汽车销售量历史最高的2000年为例,美国全年新车融资销售1 177万辆,其中福特信贷(FMCC)、通用融资(GMAC)、克莱斯勒财务(CFC)、丰田财务(TFC)等4家专业汽车金融公司占39%,银行占26%,其他财务公司和信贷联盟占35%。其二,服务内容多样化。汽车金融服务不仅覆盖了汽车售前、售中和售后的全过程,而且延伸到汽车消费等相关领域。从金融服务的方式看,除了信贷业务之外,还包括融资租赁、购车储蓄、汽车消费保险、信用卡、担保、汽车应收账款保理、汽车应收账款证券化等汽车消费过程中的金融服务。

自从有了专门的汽车金融机构后,汽车制造环节和销售环节的资金得以分离,使得汽车销售空前增长。之后,银行也开始介入这一领域,并和汽车制造商的财务公司形成相互竞争的局面。随着市场的扩张和竞争的加剧,汽车金融公司逐渐显示出竞争优势。随着金融管制的放松,这类金融机构通过直接发行商业票据和公司债券融资,解决了其资金来源不足这一大难题。而20世纪90年代以来,由于合并重组、获利减少、坏账增加、汽车租赁残值风险上升等因素,不少银行逐渐退出这一市场,甚至包括花旗、美洲银行这样的世界大银行,也基本退出或收缩了汽车金融业务,汽车金融公司在这一市场的主体地位得到进一步增强。

从发达国家的情况来看,专业的汽车金融公司比商业银行具有更明显的竞争优势,原因主要有以下三点。

一是和母公司利益紧密相关。典型的汽车金融公司是汽车制造商附属的财务公司,与母公司的利益"血肉相连",因此能够保证对汽车业连续稳定的金融支持。汽车行业是典型的资金密集型规模经济行业,当大量投资形成大批量生产能力时,必须通过强有力的金融服务才能形成相应速度的需求增长。同时汽车业又是一个受经济周期影响很大的行业。在经济不景气时,由于缺乏直接的利益关联,银行为了减少风险很可能收缩在这一领域的金融服务,这将对汽车业的规模经济效益构成严重影响。而作为汽车制造商附属的汽车金融机构最主要目的是帮助母公司销售汽车。在经济不景气时,它们不但不会减少服务,相反可能会推出显然是亏损的零利率汽车贷款,以换来汽车销售的增长。一个典型的例子就是,"9·11"事件之后,为了促进汽车销售的增长,通用、福特等专业汽车金融公司在国际市场上已经以零利率开展汽车信贷业务。母公司会把汽车销售中应得的利润,补贴到汽车金融公司中。也就是说,汽车贷款可以不赚钱,可以从销售汽车的利润中得到补偿。

二是经营的专业化程度高。与银行相比,专业化是汽车金融公司的"杀手锏"。在风险控制方面,专业的汽车金融公司能够针对汽车消费的特点,开发出专门的风险评估模型、抵押登记管理系统、催收系统、不良债权处理系统等。在业务营运方面,汽车金融公司从金融产品设计开发、销售和售后服务等,都有一套标准化的业务操作系统。这种独立的、标准化的金融服务,不仅大大节省了交易费用,而且大大提高了交易效率,从而获取了规模经济优势。

三是提供多样化的综合服务。广义的汽车金融服务不仅覆盖了汽车售前、售中和售后的全过程,并延伸到汽车消费的相关领域。汽车金融公司除了提供购车贷款外,还包括提供融资租赁、购车储蓄、汽车消费保险、信用卡等服务。相比之下,银行的服务则比较单一,仅局限于汽车贷款。事实上,购买汽车是一次性行为,但汽车消费则属于经常性行为。汽车金融公司将金融服务延伸到汽车消费领域,既增加了金融服务的收益,又有利于经常监控客户风险。

(二)我国汽车金融服务的历史和现状

我国汽车金融服务是从上世纪90年代中后期出现的,现处于刚起步阶段。从我国的实际情况来看,服务主体和服务内容的单一化是我国现阶段汽车金融服务存在的主要问题。

目前提供汽车金融服务的机构主要有:商业银行、汽车经销商与汽车生产企业的财务公司。由于我国汽车生产企业的财务公司规模不够,服务对象限于母企业,其专业化优势难以得到规模经济优势的配合,无法对整个汽车生产行业提供足够的金融支持。而且其主要作用是为企业集团提供技术改造,为新产品开发和产品销售提供中、长期融资,为消费购买融资的只是其中的很小一部分。商业银行是提供汽车金融服务的主要机构,大约占全部汽车贷款额的95%。在提供的汽车金融服务的方式中传统的借贷方式仍占主流,服务范围仅限于汽车售前环节对汽车经销商和消费者提供消费信贷,与汽车售中、售后消费相关的其他领域如:汽车维修、保险、加油等还未能涉及。

尽管我国汽车金融发展迅速,汽车消费信贷款快速增长,但由于我国提供的汽车金融服务相对于国外汽车金融落后上百年的历史,尚处于幼稚阶段,除了上述的服务主体单一(商业银行是主要汽车金融服务者),导致汽车信贷风险相对集中,服务内容乏善可陈,远不能达到汽车业对金融服务的要求外;更严重的问题在于:伴随汽车信贷额直线上升,坏账问题也日益严重,由于贷款标的物自身的特点以及整个金融环境不健全,我国汽车贷款的风险一直居高不下。

当 2003 年 8 月底汽车贷款余额达到 1 400 亿元、贷款购车比例达到 20％以上时,越来越多的人发现,信用的缺失加上汽车的不断降价,汽车消费信贷业务蕴藏的风险开始凸现出来:购车不还款、虚假的个人贷款、经销商骗贷等。据统计车贷不良比率在有些地区已经达到 50％以上,过高的车贷履约险赔付比率使处于车贷风险链末端的保险公司不堪重负纷纷退出车贷市场,有人形象地将汽车信贷称作"一朵带刺的玫瑰"。对整个汽车金融市场而言,能否降低并控制汽车信贷风险已经成为其能否健康发展的关键。所有这些都揭示出我国现行的以商业银行为主的汽车金融模式存在许多难以克服的问题。

结合西方发达国家的经验,服务主体和服务内容的单一化显然不能适应我国汽车金融服务专业化发展的要求。汽车信贷并不能完全代表汽车金融,它只是汽车金融服务的一部分。从金融服务方式看,汽车金融服务机构除了提供信贷服务之外,还包括融资性租赁、购车储蓄、汽车消费保险、信用卡等。也就是说,汽车金融的服务将渗透到整个汽车工业从制造到销售直至最后的车辆报废的每个环节里。从这个意义上讲,中国还没有真正的汽车金融服务。

现有的汽车金融服务格局和模式限制了我国汽车金融服务效率的提高。首先,作为汽车金融服务的主要提供者,商业银行与汽车制造商的利益并不完全一致。商业银行提供汽车消费贷款的主要目的是为追求信贷差获取利润。这种业务对于银行来说,与其他的贷款业务没有本质的区别。当经济不景气的时候,汽车消费会下降,而银行此时会由于还款风险的增大而逐步减少放贷规模,这与汽车制造商的目标不一致。另外,由于汽车信贷只是银行业务的一种,商业银行不可能像专业汽车金融公司那样采取高度的专业化经营,这样使汽车金融服务的效率得不到较快提高。其次,服务提供主体主要是商业银行,造成了风险向银行集中。为争夺客户,商业银行纷纷降低购车贷款的门槛。随着购车贷款门槛的降低,还款的风险也在不断增加。面对还款风险的增加,很多保险公司不得不减少或终止车贷险业务,这样商业银行就成为风险的主要承担者,由此造成了银行的不良贷款增加。再次,以购车贷款为主要内容的金融服务无法对汽车制造商提供实质性的支持。汽车金融服务是汽车制造商价值链延伸的重要部分,它的一个重要作用是促使生产资金和销售资金完全分离,实现专业化分工。而购车贷款是面对消费者,汽车经销商得不到资金的支持,从而无法扩大销售规模。这使汽车制造商不得不考虑将一部分生产资金用于帮助经销商扩大销售。

第二节 汽车金融服务的功能与特点

一、汽车金融服务的功能

在金融服务行业中,汽车金融服务业是一个相对独立的金融行业。汽车金融的产生和发展,是同调节生产与消费矛盾的实际需要分不开的。由于社会生产力的发展,加速了生产社会化和消费社会化。汽车等家庭耐用消费品生产的发展,带动了电子工业、材料工业等社会产业结构和技术结构体系的变革,并强烈地刺激着人们的现实消费需求和潜在消费需求。然而,社会满足这种汽车消费需求的能力却十分有限,在市场上形成了生产有余、卖者有货、买者无钱的局面。如何调剂社会消费资金,使其在时间上延续、数量上平衡、供给上充分,是汽车金融服务业在国民经济中的基本职能。汽车金融服务的主要宏观功能如下。

（一）平衡供需矛盾

市场经济是发达的商品经济。在市场经济条件下,汽车金融在经济运行中起着十分重要的作用,同其他消费信用一道,被作为刺激消费和固定资产加速折旧,调节经济运行中供需不平衡矛盾,保持经济平稳运行的手段。具体来讲,它是通过调节汽车工业生产与汽车消费矛盾来实现上述作用的。

(1) 汽车金融服务本质上属于一种金融创新,即用现代金融原理创造性地解决经济生活中的问题,成功地化解了消费者即期消费和即期收入不对称的矛盾,从而用消费者未来的预期收入来解决当前消费的难题。由于汽车金融服务的协助,经销商可以更加成功地销售汽车产品、回笼现金;银行也增加了利息收入,获得了未来相对稳定的收入来源;消费者用少量的钱和支付利息的代价满足了即期消费的需求,从而实现了效用最大化。

(2) 汽车产业为了自身的发展,要求金融业不仅在生产流通领域中发挥作用,而且要在消费领域中发挥作用。金融信贷的发展扩大了汽车的市场流通规模,加速了资金周转,必然会刺激汽车生产的扩张。按照商品货币关系内在矛盾发展的必然规律,作为在汽车消费领域发挥重要作用的汽车金融,同样会在汽车生产和汽车流通中发挥重要作用。

(3) 从汽车金融自身运转和循环来看,汽车金融的信贷(需求)和储蓄(供给)之间存在内在的互相转化的必然性。汽车金融服务机构资金的大部分来自消费者的储蓄,同样,它应该而且也可以在汽车的生产性信贷和汽车的消费性信贷之间作适当的分配,以调节和保证社会消费基金与社会生产基金之间的平衡。

（二）促进汽车产业的发展

汽车金融服务是为汽车产品生产、消费和流通提供金融支持的一种服务模式。它可以有效疏通汽车产业的上、下游通道,减少产品的积压和库存,缩短资金周转时间,提高资金使用效率和利润水平。同时,汽车金融还有利于汽车生产制造和汽车销售企业开辟多种融资渠道,如商业信用、金融授信,即通过专门的金融机构(汽车金融服务公司)采用直接融资和间接融资等方式向社会筹集资金用于汽车产业,从而较大幅度地促进汽车产业的发展。

（三）具备乘数效应

汽车金融能够推动汽车产业的发展,对国民经济发展产生巨大的投资乘数效应。

"乘数"(Multiplier)是经济学中的一个基本概念。乘数理论反映了现代经济的特点,即由于国民经济各部门的相互联系,任何部门最终需求的变动都会自发地引起整个经济中产出、收入、就业等水平的变动,后者的变化量与引起这种变动的最终需求变化量之比即是乘数。英国经济学家卡恩(Kahn)于1931年最早提出乘数概念。然而,现代乘数理论主要是沿着凯恩斯乘数模型和里昂惕夫投入-产出模型两大主线发展而来。乘数种类不一。西方学者弗莱彻(Fletcher)和斯尼(Snee)鉴定了六种乘数:产出乘数、销售乘数或交易乘数、收入乘数、就业乘数、政府收入乘数和进口乘数,各种乘数具有内在的联系。汽车金融服务作为金融部门专门服务于汽车消费、有着特殊指向性的新兴行业,其对国民经济的拉动作用必须依附于所服务产业的功能释放与发挥。由于汽车工业具有"中间投入比重大、价值转移比重大、投资量大、规模经济要求高、与国民经济的很多部门联系密切"等特点,决定了汽车工业的发展既依赖于很多产业部门,又对国民经济的发展具有很大的带动作用。汽车金融对国民经济的巨大带动作用就是通过汽车工业对相关产业的带动作用体现出来的。汽车金融服务的乘数效应主要体现在以下几个方面。

(1) 汽车金融服务业的"高度关联性",带动第三产业的发展。国民经济中的第三产业和作为第二产业的汽车业的"高度关联性"体现在两方面:一是在汽车产品的最终价值分配中,第三产业占有较高的比例;二是汽车产业的投入对第三产业的投入有较大的带动作用,后者占前者的比重为30%~80%。也就是说,汽车工业的一定投入,可以导致主要相关服务业增加30%~80%的投入。这里的主要相关服务业包括汽车销售贸易、储运、汽车租赁和汽车保险、汽车配件销售、汽车维修等。

汽车金融利用这种"高度关联性",一方面以其自身的发展直接推动第三产业的发展,另一方面以汽车产业为媒介,通过"价值转移"、"引导投资"和"投资乘数效应"等方式,又间接对第三产业的发展提供有力的支持。

(2) 汽车金融服务业的"高价值转移性",对其他部门实现其带动功能。汽车产业与其他产业之间有较高的依赖性,能对其他产业产生"高价值转移"。正是汽车产业具有这种价值转移的特性,汽车金融才能通过为其流通、消费甚至特殊情况下的生产提供金融支持的办法,疏通汽车产业的下游通道,避免产品的积压和库存,实现销售。从而较大幅度地带动汽车维修、汽车美容、汽车改装等相关产业的发展,使汽车产业的"高价值转移性"得以顺利实现。

(3) 通过自身以及汽车产业在就业方面的较强安置能力,对扩大劳动力就业发挥积极作用。汽车金融所惠及的相关服务部门一般具有很强的直接就业安置能力,如汽车修理业、运输业、销售、管理部门、研究咨询,以及汽车使用部门,基本都属于劳动密集型行业,具有较强的就业吸纳功能。2007年全国汽车产品出口工作会议上国家发展改革委副主任张国宝透露,目前全国与汽车相关产业的就业人数,已经占到了社会就业总人数的1/6。

由此可见,发展汽车金融服务能够较快地增加就业,有利于劳动力的安置与转移,具有重要的现实意义。

二、汽车金融服务的具体作用

对制造商而言,汽车金融服务是实现生产和销售资金分离的主要途径;对经销商而言,汽车金融服务则是现代汽车销售体系中一个不可缺少的基本手段;对汽车营运机构而言,汽车金融服务是其扩大经营的有力依托;对消费者而言,汽车金融服务是汽车消费的理想方式。汽车金融服务在微观经济中的具体作用体现在促进销售、加快资金流转、扩大汽车消费规模等方面。

(一) 汽车金融服务对汽车生产商起到促进销售、加快资金流转的作用

生产商要实现生产和销售资金的相互分离,必须有汽车金融服务的支持。否则,生产资金容易凝结于库存或客户的应收账款中,导致销售数量越多,生产资金越发枯竭。而有效地利用汽车金融服务,就会大大改善生产企业资金运营效率,提高企业的经济效益。

（二）汽车金融服务可帮助汽车销售商实现批发和零售环节资金的相互分离

批发资金是用于经销商库存周转的短期资金，零售资金是用于客户融资的中长期资金，二者性质不同，通过对经销商的库存融资和对客户的消费信贷，可以促进汽车销售过程中批发资金和零售资金的相互分离，有利于汽车销售商开辟多种融资渠道，促销产品、扩大市场占有率。

（三）汽车金融服务可以帮助汽车消费者实现提前消费

汽车金融服务提供消费信贷、租赁融资、维修融资、保险等业务，解决支付能力不足的问题，降低消费者资金运用的机会成本。同时还可以享受到维修、咨询等汽车金融服务的一些附加服务。

（四）汽车金融服务扩大了汽车消费规模

高折旧率是汽车消费的一个重要特点，伴随汽车生产技术的发展，汽车的重置价值不断降低，进一步加速了汽车的折旧过程。因此，对消费者而言，汽车信贷不仅是解决支付能力不足的问题，更重要的是降低消费者资金运用的机会成本。正因如此，发达国家的消费者通常会利用金融服务方式消费汽车，并且其中融资租赁的比重一般较高。因为在高折旧率的情况下融资租赁的机会成本最低，汽车消费的高折旧特点无疑使消费者更加大了对汽车金融服务的依赖程度，因而完善的汽车金融服务体系可有效地扩大汽车消费规模。

（五）汽车金融的发展能够拓展个人消费信贷方式，完善金融服务体系

汽车金融业发展不足，制约了个人汽车消费。我国通过消费信贷方式实现的整车销售，小于新车销售的25％，远远低于欧美国家60％～80％的比例。而且汽车金融服务具有丰厚的利润，按目前发达国家统计数据显示，汽车金融所赚取的利润是整个汽车链的30％以上，超过汽车制造本身。汽车金融服务不断扩大无疑为储蓄资金找到一个高收益出口。因此，汽车金融业的发展将拓展我国个人消费信贷方式，也将进一步完善我国经济金融服务体系。

三、我国开展汽车金融服务的现实意义

汽车金融服务是工业化国家在汽车工业现代化和金融服务现代化进程中的必经之路，是市场经济发展完善和成熟的基本标志，是提高国民消费能力与水平的有效途径。同时也是人们追求美好物质生活的辅助手段。

（一）汽车金融服务将在21世纪初期中国经济的增长中发挥支撑作用

未来10年，中国经济的较高速增长主要依赖于两个基本内需的拉动：一是住房的商品化和私有化，二是私人汽车拥有率的迅速上升。但是在高速稳定增长过程中，还将继续受到需求不足的制约。这种需求不足主要来自居民消费需求不足。汽车金融服务可以在一定程度上减轻中国消费需求不足的矛盾；同时，目前中国民间资本的规模已经很大，在积极向生产性投资方向引导的同时，也需要开辟消费服务市场的投资通道，用汽车金融服务来引导庞大的个人储蓄，是支持国民经济较高速持续增长的一个动力。未来10年，是中国产业结构调整和升级的一个重要时期。一是要进一步调整三大产业的结构关系，尤其是工业与服务业的关系。二是工业结构的升级，主要是加快技术密集产业和高新技术产业的发展。这方面的进展直接影响着中国经济持续增长的基础和后劲。汽车金融服务业是为汽车产业服务的，是有利于国家产业结构调整和升级的一个行业。

（二）汽车金融服务有助于建立"汽车消费主导型"的市场格局，成为拉动经济增长的重要

动力

按照国民经济发展的自身规律和中国经济发展的实际情况,从 21 世纪开始,中国将进入一个汽车消费的高速增长时期。1986—1999 年,中国汽车拥有量年平均增长 11.4%,而私人汽车拥有量年平均增长 23.3%,比总体增长率高了一倍多。2000—2009 年汽车拥有量的年均增长速度高于 20%,其中私人汽车拥有量的高速度增长起主要作用。正是私人汽车需求的高速增长拉动了整个汽车需求的较高速增长。到 2011—2020 年间,汽车需求增长会进一步呈现超常规的高速度和加速度。中国已经进入一个汽车消费高速增长的时期。

汽车金融服务在中国的兴起,将对这个过程的演进起着有力的促进作用。因为要让汽车需求变为现实,建立"汽车消费主导型"的市场格局,将私人汽车需求引导并释放出来,成为拉动经济和内需高速增长的重要动力,必须依靠汽车金融服务这个手段和工具。

(三)汽车金融服务有助于引导庞大的国内私人储蓄的分流,形成对国民经济支柱产业的投资控制能力

发展汽车产业需要大量的投资,尤其在国际汽车工业竞争很激烈的情况下更是这样。同时发展汽车产业还需要一系列的配套条件,包括交通基础设施的建设,也需要大规模的固定资产投资。虽然在经济全球化的条件下,发展中国家可以通过利用外资来解决经济建设中的资金缺口,但如果一个发展中国家要想保持自身在重点产业或支柱产业中的较大自主权和控制权,就要求本身对该产业有较强的投资能力。中国的总储蓄率和总投资率远远高于欧美发达国家,也明显高于作为亚洲强国的日本和韩国。因此,至少从整个国家的角度看,我们可以给出这样的结论:中国发展汽车产业具有足够的投资能力;或者说,中国对汽车产业的投资潜力具有较强的国际竞争力。但是,潜在的投资能力向现实的生产能力转化,要受到许多制度和条件的制约,其中一个重要方面是有没有以及如何发挥和利用好国内储蓄,使其转化为对汽车产业和整个国民经济投资的一套制度和办法。其他国家的发展实践和经验证明,汽车金融服务正是这样一套行之有效的办法。通过发展汽车金融服务业,可以充分发挥其分流储蓄、引导消费、最终形成对国民经济的巨大投资能力和对国民经济支柱产业的投资控制能力。

(四)汽车金融服务有助于用好汽车存量资产,使其发挥更大的经济效益

汽车工业是经济规模要求较高的资本密集型产业。中国现阶段的工业基础都超过了各国汽车工业由起步进入迅速发展时期的工业水平,这就成为中国汽车工业大发展的一个有利的产业条件。虽然中国的汽车工业是目前国民经济中有效存量资产较多的一个产业,但同时也存在着生产能力分散、设备技术较落后、难以形成规模经济等问题。除来自制度层面的问题外,没有一个良好的专业化的金融服务体系也是一个重要原因。在我国发展汽车金融服务,可以合理地积聚全社会的资金与财力,为整合存量汽车资产提供必要的配套资金;有助于形成新的生产能力。

四、汽车金融服务的特点

从以上对汽车金融服务的内容、功能及其形成发展过程的分析,可以看出汽车金融服务业具有以下几个突出特点。

(一)讲求规模化

汽车产业规模大,取得的经济利润也大。目前,随着汽车市场竞争程度的加剧,汽车产业

的利润越来越向服务领域转移。据有关资料介绍,2001年全球汽车商(含生产、销售、服务)实现的总利润大约为8 000亿美元。其中一半的利润产生于与汽车服务有关的市场,这远远高于汽车工业本身的销售利润,汽车服务市场被经济学家们称为汽车产业链上最大的利润"奶酪"。当年,通用和福特的汽车信贷公司,仅汽车金融服务带来的利润就占据这两大集团全部利润的36%,由此可见一斑。汽车行业是典型的资金密集型规模经济行业,当大量投资形成大批量生产能力时,必须通过强有力的金融服务才能形成相应的需求增长速度,否则生产能力的闲置将导致大量的投资浪费,制约汽车业的发展。然而,金融服务属于典型的零售金融业务,必须要有一定的客户规模才能盈利。所以,汽车行业的发展不仅需要连续稳定的市场需求、一定的规模作保证,相应的金融服务也要有一定的规模。这样,才能产生规模效益,实现预期的目标。

(二) 服务主体多样化

我国目前提供汽车金融服务的服务主体主要有:商业银行、汽车经销商与汽车生产企业的财务公司。

但欧美国家对汽车金融服务公司的股东资格和资金来源没有太多的限制,银行、工商企业和个人只要达到规定的条件均可以参与,这样汽车金融服务公司的投资主体比较广泛,形式多样,主要有以下三种:

(1) 由主要的汽车制造企业单独发起设立的汽车金融服务公司。这种最初只销售自己所依附母公司产品的汽车金融服务公司,现在一方面承担起促销母公司产品的重任,另一方面也开始销售其他汽车制造公司生产的汽车产品。该种汽车金融服务公司属于"大汽车制造企业附属型"。目前世界上几家大的汽车金融服务公司都属于这种类型。

(2) 主要由大的银行、保险和财团单独或者联合发起设立的汽车金融服务公司,被称为"大银行财团附属型"。

(3) 没有母公司,以股份制形式为主的独立型汽车金融服务公司。这种公司规模一般较小,股东来源较广泛。在美国绝大部分汽车金融服务公司都是以这种方式存在的。这种公司在提供金融服务的汽车品种品牌上没有完全固定,相对比较灵活。

值得提出的是,大型汽车制造厂商"附属"的汽车金融服务公司一直在汽车金融领域占据垄断地位,是汽车金融服务的最大提供商。造成这种现象的原因是其熟悉汽车产业,与母公司和消费者紧密联系,有丰裕的资金来源、健全的营销网络和高效率的服务流程,能提供与汽车消费相关的全方位配套金融服务。通过金融服务和产品创新,汽车金融服务公司能够帮助它们的母公司应对因宏观经济和金融市场环境变化引起的汽车需求波动,扩展了汽车产业的价值链,促进了汽车产业与汽车金融服务业进一步融合与发展。

(三) 资金来源多样化

汽车金融服务机构的发起设立方式,决定了其资金的来源。除银行以外,目前西方国家的政府规定汽车金融服务公司不能吸收社会公众的存款,其资金来源除资本金和正常利润留存外,主要依靠资本市场和银行信贷。但是"依附型"的汽车金融服务公司,还有可能从母公司那里获得资金的融通与支持。一般来讲,较小的汽车金融服务公司除资本金外,融资方式主要为银行信贷和其他金融财务公司借款。大型汽车金融服务公司由于有较高的信用评级,资产规模较大,资本运作的能力和手段较多,还可以通过投资银行或者自己发行商业票据、债券融资以及将汽车信贷资产证券化来获取资金。

（四）经营专业化

1. 专业化经营是汽车金融服务的主要特点

其主要体现在如下三个方面：

（1）从业机构的专业化。汽车制造商设立的汽车金融公司是汽车金融服务领域最重要的专业机构，这类机构长期从事这一行业，在产品设计、业务开发、风险管理等方面有专门的经验，从而形成了和商业银行竞争的比较优势。汽车产品非常复杂，售前、售中、售后都需要专业的服务，如产品咨询、签订购车合同、办理登记手续、零部件供应、维修保养、保修、索赔、新车抵押、旧车处理（因不能继续付款收回的旧车）等。银行由于不易熟悉这些业务因此做起来有较大的困难。目前实际上银行开展的汽车消费信贷也是与厂家或商家联手进行的。专门的汽车金融服务机构可以较好地解决这些问题。

（2）业务功能专业化。汽车金融服务机构主要为汽车消费者、营运机构、经销商提供融资，其业务的绝大部分是汽车销售贷款、汽车消费信贷和融资租赁。

（3）业务操作和风险管理的专业化。汽车金融服务机构在长期的业务实践中，形成了高效的业务操作系统和严密有效的风险管理体系。

2. 专业化经营是汽车金融服务的优势

其主要体现在以下四个方面：

（1）专业化保证了汽车金融服务的稳定性和连续性。由于银行业务具有综合性，并不能保证对汽车业提供连续和稳定的金融支持，往往在汽车市场不景气更需要金融服务扶持时，出于利润及风险动机的考虑，银行反而会收缩业务。因此，汽车金融服务公司在这一领域的专业化经营，能够保证其客户获得稳定的金融服务。

（2）专业化促进了市场竞争的规模优势。专业汽车金融公司能更好地满足客户的需求，建立良好的客户关系（把经销商当做合作伙伴）和适当的销售渠道，能整体配合汽车制造商的品牌策略，从而赢得了市场竞争中的优势，实现了汽车金融服务的规模经济要求。而规模经济的实现降低了汽车金融服务的成本，反过来又促进了汽车金融服务的专业化。

（3）专业化降低了汽车金融服务的风险。专业化在提高汽车金融服务效率的同时也相应降低了风险。他们开发专门的汽车金融服务风险评估系统，拥有先进的程序设计与管理信息系统。能有效控制总量大、而单位金额小的信用风险。利用先进的计算机管理系统，发挥风险管理技巧（如催收），既保证了业务的不断扩大，又能有效地控制风险。

（4）专业化促进了服务内容多样化。汽车金融服务涉及汽车售前、售中和售后的全过程，并延伸到汽车消费的相关领域。汽车金融机构除了提供购车贷款外，还提供融资租赁、购车储蓄、汽车消费保险、信用卡等多种服务。汽车金融服务通过提供服务以求双赢，而非纯价格竞争，可规避恶性竞争。能够集中资源和人力于专一特定的领域，以永续经营为目标，形成自己的企业文化，创造企业整体竞争优势。

第三节 汽车金融服务的环境分析

汽车金融服务的环境是指影响企业经营能力和经济效果的外在的各种参与者和社会影响

力。这里所说的"外在的",是指企业的外部。企业的经营环境是不断地变化的,这种变化对企业的经营活动产生重大的影响。一方面,环境的变化对企业可能形成新的市场机会;另一方面,这种变化亦会对企业造成新的环境威胁。因此,环境是一个动态的概念,企业必须经常调查和研究环境的现状和预测其发展变化的趋势,善于分析和判断由于环境的发展变化而新出现的机会或威胁,以便结合企业自身的条件,及时采取趋利避害的对策,使企业的经营活动能和周围的环境相适应,以取得最佳的经营效果,达到企业的经营目标。

汽车金融服务的环境可分为微观环境和宏观环境两个层次。微观环境就是和企业紧密联系、直接影响企业为顾客服务的能力和效率的各种参与者,包括企业本身、资金的来源与规模、营业网点、顾客、竞争者等。宏观环境则是指影响微观环境的一系列巨大的社会力量,主要有金融、经济、政治法律、社会文化等。

一、汽车金融服务的宏观环境

汽车金融服务的宏观环境分析,也就是对汽车金融服务公司所处大环境的一个综合的分析。主要包括以下几点。

(一)经济环境

汽车金融服务的经济环境也就是指一个国家的国民经济发展状况。汽车金融在国民经济的什么时空出现,在什么时空发展,与国民经济的发展阶段密切相关,要得到来自特定历史时期国民经济的刺激与推动。汽车金融服务是国民经济发展到一定历史时期的产物。

金融增长与经济发展之间呈正相关的关系,经济的发展对金融的发展有内在的要求。随着收入水平的提高,消费者总是偏好消费更多的高档消费品,如汽车等。在均衡的状态下,当消费结构提升或消费者增加对汽车消费品的消费量时,经济会加速增长,那么在经济结构提升的过程中,金融结构不会保持不变:经济规模的扩大要求金融业提供更大规模的服务,要求金融业提供更为复杂的金融服务。汽车消费的不断增长,汽车工业发展到了一定阶段,经济结构调整到了一定阶段,就构成了汽车金融产生的时空条件。国民经济的发展使消费主体产生了对汽车金融的内在需求,同时也为人们实现对汽车金融的需求提供了可能。

西方国家经济发展的经验表明,一般当一个国家的人均国内生产总值(人均 GDP)达到 700 美元时,便开始进入汽车消费时代,汽车消费将成为一个新的经济增长点。我国正进入这一时期,2003 年中国人均 GDP 首次超过 1 000 美元;2009 年,中国人均 GDP 更是超过了 3 700 美元。这一特点标志着我国已经开始进入到汽车消费的时代,消费主体对汽车金融的内在需求也变得越来越强烈。

(二)金融环境

汽车金融的兴起是汽车业和金融业互动的结果,金融环境的状况影响着汽车金融服务的发展。

自 20 世纪 30 年代经济大危机以来,金融变革为汽车金融的发展提供了必要的条件。一些汽车跨国公司逐步脱离银行这一信用中介,以其优良资信进入资本市场直接融资。如国际几大著名汽车金融服务公司的直接融资的平均值占其全部融资的 60% 以上。另外,金融管制的放松,为汽车金融机构的发展提供了必要的制度条件。一些大的汽车公司纷纷设立独立的金融机构,对客户提供从购车到汽车关联消费所涉及的信贷、信用卡、保险甚至代客理财的全方位金融服务。汽车信贷资产证券化的发展,为汽车金融的运作提供了多样化的流动性更强的金融工具,满足了汽车金融资金运作高效率的要求。如汽车金融的传统风险管理手段是从旧车市场变现实物资产,但现在运用较多的则是汽车抵押贷款的证券化,这就大大提高了资产的流动性。因此,现代金融工具的发展和金融市场的完善,也为汽车金融服务的发展提供了必要的条件。

在金融环境中,最重要的是以下两个因素影响着汽车金融服务的发展。

1. 利率管制

在利率市场化的国家,汽车金融机构可以根据市场的资金需求状况、本身资产负债情况以及经营策略自主制定贷款利率,利率机制较为灵活。然而,我国的利率体制尚未实现市场化,管制比较严格,制定利率水平和调整存贷款利率的最终权力在国务院,使得我国的汽车金融机构不能根据贷款对象的资信状况和贷款的风险大小来确定贷款利率,从而制约汽车金融业的发展。

2. 金融业体系

就我国金融业的现状而言,明显存在着与汽车金融服务专业化发展不适应的问题。现阶段我国的金融业具有垄断竞争型结构特征。一方面,银行业特别是国有商业银行垄断了大多数金融资源,在服务对象和经营功能上基本上完全雷同,而且商业银行由于其业务的综合性,其目的是获得存贷款利差,不能保证对一个特定产业领域提供稳定连续的金融服务;另一方面,具有专业金融特色的财务公司资产规模又太小,不到银行业的3%,其极为有限的资产不仅被多家企业集团分割,而且还照搬商业银行的经营模式,难以为企业集团提供全方位的金融服务,基本上起不到促进汽车金融服务业发展的作用。

(三) 法律环境

完善的法律制度是汽车金融服务机构稳健经营的重要保障,也是汽车金融服务机构盈利的基础。

我国于2008年1月24日出台了《汽车金融公司管理办法》,对汽车金融公司的市场准入条件、业务范围及法律责任都作出了明确的规定,为构建新的汽车金融服务体系打下了良好的政策基础。

但是在汽车金融服务的其他一些法律制度中,我国还没有相关的征信法律制度;《担保法》规定了五种担保方式,对保障债权发挥了一定的作用,但一些与保障金融债权密切相关的担保方式在我国未得到法律的认可;同时我国当前对金融消费者权益保护方面的立法还比较薄弱和滞后。这一切都制约了我国汽车金融服务的发展,所以应该借鉴成熟市场国家的类似立法,尽快加以建立和完善。

(四) 信用环境

对于汽车金融服务公司来讲,汽车金融信用风险的度量和管理在汽车金融的业务和发展中处于核心地位。

汽车金融服务中的信用风险是指汽车及汽车金融产品购买人(债务人)一方由于存在信用质量下降引起的、在交易期限内违约,造成汽车金融服务公司(债权人)一方从交易中得到的预期现金流量的现值减少从而蒙受的损失。因此,建立科学有效的个人信用体系,是促进汽车金融业务发展的前提和保证。

在国外,个人信用制度健全,一切金融活动都被资信公司记录在案并将其网络化,防止了借贷者将未清偿车款的车又在异地抵押出售的违法行为,促进了国外汽车金融服务业的快速良好发展。

改革开放 30 多年来,围绕着建设市场经济这个中心,中国已经制定了一大批与信用建设密切相关的法律法规。如《商业银行法》、《公司法》、《合同法》、《票据法》等;还颁布了一大批条例、规章等法规。应当说,中国的信用法律体系已经初步建立。但总的来看,中国信用法律体系还不完善,大量违约行为和违规行为,由于缺少相应法律规定没有受到应有的惩罚。英国、美国、日本都有完备的征信法律制度,如美国的《公平信贷报告法》、英国的《消费信贷法》、日本的《分期付款赎卖法》、《贷金企业规则法》等都对征信制度做出了规定,而我国在现阶段仍缺乏相关法律支持,个人信用制度正在建立之中。也正是由于中国的信用体系还不完善,即使采取了很多的风险防范措施,故意拖欠或恶意骗取车贷的现象还是屡有发生,令开展车贷业务的商业银行不堪重负。据了解,目前中国私车贷款中约有 30%违约还款,10%的汽车贷款难以收回。

因此,汽车金融公司在开展业务时,很难对客户的还款能力做出合理的评价,对汽车金融服务的发展有很大的阻碍作用。

(五)市场环境

汽车金融服务的市场环境分析,也就是要了解汽车金融服务这个行业市场的规模、成长性及发展趋势。

汽车金融是一种特定的产业金融,产业金融是指依托并促进特定产业发展的金融活动。汽车金融作为现代金融体系的一个细分化部分,依托汽车业巨大的市场容量来发展,并以有效促进汽车业发展为目的,有其存在和发展的必要性。

我国加入 WTO 以来,汽车产业迅猛发展。统计资料显示,2004 年以来我国汽车市场年均增长 20%之上,中国汽车市场是世界上增长最快的市场。到 2009 年中国已成为全球第一大汽车市场。同时,随着汽车产量的大幅增加和新产品的不断推出,汽车价格持续下降,居民收入的逐步提高,使越来越多的普通人成为汽车产品的消费者。

但是,目前中国的汽车贷款规模远远不能满足需要,这在很大程度上限制了汽车消费市场的扩容。据报道,国内贷款销售的汽车占新车销售总量的比例不足 20%,与国外 70%的水平相距甚远。美国通用公布了一组数据,其在华的汽车销量中仅有 15%~20%为贷款购车,而在美国这一比重高达 85%,在英国及德国也有 70%~80%。

目前通用、福特、大众已垄断了全球汽车市场的 60%份额。基于此,相应的金融服务也在走向联合和代理。跨国汽车金融服务机构通过全资、合资、代理融资等方式正在全球范围内展开激烈竞争。

就我国的汽车信贷消费市场而言,将会有更多的汽车金融服务公司进入,抢夺市场份额。以上所述表明,中国汽车金融服务的市场潜力以及发展空间是非常巨大的。

(六)社会文化环境

经济学大师凯恩斯曾说过:"个人的节俭是美德,但对国家来讲却是悲剧"。在西方消费者已习惯于举债消费以建立和积累起自己信用记录的今天,对我国大多数消费者来说,千百年来我国人民形成的"量入为出,勤俭节约"的传统消费观念却仍然根深蒂固。"花明天的钱,办今天的事"这种消费方式对普通老百姓还是难以接受。

这说明我国消费者的信贷消费意识还不强,有待进一步的改善。消费者这样的一种消费心理意识是不利于汽车信贷的发展,不利于汽车金融服务公司的业务开展的。但在汽车消费领域,如果汽车生产企业、汽车金融服务公司等若能有意识通过做好汽车消费信贷的宣传和市场营销工作，逐渐转化人们的这种传统意识，激发信贷消费的积极性，那么汽车金融服务的发展前景将是非常广阔的。

二、汽车金融服务的微观环境

汽车金融服务的微观环境分析，也就是针对汽车金融服务公司的分析。其中包括企业分析、经营运作与资源分析。具体来讲有以下几点。

（一）营业网点

对于汽车金融服务公司来说，营业网点的多少及其分布，在很大程度上决定了汽车金融服务公司在市场上所占的份额。

2008 年颁布的《汽车金融公司管理办法》第十二条规定，"未经中国银监会批准，汽车金融公司不得设立分支机构"。这就使得汽车金融服务公司的营业网点只局限在某一地区，而不可能像现在的银行那样，分支机构可以遍布各地。这在一定程度上，是限制了汽车金融服务的发展。

（二）资金的来源与规模

在我国，由于央行的政策限制，银行几乎垄断了整个汽车信贷业务，汽车企业的财务公司信贷业务所占市场比例非常小。按照目前的管理办法，国内汽车财务公司能够吸收的资金来源有限，无法满足大规模开展汽车金融业务的需要。

（三）风险管理水平

汽车金融服务公司风险管理水平的高低，直接影响到汽车金融服务公司的生存。我国原来实行的是计划经济体制，企业没有风险管理的意识，更谈不上风险管理水平的高低。

而国外的汽车金融服务机构已经运作了很多年，积累了丰富的风险管理经验。如通用汽车金融公司已成立 90 多年，在亚洲其他地方和拉美开展业务时，虽然也存在信用制度不健全的问题，但是其凭借较高的风险管理技术，业务也开展得不错。从这一点我们可以看出风险管理水平对于一个汽车金融服务公司的重要性。

（四）竞争者

现在的社会是一个竞争异常激烈的社会，对业内竞争者进行分析，可以找出自己的不足，发现自己的优势，扬长避短，使自己立于不败之地。对于汽车金融服务公司，当然也不例外。竞争者的分析包括：

（1）对业内现有竞争者的分析。汽车金融服务公司不仅要了解自己的位置，还要了解竞争对手的雄心与战略。

（2）对市场新进入者的分析。环境分析时，还要考虑市场的新进入者，这些进入者可能是国外正在扩张的企业，也可能是企图将经营领域多样化的企业。

就我国的汽车金融服务市场而言，从 2004 年第一家中外合资的汽车金融服务公司——上汽通用汽车金融有限责任公司开业至今，已有更多的公司，如福特、大众、丰田等都在虎视眈眈急欲分享汽车信贷这个利益丰厚的大蛋糕。短短几年中数十家汽车金融公司通过审批进入这个市场，所以对市场新进入者的分析就显得尤为重要。随着市场参与主体的增多，如何在竞争中争得优势，对竞争者的分析同样也是非常重要的。

思考题

1. 汽车金融服务的内容有哪些？
2. 专业汽车金融机构与商业银行相比有什么优势？其原因是什么？
3. 汽车金融服务在宏观经济中的功能有哪些？
4. 汽车金融服务在微观经济中的具体作用有哪些？
5. 简述汽车金融服务的特点。

第二章

金融基础知识

第一节 货币与货币制度

一、货币概述

(一)货币的产生

人类社会初期,并不存在商品交换,也不存在货币。由于社会分工,人们为了交换而生产劳动产品,货币作为固定充当一般等价物的特殊商品逐渐分离出来。货币从商品中分离出来后,仍保留一般商品的属性,即具有价值和使用价值。但同时,货币作为一种特殊商品,具有和其他所有商品直接交换的能力。货币是在商品交换过程中逐渐分离出来的特殊商品,是商品经济发展的必然产物。

(二)货币形态的演变

在人类的历史长河中,货币的具体形态一直在不断变化。总体而言,货币形态变化经历着一个由低级向高级不断演变的过程。货币形态依次包括实物货币、金属货币、代用纸币、信用货币四种类型。

实物货币是具有商品和货币双重功能的货币,用来充当货币用途的价值和作为商品用途时的价值相等,所以实物货币也称为足值货币。历史上的主要实物货币多达170多种,如粮食、布匹、牲畜、贝壳等。

金属货币的形态由贱金属货币(铜、铁)发展到贵金属货币(银、金)。金属货币具有体积小、价值大、质地均匀、易于分割、价值稳定和便于携带等优点。随着商品流通的扩大,金属货币也暴露出很多缺点,如流通过程造成的磨损使金属货币成为不足值货币、作为货币用途的贵金属数量有限、不能满足商品流通对货币量的需要、大宗交易不便携带等。因此随着商品流通的不断扩张,出现了各种代用货币。

代用货币是在贵金属货币流通情况下可以兑换成金属货币的纸币。为了克服金属货币的不足,人们用代用货币代替贵金属进行流通,在流通中代表金属货币的价值。代用货币有足够的贵金属作保证,并且能和贵金属进行自由兑换。由于代用货币的发行量受贵金属储备的限制,不能满足于经济发展的需要,随着金本位制的崩溃,代用货币也就退出了历史舞台,为信用货币所代替。

信用货币是凭借国家和银行的信用而发行流通的货币。信用货币是不足值货币,其价值大大低于其面值,信用货币的不可兑换性是其与代用货币的根本区别。信用货币是目前世界上各国广泛采用的货币形式。信用货币存在的主要形式有:现金、银行存款、信用卡和电子货币等。

（三）货币的本质与职能

马克思认为,货币首先是商品,同时是表现一切商品价值的材料,货币的本质是固定充当一般等价物的特殊商品,它体现着商品生产者之间的社会经济关系。

货币的职能是指货币由其本质决定的固有功能,是货币本质的具体体现。货币一般具有价值尺度、流通手段、支付手段、价值储藏和世界货币五种职能。

(1) 价值尺度是货币的首要职能,就是以货币为尺度来衡量和表现其他一切商品的价值。它将商品的价值表现为一定的价格,从而使商品和劳务的价值可以相互比较,便于商品的流通和交换。货币作为商品价值尺度只需有观念上的货币就可以了。与米、吨、公升等实物尺度的不变性不同,货币的价值或者购买力容易发生变动。货币的购买力是众多商品和劳务的平均价值水平的倒数,而价格水平又是用消费者价格指数、批发价格指数或社会总产品中包括的所有商品和劳务的价格指数来衡量的。例如,若居民平均消费价格指数(CPI)上涨一倍,则 1 元人民币的购买力或价值就降低 50%。

(2) 货币作为流通手段的职能,即货币充当商品交换的媒介职能。货币流通使商品交换变得简单。货币作为流通手段包括买和卖两个独立的过程,从而使买卖可以独立进行。作为交换媒介的货币,必须是现实形态的货币而不能是观念形态的货币。就整个社会而言,在信用货币流通的条件下,货币量的多少和商品的价格密切相关,适度的货币量是保持物价稳定、不通货膨胀的关键。

(3) 货币的支付手段功能,是指货币可以用作表示延期支付或未来支付的单位或工具。商品买卖最初都是使用现金支付的,随着商品流通的发展,延期支付方式出现在商品买卖活动中。在这种情况下,买卖行为完成一段时间后,购买者才向销售者支付货币,在支付货币前,卖者是债权人,买者是债务人,买卖双方建立起债权债务关系。货币的支付手段建立在信用关系的基础之上。宏观来看,货币的支付手段,一方面对社会经济有促进作用,另一方面也可能造成到期不付款而形成债务链断裂导致经济秩序的混乱。

(4) 货币的第四项职能是充当储藏手段,即可以作为财富的一般代表被人们储存起来。随着商品经济的发展,商品生产者需要不断地购买别人的商品,而他自己生产的商品的售卖又是偶然的,因此,为了维持生产,解决滞销期间的资金周转问题,就需要储藏货币。商品所有者卖出商品换回货币后,如果不再购买别的商品,而是将货币保存起来,这时他手中的货币就成为储藏货币。同时,货币的储藏在商品经济中也能起到调节货币流通量的作用。作为储藏手段的货币,必须是实在的货币,又是足值的货币。

(5) 货币的最后一项职能是世界货币,即在世界市场上具有普遍接受性,在世界范围内发挥作用。世界货币职能是一国货币职能在国际领域的延伸。具体而言,世界货币的作用主要包括:第一,作为一般的支付手段,用来支付国际收支的差额;第二,作为一般的购买手段,用来购买外国商品;第三,作为社会财富的代表由一国转移到另一国,如支付战争赔款、对外贷款等。一国货币能否成为世界货币,与国家的经济实力、币值的稳定、国际贸易水平和外汇储备多少等因素有关。

二、货币制度

（一）货币制度及构成要素

货币制度简称"币制",是国家为保障本国货币流通的正常和稳定,对货币流通有关要素所作的系统的法律规定的总和。一般地,货币制度分为金属货币制度和纸币货币制度。

货币制度的构成要素大同小异,一般包括货币材料、货币单位、货币名称、价格标准、流通货币的种类、货币偿付能力、准备制度等。其中,货币材料是指铸造货币所使用的金属材料,是一种货币制度区别于另一种货币制度的依据。不同的金属作为货币材料,构成不同的货币本位。例如:银本位制、金本位制、金银复本位制。

在金属货币时期,价格标准是铸造单位货币的法定含金量。在纸币本位制度下,纸币只是一个价值符号,不再规定含金量,货币单位和价格标准融为一体。货币的价格标准就是货币单位及其划分,如元、角、分。

在实行金本位制的条件下,准备制度主要是建立国家的黄金储备,这种黄金储备保存在中央银行或国库。其用途包括:作为国际支付的准备金;作为扩大和收缩国内金属流通的准备金;作为支付存款和兑换银行券的准备金。而在当今实行不兑现的信用货币流通制度情况下,黄金储备的后两个作用已经消失,只用作国际支付。

(二) 货币制度的演变

世界各国货币制度的演变过程,大致经历了银本位制、金银复本位制、金本位制及纸币制度(不兑现的信用货币制度)几个阶段。

银本位制是白银作为本位货币的一种金属货币制度,白银作为货币材料,银币具有无限清偿能力,白银和银币可以在国家间自由输入和输出,银行券可以自由兑换银币或者白银。

金银复本位制是金、银两种铸币同时作为本位币的货币制度。公元16世纪至18世纪在西欧各国流行,其基本特征是:金银同时作为法定的货币材料。一般情况下,黄金适用于大额批发交易,白银适用于小额零星交易,金银铸币都可以自由铸造,在国家间自由输出和输入,都有无限清偿能力,金币和银币之间、金银币与代用纸币能自由兑换。

从18世纪末到19世纪初,主要资本主义国家先后从金银复本位制过渡到金本位制,英国最早实行金本位制。金本位制包括金币本位制、金块本位制和金汇兑本位制三种形态。其基本特征是:只有金币可以自由铸造,都有无限清偿能力;辅币和银行券与金币同时流通,可以自由兑换为金币;黄金可以自由输入和输出;货币发行准备全部是黄金。

金块本位制又称生金本位制,国内不铸造、不流通金币,流通的是中央银行发行的纸币;纸币发行以金块作为准备,货币价值和黄金价值保持等值关系;纸币只有达到一定的数量后才能兑换为金币。

纸币制度是一个国家的本位货币使用纸币而不与黄金发生任何联系的一种货币制度。其主要特点是,纸币发行量完全取决于实现货币政策的需要;纸币的价值决定于它的购买力,购买力与发行量成反比,和商品供应量成正比;纸币的流通完全决定于纸币发行者的信用;政府通过法律手段保障纸币的强制接受性。

(三) 我国的货币制度

我们国家目前实行"一国两制",我国现行的货币制度较为特殊。从而形成"一国多币"的特殊货币制度。人民币是大陆地区的法定货币,港元是香港地区的法定货币,澳门元是澳门地区的法定货币,新台币是台湾地区的法定货币。这里我们主要介绍人民币制度。

我国的人民币制度包括以下几个方面:首先,人民币是法定货币,人民币主币有1元、2元、5元、10元、20元、50元、100元7种券别,人民币辅币有角、分两种,人民币符号是"￥";其次,人民币是信用货币,现金由中国人民银行统一发行,存款货币由银行体系通过业务活动进入流通;人民币实行有管理的货币制度。

三、货币供求与货币政策

(一) 货币供给

货币供给是指银行体系通过一定的方式向社会提供货币的过程。货币供给量,又称货币存量,是指一国经济中包括现金、存款、商业票据、可流通转让的金融债券、政府债券等在内的用于各种交易的货币总量。

在现有的纸币制度下,货币供给的主体主要是中央银行和商业银行。中央银行创造基础货币,商业银行创造存款货币。中央银行通过公开市场购买有价证券或外汇、对商业银行办理再贴现或发放贷款进行货币供给。中央银行在货币供应过程中居于核心地位。

按照货币流动性的差异,以存款及信用工具转换为现金所需时间和成本为依据,货币供应量可以分为 M_0、M_1、M_2、M_3 等若干不同的层次。

以我国为例,货币供应量分别有如下几类:

M_0　　M_0＝流通中的现金;

M_1　　M_1＝M_0＋企业活期存款＋机关团体部队存款＋农村存款＋个人持有的信用卡类存款;

M_2　　M_2＝M_1＋城乡居民储蓄存款＋企业存款中具有定期性质的存款＋外币存款＋信托类存款;

M_3　　M_3＝M_2＋金融债券＋商业票据＋大额可转让存单等。

其中,M_1 是通常所说的狭义货币量,流动性较强;M_2 是广义货币量。

货币供给的基本公式为:

$$M_s = B \times m$$

其中,M_s 代表货币供应量;B 代表基础货币,是流通中的现金与银行准备金的总和;m 代表货币乘数。

基础货币即中央银行的负债,是指处于流通领域,为社会公众所持有的通货以及商业银行存于中央银行的准备金总和。中央银行通过调节基础货币的数量,数倍扩张或收缩货币供应量,由此而构成市场货币供应量的基础。货币乘数即货币供给量与基础货币的比值,表示基础货币扩张(收缩)的倍数。

(二) 货币需求

货币需求是社会各部门在既定的收入和财富范围内能够且愿意以货币形式持有的数量。人们对货币的需求,一般主要出于以下三种动机:交易性动机、预防性动机、投机性动机。影响货币需求的因素很多,如收入、价格、利率、货币流通速度、财政收支状况、对利润和价格的预期等因素。

货币需要量,又称货币必要量,指为保证经济正常运转和流通所需要的货币数量。货币需要量不是人们对货币主观追求或安排的结果,而是由货币流通规律决定的。按照马克思对货币需要量的论述,流通中所需要的货币量,是为实现流通中待售商品价格总额的货币量。即:

执行流通手段的货币必要量＝商品价格总额/单位货币的流通速度

这是货币流通规律的基本公式。当商品价格总额不变时,流通中所需货币量与货币流通速度成反比,即货币流通速度愈快,所需货币量愈少;反之,则愈多。

（三）通货膨胀与通货紧缩

通货膨胀是指纸币的发行量超过商品流通中所需要的货币量而引起的货币贬值、物价持续普遍上涨的状况。例如一个国家在某个时期流通中需要的纸币量为 10 000 亿元，而实际发行的纸币量为 20 000 亿元，这时纸币贬值 100%，物价会相应上涨。

大多数国家采用居民消费物价指数、批发物价指数和国民生产总值价格水平指数来度量通货膨胀。

通货膨胀可以由需求拉动、成本推动、结构因素引起。首先，由财政赤字、信用膨胀、投资需求膨胀和消费需求膨胀等总需求的过度增长超过了现有价格水平下的商品总供给，从而引起物价的普遍上涨。其次，由工资增长超过劳动生产率的增长、人为提高和操纵销售价格以追求利润最大化而引起的物价持续普遍上涨，引发通货膨胀。最后，由于社会经济部门结构的失衡而引起的物价普遍上涨也会导致通货膨胀。

通货紧缩是物价、工资、利率和能源价格等在一定时期内不停顿地持续下跌，而且全部处于供过于求的状况。一般来说，总需求不足和供给绝对过剩都会引起通货紧缩。

通货膨胀和通货紧缩都是由社会总供求的不平衡造成的，或者说是流通中实际需要的货币量和发行量不平衡造成的。通货膨胀和通货紧缩都会使价格信号失真，影响正常的社会经济秩序，必须予以治理。治理通货膨胀和通货紧缩，达成货币均衡，要依赖于一系列的客观经济条件和有效的调控手段：

（1）中央银行或货币当局能有效地调整货币供给，以适应货币需求的变动，这是实现货币均衡的关键。其手段有调节法定存款准备金率、再贴现率和公开市场业务等。

（2）财政收支保持基本平衡。

（3）产业结构、产品结构的合理化。

（4）国际收支保持基本平衡。

第二节　信用与信用制度

一、信用概述

（一）信用的本质

日常生活中的信用主要是指诚信，而经济学中的信用专指商品买卖中的延期付款或货币借贷行为。信用活动双方形成的是债权债务关系，它是以债权人对债务人的信任为基础的。信用具有两个基本特征：一是以偿还为条件，即到期归还本金；二是在偿还时还带有一个增加额，即支付利息。

信用的构成要素包括信用主体、信用条件、信用标的和信用载体。信用主体是指债权人和债务人，信用条件是指期限和利息；信用标的是指信用关系的对象；一般有实物形式的信用和货币形式的信用；信用载体是指信用工具，即载明债权债务关系的凭证。

（二）信用制度

信用制度，是约束信用主体行为的一系列规范与准则。信用制度可以是正式的，也可以是非正式的。正式的信用制度是约束信用主体行为及其关系的法律法规和市场规则，而非正式的信用制度是约束信用主体行为及其关系的价值观念、意识形态和风俗习惯等。一般来说，信用制度健全与否对整个社会的信用发展乃至经济秩序的稳定至关重要。

（三）信用形式

信用作为一种借贷行为，是通过一定方式具体表现出来的。表现信用关系特征的形式成为信用形式。按信用主体的不同，可分为商业信用、银行信用、国家信用、消费信用和国际信用等五种主要形式：

（1）商业信用（commercial credit） 是指工商部门与企业之间在买卖商品时，以商品形式提供的信用。商品购买企业以赊购方式购买商品、销售企业以赊销方式销售产品就是典型的商业信用形式。

（2）银行信用（bank credit） 是银行或其他金融机构以货币形式吸收存款和发放贷款所形成的信用。在银行信用形式中，银行作为所有贷款人的代表来充当债权人。银行信用的主要特点是，银行信用独立于商品买卖活动，并且有广泛的授信对象；银行信用的资金来源于社会各部门的暂时闲置货币，即脱离了产业资本的循环而可以独立转移的货币资本。

（3）国家信用（national credit） 是以国家为债权人，动员社会资金投入不同用途，以解决财政需要的一种信用形式。国家信用一般采取发行政府公债、国库券、专项债券和向中央银行透支或借款这样几种形式。

（4）消费信用（consumer credit） 是工商部门和企业、银行和其他金融机构提供给消费者用于消费支出的信用。消费信用的主要形式有赊销、分期付款和消费贷款等。2008年末我国金融机构消费贷款余额 3.2 万亿元。我国持续增长的消费信贷对刺激消费、扩大内需、提高人民消费水平发挥了重要作用。

（5）国际信用（international credit） 是指一切跨国的借贷关系和借贷活动，包括一国官方、非官方（如商业银行、进出口银行和其他经济主体）向另一国的政府、银行、企业或其他经济主体提供的信用。国际信用的主要形式包括出口信贷、国际商业银行贷款、政府贷款、国际金融机构贷款、国际资本市场业务和国际租赁等。国际信用体现的是国与国之间的债权债务关系，直接表现为资本在国际间的流动。目前债权国多是发达国家，债务国多是发展中国家。

二、金融工具

（一）金融工具概述

金融工具是指在金融活动中规定债权人与债务人权利和义务的关系，载明交易金额、期限以及价格等事项的书面凭证。信用工具也称为金融工具。

金融工具是金融资产，它在本质上是一种虚拟资本，但在现代社会中，拥有金融资产的多寡，就意味着一个人或一个单位拥有财富的多少。

（二）金融工具特征及种类

（1）金融工具主要有以下特征：

- 偿还性 也叫期限性，是指金融工具发行者或债务人要按期归还全部本金和利息。
- 流动性 是指金融工具可以迅速变现而不致遭受损失的能力。
- 收益性 是指金融工具能为持有人带来一定的收益。收益大小一般与信用工具期限成反比。
- 风险性 是指购买金融工具的本金有遭受损失的风险，如债务人违约和市场风险。

(2) 金融工具可以按照不同方式进行分类：
- 按期限分　包括货币市场工具(商业票据、短期公债、大额可转让存单和回购协议)和资本市场工具(股票、公司债券、中长期公债)。
- 按融资形式分　包括直接融资工具(商业票据、股票和债券)和间接融资工具(银行承兑票据、大额可转让定期存单、银行债券和人寿保单)。
- 按权利和义务分　包括债权凭证(除股票、基金外的其他金融工具)和所有权凭证(股票、基金)。

(3) 几种主要的金融工具：
- 票据　是指出票人依法签发的约定自己或委托付款人在见票时或在指定日期向收款人或持票人无条件支付一定金额的货币，并可以转让的有价证券。票据主要包括支票、本票和汇票。
- 股票　是一种有价证券，是由股份公司公开发行的，用以证明投资者的股东身份和权益，并据以获得股息和红利的凭证。
- 债券　是债务人向债权人出具的，在一定时期支付利息和到期归还本金的债权债务凭证。债券必须载明债券发行机构、面额、期限、利率等事项。根据发行人的不同，债券分为企业债券、政府债券和金融债券。
- 大额可转让定期存单　在我国是由银行发行的一种固定面额、固定期限并可以转让的大额存款凭证。经中国人民银行批准许可经营证券交易业务的金融机构，可以办理大额可转让定期存单的转让业务。

- 基金　也称证券投资基金，是一种利益共享、风险共担的集合证券投资方式，即通过发行基金单位集中投资者的资金，由基金托管人托管，基金管理人管理和运用资金，从事股票、债券等金融工具投资。基金按不同的方式可以分为开放式基金和封闭性基金、契约型基金和公司型基金、公募基金和私募基金。

(三) 衍生金融工具

衍生金融工具是在原生性金融工具基础上派生出来的各种金融合约及其组合形式的总称。它主要包括金融期货、金融期权和金融互换。金融期货的标的是外汇、利率和股票价格指数等金融产品，如中国金融期货交易所推出的沪深300股指期货。金融期权是对金融资产"买"或"卖"的权力进行买卖而签订的合约。金融互换主要的形式是利率互换和货币互换。

第三节　利息、利率及其计算

如果将一笔资金存入银行(相当于银行占用了这笔资金)，经过了一段时间以后，资金所有者就能在该笔资金之外再得到一些报酬，我们称之为利息。一般地，利息是指占用资金所付出的代价(或延缓资金使用后所得到的补偿)，存入银行的资金就叫做本金。于是有：

$$F_n = P + I_n \tag{2-1}$$

式中：F_n 为本利和；P 为本金；I_n 为利息。下标 n 表示计算利息的周期数，计息周期通常为"年"、"季"、"月"等。

利息通常由本金和利率计算得出，利率是指在一个计息周期内所应付出的利息额与本金之比，一般以百分数表示：

$$i = \frac{I_1}{P} \times 100\% \qquad (2-2)$$

式中：i 为利率；I_1 为一个计息周期的利息。

利率是银行根据国家的政治、经济形势及大政方针确定的，它可以反映国家在一定经济发展时期的经济状况及特色。利率的经济含义是每单位本金经过一个计息周期后的增值额。

一、利息与利率

（一）利息

利息是取得和占用资金所付出的代价，或延缓资金使用所获得的报酬，是资金时间价值的体现。

利息的产生主要有以下几个原因：

（1）贷款人由于借出资金，因而延误了他使用资金进行消费或者投资，因而要求得到一定的补偿。

（2）贷款人由于不能确定借款人是否能够如期偿还债务，因而承担了一定的风险，为此要求得到一定的补偿。

（3）在借款这段时间内，价格水平发生了变化，即借出的资金由于物价上涨而导致其购买力下降，因而要求得到一定的补偿。

（4）债务拖延造成的。例如借款人到期无法偿还债务，由于延期偿还，造成了较高风险，从而对延期偿还的债务要求一定的补偿。

利息的大小，由利息的计算方式（即单利或者复利）、利率的大小及计息周期的长短来确定。

（二）利率

利率是一定时间内利息和本金之比。使用银行贷款时必须定期按照规定的利率支付一定的贷款利息，如果使用自有资金进行项目投资，就牺牲了使用这部分资金进行其他投资获得一定利润的机会，造成了相应的机会损失，通常把这种伴随着资金筹措而产生的应付利息或者使用资金时的机会损失称为资本成本，其单位成本称为资本的利率。利率越大，则表明资金增值的速度越快。

二、利息的计算方法

计算利息的方法有单利法和复利法两种。

（一）单利法

单利法是只对本金计算利息，对每期的利息不再计算利息的方法。目前，我国的金融机构存款业务主要以单利法计息。设 P 为本金，n 为计息期数，i 为利率，F 为期末本利和，I 为利息总额。则：

$$F = P(1+ni) \qquad (2-3)$$

$$I = F - P = Pni \qquad (2-4)$$

其推导过程见表 2-1。

表 2-1 单利法期末本利和的推导过程

计息期次	期初本金	当期利息	期末本利和
1	P	Pi	$P+Pi=P(1+i)$
2	P	Pi	$P(1+i)+Pi=P(1+2i)$
3	P	Pi	$P(1+2i)+Pi=P(1+3i)$
…	…	…	…
n	P	Pi	$F=P[(1+(n-1)i]+Pi=P(1+ni)$

单利法的本利和(F)是计息期数(n)的线性函数。单利法的缺点是每期利息不再计算利息,不考虑利息再投入生产或流通领域参加资金周转,这是不符合资金实际运动规律的,也没有完全反映资金的时间价值。所以,一般不用单利法,而是采用复利法。

(二)复利法

复利法是以前期本利和为本金计息的方法,不但要对本金计息,而且还要对利息计息。复利法也称利滚利法,它克服了单利法的缺点,反映了资金运动的客观规律,可以完全体现资金的时间价值。复利法的计算公式为:

$$F=P(1+i)^n \tag{2-5}$$

$$I=F-P=P(1+i)^n-P \tag{2-6}$$

复利法本利和(F)是计息期数(n)的指数函数。其推导过程见表2-2。

表 2-2 复利法期末本利和的推导过程

计息期次	期初本金	当期利息	期末累计本利和
1	P	Pi	$P+Pi=P(1+i)$
2	$P(1+i)$	$P(1+i)i$	$P(1+i)+P(1+i)i=P(1+i)^2$
3	$P(1+i)^2$	$P(1+i)^2 i$	$P(1+i)^2+P(1+i)^2 i=P(1+i)^3$
…	…	…	…
n	$P(1+i)^{n-1}$	$P(1+i)^{n-1}i$	$F=P(1+i)^{n-1}+P(1+i)^{n-1}i=P(1+i)^n$

(三)复利计息的几个基本概念

(1)现值(P) 资金在某项经济活动开始时的价值。即资金在某一时间序列起点的价值,有时也叫本金。

(2)将来值(F) 按一定的利率对资金计息,经过一段时间后资金的本利和。即资金在某一时间序列特定时点的价值。

(3)等额年金(A) 逐期、等额发生的一系列资金。一般规定,普通年金发生在每年年末。

(4)计息期数(n) 在借贷过程中计算利息的次数。

三、影响利率变动的因素

影响利率的因素很多,主要有物价水平、经济周期、国家财政政策、央行货币政策、国际利率

水平及汇率、预期通货膨胀和利率管制等。从我国现阶段的实际出发,决定和影响我国利率水平的主要因素有:

(1) 利润率的平均水平　利率的总水平要适应大多数企业的负担能力,利率太高大多数企业承受不了,利率太低不能发挥利率的杠杆作用。

(2) 资金的供求状况　通常当借贷资本供不应求时,借贷双方的竞争将促进利率上升;反之,借贷资本供过于求时,竞争导致利率下降。资金的供求状况对利率水平的高低有决定性的。

(3) 物价变动的幅度　如果银行的存款利率低于物价水平(即通货膨胀率),则难以吸收居民存款;同时,如果银行贷款利率不适应物价上涨幅度,则银行难以获得投资收益。因此利率水平与物价水平具有同步发展的趋势,物价变动的幅度制约着存贷款利率的水平。

(4) 国际经济环境　国际间资金的流动、国际间商品竞争、国家外汇储备和外资政策等因素也会影响我国利率水平。

(5) 政策性因素　我国利率有时还受国家控制和调节,它取决于国家调节经济的需要。

四、普通复利的计算公式

(一) 整付终值公式

整付终值是指期初投入本金为 P 元,利率为 i,在第 n 年末一次偿还本利和 F。现金流量图如图 2-1 所示。

整付终值公式为:
$$F = P(1+i)^n \qquad (2-7)$$

式(2-7)与复利计算时的本利和公式相同。在等值计算中,F 为 n 年末的终值(或称本利和),P 为现值(或称本金),i 为折现率(或称利率),n 为计息周期。系数 $(1+i)^n$ 称为整付终值系数,可用符号 $(F/P, i, n)$ 来表示。

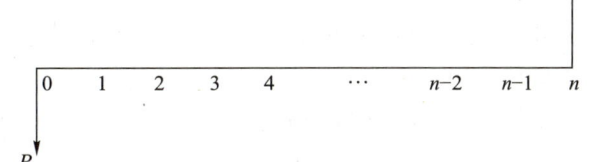

图 2-1　整付类型的现金流量图

【例 2-1】　某公司进行项目开发,需向银行贷款 100 万元,年利率为 12%,借期 4 年,4 年后向银行偿付的本利和应为多少?

解:$i=0.12, n=4, P=100$ 万元,则:
$$F = P(1+i)^n = 100(1+0.12)^4 \text{万元} = 157.4 \text{万元}$$

即公司在 4 年后应偿付银行 157.4 万元。

实际应用中也可通过查复利系数表,得到整付终值系数 $(F/P, 12\%, 4) = 1.574$,结果亦可直接得出,即:
$$F = P(F/P, 12\%, 4) = 100 \times 1.574 \text{万元} = 157.4 \text{万元}$$

(二) 整付现值公式

整付现值公式是在现金流量图 2-1 中,已知终值 F,求现值 P 的计算公式。整付现值公式是整付终值的逆运算,即:
$$P = F \frac{1}{(1+i)^n} \qquad (2-8)$$

式(2-8)中,系数 $\dfrac{1}{(1+i)^n}$ 为整付现值系数,记为 $(P/F, i, n)$,它与整付终值系数 $(F/P, i, n)$ 互为

倒数。

【例 2-2】 某客户为 8 年后可以得到 30 000 元的维修基金,银行年利率为 6%,现应存入银行多少资金?

解: 当年利率为 6% 时,现在多少资金与 8 年后的 30 000 等值?

$i=0.06, n=8, F=30\ 000$ 元,则:

$$P = F\frac{1}{(1+i)^n} = 30\ 000 \times \frac{1}{(1+6\%)^8} 元 = 18\ 822.3(元)$$

即该用户现在应存入银行 18 822.3 元。

(三) 等额分付终值计算公式

对于一个经济项目,在每一个计息周期期末均支付相同的数额 A,在年利率为 i 的情况下,则 n 期期末这一系列资金的将来值之和是多少呢?这就是等额分付终值计算问题。

等额分付终值公式的现金流量简图如图 2-2 所示。可以清楚地看到,在第 1 年末投资 A,在第 n 年末时的本利和为 $A(1+i)^{n-1}$;第 2 年年末投资 A,$(n-1)$ 年后的本利和为 $A(1+i)^{n-2}$;第 3 年末投资 A,$(n-2)$ 年后的本利和为 $A(1+i)^{n-3}$。

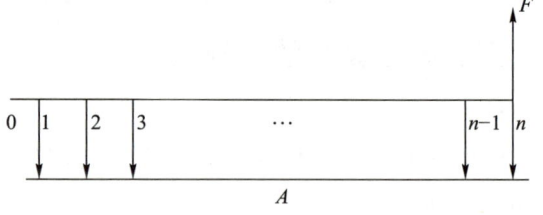

图 2-2 等额分付类型的现金流量图(1)

依此类推,第 $(n-1)$ 年末投资 A,1 年后的本利和为 $A(1+i)$,第 n 年末投资 A,当年的本利和仍然为 A。

这样,在这 n 年中,每年年末投资 A,n 年后的本利和为:

$$F = A(1+i)^{n-1} + A(1+i)^{n-2} + A(1+i)^{n-3} + \cdots + A(1+i) + A$$
$$= A[(1+i)^{n-1} + (1+i)^{n-2} + (1+i)^{n-3} + \cdots + (1+i) + 1] \quad ①$$

上式两边同乘上因子 $(1+i)$,得到:

$$F(1+i) = A[(1+i)^n + (1+i)^{n-1} + (1+i)^{n-2} + \cdots + (1+i)^2 + (1+i)] \quad ②$$

式②-①得到:

$$F(1+i) - F = A[(1+i)^n - 1]$$

因此:

$$F = A\left[\frac{(1+i)^n - 1}{i}\right] \qquad (2-9)$$

当然,式①右边中括号内的式子为一公比为 $(1+i)$ 的等比数列,由数列求和公式同样可得出公式 (2-9)。式 (2-9) 即为等额分付终值公式。$\frac{(1+i)^n - 1}{i}$ 称为等额分付终值系数,记为 $(F/A, i, n)$。

应用式 (2-9) 应满足如下条件:

(1) 每期支付相同数额(A 值);
(2) 支付间隔相同(如 1 年);
(3) 每次支付都在对应的期末,终值与最后一期支付同时发生。

【例 2-3】 某高速公路的贷款投资部分为 15 亿元,5 年建成,每年年末贷款投资 3 亿元,若年利率是 8%,求 5 年后的实际累计总投资额。

解:本题为等额分付终值计算问题。

$A=3$ 亿元,$i=8\%$,$n=5$ 年,则:

$$F=A(F/A,i,n)=3\left[\frac{(1+8\%)^5-1}{8\%}\right]亿元=3\times 5.867\ 亿元=17.591\ 亿元$$

即 5 年后的实际累计总投资额为 17.591 亿元。

此题表示对于贷款投资的部分,除了在第 5 年末要归还 15 亿本金外,还需支付 2.591 亿元的利息。

【例 2-4】 按政府有关规定,贫困学生在大学学习期间可享受政府贷款。某大学生在大学 4 年学习期间,每年年初从银行贷款 7 000 元用以支付当年学费及部分生活费用,若年利率 5%,则此学生 4 年后毕业时借款本息一共是多少?

解:由于每年的借款发生在年初,不满足等额分付终值计算公式的条件,所以不能直接套用式(2-9),而需要先将其折算成年末的等值金额,再进行等额分付终值的计算。即:

$$F=A(1+i)(F/A,i,n)$$
$$=7\ 000(1+0.05)\left[\frac{(1+5\%)^4-1}{5\%}\right]元$$
$$=7\ 000(1+0.05)\times 4.310\ 元=31\ 678.5\ 元$$

即毕业时借款本息一共是 31 678.5 元。

(四) 等额分付偿债基金公式

在年利率为 i 的情况下,欲将第 n 年年末的资金 F 换算为与之等值的 n 年中每年年末的等额资金,这就是等额分付偿债基金计算问题。显见,等额分付偿债基金的计算是等额分付终值计算的逆运算,于是可得公式

$$A=F\left[\frac{i}{(1+i)^n-1}\right] \tag{2-10}$$

其中,$\frac{i}{(1+i)^n-1}$ 称为等额分付偿债基金系数,记为 $(A/F,i)$。等额分付偿债基金的现金流量图与图 2-2 相同。

【例 2-5】 某企业计划自筹资金进行一项技术改造,预计 5 年后进行的这项改造需用资金 300 万元,银行利率 8%,问从今年起每年末应筹款多少?

解:本题为等额分付偿债基金计算问题。

$F=300$ 万元,$i=0.08$,$n=5$ 年,则:

$$A=F\left[\frac{i}{(1+i)^n-1}\right]=300\times\left[\frac{8\%}{(1+8\%)^5-1}\right]万元=300\times 0.17\ 万元=51\ 万元$$

即企业每年末至少应筹款 51 万元方能满足 5 年后的需要。

需要指出,应用式(2-10)进行计算时,分析期内现金流量应满足的条件等同于式(2-9)。

(五) 等额分付现值计算公式

对于某项经济活动,在每一个计息周期期末均收入相同的数额 A,在年利率为 i 的情况下,

这一系列资金的现值之和是多少呢？这就是等额分付现值计算问题。等额分付现值计算公式的现金流量简图如图 2-3 所示。

求与 n 年内的总现金流入相等值的系统期初现值 P，可以分二步走。先由等额分付终值公式(2-9)求出与 n 年内的总现金流入相等值的终值，再由整付现值公式(2-8)把终值折合成现值。于是有：

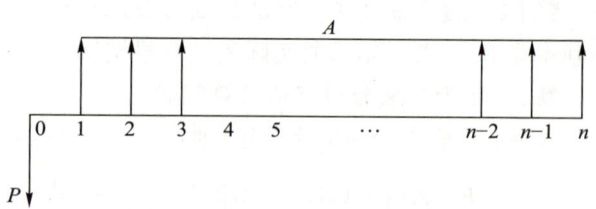

图 2-3　等额分付类型的现金流量图(2)

$$P=A\left[\frac{(1+i)^n-1}{i}\right]\frac{1}{(1+i)^n}$$

$$P=A\left[\frac{(1+i)^n-1}{i(1+i)^n}\right] \qquad (2-11)$$

式(2-11)为等额分付现值公式。其中 $\dfrac{(1+i)^n-1}{i(1+i)^n}$ 称为等额分付现值系数，记为 $(P/A,i,n)$。

【例 2-6】　一汽车俱乐部会员每年的会费是 9 000 元，一期 5 年，如果该俱乐部实施先付费后活动，加入俱乐部时须一次预存一期的费用。那么在年利率 7% 的情况下，现应预存多少钱？

解：本题为等额分付现值计算问题。
$A=9\ 000$ 元，$i=0.07$，$n=5$ 年，则：

$$P=A\left[\frac{(1+i)^n-1}{i(1+i)^n}\right]$$

$$=9\ 000\times\frac{(1+7\%)^5-1}{7\%(1+7\%)^5}\text{元}=36\ 900\ \text{元}$$

即现应预存 36 900 元。

【例 2-7】　如果某汽车装潢店当年建成，第二年投产开始有收益，寿命期 8 年，每年净收益 3 万元，按 12% 的折现率计算，恰好能在寿命期内把期初投资全部收回。问该项目期初所投资金为多少？

解：根据题意，此题的现金流入等额发生在第二年末及以后，所以不能直接套用公式(2-11)，而需要将等额年金折算到前一年的年末，再求其等额分付的现值，见图 2-4。

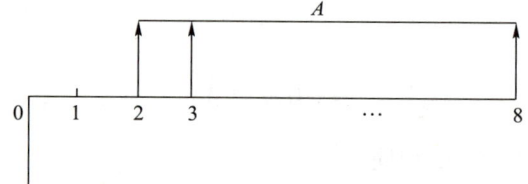

图 2-4　例 2-7 的现金流量图

$$P=A\times\frac{1}{(1+i)}\times\frac{(1+i)^n-1}{i(1+i)^n}$$

$$=3\times\frac{1}{(1+12\%)}\times\frac{(1+12\%)^8-1}{12\%(1+12\%)^8}\text{万元}=12.225\ 6\ \text{万元}$$

（六）等额分付资本回收公式

对于初期投资 P，当年利率为 i 时，在 n 年内每年年末以等额资金 A 回收，当 A 为多少时，所有的回收额等值于初期投资额 P？这是等额分付资本回收计算的问题，可以看出，它是等额分付

现值公式的逆运算,即已知现值,求与之相等值的等额年值,可由式(2-11)得出

$$A = P\left[\frac{i(1+i)^n}{(1+i)^n-1}\right] \quad (2-12)$$

式中 $\frac{i(1+i)^n}{(1+i)^n-1}$ 称为等额分付资本回收系数,记为 $(A/P,i,n)$。在对投资项目进行经济分析时,常常在考虑资金时间价值的前提下,应用等额分付资本回收系数核定项目每年至少应返还多少资金。若项目实际返还的资金小于等额分付资本回收系数所求的资金数额,则说明该项目在指定期内无法按要求收回投资。

【例 2-8】 投资 5 000 万元新建一个 4S 店,准备于开建后 10 年内收回投资,当年利率为 6% 时,平均每年的净收益至少应为多少?

解:本题是等额分付资本回收计算问题。

$P = 5\,000$ 万元,$i = 0.06$,$n = 10$ 年,则:

$$A = P(A/P,i,n) = 5\,000\left[\frac{6\%(1+6\%)^{10}}{(1+6\%)^{10}-1}\right]\text{万元}$$

$$= 5\,000 \times 0.135\,87 \text{ 万元} = 679.35 \text{ 万元}$$

即平均每年的净收益至少应为 679.35 万元。

同样需要指出,应用式(2-12)和(2-11)进行的等值计算,也应满足:

(1) 每期支付金额相同(A 值);
(2) 支付间隔相同(如一年);
(3) 每次支付都在对应的期末,而现值则在计算期的期初发生。

第四节 金融市场

一、金融市场概述

(一) 金融市场的概念及构成要素

金融是社会资金融通的总称。市场按照交易的产品类别划分为提供产品的市场和提供生产要素的市场。金融市场属于要素类市场,专门提供资本。金融市场是指进行货币资金的借贷、各种票据和有价证券的买卖等融资活动的场所。就其内涵而言,金融市场就是通过资金融通,实现金融资源流动和配置的场所。

金融市场的构成要素包括:交易主体、交易对象、交易组织形式和交易价格。

金融市场的交易主体即金融市场的参与者,是指资金的供求双方、中介者和管理者,可以是个人、企业、金融机构、经纪人、证券公司、政府机构及境外投资者等。

交易对象又称交易载体,即金融资产,是指一切代表未来收益或资产合法要求权的凭证。

交易组织形式包括交易所交易、柜台交易和场外交易。金融市场上资金的交易价格有利率和汇率两种。

(二) 金融市场的特点与功能

金融市场主要有以下 3 个特点:市场参与者众多,相互之间既有买卖关系,又有资金借贷关系,还有委托代理关系;市场交易的对象是一种特殊的商品即货币资金;市场交易可以通过电子

信息以及计算机网络进行。

金融市场通过组织金融资产的交易,可以发挥以下 5 个方面的功能:

(1) 资金融通功能 是指通过资金在盈余部门和短缺部门之间的调剂,实现资源配置;

(2) 分散和转移风险功能 指金融市场为投资者和筹资者进行对冲交易、期货交易、套期保值交易提供便利,使他们利用金融市场转移和规避风险;

(3) 价格发现功能 是指每一份金融资产的内在价值是多少,只有通过金融市场交易中买卖双方相互作用的过程才能发现,金融市场的价格发现功能依赖于市场的完善程度和市场的效率;

(4) 提供流动性功能 是指金融市场可以帮助金融资产持有者将金融资产出售、变现;

(5) 降低交易成本功能 是指降低金融资产交易双方的搜寻成本和信息成本。

(三) 金融市场的种类

金融市场是一个大系统,包括许多具体的、相互独立但又紧密关联的市场,可以用不同的划分标准来进行分类。

按照融资期限的长短可分为货币市场和资本市场。货币市场是指融资期限在 1 年以及 1 年以内的短期金融交易市场,资本市场又称为中长期资金市场,是指融资期限在 1 年以上的长期金融交易市场。

按照金融交易的交割期限可分为即期市场和远期市场。其中买卖双方成交后的当天或 1~3 天内进行付款交割的市场称为即期市场。远期市场是指买卖成交后,按合约约定在未来某个特定时间进行交割的市场。远期交易的方式较多,如证券、外汇、黄金等。

按照市场层的不同可分为一级市场和二级市场。一级市场是指首次发行证券或发售某种金融资产的市场,也称为初级市场或发行市场,其主要功能是进行融资。二级市场是指已发行证券的流通市场,又称为次级市场或交易市场,其主要功能是提供流动性。

二、货币市场

(一) 货币市场概述

货币市场即短期资金市场,是以短期融资工具为媒介进行期限在 1 年以内融资活动的交易市场。按照投资工具的不同,货币市场可以分为同业拆借市场、票据贴现市场、可转让大额定期存单市场、证券回购市场和短期政府债券市场。

票据市场是交易商业票据和银行承兑票据的货币市场。商业票据产生于商品交换中的延期支付,反映由此产生的债权债务关系。银行承兑票据由银行介入,允诺承兑,收取一定的手续费,其信用风险相对较小。而票据贴现是一种用票据进行短期融资的方式,指出售票据一方融入的资金低于票据面值,票据到期时按面值还款,差额部分就是支付给票据买方(贷款人)的利息。例如,有人要将 3 个月后到期、面额 50 000 元的商业票据出售给银行,银行按照 6% 的年利率计算,贴息为 750 元(50 000 * 6%/4);银行支付给对方的金额则是 49 250 * (50 000 － 750)元。

大额存单是由商业银行发行的一种金融产品,是存款人在银行的存款证明。可转让大额存单的金额为整数,并且在到期之前可以转让。

回购市场是对回购协议进行交易的短期融资市场。回购协议是证券出售时卖方向买方承诺在未来的某个时间将证券买回的协议。

同业拆借市场指金融机构之间短期的资金借贷市场。市场的参与者为商业银行以及其他各类金融机构。拆借期限长短,有隔夜、7天、14天等,最长不超过1年。

(二)货币市场的功能

货币市场发展的初始动力是为了保持资金的流动性,它借助于各种短期资金融通工具将资金需求方和资金供应方联系起来,满足了他们各自的需求。其功能主要体现在以下几个方面:

(1)**短期资金融通功能**　货币市场为季节性、临时性资金的融通提供了通道,满足了微观经济主体最基本、最经常的融资需求。

(2)**货币市场的管理功能**　主要是通过其业务活动的开展,促使微观经济主体加强自身管理,提高他们的经营水平和盈利能力。

(3)**政策传导功能**　中央银行实施货币政策的主要方式是通过再贴现政策、法定存款准备金率和公开市场业务来影响市场利率和调节货币供应量,以实现宏观经济调控目标。

(三)我国货币市场的发展

改革开放以来,我国采取的是"先资本市场,后货币市场"的发展思路。我国货币市场在多方的共同努力下,取得一定的发展。

我国1981年开始恢复发行国库券,但期限一直较长。1996年为配合央行公开市场业务操作,我国1994年发行了半年和一年期短期政府债券。

1982年上海恢复票据业务,1985年央行允许办理转贴现和再贴现业务。1995年颁布实施了《中华人民共和国票据法》。

1985年开始出现同业拆借市场,随之得到较快发展。1996年全国开通运行统一的同业拆借市场网络系统。

三、资本市场

(一)资本市场概述

资本市场包括股票市场、债券市场、基金市场和中长期信贷市场。它的主要特点是,融资期限较长,至少1年以上,也可以长达几十年;流动性和变现能力不如货币市场;市场价格容易波动,风险相对货币市场大,收益也较高。

(二)资本市场的融资方式

资本市场的融资方式包括:

(1)**国内证券市场上市融资**　目前我国证券市场已经形成主板市场、中小板、创业板多层次市场体系。

(2)**海外证券市场上市融资**　美国、新加坡、加拿大等国在我国设立代表处,争夺我国上市资源。从已在海外上市企业看,美国纳斯达克是我国企业在海外市场融资的最重要场所。

(3)**发行企业债券或信托产品**　企业可以通过发行企业债券或者信托产品为自己的新建项目进行融资。

(4)**上市公司并购**　在经济结构转型的大背景下,很多处在传统行业的上市公司面临产业转型或升级,需要通过上市公司并购方式整合条件较佳的科技企业,这样比新上同类项目见效更快。因此一些符合条件的新兴产业的企业,可以寻找被上市公司收购的机会,为自身发展开辟新的融资渠道。

(三)我国资本市场发展简介

从20世纪70年代末期开始实施的改革开放政策,启动了中国经济从计划体制向市场体制的转型,资本市场应运而生。回顾改革开放以来中国资本市场的发展,大致可以划分为三个阶段。

第一阶段:中国资本市场的萌生(1978—1992年)

从1978年12月中国共产党十一届三中全会召开起,经济建设成为国家的基本任务,改革开放成为中国的基本国策。随着经济体制改革的推进,企业对资金的需求日益多样化,中国资本市场开始萌生。1990年国家允许在有条件的大城市建立证券交易所,上海证券交易所、深圳证券交易所于1990年12月先后营业。

在发展初期,市场处于一种自我演进、缺乏规范和监管的状态,并且以区域性试点为主。深圳"8·10事件"的爆发,是这种发展模式弊端的体现,标志着资本市场的发展迫切需要规范的管理和集中统一的监管。

第二阶段:全国性资本市场的形成和初步发展(1993—1998年)

1992年10月,国务院证券管理委员会和中国证券监督管理委员会(以下简称"国务院证券委"和"中国证监会")成立,标志着中国资本市场开始逐步纳入全国统一监管框架,区域性试点推向全国,全国性市场由此开始发展。1997年11月中国金融体系进一步确定了银行业、证券业、保险业的分业经营和分业管理的原则。1998年4月,国务院证券委撤销,中国证监会成为全国证券期货市场的监管部门,建立了集中统一的证券期货市场监管体制。

中国证监会成立后,推动了《股票发行与交易管理暂行条例》、《公开发行股票公司信息披露实施细则》、《禁止证券欺诈行为暂行办法》、《关于严禁操纵证券市场行为的通知》等一系列证券期货市场法规和规章的建设,资本市场法规体系初步形成,使资本市场的发展走上规范化轨道,为相关制度的进一步完善奠定了基础。

沪、深交易所交易品种逐步增加,由单纯的股票陆续增加了国债、权证、企业债、可转债、封闭式基金等。到1998年底,全国有证券公司90家,证券营业部2 412家。从1991年开始,出现了一批投资于证券、期货、房地产等市场的基金(统称为"老基金")。1997年11月,《证券投资基金管理暂行办法》颁布,规范证券投资基金的发展。

第三阶段:资本市场的进一步规范和发展(1999—2007年)

2005年11月,修订后的《证券法》颁布,标志着资本市场走向进一步的规范发展。

截止到2007年底,企业通过发行股票和可转债共筹集1.9万亿元;上市公司总数量达到1 550家,总市值达32.71万亿,相当于GDP的140%,上市公司日逐渐成为中国经济体系的重要组成部分。

第五节 金融体系及主要金融机构

一、金融体系及机构种类

(一)金融体系

金融体系是指金融资产、市场参与者和交易方式等各种要素构成的综合体,它是一个经济体中资金流动的基本框架。金融体系包括金融调控、金融企业、金融监管、金融市场和金融环境等方面。

金融体系的基本功能包括执行清算支付并降低交易成本、资金聚集和资金融通、促进资源有效配置、风险调控和管理以及信息传递功能。

(二) 金融机构种类

金融机构是指专门从事资金信用活动的中介组织,一般由银行金融中介和非银行金融中介构成。

现代金融机构体系主要由三大部分构成,即银行金融机构、非银行金融机构和金融监管机构。银行金融机构又分为中央银行、商业银行和各类专业银行;非银行金融机构包括信托、证券、养老基金、保险、财务公司和租赁公司等;金融监管机构根据国家法律规定对整个金融机构、金融业务和金融市场进行管理,如中国人民银行、中国证券监督管理委员会、中国银行业监督管理委员会、中国保险监督管理委员会以及金融监管行业自律组织等等。

二、我国金融机构体系

(一) 我国金融机构体系的建立与发展

我国金融机构体系是以中央银行为核心,国有商业银行为主体,多种金融机构并存的局面。这一体系的建立和发展,大致经历了五个阶段。

(1) 初步形成阶段(1948—1953 年):1948 年 12 月中国人民银行在原华北、北海和西北农民银行的基础上建立,人民银行的建立标志着新中国金融体系的开始。

(2) 大一统模式(1953—1978 年):中国人民银行是全国唯一一家办理各项银行业务的金融机构,集中央银行和商业银行的功能于一身,是一种高度集中、以行政管理办法为主的单一国家银行体系。

(3) 改革初期阶段(1979—1983 年):打破了单一的国家银行体系格局,建立了多元化的银行体系。如,恢复并建立了独立经营的中国农业银行、中国建设银行、中国银行等专业银行。

(4) 初具规模阶段(1983—1993 年):中国人民银行专门行使中央银行职能,设立中国工商银行承办信贷以及城镇储蓄业务,设立综合性银行——交通银行、区域性银行——广东发展银行,设立非银行金融机构——中国人民保险公司等。

(5) 金融机构体系大发展阶段(1994—目前):政策性银行和商业银行分离,原国家各专业银行逐渐向股份制银行转化。银行、证券、社保、保险、基金、信托、QFII[1] 等金融机构得到较大规模发展。

(二) 我国内地金融机构体系概况

经过 30 多年的改革开放,我国内地金融机构体系多元化发展,按其地位和功能分为四大类:中国人民银行、银行(包括政策性银行和商业银行)、非银行金融机构(证券、保险、基金等等)和外资、合资金融机构。

在我国金融机构体系中,银行占据主导地位。我国商业银行体系包括国有独资商业银行、股份制商业银行、城市和农村商业银行、外资与合资商业银行。截至 2010 年 8 月,我国上市银行 14 家,其中 5 大国有商业银行(中国、农业、工商、建设、交通)全部实现上市。

非银行金融机构在金融事业中作用越来越大,证券、社保、保险、基金、信托、QFII 等非银行

---

[1] QFII(Qualified Foreign Institutional Investors)合格的境外机构投资者的简称。

金融机构得到较大规模发展。

（三）港澳台金融机构体系概况

香港是以国际金融资本为主体，以银行业为中心，外汇、黄金、证券、期货、共同基金和保险金融市场高度发达的多元化的国际金融中心。香港金融机构体系的最主要特点是外资银行拥有和控制的金融机构达90%左右。香港金融管理局是香港金融市场监管主体，成立于1993年4月1日，其主要职能是维持港元汇率稳定、管理外汇基金、促进香港银行体系支付结算安排的效率安全与稳健和发展香港金融市场基础设施等等。

澳门金融监管体系有银行性和非银行性金融机构构成。其中银行金融机构占比较大，非银行金融机构包括保险和提供买卖证券、外汇的投资公司。1995年10月16日中国银行澳门分行获得发钞许可与澳门大西洋银行各占发钞业务半壁江山。

台湾金融机构包括由财政部和中央银行管理的"正式的金融机构"以及民间借贷两部分，其中前者主要包括中央信托局、商业银行、储蓄银行、专业银行、基层合作金融机构、外国银行在台分行、邮政储金汇业局、信托投资公司和保险公司，而民间借贷主要包括信用借贷、质押借贷、投资公司、租赁公司、民间互助会和分期付款公司。

三、中央银行

（一）中央银行概述

中央银行产生于17世纪后半期，英国的英格兰银行是最早执行中央银行职能的央行。从1800—1900年，法国、荷兰、奥地利、挪威、丹麦、比利时、西班牙、俄国、德国和日本先后成立了中央银行。美国的联邦储备体系成立于1913年。

中央银行的产生有其客观必然性。一是各国政府把货币发行权集中于专管货币发行的中央银行，发行全国统一流通的货币；二是中央银行建立了统一清算中心，解决了全国性票据交换和清算问题；三是中央银行的建立使商业银行和中央银行分离，经营者和管理者分离，适应社会化商品经济发展的需要；最后现代经济的发展，尤其是信用经济日益发达，客观上需要一个权威的银行监管机构，代表国家对全社会的银行以及信用货币活动进行必要的监督和管理，中央银行的建立正是顺应了这种客观需要。

（二）中央银行的性质与职能

中央银行既是为商业银行等普通金融机构和政府提供金融服务的特殊金融机构，又是制定和实施货币政策、监督管理金融业务、规范与维护金融秩序、调控金融运行的宏观管理部门。中央银行在制定和实施货币政策方面具有相对独立性。

中央银行不以盈利为目的，而以金融管理事业为己任，所处的地位高于商业银行和其他金融机构。

（三）中央银行的主要业务

1. 中央银行的负债业务

中央银行的负债业务包括货币发行、集中存款准备金和管理国库资金。

（1）货币发行是中央银行最主要的负债业务，通过货币发行，中央银行既为商品流通和交换提供流通手段和支付手段，也相应筹集了社会资金，满足中央银行履行其各项职能。

（2）存款准备金是法律规定商业银行必须将其存款的一部分上缴中央银行，用于商业银行应付客户提取存款和划拨清算。我国商业银行的存款准备金包括库存现金、法定存款准备金和超额存款准备金三部分。

(3) 管理国库资金业务主要包括国库款项的吸纳、国库款项的划分、国库款项的退库、预算支出的拨付。总之,中央银行管理国库的职责是:准确及时收纳国家预算收入,审查办理财政库款的支拨,对各级财库和预算收入进行会计账务核算,协助财政征收机关组织预算收入及时缴库,监督财政预算收入退库,组织管理和检查指导下级国库的相关工作等。

2. 中央银行的资产业务

中央银行的资产业务包括对金融机构贷款业务、再贴现业务、有价证券买卖业务和金银外汇储备业务。

商业银行可以用政府债券和商业票据作抵押向中央银行贷款,贷款的方式有信用贷款、担保贷款、抵押贷款和贴现贷款。

商业银行也可以用贴现所取得的未到期的合法票据向中央银行申请再贴现获取资金。再贴现是中央银行向商业银行融通资金的主要方式之一。中央银行可以通过对金融机构办理再贴现、再抵押业务或者在公开市场购买/出售有价证券的方式调节和控制货币供应量,进而达到调节宏观经济的目的。

中央银行经营金银储备业务主要的目标是稳定币值、稳定汇价和调节国家收支。我国外汇储备主要由金银、外汇、特别提款权和普通提款权组成。

3. 中央银行的中间业务

中央银行的中间业务主要是资金清算业务。清算业务是中央银行的一项传统业务,是中央银行集中票据即办理全国金融机构间资金清算的业务,是中央银行金融服务职能的具体反映。现代中央银行通过直接经营支付清算系统开展清算业务。

四、商业银行

(一) 商业银行概述

商业银行是以追逐利润为目标,以多种金融负债筹集资金,以多种金融资产为经营对象,能利用负债进行信用创造,向客户提供多功能、综合性服务的金融企业。最早的商业银行是1694年在英国伦敦成立的英格兰银行。1897年清朝政府在上海设立的中国通商银行是我国第一家商业银行,目前中国银行、中国农业银行、中国工商银行、中国建设银行和中国交通银行是我国最大的5家商业银行。

商业银行在现代经济活动中所发挥的功能主要有信用中介、支付中介、金融服务、信用创造和调节经济等功能。信用中介是指银行通过负债业务,把社会上各种闲散资金集中到银行在通过银行资产业务,投向社会经济各部门。支付中介职能是指商业银行利用活期存款账户,为客户办理各种货币结算、货币收付、货币兑换和转账存款等货币经营业务的职能。金融服务职能是指商业银行利用其在国民经济中的特殊地位,以及在提供信用中介和支付中介业务过程中所获得的大量信息,运用计算机等先进工具,为客户提供服务咨询、代理融通、信托、租赁、现金管理、经纪人业务、国际结算等金融服务。信用创造职能是指商业银行利用其可以吸收的各类活期存款,通过发放贷款、从事投资业务而衍生出更多存款,从而扩大社会货币供应量。调节经济功能是指商业银行通过信用中介活动,调节社会各部门的资金余缺,同时在中央银行货币政策的指引下,在国家其他宏观政策的影响下,实现调节经济结构、调节投资与消费比例关系,引导资金流向,实现产业结构调整,发挥消费对生产的引导作用的功能。

(二)商业银行的主要业务

商业银行的主要业务一般包括负债业务、资产业务和中介业务。

负债业务是商业银行组织资金来源的业务活动,是形成商业银行开展资产业务的资金基础。商业银行的负债主要由存款性资金来源和非存款性资金来源构成。存款性资金来源常见的有活期存款、定期存款等,非存款性资金来常见的有同业拆借、中央银行的贴现借款、证券回购、国际金融市场融资和发行中长期债券等。

商业银行的资产业务是指商业银行将通过负债业务筹集的资金加以运用的业务,这是取得收益的主要途径。商业银行的资产除了房屋、设备等固定资产外,还包括现金资产、贷款和投资。

商业银行的中介业务一般指资产负债以外的业务。目前我国商业银行可以从事的中间业务有9大项,它们包括:支付结算类中间业务、银行卡业务、代理类中间业务、担保类中间业务、承诺类中间业务、交易类中间业务、基金托管业务、咨询顾问类中间业务和其他类中间业务。

(三)商业银行的存款创造

商业银行不仅具有存贷款的能力,还有创造和收缩货币的能力。商业银行的原始存款是商业银行吸收的现金存款或中央银行对商业银行贷款形成的存款。派生存款是指由商业银行以原始存款为基础发放贷款而派生出来超过最初部分存款的存款。

由于银行普遍采用转账结算,现金结算只是一部分,因此客户取得银行贷款后,通常不(不全部)支取现金,而是转入其他银行存款账户,这样商业银行就会以原始存款为基础,创造出派生存款。

整个商业银行体系存款创造的能力是有限的,这是因为存款要受法定准备金率、超额准备金率以及薪金漏损率的影响。法定准备金率由中央银行规定,如法定准备金率为20%,商业银行吸收20万元活期存款,则至少保持4万元的法定准备金,其他部分才能用于放贷。

商业银行的现金漏损率是指银行存款的提现现象,即总有一部分存款会被客户以现金形式提取,流出银行系统。漏损率越高,表明流出银行的现金越多。

商业银行为了安全和应付意外的风险,拥有的存款准备金总是大于法定准备金,超过的部分就是超额准备金。超额准备金与活期存款总额的比率就是超额准备金率。如果超额准备金率高,则银行的信用扩张能力缩小,反之亦然。

第六节 其他金融机构

一、政策性银行

(一)政策性银行概述

政策性银行是指由政府创立、参股或保证的不以盈利为目的,专门为贯彻、配合政府的经济政策和产业政策,在特定的业务领域内,直接或间接地从事政策性融资活动,专门经营政策性货币信用业务的银行机构。政策性银行的主要经营特点是:不以盈利为目的,贷款利率较低、期限较长,有特定服务目的和特定服务对象,贷款支持的主要是商业性银行在初始阶段不愿意进入或涉及不到的领域。当今世界许多国家都建有政策性银行。

（二）我国的政策性银行

我国在政策性银行建立之前，是由专业银行承担国家政策性金融业务的。1994年我国正式启动了国家专业银行向国有商业银行转轨的改革，同年3月17日成立中国国家开发银行，7月1日成立中国进出口银行，11月8日成立中国农业发展银行。这3家政策性银行承担原来由国家专业银行办理的政策性金融业务。

中国国家开发银行的主要任务是，建立长期稳定的资金来源，确保重点建设项目，办理政策性重点建设贷款和贴息贷款业务，对固定资产投资总量和结构进行调节，逐步建立投资约束和风险责任机制，按照市场经济的运行原则，提高投资收益。电力、公路、铁路、石油石化、煤炭、邮电通信、农林水利、公共基础设施是它的主要业务领域和贷款支持重点。

中国进出口银行的主要任务是，贯彻执行国家的产业政策、外经贸政策和金融政策，为扩大我国机电产品和高新技术产品的出口、推动有比较优势企业"走出去"、促进对外经济技术合作与交流，提供政策性支持。它的主要业务范围是为机电产品和成套设备等资本商品的出口提供政策性金融支持。

中国农业发展银行的主要任务是：按照国家的法律、法规和方针、政策，以国家信用为基础，筹集农业政策性信贷资金，承担国家规定的农业政策性金融业务，代理财政性支农资金的拨付，为农业和农村经济的发展服务。它的主要业务范围是办理粮食、棉花、油料、猪肉、食糖等主要农副产品的国家专项储备和收购贷款，办理扶贫贷款和农业综合开发贷款，以及国家确定的小型农、林、渔、牧、水基本建设和技术改造贷款。

二、保险公司

（一）保险及保险公司

保险是指投保人根据合同约定，向保险人支付保险费，保险人对于合同约定的可能发生的事故所造成的财产损失承担赔偿保险金责任，或者当被保险人死亡、伤残、疾病或者达到合同约定的年龄、期限时承担给付保险金责任的商业保险行为。保险公司是指依法设立的专门从事经营商业保险业务的企业。

近代保险业务最初产生于海上运输的需要，以后出现了火灾保险，再后来发展到货物、财产、运输以及人身等多种保险业务。

（二）我国保险公司的组织及业务

我国保险公司的组织形式分为财产保险公司和人寿保险公司两种。

财产保险是以财产为保险标的，用于补充因灾害或意外事故而造成经济损失的一种保险。财产保险主要包括家庭财产保险、企业财产保险、货物运输保险和机动车辆保险等。目前我国中资财产保险公司约有20多家，如中国人民财产保险股份有限公司、中国太平洋财产保险股份有限公司等。外资财产保险公司约有10多家，如美国美亚财产保险公司、瑞士丰泰保险公司、英国皇家太阳财产保险公司等。汽车类保险属于财产保险范畴。

人寿保险是以人的生命为保险标的，以人的生存和死亡为给付条件的一种保险。人寿保险主要包括健康险、养老险、医疗险、意外伤害险和少儿险等。目前我国中资人寿保险公司约有20多家，如中国人寿保险股份有限公司、中国太平洋人寿保险股份有限公司等。外资人寿保险公司约有 20 多家，如中宏人寿保险有限公司、太平洋安康人寿保险有限公司、中德安联人寿保险有限公司等。

三、证券机构

（一）证券及证券公司

证券是各类财产所有权和债权凭证的通称，是用来证明证券持有人有权依票面所载内容，取得相应权益的凭证。从一般意义上说，证券是指用以证明或设定权利所做成的书面凭证，它表明证券持有人或第三者有权取得该证券拥有的特定权益，或证明其曾经发生过的行为。证券的本质是一种交易契约或合同。证券可以采用纸面形式或证券监管机构规定的其他形式。

证券按其性质不同，可以分为证据证券、凭证证券和有价证券 3 大类。证据证券只是单纯证明一种事实的证明文件，如信用证、证据和提单等；凭证证券是认定持证人是某种私权的合法权利者和持证人的业务有效的书面证明文件，如存款单；有价证券包括支票、股票、债券、基金等。

有价证券是指标有票面金额，用于证明持有人或该证券指定的特定主体对特定财产拥有所有权或债券的凭证。这类证券本身没有价值，但由于它代表着一定量的财产权利，持有人可凭该证券直接取得一定量的商品、货币，或是取得利息、股息等收入，因而可以在证券市场上买卖和流通，客观上具有了交易价格。有价证券包含了商品证券、货币证券和资本证券。这里讨论的有价证券是与金融投资直接相关的有价证券，即资本证券。

有价证券按证券发行主体不同分为政府证券、政府机构证券和公司证券，按是否在证券交易所挂牌交易分为上市证券和非上市证券，按募集方式分为公募证券和私募证券，按证券所代表的权利性质分为股票、债券和其他证券，其他证券又包含了基金、证券衍生产品，如金融期货、可转换证券、权证等。

证券公司是指依照公司法的规定，经国务院证券管理监督管理机构审查批准，从事证券经营业务的有限责任公司或者股份有限公司。证券公司是非银行金融机构，是从事证券经营业务的法定组织形式。证券公司的主要业务有证券承销、经纪业务、资产管理、证券自营、融资融券等。

（二）证券市场与证券交易所

证券市场是股票、债券、投资基金等有价证券发行和交易的场所。证券市场是市场经济发展到一定阶段的产物，是为解决资本供求矛盾和流动性而产生的市场。证券市场以证券发行与交易的方式实现了筹资与投资的对接，有效地化解了资本的供求矛盾和资本结构调整的难题。

1. 证券市场的特征

（1）证券市场是价值直接交换的场所。有价证券都是价值的直接代表，它们本质上是价值的一种直接表现形式。

（2）证券市场是财产权利直接交换的场所。证券市场上交换的股票、债券、投资基金等有价证券，他们本身是一定量财产权利的代表，所以，代表着一定数额财产的所有权或债券以及相关的收益权。

（3）证券市场是风险直接交换的场所。有价证券的交换在转让出一定收益权的同时，也转让了该有价证券所特有的风险。

2. 证券市场的主要结构

（1）层次结构。即按证券进入市场的顺序，证券市场可分为发行市场和交易市场。证券发行市场又称一级市场或初级市场,是发行人以筹集资金为目的,按照一定的法律规定和发行程序,向投资者出售新证券所形成的市场。证券交易市场又称二级市场或次级市场,是已发行的证券通过买卖交易实现流通转让的市场。

(2) 品种结构。即按有价证券的品种不同,证券市场可分为股票市场、债券市场、基金市场、衍生品市场等。其中,股票市场是股票发行和买卖的场所。股票市场的发行人是股份有限公司,股票市场交易的对象是股票,而股票交易的价格经常处于波动之中。债券市场是债券发行和交易的场所。债券发行人有中央政府、地方政府、中央政府机构、金融机构、公司和企业。债券发行人通过发行债券筹集的资金一般都有期限,债券到期债务人必须按时归还本金并支付约定的利息。相对于股价而言,债券价格比较稳定。

(3) 交易场所结构。即按交易场所是否在固定场所进行,证券市场可分为有形市场和无形市场。有形市场又称场内市场,是指有固定场所的证券交易所市场。一般而言,证券必须达到证券交易所规定的上市标准才能在场内交易。无形市场又称场外市场,是指没有固定交易场所的市场。随着现代通讯技术的发展和电子计算机网络的广泛应用、交易技术和交易组织形式的演进,场外交易愈加发展。

证券市场通过实现证券交易,综合反映国民经济运行的各个维度,被称为国民经济的"晴雨表",它具备三方面的功能:筹资和投资功能,即证券市场一方面为资金需求者提供了通过发行证券筹集资金的机会,另一方面为资金供给者提供了投资对象;定价功能,即证券市场的运行形成了证券需求者与证券供给者的竞争关系,这种竞争导致能产生高投资回报且市场需求大的资本其价格就高,反之证券价格就低;资本配置功能,即证券市场通过证券价格引导资本的流动从而实现资本的合理配置。

证券交易所是指依法设立的,不以盈利为目的,为证券的集中和有组织的交易提供场所、设施,履行国家有关法律、法规、规章、政策规定的职责,实行自律性管理的会员制事业法人。我国现有上海证券交易所和深圳证券交易所两个交易所。

(三) 证券交易与证券投资

证券交易是指证券持有人依照交易规则,将证券转让给其他投资者的行为。证券投资是狭义的投资,是指企业或个人购买有价证券,借以获得收益的行为。

证券交易一般分为两种形式:一是上市交易,是指证券在证券交易所集中交易挂牌买卖。凡经批准在证券交易所内登记买卖的证券称为上市证券;其证券能在证券交易所上市交易的公司,称为上市公司。二是上柜交易,是指公开发行但未达上市标准的证券,在证券柜台交易市场买卖。证券交易具有以下特征:

(1) 证券交易是特殊的证券转让。证券转让是指证券持有人依法定程序,将证券所有权转移给其他投资者的行为,其基本形式是证券买卖。在广义上,证券转让还包括依照特定法律事实将全部或部分证券权利移转给其他人的行为或者设定证券质押行为等。根据《中华人民共和国证券法》有关规定,证券交易是指在依法开设的证券交易场所内进行依法发行证券的买卖行为。

(2) 证券交易是反映证券流通性的基本形式。流通性是确保证券作为基本融资工具的基础。证券发行完毕后,证券即成为投资者的投资对象和投资工具,赋予证券以流通性和变现能力,可使得证券投资者便利地进入或者退出证券市场。不同证券的流通性存有差异,股份公司依法发行和上市的股票,除社会公众股股票可依照证券交易所规定的交易规则自由转让外,公司发

（3）证券转让须借助证券交易场所完成。证券交易场所是依法设立、进行证券交易的场所，包括进行集中交易的证券交易所以及依照协议完成交易的无形交易场所。前者如国际上著名的纽约证券交易所、伦敦证券交易所和法兰克福证券交易所，我国上海证券交易所以及深圳证券交易所也属于集中交易场所。后者如美国的全美证券商协会自动报价系统（NASTAQ）以及各国的店头交易场所，我国场外交易场所主要包括原有的 STAQ 和 NET 两个交易系统，1999 年 9 月 9 日，这两个系统停止运行。

（4）证券交易须遵守相应交易规则。为确保证券交易的安全与快捷，维护资本市场的稳定与发展，我国颁布和制定了一系列法律法规。《证券法》是调整证券交易的特别法，《公司法》对股份及公司债券转让也规定有原则性规则，《合同法》作为调整交易关系的一般法律规范，同样适用于对证券交易关系的调整。其他法律、法规如《民法通则》、《银行法》、《保险法》和《刑法》也直接或间接地调整着证券交易关系。证券交易所颁布的自律性规范，也具有法律约束力。

四、信托投资公司、财务公司、金融租赁公司和货币经纪公司

（一）信托投资公司

信托投资公司也叫信托公司，它是以资金以及其他财产为信托标的，根据委托人的意愿，代为管理及运用信托资产的金融机构。

信托业务中基本当事人包括委托人、受托人和受益人。委托人是信托资金、财产的所有者，应当是具有完全民事行为能力的自然人、法人或依法成立的其他组织。受托人又称信托管理人，是指按委托人的意愿对信托资金进行管理、运用和处分的信托机构或个人，在信托关系中，受托人对委托人和受益人同时承担管理和经营信托财产的义务。受益人是指享受财产利益的自然人、法人等，在信托业务中，如果没有受益人，信托行为就无效，委托人和受益人可以是同一个人，也可以是不同人。当受益人是委托人自己时，成为"自益信托"，若受益人是除委托人和受托人之外的第三人，成为"他益信托"。

信托运作过程中，通常由委托人要求受托人代为管理或处理其财产，并将由此产生的利益转移给受益人；受托人接受委托人的委托，代为管理、处理信托资产，以自己的名义将信托财产产生的利益转移给受益人，既不占有信托财产及其所产生的利益，也不承担信托过程中信托财产发生的亏损，只收取委托服务费；信托受益在扣除了有关费用后全部归受益人独享，同时因不可抗拒的原因造成的损失也由受益人承担。

我国信托业发展从 1982 年起先后经历过 5 次整顿，2005 年后信托业呈现快速发展的态势。信托业务包括核心业务、附属业务、基金业务、公益信托和外汇业务，信托业品种已初步形成证券投资型、股权投资型、资金贷款型、资产证券化型、资产受益权转入型和信托资金租赁型等多种信托类型。

（二）财务公司

财务公司也称金融公司、财务公司或注册接受存款公司。通俗的说，财务公司就是企业集团内部的银行，是经营部分银行业务（如提供信贷、理财等金融服务）的非银行金融机构。财务公司一般参与银行间同业拆借，但不开立私人账户，不办理小额存贷款和储蓄，以此和银行相区别。

1987 年 5 月 7 日中国人民银行正式允许企业集团设立财务公司，截至 2007 年共有 79 家财

务公司,这些财务公司分为企业集团财务公司和一般性财务公司两大类。财务公司的业务范围包括企业集团内部融通资金、外汇金融业务、经批准发行金融债券和股票、代表集团统一向金融机构借款再向内部单位转贷等。

（三）金融租赁公司

金融租赁是由出租人根据承租人的请求,按双方事先的合同约定,向承租人指定的出卖人购买承租人指定的固定资产,在出租人拥有该固定资产所有权的前提下,以承租人支付所有资金为条件,将一个时期的该固定资产的占用、使用和收益权让渡给承租人。金融租赁的合同具有不可解除性。

金融租赁分为直接融资租赁、经营租赁和出售回租。其中,直接融资租赁是由承租人选设备,出租人(租赁公司)出资购买并出租给承租人;租赁期内租赁物所有权归出租人,使用权归承租人。经营租赁是由出租人或承租人选择设备,出租人(租赁公司)出资购买并出租给承租人;租赁期内租赁物所有权归出租人,使用权归承租人。出售回租是由承租人将自有设备卖给出租人(租赁公司),同时与出租人签订租赁合同;再将该物件从出租人处租回的租赁形式。

根据《金融租赁公司管理办法》等相关法律法规,中国银监会授权中国金融学会金融租赁专业委员会负责监督金融租赁公司的业务活动。

（四）货币经纪公司

根据银监会 2005 年 8 月 8 日公布的《货币经纪公司试点管理办法》,在我国进行试点的货币经纪公司是指经批准在中国境内设立的,通过电子技术或其他手段,专门从事促进金融机构间资金融通和外汇交易等经纪服务,并从中收取佣金的非银行金融机构。

根据银监会的规定,货币经纪公司可以从事以下部分或全部的业务:境内外外汇市场交易;境内外货币市场交易;境内外债券市场交易;境内外衍生产品交易;经中国银行业监督管理委员会批准的其他业务。货币经纪公司从事证券交易所相关业务的经纪服务,需报经中国证券监督管理委员会审批。

五、汽车金融公司

汽车金融公司是从事汽车消费信贷业务并提供相关汽车金融服务的专业机构。它的主要业务是为汽车购买者及销售者提供金融服务。中国的汽车金融公司,是指经中国银行业监督管理委员会(以下简称中国银监会)批准设立的,为中国境内的汽车购买者及销售者提供金融服务的非银行金融机构。

2004 年 8 月 18 日,上汽通用汽车金融有限责任公司开业,上海克房伯不锈钢公司与之签署贷款合同,购买了一辆上海通用汽车公司生产的凯越轿车。此举标志着国内第一家汽车金融公司正式运营。

而丰田汽车金融(中国)有限公司正式成立于 2005 年 1 月 1 日,是最早通过中国银监会批准的汽车金融公司之一,是丰田金融服务株式会社在中国的独资企业。公司秉承了丰田金融服务株式会社所有优秀经营理念,与丰田汽车一同为中国用户提供"安心、贴心、省心"的专业贷款购车服务。

中国首家由国家金融机构和国内外汽车生产厂商合资成立的汽车金融公司——东风标致雪铁龙汽车金融有限公司也于 2006 年 8 月 23 日在北京宣告成立。

目前国内主要汽车金融公司有上汽通用汽车金融有限责任公司、大众汽车金融公司、丰田汽车金融(中国)有限公司、沃尔沃汽车金融(中国)有限公司等近十家。

思考题

1. 货币具有哪些职能？
2. 常见的金融工具有哪些？其主要特征是什么？
3. 什么是利率？影响利率变动的因素有哪些？
4. 某公司从银行贷款 1 000 万元，利率为 10%，第 10 年末一次偿清本利和。试分别用单利法和复利法计算本利和各是多少？
5. 某人获得 10 000 元贷款，偿还期为 5 年，利率为 10%。在下列几种还款方式中，按复利计算法计算此人还款总额和利息总额各是多少？

(1) 每年末只偿还 2 000 元本金，所欠利息第 5 年末一次还清；
(2) 每年末偿还 2 000 元本金和当年利息；
(3) 每年末偿还所欠利息，第 5 年末一次还清本金；
(4) 第 5 年末一次还清本利。

6. 某企业计划从现在算起，第 6 年末和第 10 年末分别需要提取现金 80 万元和 100 万元，若银行利率为 8%，若从现在起每年年末等额存款，连存 5 年，解答下列问题：① 每年存款多少万元？② 银行支付企业利息总额为多少？

7. 金融市场具有什么功能？

第三章

国内外汽车金融服务业

汽车金融服务业是汽车产业发展到一定阶段的产物。汽车金融服务的起源是在20世纪20年代前后,由汽车制造商向用户提供汽车销售分期付款时开始出现的。它的出现引起了汽车消费方式的重大变革,实现了消费者购车支付方式由最初的全款支付向分期付款方式转变。但这一转变虽然促进了销售,却大大占用了制造商的资金。随着生产规模的扩张、消费市场的扩大和金融服务及信用制度的建立与完善,汽车制造商又开始利用汽车金融服务公司这一种国家法律所认可的公司载体形式来解决在分期付款中出现的资金不足问题,从社会方面筹集资金。这样,汽车金融服务就形成了一个完整的"融资—信贷—信用管理"的运行体系,汽车金融的概念得到极大拓展。中国汽车金融服务自20世纪90年代开始起步,随着经济的不断向前发展和汽车产业的不断壮大,其发展势头良好,但整体来说该行业还处于初级阶段。2004年8月,国外大型汽车金融服务机构在华开设汽车金融公司,与商业银行开始同台竞技,国内汽车金融业进入迅速发展阶段,其运作模式也开始逐步与国际接轨,朝着更加规范合理的方向迈进。

第一节 国外汽车金融服务业的现状

一、国外汽车金融服务概况

汽车金融服务已有近百年的历史。在国外,提供汽车金融服务的金融机构主要是商业银行、信贷联盟、信托公司等金融机构,同时也包括汽车金融服务公司等非金融机构。大的跨国公司都有自己的融资公司为其产品销售提供支持,这些汽车金融公司具有专业优势,可以为消费者提供涵盖汽车售前、售中、售后的更广泛的专业产品和服务。凭着其多年的从业经验、先进高效的风险评估控制和处理系统,保证了较高的业务处理效率。在国外,个人信用制度健全、抵押制度完善,一切金融活动均被资信公司记录在案,并将其网络化,免去了银行鉴别申请人相关信息的繁杂劳动,使贷款手续简便化。最新资料显示,世界范围内70%的私用车是贷款购买的,即使在经济不太发达的印度,贷款购车的比例也达60%。

(一)国外汽车金融服务的保障体系

国外汽车金融服务经过近百年的发展,目前已成为房地产金融之后的第二大个人金融服务项目,这与它们拥有一套完整的保障体系有关,这些保障体系主要包含以下几方面。

1. 金融管理

汽车金融机构经过数十年的发展,在管理上积累了丰富的业务经验,有一套先进的电子化信贷控制系统。它们能够针对汽车消费的特点,开发出专门的风险评估模型、抵押登记管理系统、催收系统、不良债权处理系统等,经营管理的专业化程度高。在营运中,在金融产品设计开发、销售和售后服务,专业汽车金融公司都有一套标准化的业务操作系统。这种独立的、标准化的金融服务,不仅大大节省了交易费用,而且大大提高了交易效率,从而赢得了规模经济优势。

2. 全方位经营

国外汽车金融服务以一定规模的金融资产和相对完整的金融组织体系为基础,并拥有专业管理经验和预防风险能力。经营领域涉及信贷、租赁、以旧换新、信用卡业务等,逐步形成全方位经营态势。在德国,如果你持有一张大众汽车金融公司发行的信用卡,在保险、燃油、维修、驾车旅行过程中,不仅能获得消费便利,而且能获得低利率透支。在美国,如果你是福特信贷公司的客户,你可以获得购车贷款服务,而且能获得多种形式的汽车租赁服务。福特汽车公司在造车方面已经不盈利了,其利润主要在新品开发和售后服务阶段,而其中40%左右的利润来自信贷和金融领域。因此它们开发出很多新的金融产品,如汽车金融服务机构与制造商互动,把整个售前、售中、售后服务联系起来;汽车消费分期付款与租赁形式的转换;汽车以旧换新业务与定向存款等。

3. 信用体系管理

国外汽车金融服务公司针对不同信用等级的客户,实行不同的利率和首付标准,以此吸引优质客户和规避潜在风险。以北美为例,有美国环联公司(TransUnion)、艾可飞(Equifax)、益百利(Experian)三大信用局,它们建立了常年积累的地区或国家的个人或企业的信用数据库,向全国上万个金融机构提供消费者个人信用调查报告的服务。以美国环联公司为例,每年卖出达40多亿份信用报告。金融机构与这些信用局是会员制关系。信用局的基本工作是收集消费者个人的信用记录,建立完善的数据管理中心,合法地向金融机构有偿提供个人信用报告。

4. 完善的法律制度

完善的法律制度是汽车金融机构稳健经营的重要保障,也是汽车金融机构盈利的基础。英国、美国、日本都有完备的法律制度作保障。如美国的《公平信贷报告法》,英国的《消费信贷法》,日本的《分期付款贩卖法》、《贷金业规则法》等都对汽车金融服务作出了规定。尤其是美国的《统一商法典》是美国法律演进历史中引人注目的成就之一,它从合同的成立、合同解释等合同通则,到买卖双方的权利义务、担保原则等都有规定。如规定分期付款购车可采用所有权保留方式,不论汽车是否已经实际交付,汽车上的风险随着汽车所有权的转移而转移等。日本是世界上制定单独的《分期付款销售法》为数不多的国家之一,它以罚金和罚款作为违反该法的法律责任。该法规定详细、周全,强调对分期付款销售的调控,倾向于保护购买者的利益,对分期付款购车有较强的引导和约束作用。

(二) 国外汽车金融服务机构

国外,从汽车金融服务业诞生起,出现过许多从事汽车金融服务的机构或非金融机构。下面主要介绍汽车金融服务公司、信贷联盟、信托公司等国内不多见的几种汽车融资机构。

1. 汽车金融服务公司

汽车金融服务公司是办理汽车金融业务的企业,通常隶属于汽车销售的母公司,向母公司经销商及其下属零售商的库存产品提供贷款服务,并允许其经销商向消费者提供多种选择的贷款或租赁服务。设立汽车金融服务公司是推动母公司汽车销售的一种手段,20世纪20年代初汽车金融业务才出现,当时汽车还属于奢侈品,因而银行不愿意向汽车消费发放贷款。这给汽车购买者和销售商造成了障碍,致使大多数消费者买不起汽车,汽车制造商也缺乏足够的发展资金。为解决这个问题,20世纪20年代初,美国的汽车公司组建了自己的融资公司,从而开启了汽车信贷消费的历史。随后,汽车金融的概念得到极大的拓展,包括顾客在银行贷款买车、经销商为营运筹措资金以及制造商为扩大规模而筹资建厂等。

2. 信贷联盟

信贷联盟最早起源于19世纪40年代的德国,它是由会员共同发起,旨在提高会员经济和社会地位而创立,并以公平合理的利率为其会员提供金融服务的一种非盈利性信用合作组织。一般来说,信贷联盟的会员都有其共通点或共同纽带。各国的信贷联盟法对此都作了相应的规定。如爱尔兰《1967年信贷联盟法》第六条第一款、第三款,英国1979年《信贷联盟法》(1979)第五条第一款第六项以及2002年英国颁布的《监管改革令》,1998年美国的《信贷联盟会员准入法》等都对共同纽带进行了规定和解释。

在资金来源方面,除了会员的存款或储蓄外,信贷联盟还可以向银行、其他信贷联盟等筹集资金,但各国一般都规定信贷联盟向外借款的最高限额。在信贷业务方面,信贷联盟可以发放生产信贷,也可以是包括汽车消费信贷在内的信贷。但是,信贷联盟对外发放贷款一般也有一些限制条件。如英国《1997年信贷联盟法》及《金融服务管理局规则》对英国信贷联盟向其会员发放贷款在年龄上、数额上以及贷款期限上都作了限制。

信贷联盟与其他金融机构的区别主要表现在以下几个方面:

(1) 目的不同。对商业银行等金融机构来说,其吸纳存款的目的是进行贷款业务获取利润。但是信贷联盟是一种非盈利性的组织,它的宗旨是"不为牟利,不为行善,只为会员提供优质服务"。

(2) 信贷联盟成员间关系与其他各金融机构之间的关系不同。一般来说,信贷联盟的各成员具有其共同点或共同纽带,各个信贷联盟都有其特定的群体,该群体与其他信贷联盟的会员群体一般不具有共同的利益或共同点,也不会发生利益冲突。尽管在现实中,某人同时符合几个不同的信贷联盟的会员资格也不罕见,但由于信贷联盟服务对象的封闭性和特定性,各个信贷联盟间的关系还是合作多于竞争。

(3) 享有的特权不同。根据美国《联邦信贷联盟法》1937年通过的修正案规定,美国的信贷联盟享有税收豁免特权。这也是信贷联盟与其他金融服务机构的一项重大区别。

(4) 信贷联盟具有独特的组织结构。信贷联盟的董事会由其会员通过民主方式选举产生。不管会员在信贷联盟中的存款额为多少,每个会员都享有平等的投票权重。而商业银行等金融机构的股东依据其投资份额行使股东权利。因此,信贷联盟的组织机构与商业银行以及其他金融机构相比,有很大的不同。

3. 信托公司

信托公司有两种不同的职能:一是财产信托,即作为受托人代人管理财产和安排投资;二是作为真正的金融中介机构,吸收存款并发放贷款。从传统业务来看,信托公司主要是代为管理财产,如代人管理不动产和其他私人财产,安排和管理退休金、养老金、管理企业的偿债基金等。当然,信托公司的受托投资活动必须符合法律权限。信托公司托管资产的投资去向主要集中在各种金融债券及企业股票投资上,另外也发放一定比例的长期抵押贷款业务。第二次世界大战以后,信托公司作为金融中介的职能得到了迅速的发展,其资金来源主要集中在私人储蓄存款和定期存款,资金运用则侧重于长期信贷,汽车金融服务也是目前信托公司从事的主要业务之一。近年来,信托公司的资金越来越趋于分散化,它们与商业银行的差别也越来越缩小,而且自70年代以来这类非银行金融机构开始大力开拓新的业务领域,并采取许多措施提高其竞争力。为了规避法律的限制,信托公司大量持有或设立其他专业化的附属机构,如专门的汽车金融服务机构等。

(三) 汽车金融公司与商业银行的区别

在国外,大多数国家的商业银行都积极推广汽车消费贷款,商业银行已成为汽车贷款的主要供应商。比如,20世纪60年代中期,美国商业银行提供了56%的汽车贷款,1998年底美国商业银行的这一比例有所下降,但仍然达到35%。而在新加坡,由于新旧汽车的售价差别太大,加上政府对汽车使用年限的严格管制,新加坡商业银行则较少直接涉足汽车贷款,通常是通过向金融公司或从事汽车贷款业务的其他信贷公司提供贷款的方式间接参与汽车贷款。在我国,商业银行提供的汽车消费信贷服务也是目前汽车金融服务的主要形式。

国外汽车金融服务公司是办理汽车金融业务的企业,通常隶属于汽车销售的母公司,是推动母公司汽车销售的一种手段。由于它们与汽车制造商、经销商关系密切,具有成熟运作的经验和风险控制体系,因而能够为消费者、经销商和生产厂商提供专业化、全方位的金融服务。经过较长时间的发展,汽车金融服务公司已经非常成熟,在北美和欧洲市场上各有其代表性的汽车金融服务公司。

作为专业的汽车金融公司与商业银行存在如下几点明显的区别:

1. 与汽车制造厂商紧密联系在一起,利益共享

作为全资子公司,各汽车制造集团的汽车金融服务公司在本质上与其母公司是利益共同体,关键时刻可以与生产企业互相支持。对附属于汽车制造公司的汽车金融服务公司来说,其优势在于将汽车金融服务作为其核心业务,而非仅仅是其众多业务范围的一种。在将获得赢利作为主要目标的同时,也致力于帮助其母公司——汽车生产商销售更多的汽车。即使出现经济状况下降、亏损等情况,这些公司仍将始终专注于汽车金融服务,提供更广泛的专业产品和服务范围。通过经销商的关系与客户实现更多的接触,从而建立与汽车制造商、经销商一体化的市场营销网络。

最为经典的例子如美国通用汽车公司。在2001年"9·11"事件之后,为了阻止市场份额的下滑,美国通用汽车公司率先推出"让美国继续前进"的购买新车零利率贷款优惠方案,美国其他几大汽车厂商所属的金融机构随后均实行了零利率贷款政策,以保持汽车贷款的增长,促进了产品的销售。而同一时期,尽管美联储连续降息,商业银行则宁愿减少汽车贷款份额,也没有采用零利率。虽然"零利率贷款"让美国汽车制造商"大耗内力"。但一个月后,这一促销计划获得了惊人的成效,不仅挽回了市场颓势,更使美国汽车销量超比1986年9月创造的历史最高纪录。通用公司2001年10月份的汽车销售也比2000年同期猛增了31%。

2. 以促进产品销售为根本目的

与银行不同,专业汽车融资机构与其母公司的发展战略紧密联系在一起,无论汽车销售状况如何,都不会退出这一领域。无论在经济景气还是不景气时,专业汽车金融公司都会努力推动汽车消费信贷的开展,因为汽车消费信贷数量的增加就意味着汽车销售量的增加,就意味着汽车集团公司效益增加。这是汽车金融公司经营目的之一,也正是汽车金融公司和商业银行不同的地方。商业银行在经济不景气,私人或者企业信誉不好时,会萎缩业务,以防止风险;而这时,汽车金融公司不会萎缩业务,并且会积极想办法拓展业务。

3. 风险控制手段更强

专业汽车融资机构与汽车厂商及经销商之间都有着密切的联系,能够及时进行信息交流,不

仅对汽车用户有着更深入的了解,而且在收回旧车的处理方面有着明显的优势。汽车产业是一个技术性很强的行业,要求融资机构在进行融资评估时掌握很强的专业知识,能对产品有深入细致的分析和了解。面对这种情况,除制造商自己的金融服务公司外,其他机构很难达到这个要求。各厂商直接成立自己的汽车金融服务公司并对其产品进行融资,是国际上的主流做法。商业银行则由于缺乏对客户的深入了解,缺乏对二手车必要的处置手段,其风险评价模型往往倾向于减少此类贷款。汽车金融公司办理汽车消费信贷有着商业银行所没有的优势。

4. 违约车辆回收处理的优势

由于背靠汽车集团公司,汽车金融公司在违约车辆的回收处理上有着很大的优势。商业银行对于违约车辆的处理,由于缺乏这方面的专家,在旧车作价和回收处理等多个方面都存在问题。

银行在向消费者提供汽车消费信贷的同时,要建立庞大的人员队伍,用来审批数量巨大、额度不大的汽车贷款,用于催收每月的付款和处理违约车辆,对违约车辆进行估价和拍卖等。在专业分工不细和中介机构不健全的情况下,商业银行处理汽车消费信贷业务不具有优势。汽车金融公司在这方面却有着得天独厚的优势,它可以利用汽车集团公司的专业人才对违约旧车进行评估、利用自己的经营渠道进行拍卖,不需要中介机构的参与。

此外,国外专业汽车金融服务公司还具有多年的从业经验,包括在许多发展中国家的成功经验;有先进的风险评估系统和有效的风险控制措施。每家专业机构都有根据自己的经验数据进行修正过的风险评估模型,并有一整套的风险控制措施;有高效的计算机处理系统和精通业务的工作人员。一项业务的处理可由计算机在 30 秒钟之内自动完成。对于未通过自动评估系统审查的申请,由工作人员在 30 分钟之内决定是否接受申请或需补充哪些材料。国外专业汽车金融服务公司还有强大的资金实力和良好的市场信誉,如通用和福特汽车所属的专业汽车金融服务机构资产规模分别高达 1 700 亿美元和 1 400 亿美元,其资本金均在 200 亿美元以上,即使在美国的全部金融机构排名中,也可以进入前 20 名。他们数十年的稳健经营已使其建立了良好的信誉,使得这些公司可以在全球资本市场上进行高效率、低成本的融资。

总体来看,两者可从资金来源、业务经营目的、组织形式等方面来进行比较(表 3-1)。

表 3-1 汽车金融公司与商业银行的区别

	商业银行	汽车金融公司
资金来源	低成本的储蓄存款	短期票据市场,长期资本市场融资,银行贷款
与汽车厂商的联系	一般	密切且集中在产品销售领域
组织形式	每个股东以其股本数决定投票权	每个股东以其股本数决定投票权
业务经营目的	多元化:为客户提供全方位的融资服务	一元化:汽车销售融资
资本充足率的监管	以国际清算银行要求为标准	一般低于同期银行资本充足率
免税特权	无	无
规模效应	一般	大
优势	资本金雄厚,网点较多,可以向多个汽车品牌服务,拥有广泛的客户资源	经营管理的专业化程度高,业务多样化,市场营销的协同性,更加灵活的附属方式

二、国外汽车金融服务模式

汽车金融服务是一个"融资—信贷—信用管理"的运行过程,汽车金融服务公司是汽车销售中商业性放款和汽车个人消费贷款的主要提供者。因此,汽车金融服务模式实际上反映的是汽车消费贷款金融服务模式。目前,国际上汽车消费贷款服务模式主要有以下几种。

(一) 分期付款零售模式

分期付款是各国普遍采用的一种传统的融资方式。在分期付款销售的具体操作中,汽车零售商一般和消费者签订汽车分期付款零售合同。该合同是指汽车零售商和消费者之间签订的零售商保留所售汽车的所有权,以作为买方担保的一种买卖合同。作为一般的汽车融资机构,商业银行、信托公司、信贷联盟以及专业化的汽车金融服务公司均可以分期付款的方式向汽车消费者发放贷款,但法律对它们的要求有一定的差别。

1. 商业银行贷款

汽车金融服务是从汽车制造商向用户提供汽车销售分期付款时开始出现的。它的出现引起了汽车消费方式的重大变革,实现了消费者购车支付方式由最初的全款支付向分期付款方式转变。

在美国,以分期付款的方式购车已经有很久的历史,成为汽车消费的固定模式,许多大型汽车集团都为客户提供分期付款服务。向用户提供分期付款融资的方式有两种:直接融资和间接融资。直接融资是由商业银行直接贷款给用户,用户使用贷款向经销商购买汽车,然后以分期付款的方式归还银行。间接融资是用户同意以分期付款方式向经销商购买汽车,然后经销商把合同卖给商业银行,商业银行将款项拨给经销商或清偿经销商存货融资的贷款。

日本汽车分期付款始于20世纪50年代,目前日本约有50%的汽车用户是通过分期付款的方式购买的。在日本,汽车用户分期付款融资的市场主体由信贩公司[1]、银行、汽车厂家专属信贷公司和经销商构成。其中,专业信贩公司承担的业务量最大,所占比例最高。而商业银行所占业务量的比例则呈下降趋势。日本的汽车用户向商业银行贷款大体有直接融资、间接融资两种方式,与美国类似。

2. 汽车银行的金融服务

汽车银行业务是金融服务机构针对汽车产业的生产厂商、上游供应商、下游经销商以及汽车消费者推出的全程金融服务方案。

(1) 汽车银行给供应商的金融服务。

该金融服务有如下两种:

● 综合保理　是在赊销付款条件下,基于货物销售合同,为汽车零部件供应商提供的综合性金融服务,包括应收账款转让、坏账担保、代理服务等内容。通过银行信用的介入,可为供应商解决部分流动资金需求,并在稳定供应商融资渠道的同时,帮助生产厂商争取更为优惠的采购条件。

● 商票保贴　银行在事先审定的贴现额度内,承诺对特定承兑人承兑或特定持有人持有的商业承兑汇票办理贴现业务。可加强客户商业票据的变现能力,减少开立银行承兑汇票的费用,帮助客户快速获得资金融通,提高资金使用效率。

---

[1] 信贩公司是日本对消费信贷的称谓。

(2) 汽车银行给生产厂商的金融服务。

该金融服务有如下 4 种：

● 生产线建设融资　在项目建设期间，银行可提供项目贷款、过桥贷款、多币种中长期组合贷款等金融服务，并可联合租赁公司为汽车生产厂商提供设备融资租赁服务；在项目运营期间，还可依托集团综合金融服务平台，通过发行各种债券及票据组合，帮助客户置换中长期贷款，优化债务结构，降低财务成本。

● 采购融资　为满足客户原材料采购的流动资金需求，同时获得更加优惠的采购价格，银行提供流动资金贷款、银行承兑汇票、进口开证等一系列贸易融资和结算服务，帮助客户扩大采购优势、稳定供应链关系。

● 票据库服务　票据库是银行利用物理和电子网络优势为客户高效管理商业汇票的一项创新业务，满足集团化管理的汽车生产企业即时归集和管理辖属企业商业汇票，并加以有效利用的需求。

● 资金管理服务　银行依托先进的公司网银系统和资金清算系统，运用资金风险控制技术，为客户提供收付款管理、流动性管理等服务，通过各种理财产品和本外币理财方案的个性化设计，综合运用国内外投资渠道，为客户提供资金增值服务。

(3) 汽车银行给经销商的金融服务。

为有效解决国内汽车经销商融资难的问题，银行推出"汽车销售金融服务网络业务"，通过汽车生产厂商的配合，实现对车辆物流的控制，为经销商提供周转资金，专项用于向汽车生产厂商支付货款，帮助经销商提高销售能力。该金融服务有如下两种：

● 票据即时贴　经销商在银行各分支机构开立银行承兑汇票后，银行可在 24 小时之内为生产厂商办理贴现，贴息由经销商承担，贴现后的资金直接划至厂商账户。

● 法人账户透支　银行根据经销商的实际情况，在汽车销售金融服务网络额度内，为其核定账户透支额度，允许经销商在购车款项不足时，向银行透支，随透随还。账户透支部分按日计息、按月结息，利随本清。

(4) 汽车消费金融服务。

汽车银行针对成熟的汽车品牌和消费市场，为汽车消费者提供汽车消费信贷服务。

(二) 融资租赁方式

汽车融资租赁是一种买卖与租赁相结合的汽车融资方式。严格地说，融资租赁方式和上述分期付款的汽车零售方式还是有一定的差别。汽车分期付款的零售方式，实质上是附条件买卖。销售商保留汽车的所有权，其实是债权人为保护自己债权而设定的一种担保。合同的目的仍在于转移汽车的所有权。融资租赁则不同，它是买卖与租赁的结合，消费者（承租人）最终是否成为所租汽车的所有权人，选择权在消费者（承租人）。

融资租赁方式和分期付款的汽车贷款相比，具有一定的优势，具体表现在：

(1) 对于承租人（消费者）来说，"先租后买"方式比较灵活。在租赁期满后，承租人享有选择权，决定是否购买所租汽车。消费者如不想购买所租车辆，则可将该车返还汽车出租方；如想购买所租车辆，消费者付清租赁合同上确定的折旧价（或称尾款）即可。

(2) 对于消费者（承租人）来说，如采用租赁方式，承租人不必担心汽车的最终归属，因为汽车的所有权之归属对承租人而言并不重要，承租人需要的是汽车的使用权。

(三)信托租赁方式

信托租赁是信托公司采取的一种特有的融资方式。就汽车金融服务而言,信托公司为实现其财产信托职能,可以通过适当的合同安排,为汽车制造商、汽车经销商以及最终消费者提供融资服务。以汽车零售为例,汽车零售商可与信托公司签订信托合同,将汽车零售商的库存汽车的所有权转移给信托公司,同时领取受益权证书。零售商以受益权证书为担保从银行获得融资,或者将其转让给第三人以收回货款。而信托公司接受委托后,再与消费者签订相应的融资合同,如分期付款零售合同或融资租赁合同等。

(四)汽车分期付款合同的转让与再融资方式

根据美国一些州的法律规定,汽车销售融资服务公司是指向一个或多个汽车零售商购买或受让汽车零售商和消费者之间签订的汽车分期付款零售合同,专门为汽车零售商和消费者提供金融服务的组织,包括银行、投资银行、信托公司、信贷联盟,以及经营此业务的汽车零售商。汽车零售商与消费者签订汽车分期付款零售合同后,可以将该合同债权转让给符合法定条件及资质的汽车销售融资公司,汽车销售融资公司受让该合同债权后,还可以再次将其转让给符合法定条件及资质的其他汽车销售融资公司。

再融资是指合同持有人通过受让汽车分期付款零售合同的合同债权,与作为债务人的消费者重新安排分期付款协议的内容,从而实现对消费者提供融资,它是在汽车金融服务机构以分期付款方式为消费者提供金融服务之后的第二次融资。但是,如果汽车零售商为担保其债务而在其与消费者之间签订的合同债权上设质押,并将有关合同转由第三人占有,该第三人也不属于合同债权的受让人,此种行为不属于再融资。目前,可以从事此项再融资服务的机构包括汽车销售融资公司以及其他持有汽车分期付款零售合同的人,两者在法律上统称为"汽车分期付款零售合同持有人"。例如,根据美国佛罗里达州《汽车零售融资法》第520.10条的规定,汽车分期付款零售合同的持有人可根据买方(消费者)的要求,延长汽车分期付款零售合同中所有或部分付款的履行期限,重新计算合同所确定的未付余额,从而对消费者提供再融资,再融资的费用则依据合同延长的期限、延迟付款的数额确定。

第二节 国外汽车金融服务的发展趋势

一、形成服务主体多元、服务范围广泛的汽车消费信贷市场

发达国家20世纪初就开办了汽车消费贷款,经过近百年的实践,积累了丰富的经验,形成了服务主体多元、服务范围广泛的汽车金融服务市场。汽车金融服务机构与普通商业银行相比,其优势在于可提供广泛的专业产品和服务范围,实现专业化的汽车金融服务,通过与客户更多的接触,建立与汽车制造商和经销商一体化的市场营销网络。通过商品销售业务与信贷业务结合,在实现销售收益的同时实现贷款收益。在汽车贷款的推销上,它们可以向购车人提供更加优惠的购车价格和更加宽松的贷款条件,并为购车人提供广泛的服务。当面临中、低收入消费者的贷款申请时,在深入细致的调查评估的基础上根据各个消费者的不同情况设计不同的贷款品种来尽量满足消费者的需求,这使它们能够迅速扩大市场份额。而其完善的风险控制机制,尤其是在逾期贷款的催款、违约合同的处理、抵押物变现、以旧换新等方面积累了丰富的经验,使它们能够有

效地控制损失。

同时,通过发展专业化的汽车金融服务公司或汽车消费信贷银行,如汽车厂商设立的专业金融服务机构或汽车集团财务公司,逐渐将业务重点转向销售融资业务,实现业务运营和管理系统的专业化。通过吸收购车储蓄存款、发行长期债券以及以质押或转让应收账款等方式进行融资,实现资金来源的专门化等,最终实现汽车金融服务的专门化。

美国汽车消费贷款主要由商业银行、储蓄机构、专业性汽车信贷公司等提供,其中汽车制造企业附属的财务公司业务量占总量的70%,占主导地位。无论在服务热忱、经营策略、经济效益、服务专业化程度等方面,汽车制造企业附属的财务公司都比商业银行有明显优势。一方面,财务公司通过为经销商提供存货融资、租赁融资、维修融资和为消费者提供消费贷款服务等来增加汽车销售。另一方面,财务公司可以把利润空间延伸到维修、售后服务等环节,实行"一条龙"服务。目前,国际汽车巨头都建有自己的财务公司,业务涵盖了零售及汽车金融服务、抵押贷款、住房抵押及保险等领域。

在融资对象上不再局限于只为本企业生产的汽车融资,而是通过代理制将融资对象扩展到其他汽车企业生产的多种汽车品牌上;将传统的购车信贷扩大到汽车衍生消费及其他领域的个人金融服务,这些衍生业务起到了和消费信贷业务相互促进的作用,满足了汽车消费者多方面的金融需求。

另外,国外在汽车金融服务上,由早期的仅为汽车的销售提供融资服务,逐步向售后服务发展。目前已基本形成了以售车、保养、维修、转让、租赁为主体,汽车文化、汽车俱乐部、汽车消费品等相关产业链为辅助,以汽车消费理财、汽车金融证券化、汽车服务产品金融化为核心的完整的金融服务链。

二、提供多种汽车金融服务产品,采取多样化的汽车金融服务方式

在初期,汽车金融服务是置于汽车销售和贸易之外的,停留在汽车销售业务的外表层次,只是对汽车销售提供如支付、结算等一般性的金融服务,其金融化的程度还不是很高,金融还没有实现对汽车消费领域的渗透,信用服务还没有取代完全货币交换。后来汽车销售和贸易得到发展,现金交易量和市场成交价值大得足够使金融资本有利可图,于是逐渐产生了同汽车产业资本结合的需要,采取了"金融深化战略"。

"金融深化战略"如融资、借贷等,发展到以股权合作的形式,如共同组建专业性公司,使相关金融服务获得了巨大的市场空间及优厚的盈利回报,使其能够发展为一个相对独立的金融行业。"金融深化战略"的另一方面,就是金融工程和投资银行技术在汽车信贷证券化、汽车信用风险管理、汽车金融服务产品的开发等方面得到应用,使汽车金融服务业进一步深化和发展。"金融深化战略"的第三方面是加大力度推进汽车金融服务的专业化:在机构上不断完备汽车金融服务公司这一运作载体,出现了有限责任公司、股份有限公司等多种公司形式;积聚了一批长期专门的从业人员,在产品设计、业务开发、风险管理等方面积累了专门的经验,形成了高效的业务操作系统和严密有效的风险管理体系,构成了和商业银行在汽车金融方面竞争的比较优势。汽车金融服务市场的细分化保证了汽车金融服务的稳定性和连续性。银行业出于获取利润及防范风险的考虑,在汽车消费市场繁荣时会采取"进入"的选择。当汽车消费市场更需要金融服务扶持时,它会收缩业务。因此,汽车金融服务着重于寻求建立与银行业相对独立的、能够与汽车消费市场保

持反向操作的稳定性机制,来维持汽车消费市场的平稳增长,从而有利于这一行业的长期发展。

随着国际上信息技术和网络技术的发展,以及金融业的网络化程度的进一步提高,汽车金融服务已进入一个新的发展阶段。其业务操作和风险评估系统已充分采用现代信息技术,利用国际互联网开展业务,包括网上看车、订购、支付、信息收集与反馈,以及完成一部分售后服务。这些新趋势预示着汽车金融服务开始进入一个新的经济时代。目前在美国及欧洲,汽车金融的网络化十分发达,有30%~50%的业务是在网络上完成的。仅美国就有300余家专业化的网络汽车金融(经销服务)公司,所有的汽车金融服务公司都将汽车金融服务业务搬上了互联网并开展和推广这项业务。汽车金融服务现代化对提高效率、降低成本具有重要意义。作为一项面对众多个人客户以零售金融为主的金融服务业,交易方式的网络化和现代化是必由之路。很多公司还根据不同国家和地区客户的需求提供相应的汽车金融服务产品,开展汽车金融产品的个性化设计与开发,让客户在汽车消费上的差异化中选择相应的金融支持。

三、个人信用制度健全,贷款手续简便,汽车消费信贷风险小

汽车作为家庭的耐用消费品,一次性投入高,在使用环节上还要不断投入,因此,和住房消费一样是适合贷款消费的商品。但是,贷款消费的发展是建立在发达的个人信用制度基础之上的,完善的个人信用制度体系是银行对个人消费信贷风险实施有效控制的基础和前提。一套完整、规范的个人信用制度,不仅包括一个发达的征信系统,而且还要包括完善的评估体系、信用担保体系等一系列相关制度体系。

首先,必须立法,通过对信用立法,规范信用行为当事人的权利、义务,制定规范一致、公平合理、全社会一致的信用标准,明确信用管理机构、执行机构、执法机构等组织机构形式,规范失信行为的内容、法律衡量标准及处罚标准等。在美国的法律中,与分期付款购车最密切的法律是《统一商法典》,如规定了分期付款购车可采用所有权保留方式,汽车上的风险随着汽车所有权的转移而转移,而不论汽车是否已经实际交付等。日本是世界上制定单独的《分期付款销售法》为数不多的国家之一,其立法精神是为了发展经济,着重保护购买人。该法规定详细、周全,强调对分期付款销售的调控,倾向于保护购买者的利益,对分期付款购车具有较强的引导和约束作用。

其次,要建立科学有效的个人信用征信系统和个人信用评估体系。一个专业信贷机构,面对几百万个客户,是无法靠人海战术开展这项业务的。只能由第三方的征信机构将分散在各金融机构、商业企业、公共事业的有关个人信用资料,按统一格式汇集成个人信用档案数据库,再提供给各授信金融机构作为是否授信和授信额度的依据,以确保有效减少金融机构个人信贷的违约风险,并在相当大的程度上节约人力资本。

在信贷制度相当健全的美国、德国和法国等贷款购车业务发展良好的国家,贷款买车非常方便。在美国,当顾客决定购车时,放贷方只需通过电脑网络查询相应的档案资料,以确定购车人的信用等级。如果符合标准,当即就可办理购车手续,一般不到半个小时就可把车开走。在德国,基本上每个雇员都有一个汇划账户,因此对于购车者是否有足够的经济能力偿还贷款,购车者是否在同一时间具有其他买房贷款等债务而降低了还款能力等问题,一查便知。在法国,由于个人信用登记比较完善,信用档案早已实现社会联网,放贷方只要进入法兰西银行的电脑系统,就可查询核实任何客户的个人信用现状。在国外金融服务中,这种健全的信用制度、完善的法律支撑、科学的管理模式都使得汽车贷款更为便捷,风险更小。

第三节 国内汽车金融服务概况

一、国内汽车金融服务的现状

(一) 汽车金融服务发展缓慢,同发达国家差距较大

就我国金融业的现状而言,明显存在着与汽车金融服务专业化发展不适应的问题。现阶段我国的金融业具有垄断竞争型结构特征。一方面,银行业特别是国有商业银行垄断了大多数金融资源,在服务对象和经营功能上基本上完全雷同;另一方面,具有专业金融特色的财务公司资产规模又太小,不到银行业的3%,其极为有限的资产不仅被多家企业集团分割,而且还照搬商业银行的经营模式,基本起不到促进特定产业金融发展的作用。具体表现在如下几个方面。

1. 汽车金融服务市场不完善,商业银行缺乏对汽车业的持续支持

我国目前与汽车金融服务市场有关的制度和管理体制尚未健全,汽车金融服务市场的价格机制没有起到调节作用,利率浮动空间太小。信用管理体系没有建立,资金的来源单一。拥有雄厚的资金实力、广泛的客户群体和信用资料、完善的分支机构和结算网络的国有商业银行,由于其业务的综合性,其目的是获得存贷款利差,而不在于保证对一个特定产业领域提供稳定连续的金融服务,缺乏对汽车业持续支持的直接利益关联。

2. 国内汽车企业集团财务公司优势难以发挥

国内目前有不到10家汽车企业集团设立的财务公司,由于汽车企业集团规模不够,财务公司的授信规模不大,这在汽车行业表现尤其突出。目前我国汽车总销售额大约只相当于美国通用汽车公司的50%,规模的经济性相差甚远,因此其专业化优势不能转化为现实的规模经济优势。另外,业务功能不专一。现行财务公司的业务功能主要围绕企业集团的发展需要而定,根据《财务公司管理暂行办法》的规定,企业集团财务公司的作用主要是为企业集团技术改造、新产品开发和产品销售提供中长期融资,财务公司为产品销售融资只是其中的一项职能,这就更加限制了财务公司在汽车销售融资中专业化优势的发挥。同时,又规定财务公司不能在企业集团之外融资,即使是集团内资金,财务公司也只能吸收一小部分,平均不到10%。因此,财务公司目前无力对集团产品促销提供大规模的金融支持。

3. 汽车金融服务的市场接受程度较低

虽然商业银行是汽车金融服务资金的主要提供者,但由于其在违约车辆回收、拍卖、变现等方面缺乏经验,缺少专家,影响违约车辆的处理,加上社会其他配套措施不健全。因此,银行为尽量降低违约率,避免对违约车辆进行处理,制定出非常苛刻的贷款条件,要求借款者提供足够的担保,进行保险,而且只贷给相当于担保物价值70%左右的资金。风险和收益总是成正比的,银行高度的防风险措施,使其推出的汽车金融业务无论是从方便角度还是从经济角度都无法引起消费者的兴趣。所以,目前我国的汽车金融服务业务基本上还处于"问者多、贷者少"的局面。

4. 汽车金融服务发展的产业基础薄弱

汽车金融服务应该从汽车制造系统的终端开始,按照汽车商品的流通使用环节,在综合叠加了经销流通系统、金融系统和维修服务系统三个方面的功能与作用的基础上,形成一个能为汽车消费者购车、用车提供科学、便利、经济、持久服务功能的保证体系。但是中国这方面的基础比较

薄弱,主要表现为:

(1) 汽车制造企业与销售售后服务脱节。

我国多数汽车制造企业通过从事贸易活动的中间商,向汽车消费者间接销售,企业在市场开拓中较为被动,中间商赚取了大量佣金,削减了汽车制造企业的利润,汽车制造企业没有形成资金积累来投入到汽车金融服务中,使汽车金融服务的投入资金中,缺少了汽车制造生产方的支持。另外,流通环节多、渠道长、信息反馈慢,也不利于企业及时掌握市场变化情况。

(2) 服务体系不健全,售后服务对市场竞争的支持不足。

我国汽车修理企业和零部件厂规模小,分散经营。这种状况无法做到统一供应、统一渠道。因此价格混乱,质量参差不齐,造成交易成本过高,信息反馈慢,经济效益低下。

(3) 受投资主体与行业划分的限制,产业组织被人为肢解。

中国汽车制造商大多重视生产规模,而制造、销售及售后服务一体化发展缓慢,造成产业内组织的人为肢解和客观脱节。汽车产业组织的割裂,对维修业的损害是缺乏统一渠道、统一品牌和权威技术指导,导致企业库存积压;对汽车整车厂来说是组装配件采购高成本;对汽车销售商而言,委托销售与授权经营中的交易成本高和交易收益低是国内汽车销售商难以做大的关键所在。

(二) 国有商业银行占汽车金融服务的主导地位

汽车金融业在我国的发展还处于初创阶段。自 1995 年上海汽车集团首次与国内金融机构联合推出汽车贷款消费以来,我国汽车消费贷款业务开始发展。1998 年中国人民银行发布《汽车消费信贷管理办法》,商业银行获准开办个人汽车消费信贷业务,汽车金融服务在我国迅速发展起来。我国汽车消费贷款余额 1998 年是 4 亿元。据中国人民银行初步统计,截至 2008 年年底,全国各金融机构共发放汽车消费贷款余额 1 583 亿元,其中,国有商业银行余额 743 亿元,股份制银行余额 311 亿元,汽车金融公司余额 318 亿元;国内汽车和汽车配件生产企业在银行间债券市场共发行短期融资券 217 亿元,中期票据 20 亿元;以个人汽车消费贷款为基础资产的汽车贷款资产支持证券在银行间债券市场已试点发行 19.9 亿元。

工商、农业、中国、建设四大国有商业银行基本都开展了该项业务,其他股份制商业银行也不同程度地参与了该项业务。工行和建行是该项业务投入最多的商业银行。到目前为止,该项业务的客户较少,规模在短时间内无法迅速扩大,因此各家银行在介入汽车金融服务业务时,基本上是持一种"做做看"的态度。对于该项业务未来的发展前途,各家银行的基本看法是一致的,都认为这是未来商业银行新的利润增长点。但是,目前由于各种原因,汽车金融服务一时难上规模,各家银行也都表现出了无奈的态度。现在介入汽车金融服务,其主要目的首先防止竞争对手过于垄断汽车金融服务市场;其次是很多商业银行也将汽车金融服务业务作为银行业务品种多样化的一个宣传手段。我国汽车集团财务公司无论资金实力还是网点设备等方面都无法全面从事汽车金融服务业务,还无法像国外汽车集团财务公司一样,成为向汽车购买者提供金融服务的主要力量;并且在短时间内更不可能像发达国家一样,降低汽车金融服务的利息,让利于消费者,以实现整个汽车集团公司的利润计划。

二、国内汽车金融服务机构和服务模式

(一) 以经销商为主体的经销商直客模式

1993 年,北方兵工汽贸公司第一次提出了汽车分期付款的概念。国内早期的汽车分期付款

采用两种方式。一种是由经销商自筹资金,以经销商为贷方向消费者提供分期付款服务;另一种是厂家提供车辆,经销商向厂家还贷。随后该模式逐渐发展到由经销商负责为购车者办理贷款手续,以经销商自身资产为客户承担连带责任保证,并代银行收缴贷款本息,而购车者可享受到经销商提供的一站式服务。由于经销商贷款过程中承担了一定风险并付出了一定的人力物力,所以经销商通常需要收取2%~4%的管理费。

这种模式在一定程度上缓解了人们购车一次性支付所带来的经济压力,但由于这种信贷方式缺乏金融机构的全面参与和全力支持,必然要求经销商具备较大的资本实力、资本运营能力及较强的风险承受能力。因而,市场上总体的信贷规模有限。

(二) 以汽车集团财务公司为主体的财务公司间客模式

该模式由财务公司对购买者的资信调查、担保、审批工作,向购买者提供分期付款。但业务范围通常只针对本集团的汽车产品,经营风险由财务公司和保险公司承担。

从1993年开始,上汽、一汽、长安、天汽等汽车集团纷纷成立了各自的财务公司,开展了汽车贷款业务。汽车金融服务为汽车销售创造了有利条件,通过信贷关系进一步接触客户,准确掌握客户资源的需求变化,从而建立起汽车制造商和客户联动的市场营销网络。应该说,以汽车集团财务为主体的汽车消费信贷模式是世界上通行的运作模式。但由于受国家政策、资金来源、资金成本的限制,目前这种模式在国内只是处于起步阶段。

(三) 以银行为主体的直客模式

该模式的特点是由银行直接面对客户,在对客户信用进行评定后,银行与客户签订信贷协议,客户拿贷款额度到汽车市场上选购自己满意的产品。在直客模式中,银行是中心,银行指定律师行出具客户的资信报告,银行指定保险公司并要求客户购买其保证保险,银行指定经销商销售车辆。1998年10月,中国人民银行发布《汽车金融管理条例》,授权国内的四大商业银行可以经营汽车贷款业务,目前开展个人汽车消费信贷服务的银行非常多,几乎大多数的商业银行都参与其中。

与传统的间客模式比起来,这种模式最主要的优势在于为客户节省掉了繁琐的中间环节,节约了时间和中介费。同时,客户在拿到银行贷款之后便成为了一位全款购车者,还可以享受价格优惠。另外,到银行办理汽车贷款手续时,客户可以从银行得到有关的咨询服务,比如某款车型目前的报价等,甚至还能让专业人士为自己选择一款最适合自己的车型。

尽管直客模式有诸多优势,它也有一定的现实问题。汽车消费是一个系统,许多环节在银行系统中还无法串联起来。如银行不可能成为汽车展厅,也不能自设维修厂,更缺乏通晓汽车信贷的专业人才等。

第四节 国内汽车金融服务发展中存在的问题

面对汽车金融服务市场,冷静分析其发展所面临的一些问题,对防范汽车金融服务业务的风险与促进汽车金融服务业的良性发展都有重大的意义。这些问题主要表现在汽车金融服务机构的内部制度缺陷与外部环境缺陷两个方面。

一、汽车消费信贷机构单一,信贷风险集中

目前,我国的汽车信贷市场由商业银行占据垄断地位,商业银行的贷款额约占全部汽车贷款额的95%。由于贷款主体比较单一,其服务对象和经营功能上也不可避免地出现雷同。近年来我国汽车贷款业务发展很快,但汽车销售融资比例尚不足20%,与国外70%的比例相比相差较远。其原因与贷款提供者的贷款设计不能充分满足借款人的需求有一定关系。商业银行对汽车消费的贷款一般的做法是以所购车辆抵押,看似掌握了资产,事实上仍存在风险。由于汽车的移动性大,银行并不实际掌握抵押物,存在着抵押人转移抵押物的风险。此外,个人信用记录登记制度未网络化,行业之间的信息交流渠道不畅通,各家商业银行为了抢占汽车消费贷款,会因争相为某类客户提供贷款而超出其实际承受能力。

商业银行是汽车消费信贷资金的主要提供者,但由于商业银行在违约车辆回收、拍卖、变现等方面缺乏经验,缺少专家,加上社会其他配套措施不健全,银行很难掌握储户的综合信用状况。所以,银行是汽车消费信贷风险的主要承担者。而且,银行贷款利率较高,期限较短。目前我国银行对消费贷款确定了期限,汽车贷款的期限一般都为3年,最多不超出5年。利率虽说可以在基准利率的基础上下浮动10%,但为了控制风险,银行一般将利率定为基准利率,很少有下浮,这些无疑都制约了汽车消费信贷的发展。

另外,贷款门槛过高,风险较集中。我国汽车消费信贷对借款人条件的规定是:借款人如果是个人,则其必须具有完全民事行为能力,具有稳定的职业和偿还贷款的能力,信用良好,能够提供有效的抵押物或质押物,或者有足够的贷款偿还能力的个人或单位作为保证人。但是,社会上有担保能力的单位和个人又不愿提供担保,使贷款人无法按要求申请银行贷款。如果借款人是具有法人资格的企业、事业单位,则其必须在贷款人指定的银行存有不低于规定数额的首期购车款,有贷款人认可的担保,并满足贷款人规定的其他条件。银行为尽量降低违约率,避免对违约车辆进行处理,总是制定非常苛刻的贷款条件,靠不断提高"门槛"来防范风险,从而形成手续繁杂、条件苛刻的现状。这些条件等于为汽车消费信贷设置了一个较高的门槛,而能够跨过这道门槛的消费者目前却少之又少。

二、缺乏专业化的信用担保机构,贷款手续复杂

汽车信贷在我国实施后,备受买车人的关注,但根据最近公布的有关资料表明,只有5%左右的人办理了购车贷款,约29%的人因手续繁杂而放弃贷款。长期以来,我国银行发放贷款的对象主要是工商企业,少有面向个人和家庭的贷款经验。目前,全国还未建立起个人信用制度,对于消费者个人资信实力,未经过专业机构的信用认定,银行对借款人资信状况的评估主要依据工资收入,但大多数人的工资收入仅是其全部收入的一部分,银行很难了解客户的真实收入情况。为了确保放贷资金的安全性,银行不得不调查很多本应由社会中介提供的信用资料,要求消费者出具大量证明。这无疑造成办理信贷手续繁杂,消费者时间和精力上的成本增加。

目前,各银行开办的汽车消费贷款主要有抵押、质押、保证(第三方担保和保险公司履约保险)三种方式。按照国外成功的经验,第三方担保贷款一般是指专业化的信用担保公司的担保贷款。在我国,目前缺乏这种专业性机构,事实上贷款大多采用房产抵押、有价证券质押以及保险公司履约保险等形式。这样,商业银行不得不制定较繁琐的贷款手续,收取较高的贷款费用。按

照各银行现行的规定,贷款人必须提供有效身份证件及户口簿、月收入证明、房产证明、个人名下资产及收益证明等。如果你选择第三方担保,还须提供担保人的身份证、户口簿、收入证明及住房证明。有的还要提供结婚证、企事业单位及机关单位工作证、公务员证、私营企业营业执照副本、纳税单据等。当贷款购车在发达国家大行其道时,国内这种繁杂的贷款手续以及与之相伴随的速度慢、收费高等弊端,成了汽车信贷难以突破的瓶颈。

三、汽车金融服务产品单调,服务方式僵化

汽车产品非常复杂,售前、售中、售后都需要专业的服务,如产品咨询、签订购车合同、办理登记手续、零部件供应、维修保养、保修、索赔、新车抵押、旧车处理(因不能继续付款收回的旧车)等。银行由于不易熟悉这些业务因此做起来有较大的困难。实际上,目前银行所开展的汽车消费信贷也是与厂家或商家联手进行的。我国的汽车金融服务尚处于起步阶段,一辆汽车从下线到报废,我国的商业银行只是重点参与了消费信贷这个环节,其他的服务环节有待开发。因此,商业银行应加强与经销商和汽车厂商的合作,这是提高服务质量的有效途径。积极进行汽车消费信贷产品的创新,提高信贷服务效率,给消费者以更大的选择空间。同时,给消费者以专业化的服务,让消费者在整个过程中能得到各种专业的汽车资讯和汽车维护维修方面的专业知识。专业化的汽车信贷服务将极大地简化贷款申请和审批的程序,让消费者真正体会到汽车信贷服务的"方便、快捷、全方位"。

在消费信贷支持的车型方面,我国的商业银行不约而同地把车型范围局限于几种较高档的车型上,而其他品牌的车型销售却不能得到银行的消费信贷支持,可供选择的汽车产品范围狭窄。例如,某银行规定只对 10 个公司的 17 个品牌的车辆开办汽车消费贷款业务。这种限制导致了汽车消费信贷的发展不平衡,阻碍了其发展速度。此外,汽车的售中和售后服务等配套设施跟不上,消费者在购买汽车和汽车使用过程中遇到的一些问题得不到及时解决,也妨碍了消费者购车的积极性。

四、个人信用制度不健全,防范汽车消费信贷风险的手段缺乏

西方发达国家健全的个人信用制度为其汽车金融服务发展提供了保障。在美国,有许多信用评级和信用调查机构专门收集、记录、整理和分析个人的信用档案,如消费者的信用往来、个人负债、消费模式、是否有财务欺诈行为或个人破产记录等。这些机构的存在,免去了银行收集、鉴别申请人相关信息的繁杂劳动,不但节约了贷款成本,还有利于银行集中精力完善风险管理。但是,我国个人信用制度还没有完全建立,近几年的实践经验也表明,由于缺少消费者个人信用资料,当银行贷款给消费者时将承担很大风险,如果消费者没有按期执行分期还款协议,银行将遭受巨大损失。这也是银行对贷款者的资格要求之高、条件之苛刻、手续之烦琐的原因所在。

汽车消费贷款的担保方式有三种:抵押、质押与保证第三方担保。在实际办理贷款的过程中,这三种方式都不太"中用",给客户带来不少麻烦。先说抵押担保,国外以房产为抵押向银行贷款十分普遍,而国内目前房改房、商品房产权复杂,评估时效和评估费用上存在诸多问题。另外,房产价格较高,汽车消费贷款额度一般较小,房产价值由专业机构评估,贷款人需要支付高额评估费,这就给贷款者增加了负担。质押同样没起多大作用,质押贷款要求贷款人将相当于车款

的有价证券存入银行。可现实生活中,持有商标权、专利权、著作权中的财产权以及有价证券的却很少,第三方担保方式也举步维艰。我国《担保法》规定:学校、幼儿园、医院和国家机关等人员不能作为保证人,这些单位的职工就不能使用这种担保方式;由于人员流动频繁,企事业单位也不愿为职工担保,即使单位愿意担保,银行审查手续繁杂而要求又很严格,符合条件的寥寥无几。要想改变这种状况,只有组建专业化的信用担保公司,才能够分散贷款风险,从而进一步简化贷款手续。申贷人只需向担保公司提供申请人的户口簿、身份证、有效居住证明和收入证明等,就可获得担保贷款,无须银行或保险公司再对个人信用状况作深入调查。随着汽车金融市场的不断发展,在北京、上海等地的车贷市场上出现了专门为贷款人做担保的担保公司。只是这些担保公司资质良莠不齐,有的只押几十万就能从银行贷出几百万额度的贷款,不足以承担风险。在保险方面,保险公司的"履约保证保险"中一些免责条款对贷款人不利,保险未给银行贷款真正上"保险",这导致我国汽车信贷市场中某些保险公司开始退出汽车信贷市场。

有数据显示,一些银行汽车贷款的坏账率高达30%。而在我国,征信体系还不够健全,汽车金融公司目前主要还是依靠自己收集、记录、整理和分析客户的信用档案,进行信用调查和评级,不仅难以提高风险防范的效率,而且也增加了成本,加大了经营风险。

另外,法律法规也没有跟上,我国目前还没有一部专门的汽车信贷消费法,主要是通过一些临时性法规来调节汽车信贷消费关系,很难达到相应效果,风险防范能力低。我国目前缺少专门个人信用信息机构体系,只有上海、广州等少数几个大城市建有个人信用信息专门机构。由于法律法规的不健全,这些机构所保有的信息以及信息的收集、使用等方面,是否具有合法性还是一个疑问,特别是对个人隐私权的保护,将成为一个十分棘手的问题。如果不在法律上对这个问题加以完善和解决,个人信用信息全国范围的共享是不可能的。国外的汽车信贷消费服务根本不存在此类问题,他们有着完善的法律法规体系,有着强有力的个人信用信息调查机构,并且信息可以共享,客户随时可以查询到消费者的信用状况,对消费者进行信用等级划分,对失信者加以通报。

五、法律法规不完善,市场运作不规范

完善的法律制度是汽车金融机构稳健经营的重要保障,也是汽车金融机构盈利的基础。在汽车金融风险管理的法律制度中,征信法律制度、担保法律制度等最为重要。我国的《贷款通则》与《担保法》中均没有针对消费信贷的条款,更没有汽车消费信贷的相关的法规。由于缺乏专门的法律法规,不仅商业银行开展汽车消费信贷业务无法可依,而且一旦借款人故意或非故意地违约就会出现耗时耗力、加大社会劳动、执行难的局面。

目前,我国的车贷市场竞争混乱,缺乏制度约束与规范管理,侵犯消费者合法利益的事件屡屡发生。有些汽车经销商违背诚实信用的商业道德,蒙骗消费者在空白合同上签字。也有一些既无信贷资格又无车源的汽车经销商采用"拼缝"手段,利用消费者不熟悉贷款购车技术细节,捆绑销售,骗收消费者额外款项。由于车贷业务发展过快,银行、保险公司、汽车生产商的管理相对滞后,或为了追求规模而放松了管理,这就造成了管理风险,导致市场运作不规范。我国目前既没有消费信贷的专门立法,更没有个人破产制度。当借款人无法偿还贷款时,应该如何收回抵押的汽车,怎样保证贷款机构能够收回贷款的同时又能够维护借款人的合法权益,这些都是我国消费信贷贷款机构不得不面临的现实问题。

一个正常而健康的汽车金融服务市场应该是：汽车经销商、银行、信用担保公司、消费者及保险公司之间找到利益的平衡点，建立理性合作的关系，并通过一系列制度来规范各方的行为，达到最终维护消费者的合法权益目的。

第五节 中外汽车金融服务比较分析

一、汽车融资机构主体比较

（一）国外汽车金融服务的融资

国外汽车金融公司通常有广泛的资金来源。主要包括商业票据、公司债券、购车储蓄、以应收账款质押向银行借款、向银行等机构投资者出售应收账款、应收账款证券化等。其中，发行商业票据和公司债券及吸收购车储蓄等方式最为普遍。另外，汽车金融公司的资金来源，除传统的银行贷款外，母公司还提供供货、往来款项甚至借款等。近年来，进入资本市场发行商业票据、债券融资，以汽车信贷资产证券化来获取资金已经成为汽车金融服务公司的主要融资方式，目前80％的资金来源于此。

国外汽车金融服务公司的利润一般在30％左右，汽车金融服务公司的利润构成了这些汽车制造企业利润来源的主要部分。汽车金融服务公司的利润由过去的资金成本与放款利息的利差，转变到开发一些属于高收益、高风险、高利润回报的金融服务产品，如针对有信用缺损和信用污点者提供的汽车信贷。同时，汽车金融公司发挥高超的资本运作能力，进行资产管理和投资组合，一方面从证券、债券市场获取收益；另一方面通过房地产、保险等市场获取利润。

汽车金融服务公司不仅向汽车制造上游投资融资，还积极向汽车制造下游相关产业发展，开发服务类衍生产品，如汽车租赁、汽车旅游、汽车俱乐部、汽车价值评估置换、汽车物流、汽车维修服务、汽车油品、汽车会展等，并获得较高的利润。特别是将汽车营销同汽车消费者的委托投资理财相结合，使汽车金融服务公司开辟了一个个新的利润来源。

（二）国内汽车金融服务的融资

我国的汽车财务公司难以吸收企业集团外的社会资金，即使是集团内资金，财务公司也只能吸收一小部分。由于受到资金来源的制约，财务公司无力对集团的产品促销提供大规模的资金支持。

我国目前汽车企业集团本身的规模就不够大，其设立的财务公司，作为服务并从属于单一企业集团的财务公司，其专业化优势不可能转化成现实的规模经济优势。而且，根据《财务公司管理暂行办法》的规定，企业集团财务公司的作用主要是为企业集团的技术改造、新产品开发和产品销售提供中长期融资，为其产品销售融资只是其中的一项职能，这就更加限制了财务公司在汽车销售融资中专业化优势的发挥。总体看来，我国汽车金融服务的融资途径较窄，有待不断丰富。

二、汽车金融服务方式比较

（一）国外汽车金融服务方式

国外汽车金融服务模式主要有四种，包括分期付款方式、融资租赁方式、再融资方式、信托租赁方式。

分期付款模式是各国普遍采用的一种传统的融资方式,即消费者在购买商品或者享受服务时,一次性支付资金有困难,可以采取首付款后,其余价款分期付清的方式,提前使用商品或者享受服务。

融资租赁是一种买卖与租赁相结合的方式,也属于用金融服务的方式购买,即消费者在首付款后,在租赁期内不需要付完全车款,而是把车款付到所购车辆租赁期满后的残余价值为止。这等于只付了租赁期内的折旧款,之后消费者可以选择支付余款购买汽车主权,也可以选择将车归还汽车金融公司,汽车金融公司或继续按这种原则对外租赁或投入二手市场出售。因此开展这种汽车金融服务业务,对轿车消费的推动作用相当大。融资租赁方式和分期付款的汽车贷款相比,具有一定的优势,具体体现在:对于承租人(消费者)来说,"先租后买"方式比较灵活。在租赁期满后,承租人享有选择权,决定是否购买所租汽车。

再融资是指合同持有人通过受让汽车分期付款零售合同的合同债权,与作为债务人的消费者重新安排分期付款协议的内容,从而实现对消费者提供融资,它是在汽车金融服务机构以分期付款方式为消费者提供金融服务之后的第二次融资。

信托租赁是信托公司采取的一种特有的融资方式,就汽车金融服务而言,信托公司为实现其财产信托职能,可以通过适当的合同安排,为汽车制造商、汽车经销商以及最终消费者提供融资服务。

(二)国内汽车金融服务方式

我国的汽车金融服务方式主要有四种,包括以银行、经销商、非银行金融机构、汽车金融公司为主体的四种模式。

银行主体模式是指银行直接面对客户,在对客户信用进行评定后,银行与客户签订信贷协议,客户拿贷款额度到汽车市场上选购自己满意的产品。在这种模式中,银行是中心,银行指定律师行出具客户的资信报告,银行指定保险公司并要求客户购买其保证保险,银行指定经销商销售车辆。

经销商主体模式指借款人到银行特约汽车经销商处选购汽车,提交有关贷款申请资料,并由汽车经销商转交银行提出贷款申请。经调查审批银行同意贷款后,签订借款合同、担保合同,并办理公证、保险手续。也就是消费者向经销商申请贷款,由经销商将整套信用资料提供给银行,最终由银行审批发放贷款。银行安排的间接汽车贷款是对经销商提供的贷款进行打折,采取批量处理的方式。

非银行金融机构主体模式指该机构组织对购买者的资信调查、担保、审批工作,向购买者提供分期付款,这些非银行金融机构通常为汽车生产企业的财务公司。

汽车金融公司对于汽车产业链上的每个环节十分清楚,能够以更加灵活、优惠的价格和服务发放汽车贷款,甚至可以将汽车销量的增加用以弥补汽车贷款业务的亏损,便于对个人购车者提供更多的延伸服务和增值服务。目前我国起步中的汽车金融公司暂时对车市大局产生不了多大影响,但无疑有明显促进作用,尤其是汽车金融公司还可以对汽车销售商给予较大的支持。

三、汽车金融业比较

(一)提供汽车金融服务的中外机构比较

在国外,汽车金融市场的服务机构包括商业银行、信贷联盟、信托公司等金融机构,同时也包括汽车金融服务公司等非银行金融机构。我国的汽车金融服务刚刚起步,国内提供汽车金融服务的机构主要有中资商业银行、内资汽车集团附属的财务公司、专业汽车金融公司。

国外汽车金融服务市场的主体是附属厂商的专业汽车金融公司,市场上提供服务的机构多元化,多元化机构共同参与汽车金融服务市场的竞争;国内汽车金融服务市场的主体是商业银行,目前占绝对优势,市场上其他提供服务的机构较少,所占份额极少。

(二) 汽车金融服务中外融资模式比较

国外汽车金融服务融资模式主要有:分期付款销售方式、融资租赁方式、汽车分期付款合同的转让与再融资方式、信托租赁方式等。我国的汽车金融服务融资模式主要有:分期付款销售方式、融资租赁方式两种。

国外为客户提供汽车金融融资服务的方式和机构是多样化的,这使得汽车金融市场上的融资产品极为丰富,并且融资租赁在市场上占据重要的位置。国内为客户提供汽车金融服务融资方式比较单一,主要是分期付款的消费信贷。汽车租赁业发展滞后,融资租赁所占份额很小,汽车融资租赁对消费者购车的金融支持力度有限。而国外的汽车融资租赁业之所以能健康快速的发展,有两个有利条件,一是有完善的法律法规保障,发达国家虽然没有专门的租赁法却有完善的民法、商法和税法体系,对融资租赁涉及的法律纠纷可以用现存的各种合同法规或判例来解决;二是市场准入条件放宽,汽车融资租赁业务主体多元化。2000年在美国,汽车租赁业中汽车厂商占25%,银行及子公司或附属公司占35%,独立的租赁公司占40%。这两个条件使国外的融资租赁业务得以快速发展。

(三) 汽车金融业的中外赢利模式比较

国外汽车金融既有传统型赢利模式,又有增值型赢利模式。其中传统型赢利模式包括:汽车销售利润模式;维护修理利润模式;保险代理利润模式。增值型赢利模式是指消费者可以通过新的投资途径增加收入,提高对汽车消费贷款的偿还能力,同时有利于消除信用风险,因为消费者将一部分资金委托给汽车金融服务公司进行投资,还使汽车金融服务公司募集了一笔长期资金,有利于增强其资产的流动性。正因为该产品具有上述优势,所以这种金融创新产品传播极为迅速。从资本运作模式来讲,增值型赢利模式是通过投资组合的方式,将资金投向资本市场的金融产品上。如:政府债券、企业固定利息债券、股票、外汇、期货、抵押放款,或通过建立专业性的基金(或私募基金)进行投资。汽车文化运作模式是以一些品牌汽车俱乐部的名义,通过吸收本俱乐部成员或者一些由汽车金融公司提供融资的客户,建立专门的投资基金,为他们进行投资理财(注:汽车文化运作模式属于增值型赢利模式的一种)。而增值型赢利模式的资金来源于以下几个渠道:汽车金融机构的资本金和其他资金、保留盈余、结算中形成的短期负债以及以汽车消费为目的的专业性投资理财资金。目前增值型赢利模式的重要性日益凸显,它使汽车金融服务资金通过投资于资本市场而增值,可以增强汽车金融公司的实力,而资本实力的增加能使汽车金融公司获取更多垄断利润,因此在国际汽车金融市场上的运用日趋广泛。

国内汽车金融赢利模式主要为传统型赢利模式,还没有增值型赢利模式。国内汽车金融传统型赢利模式主要有以下几种:

(1) 汽车销售利润模式。我国的汽车厂商受到保护,整车的利润率基本达到10%~12%,远高于国际2%~4%的平均水平。即使经历了近几年的降价,厂商仍然有向经销商返利的空间,所以在中国这样汽车消费市场发展程度不高的国家,汽车销售利润模式还是一种比较重要的赢利模式(一般厂商向经销商返利比例为车价的2%~5%)。

（2）维护修理利润模式。目前国内维修保养利润模式处于起步阶段,已有一些商业银行联合维修服务机构签订协议,从中获利的同时使消费者得到便捷的服务。

（3）保险代理利润模式。我国商业银行介入汽车消费信贷后要求借款人购买信用保证保险,同时要求借款人在同一家保险公司购买其他机动车险产品。保险公司的加入,使经销商和银行能获取保险代理收入,保险代理利润模式在国内汽车金融服务中占据了一席之地。但随着保险公司退出汽车消费信贷市场,该模式也基本退出市场。

由上述比较可见,国外汽车金融服务赢利模式多样化,国内赢利模式比较单一,目前处于初级阶段。

（四）汽车金融业的中外信用风险管理比较

国外汽车金融业的信用风险管理比较先进,贷前是进行专业的风险评估;贷后是进行连续的风险监控,并建立预警机制;风险处置体系高效运转;经营管理的专业化程度高。国内汽车金融业的信用风险管理状况有待改善,银行的贷前风险评估比较困难;贷款风险控制条件比较严格,但并未取得很好的效果;贷后管理工作薄弱。其原因在于:国外有专门的信用评估机构提供信用报告,信用资料的准确性和可获得性高,因此汽车金融公司能迅速地进行贷款风险评估。从国内的情况来看,国内信用评估制度本身也是比较完善的,但缺乏准确的资信材料,工资收入仅是个人收入的一部分,不能代表其真实收入,也不代表其此后还有稳定的收入;房产可能重复抵押,由于无信息共享机制,银行很难获知,所以银行要进行准确的风险评估比较困难。

从贷款期限、首付比例、担保的规定、放贷额度这些贷款条件来看,国内银行的规定都比国外的汽车金融服务机构的规定要严格。但汽车消费贷款的风险并没有因此而减少,这说明这种制度的有效性不足,主要是配套制度如征信制度、保险机制不完善,银行的信用风险管理意识不足。比如由于缺乏有效的调查手段而难以掌握共同购车人资料的真实性和稳定性。经销商可供抵押的固定资产十分有限,但担保金额通常却远大于其本身的资产,汽车消费贷款设定物的担保价值虽然超过贷款金额,但在执行时存在许多障碍,不能及时变现,所以经销商的保证责任常形同虚设。银行将车贷风险基本上全部转移给承办车贷履约保证险的保险公司,易造成银行、经销商的逆向选择风险,在个人信用不完善的情况下,赔付率攀高成为必然,使保险公司过度承担风险。2003年下半年各保险公司纷纷退出,风险重新落到银行身上。在保险公司退出市场后,银行只能制定更为苛刻的贷款条件来回避风险。国外相对宽松的贷款条件是建立在其先进的风险评估和完善的信用体系的基础上的。风险评估使汽车金融服务机构实现了准确的客户遴选,信用体系的完善有力地防范借款人的道德风险。贷后管理方面,国外有专门的风险监测预警制度、系统,贷后管理比较完善、科学。

思考题

1. 国外汽车金融服务的特点是什么?
2. 国内汽车金融服务的主要模式有哪几种?
3. 我国汽车金融服务业存在的主要缺陷是什么?
4. 中外汽车金融服务在宏观环境方面有何差异?
5. 依照投资主体的不同,汽车金融服务公司有哪几种方式?
6. 国内汽车金融服务业与国外同行相比主要差距表现在哪些方面?

第四章

汽车消费信贷

　　根据发达国家经验,当人均国内生产总值(人均GDP)达到3 000美元时,将会出现汽车消费高峰。2010年,我国人均GDP已经突破4 000美元,而平均每千人汽车保有量仅为52辆,低于每千人128辆的世界平均水平。汽车消费潜能巨大,必将推动汽车产业快速发展,从而对汽车消费贷款的需求将不断扩大。购车大军中,选择到银行贷款购车,是许多人圆汽车梦的捷径。汽车信贷消费是目前国际上通行的耐用消费品贷款业务之一,国外贷款买车的比例高达60%~80%。它不仅有效缓解汽车消费者的资金压力,促进合理消费,而且对汽车生产厂家来说,可以减少资金占用,把有限的资金用于扩大再生产,对银行而言,资金也有了新的投向,可谓是一举三得的好事。

第一节　汽车消费信贷的概念与形式

一、汽车消费信贷的基本概念

　　汽车消费信贷是信贷消费的一种形式。消费信贷是零售商、金融机构等贷款提供者向消费者发放的主要用于购买最终商品和服务的贷款,是一种以刺激消费、扩大商品销售、加速商品周转为目的,用未来收入做担保,以特定商品为对象的信贷行为。汽车消费信贷即用于购买汽车的消费信贷。在我国,它是指金融机构向申请购买汽车的用户发放人民币担保贷款,并联合保险、公证机构为购车者提供保险和公证,再由购买汽车人分期向金融机构归还贷款本息的一种消费信贷业务。

　　在国外,尤其是发达国家信贷消费方式十分普遍。例如美国,信贷消费的历史最早,消费信贷业务也最为发达,借助消费信贷进行消费是美国居民的一个重要消费行为特征。目前,美国、西欧等工业发达国家和地区消费信贷的规模在整个信贷额度中所占的比重已达到相当高的程度。而且,无论是美国、英国、新加坡、西班牙、法国,还是日本、丹麦、挪威等国家的金融机构都向消费者提供分期付款的消费信用业务,期限长到可以父债子还。

　　20世纪初,在汽车大批量生产以前,由于价格十分昂贵,因而汽车只是以少数富人为消费对象,是典型的奢侈品。随着福特发明的汽车装配线的采用,汽车的生产成本大幅度降低,全球汽车的产量也从1900年的4 200辆猛增到2010年的约7 000万辆。大批量生产需要巨大的市场来支撑,从而必须想方设法使汽车由少数人消费的商品变成广大普通百姓都能够买得起的生活必需品。为此,各国的汽车经销商除了降低价格外,就是向购买汽车的消费者提供分期付款信贷,以刺激消费,扩大市场。自1910年首笔汽车分期付款信贷发放以来,汽车消费贷款在国外已有近百年的历史,大的跨国公司都有自己的融资公司为其产品销售提供支持。例如,通用汽车融资公司 1998 年总资产达 1 470 亿美元,在全球有 800 万客户;1998 年整个欧洲共有 2 100 万新车获得总计 2 050 亿美元的贷款;在美国,通过贷款购置新车数占全部购车数的 82%~85%,在德国这个比例为 70%,作为发展中国家的印度为 60%~70%。多年来,专业的融资公司积累了相当丰富的汽车消费贷款经验,手续简便灵活,对不同车型有不同的贷款利率,汽车贷款业务十分走俏。

汽车个人信贷消费在我国起步较晚。它是由早期的汽车分期付款销售业务转化而来的。当时银行没有介入,只是由汽车生产厂家和经销商联手,目的是为了扩大汽车的消费,市场反映并不热烈。随着中国汽车工业的发展,国家大力提倡个人汽车消费,并采取一系列政策措施,培育汽车市场成熟发展。近两年,随着我国城市道路交通建设步伐的逐渐加快,以及城镇居民收入水平的不断提高,个人汽车消费需求出现较大增长。从 1998 年,中国人民银行颁布《汽车消费贷款管理办法》,允许汽车消费贷款在四家国有独资商业银行进行试点,2001 年末全国汽车消费信贷余额仅为 436 亿元,而 2008 年末这一数字就增加到 1 583 亿元。同时,国家已经推出和即将推出的包括汽车消费信贷、改革汽车税费制度等一系列旨在鼓励汽车消费的政策,将最终促进个人轿车市场的全面启动。而中国银行业监督管理委员会也于 2008 年 1 月 24 日发布了《汽车金融公司管理办法》,以期规范和促进汽车消费信贷的发展,汽车消费信贷也将迎来一个新的发展高潮。

二、汽车消费信贷提供的主体

(一)我国目前汽车消费信贷的提供主体

作为一项贷款业务,我国的汽车消费信贷主要由商业银行来提供,如建设银行、工商银行、中国银行、农业银行以及交通银行等已经分别成立了类似汽车按揭中心的专门机构,并在汽车金融服务中心配备专门的人员。但是考虑到市场的特殊性,商业银行一般将贷款业务的许多手续委托给汽车经销商代理。一些城乡信用社作为合法经营贷款业务的金融机构也提供为数不多的汽车消费信贷。还有一些经过人民银行批准的财务公司(主要是汽车集团下属的财务公司)已经开始做这项业务。此外还有一些专业金融租赁公司,它是以一些租赁的方式在参与汽车消费信贷市场。据统计,截止 2008 年底,全国各金融机构共发放汽车消费贷款余额 1 583 亿元,其中,国有商业银行余额 743 亿元,股份制银行余额 311 亿元,汽车金融公司余额 318 亿元;国内汽车和汽车配件生产企业在银行间债券市场共发行短期融资券 217 亿元,中期票据 20 亿元;以个人汽车消费贷款为基础资产的汽车贷款资产支持证券在银行间债券市场已试点发行 19.9 亿元。

(二)国际上汽车消费信贷的提供主体

在国际上,提供汽车消费信贷的主体是附属于汽车公司的专业汽车金融公司。比如在美国全部新车消费信贷中,银行仅占 26% 的份额。福特、通用、克莱斯勒、丰田四家专业汽车金融公司占 39%,其他财务公司和信贷联盟占 35%。汽车金融信贷不仅仅促进了汽车的销售,同时它本身就是非常重要的盈利手段。比如通用汽车信贷公司在 2002 年第一季度获利润 4.39 亿美元,占公司同期利润总额的 55.5%。这些专业汽车金融公司之所以占据较大份额的原因,首先由于他们和生产厂商的天然联系,使得它的根本利益和厂商实际上是一致的,在关键的时候是可以互相支持的。比如在美国,汽车金融公司可以支援厂家的生产资金流动,而且对销售商有 60 天还款期,金融公司对销售商的期票进行承兑,对用户不但可以进行贷款和分期付款,还可以进行售后跟踪,尤其是对一些车的残值处理,这是那些非专业的汽车金融机构无法进行的。其次由于他们只做汽车信贷业务,非常专业化,他们为消费者提供涵盖汽车售前售中、售后的更广泛的专业产品和服务。更重要的是,多年的从业经验,使得他们开发出专门的风险控制系统、风险评估系统,甚至于专门的催讨系统,保证了较高的业务处理效率,具备了较强的竞争优势。商业银行尽管实力非常强大,但是在单一业务上却拼不过专业汽车信贷机构。他们的规模化也是和他们的专业化联系在一起的。

三、汽车消费信贷的主要方式

目前世界各国汽车消费信贷的方式各有不同,现着重介绍几种有代表性的方式。

(一)美国汽车消费信贷的主要方式

在美国,向用户提供汽车消费信贷融资的方式主要有两种,即直接融资和间接融资。直接融资是由银行或信用合作社直接贷款给用户,用户用取得的贷款向经销商购买汽车,然后按分期付款的方式归还银行或信用合作社的贷款。间接融资是用户同意以分期付款的方式向经销商购买汽车,然后经销商把合同卖给信贷公司或银行,信贷公司或银行将贷款拨给经销商或清偿经销商存货融资的贷款。目前美国直接融资的比重约占整个用户分期付款融资的42%,间接融资占58%,而且统计资料显示,银行所占的比率逐年下降,专业信贷公司的比率逐渐上升。以专业信贷公司为主的间接融资是美国汽车消费信贷融资方式的主体。其业务流程如图4-1所示:

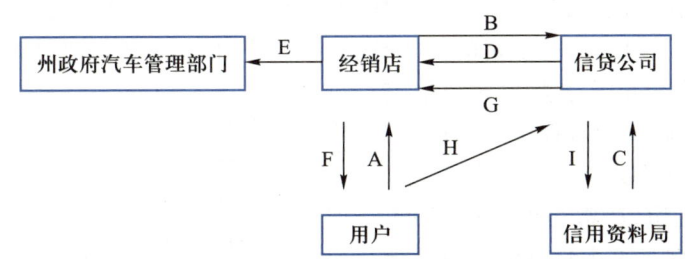

图4-1 美国消费信贷融资流程

流程图说明:
    A 用户在经销商处选定车型并填写贷款申请书。
    B 经销商将用户贷款资料通过电脑联网,传送到信贷公司在当地的分公司。
    C 信贷公司通过电脑网向信用资料局调取用户的信用资料,进行信用评估。
    D 信贷公司通知经销商贷款的核准情况。
    E 经销商与用户签订汽车消费信贷销售合同,经销商向州政府汽车管理部门登记上牌,并登记信贷公司为车辆抵押权人,抵押权人将显示在汽车管理部门出具给用户的车辆所有权证明书上。
    F 经销商交车给用户。
    G 信贷公司在收到经销商的合同文件后,拨放贷款和佣金。
    H 用户按合同规定按期支付分期款给信贷公司。
    I 信贷公司将客户的付款状况信息提供给信用资料局。
美国汽车消费信贷方式具有以下几个特点:
(1)美国的汽车消费信贷方式是通过完善的社会服务系统及先进的计算机系统来完成的,

整体的操作非常有效率。

(2) 贷款期限一般为 5 年，即 60 个月，贷款金额约为车价的 80%。

(3) 美国对用户消费信贷融资的法令规定广泛，主要目的是为了保障用户的权益。例如，法令规定汽车消费信贷销售合同必须说明利率、利息费用、月付款等贷款条件。

(4) 在美国，目前租贷融资的比例正在逐渐增加。这种方式既能使消费者可以经常更换车辆，同时又免去了处理旧车的麻烦。

(二) 日本汽车消费信贷的主要方式

日本汽车消费信贷开始时主要以银行为主体来开展这项业务。到 20 世纪 60 年代前期，为了对抗美国汽车生产厂家强劲的销售能力，日本汽车工业协会提出了通过扩展消费信贷销售内容，以增加对国产汽车需求的建议，并提出创办汽车销售金融公司的思路。以此为契机，许多汽车公司纷纷成立金融公司来促进这项业务的开展。目前，日本约有 50% 的用户是通过消费信贷方式购车的，而另外 50% 以现金或向亲友融通资金的形式购车。

日本汽车用户融资的方式基本可以分为以下三种。

1. 直接融资

通常是用户直接向银行贷款购车，并以购买的汽车作为贷款的抵押物，然后再向银行进行分期付款。

2. 间接融资

这种方式与美国的间接融资基本上是一样的，即经销商将以分期付款方式购车的用户先进行汽车厂专属的信贷公司或信贩公司的信用评估，然后与用户签订分期付款合同的经销商再把这个合同转让给信贷公司或信贩公司。信贷公司或信贩公司把贷款及佣金拨给经销商。

3. 附保证的代理贷款

简单说是金融机构（通常是保险公司）提供贷款给用户购车，但是整个贷款的作业从信用核准到贷款后的服务及催收都由信贩公司处理，信贩公司保证在客户不付款时代替客户向金融机构支付贷款，信贩公司则向提供贷款的金融机构收取一定的费用，这是日本一种较为有特色的做法。其业务流程如图 4-2 所示。

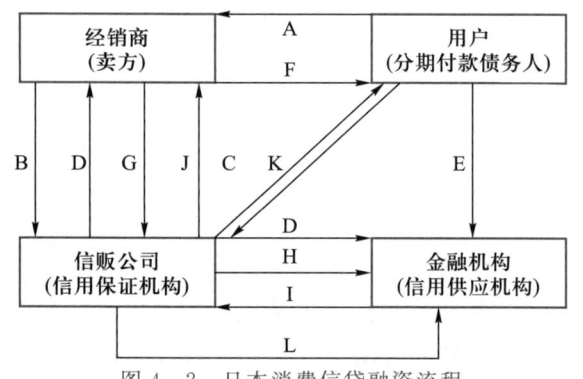

图 4-2　日本消费信贷融资流程

流程图说明：

A　用户在经销商处选定车型并填写贷款申请；

B　与信贩公司有合同关系的经销商将用户的贷款申请送到信贩公司；

C　信贩公司对用户做信用评估及调查；

D　信贩公司将核准贷款并通知经销商及签有保证合同的金融机构；

E　用户与提供贷款的金融机构签订融资合同；

F　经销商将车辆交付给用户；

G　经销商向信贩公司请求支付贷款；

H　信贩公司向金融机构请求拨发贷款；

I 金融机构拨发贷款给信贩公司;
J 信贩公司将贷款转拨给经销商;
K 用户向信贩公司分期付款;
L 信贩公司向金融机构支付客户到期的分期款并收取应得的收入。

这种做法的好处是金融机构(银行或保险公司)对用户的贷款通过专业信贩公司的管理及对贷款的保证,把贷款风险降到最低,信贩公司这样安排也不必考虑资金的筹措问题,他用本公司提供的专业服务获取适当的报酬,这是一种高度分工的做法。

日本汽车金融融资的特点是融资的市场主体由信贩公司、银行、汽车制造厂专属的信贷公司及经销商所组成。其中专业信贩公司占业务量的比率最大,并且逐年上升,银行占业务量的比率则逐年下降。

(三) 我国汽车消费信贷的方式

目前,在我国提供汽车信贷业务的服务主体主要有三类:商业银行、汽车经销商和非银行金融机构,其中以商业银行为主。根据服务主体的不同,中国的汽车信贷市场上有三种经营模式:

一是以银行为主体的信贷方式。该汽车信贷是由银行、专业资信调查公司、保险、汽车经销商四方联合。银行直接面对客户,在对客户信用进行评定后,银行与客户签订信贷协议,客户将在银行设立的汽车贷款消费机构获得一个车贷的额度,使用该车贷额度就可以在汽车市场上选购自己满意的产品。在该模式中,银行是中心,银行指定律师行出具客户的资信报告,银行指定保险公司并要求客户购买其保证保险,银行指定经销商销售车辆,风险由银行与保险公司共同承担。目前国内提供汽车贷款的银行已不下 10 家。

二是以汽车经销商为主体的信贷方式。该模式的汽车信贷是由银行、保险、经销商三方联手,由经销商为购车者办理贷款手续,负责对贷款购车人进行资信调查,以经销商自身资产为客户承担连带责任保证,并代银行收缴贷款本息,而购车者可享受到经销商提供的一站式服务。这种信贷模式的代表是北京亚飞汽车连锁总店。由于经销商在贷款过程中承担了一定风险并付出了一定的人力物力,所以通常需要收取 2%~4%的管理费。

目前,以经销商为主体的信贷方式又有新的发展,从原来客户必须购买保险公司的保证保险到经销商不再与保险公司合作,客户无须购买保证保险,经销商独自承担全部风险。比如亚飞与光大银行推出的"三省模式"汽车信贷服务,由亚飞进行资信调查,负责贷前、贷中、贷后的信用管理,并对贷款进行全程担保。

三是以非银行金融机构为主体的信贷方式。该模式由非银行金融机构组织进行购买者的资信调查、担保、审批工作,向购买者提供分期付款服务。目前国内的非银行金融机构通常为汽车生产企业的财务公司。上汽、一汽、天汽等都有自己的财务公司。其中,上汽的财务公司于 1997 年开始进行个人消费信贷业务。它的具体的模式如下:由经销商出 30%的款项从上海大众提车,其余 70%由上汽财务公司提供,该类车辆只能以消费信贷的形式售出。客户购买保险公司的保证保险,律师行出具资信文件,由经销商提供车辆,上汽财务公司提供汽车消费信贷业务。一旦出现客户风险,由保险公司将余款补偿给经销商,经销商再将其偿还给上汽财务公司。

第二节 汽车消费信贷实务

一、汽车消费信贷工作的参与单位及其职责

汽车消费信贷工作的参与单位有汽车经销商、商业银行、保险公司、汽车厂家、公证部门、公安部门等,各单位在汽车消费信贷工作中的职责如下所述。

1. 经销商的职责

(1) 负责组织协调整个汽车消费信贷所关联的各个环节;
(2) 负责车辆资源的组织、调配、保管和销售;
(3) 负责对客户贷款购车的前期资格审查和贷款担保;
(4) 负责汽车消费信贷的宣传,建立咨询网点及组织客源;
(5) 负责售后跟踪服务,及对违规客户提出处理。

2. 银行(或汽车金融公司)的职责

(1) 负责提供汽车消费信贷所需资金;
(2) 负责对贷款客户资格终审;
(3) 负责贷款购车本息的核算;
(4) 负责监督、催促客户按期还款;
(5) 负责汽车消费信贷的宣传工作。

3. 保险公司的职责

(1) 为客户所购车辆办理各类保险;
(2) 为贷款购车客户按期还款做信用保险或保证保险;
(3) 及时处理保险责任范围内的各项理赔。

4. 公证部门的职责

(1) 对客户提供文件资料合法性及真伪进行鉴证;
(2) 对运作过程中所有新起草的合同协议从法律角度把关认定;
(3) 对与客户签订的购车合同予以法律公证,并向客户讲明其利害关系。

5. 汽车厂家的职责

(1) 不间断地提供汽车分期付款资源支持;
(2) 给予经销商提供展示车、周转车的支持;
(3) 给经销其产品的经销商提供广告商务支持;
(4) 给销售达一定批量的经销商返利支持;
(5) 负责车辆的质量问题及售后维修服务。

6. 公安部门的职责

(1) 对有关客户提供有效证明文件;
(2) 对骗购事件进行侦破;
(3) 快速办理完成车辆入户有关手续;
(4) 做到车辆在车款未付清前不能过户。

7. 咨询点的职责

(1) 发放宣传资料、扩大业务覆盖面；

(2) 解答客户提出的有关购车问题；

(3) 整理客户资料；

(4) 对欲购车客户进行初、复审查。

二、汽车消费信贷的操作程序

现详细介绍汽车经销商为主体的信贷方式下汽车消费信贷的实例。

(一) 经销商汽车消费信贷工作各部门职责

(1) 资源部：负责商品车辆的资源组织、提运及保管；

(2) 咨询部：负责客户购车咨询服务、资料收集及车辆销售工作；

(3) 审查部：负责上门复审，办理有关购车手续及与银行、保险、公证等部门工作的协调；

(4) 售后服务部：负责客户挑选车辆、上牌及跟踪服务；

(5) 档案管理部：负责对资料的登记、分类、整理、保管及提供客户分期付款信息；

(6) 财务部：负责收款，开票，办理银行、税务业务，设计财务流程及车辆销售核算；

(7) 保险部：负责为购车人所购车辆做各类保险。

(二) 经销商汽车消费信贷业务的流程

经销商汽车消费信贷业务的主要流程、承担部门及每一个步骤所需有关文件资料如图4-3所示。

1. 客户咨询

客户咨询工作主要由咨询部承担，工作内容主要是了解客户购车需求、帮助客户选择车型、介绍购车常识和如何办理汽车消费信贷购车、报价、办理购车手续等。由于客户咨询工作是直接面对客户的，所以礼貌待客、耐心解说、准确报价、周到服务是客户咨询员的基本要求。这一阶段需准备的资料有八种，具体见图4-3中关联文件资料1~8。

2. 客户决定购买

在客户咨询员的介绍和协助下，客户选中了某种车型决定购买，此时咨询员应指导客户填写《消费信贷购车初、复审意见表》和《消费信贷购车申请表》，报审查部审查。

3. 复审

审查部应根据客户提供的个人资料、消费信贷购车申请、贷款担保等进行贷款资格审查，并根据审查结果填写《消费信贷购车资格审核调查表》等表格，还要对《消费信贷购车初、复审意见表》填写复审意见，然后将有关资料报送银行。

4. 与银行交换意见

这一阶段主要由审查部将经过复审的客户资料提交贷款银行进行初审鉴定。

5. 交首付款

这一工作由财务部负责进行，财务部在收取客户的首期购车款后，应出具收据，并为客户办理银行户头和银行信用卡。

6. 客户选定车型

客户选定车型后，由服务部根据选定车型填写车辆验收交接单，以备选车和提车时使用。

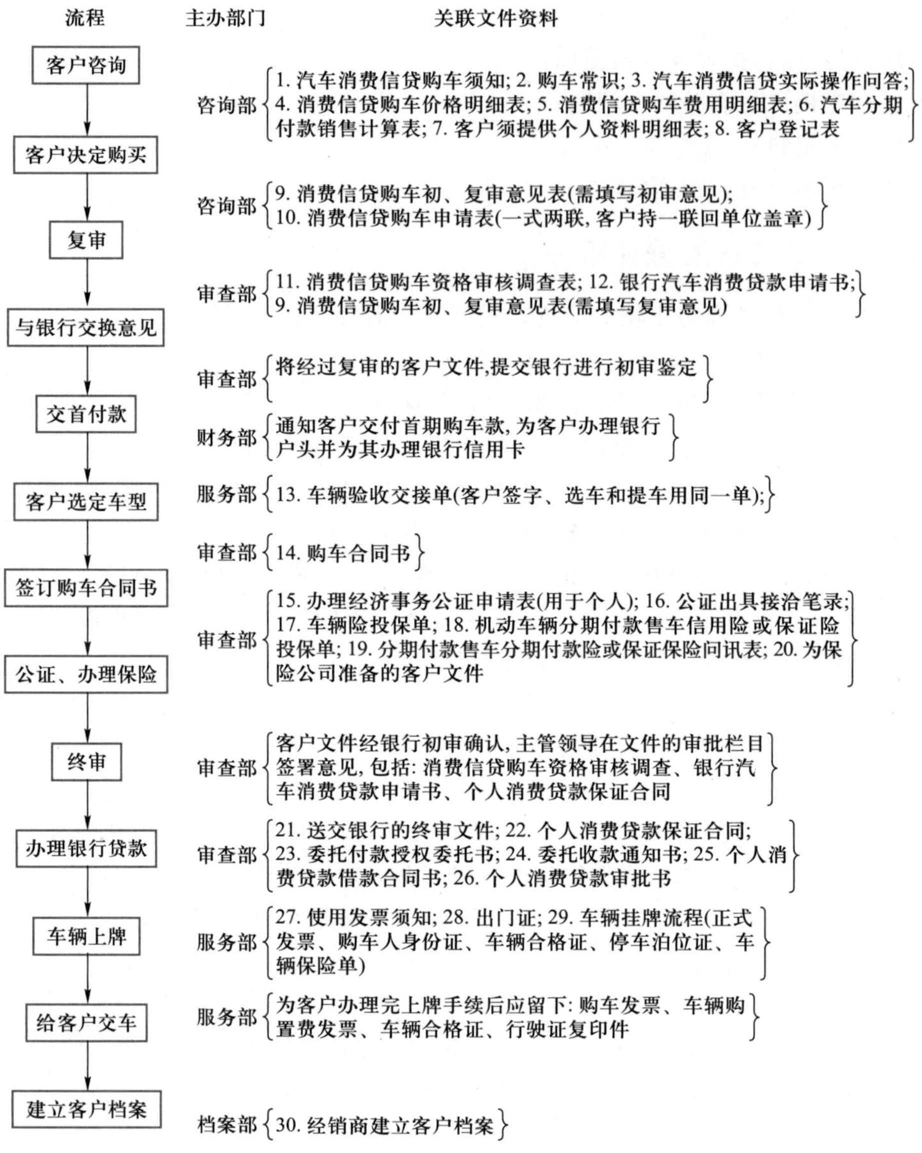

流程	主办部门	关联文件资料
客户咨询	咨询部	1.汽车消费信贷购车须知；2.购车常识；3.汽车消费信贷实际操作问答；4.消费信贷购车价格明细表；5.消费信贷购车费用明细表；6.汽车分期付款销售计算表；7.客户须提供个人资料明细表；8.客户登记表
客户决定购买		
复审	咨询部	9.消费信贷购车初、复审意见表(需填写初审意见)；10.消费信贷购车申请表(一式两联，客户持一联回单位盖章)
与银行交换意见	审查部	11.消费信贷购车资格审核调查表；12.银行汽车消费贷款申请书；9.消费信贷购车初、复审意见表(需填写复审意见)
交首付款	审查部	将经过复审的客户文件，提交银行进行初审鉴定
	财务部	通知客户交付首期购车款，为客户办理银行户头并为其办理银行信用卡
客户选定车型	服务部	13.车辆验收交接单(客户签字、选车和提车用同一单);
签订购车合同书	审查部	14.购车合同书
公证、办理保险	审查部	15.办理经济事务公证申请表(用于个人)；16.公证出具接洽笔录；17.车辆险投保单；18.机动车辆分期付款售车信用险或保证险投保单；19.分期付款售车分期付款险或保证保险问讯表；20.为保险公司准备的客户文件
终审	审查部	客户文件经银行初审确认，主管领导在文件的审批栏目签署意见，包括：消费信贷购车资格审核调查、银行汽车消费贷款申请书、个人消费贷款保证合同
办理银行贷款	审查部	21.送交银行的终审文件；22.个人消费款保证合同；23.委托付款授权委托书；24.委托收款通知书；25.个人消费贷款借款合同书；26.个人消费贷款审批书
车辆上牌	服务部	27.使用发票须知；28.出门证；29.车辆挂牌流程(正式发票、购车人身份证、车辆合格证、停车泊位证、车辆保险单)
给客户交车	服务部	为客户办理完上牌手续后应留下：购车发票、车辆购置费发票、车辆合格证、行驶证复印件
建立客户档案	档案部	30.经销商建立客户档案

注：图中数字为操作性文件的编号。

图 4-3 经销商汽车消费信贷业务的流程图

7. 签订购车合同书

客户选定车型后，由审查部准备好购车合同书的标准文本，交于客户仔细阅读，确认无异议后，双方签订合同书。

8. 公证、办理保险

办理公证和保险需要许多资料、手续繁复，各部门间应相互配合，这一阶段需准备的资料有六种，具体见图4-3中关联文件资料15~20。这部分工作应由审查部和保险部共同承担。

9. 终审

审查部将客户文件送交银行进行初审确认，鉴定合格的有关文件提交主管领导签署意见，具体见图 4-3 中关联文件资料。

10. 办理银行贷款

审查部受银行委托,给客户办理相关个人消费信贷借款手续,具体见图 4-3 中的关联文件资料 21~26。

11. 车辆上牌

服务部携购车发票、购车人身份证、车辆保险单等有效证件,到车辆管理部门代客户办理车辆上牌。

12. 给客户交车

服务部代客户办理车辆上牌手续后,应留下购车发票、车辆购置费发票、车辆合格证、和行驶证的复印件,然后向客户交车。

13. 建立客户档案

经销商应建立完整的客户档案,以便售后服务工作和贷款催讨工作能顺利开展。

汽车消费信贷业务中涉及许多操作性文件,这些文件中的有关说明和式样,我们将在后面有选择地进行介绍。

三、汽车消费贷款审批程序

经销商根据客户提供的个人资料、消费信贷购车申请、贷款担保等进行贷款资格审查,并根据审查结果填写《消费信贷购车资格审核调查表》等,然后将有关资料报送银行汽车消费信贷的放贷机构。下面以银行为例来介绍贷款审批程序,如图 4-4 所示:

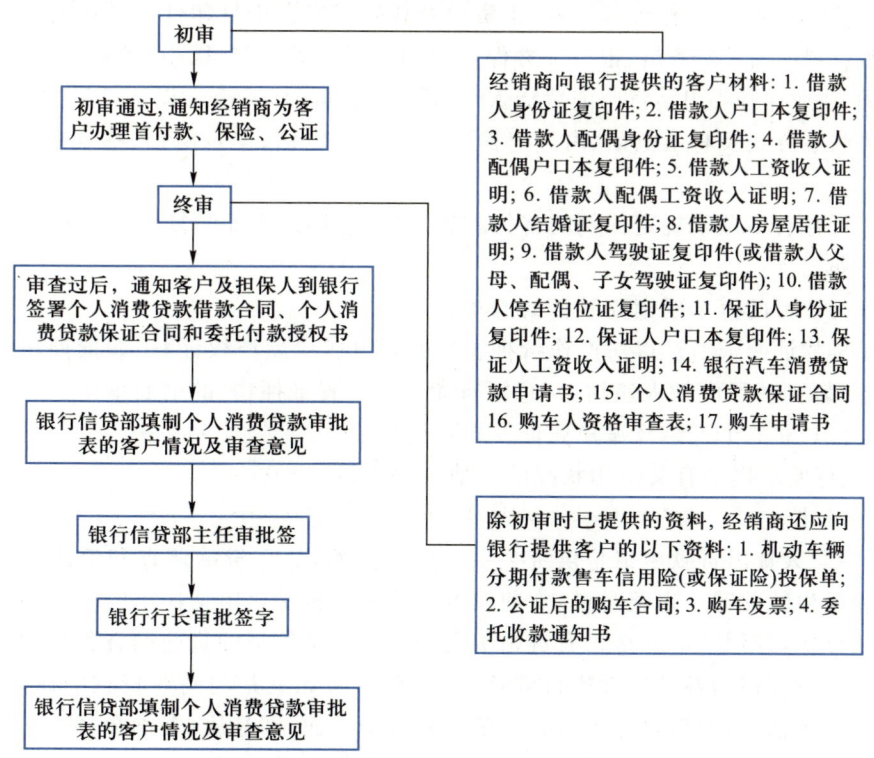

图 4-4 汽车消费贷款银行审批程序流程图

四、汽车消费信贷的程序管理

由汽车消费信贷的操作程序可知,消费信贷的操作程序大体上可以分为:贷款申请、贷前调查、信用分析、贷款的审批与发放、贷后检查、贷款收回、逾期及逾期处理等。这几大程序中,中心环节是贷前调查、贷时审查和贷后检查,也即通常所说的贷款"三查"。把好"三查"关是保证贷款顺利发放、安全收回的关键所在,对保证贷款的经济效益具有重要的意义。现以银行为例,将汽车消费信贷操作程序中几个关键环节详述如下。

(一) 贷款申请

这是借款人与银行发生贷款关系的第一步。作为汽车消费信贷来说,因其贷款对象是消费者个人,而不是工商企业。也正是由于这个区别,消费者个人在提出贷款申请时,其申请贷款的数额、期限以及申请时所提供的材料等都与其他贷款不同。因消费信贷的数额一般较小,而银行对申请者所要求提供的材料,却因消费者个人的资产信用状况不同于工商企业,而显得较为繁杂。

一般来说,借款人在提出借款申请时,应详细列述以下内容:

(1) 个人汽车消费贷款申请表(见本章第三节)。

(2) 有效身份证件(含身份证、临时身份证、公安部门开具的身份证遗失证明或补领证明)复印件、婚姻证明(结婚证复印件、离婚证复印件或未婚证明,其中未婚证明由借款人携带身份证及户口簿至户口所在地民政部门婚姻科办理,结婚证或离婚证遗失可同样处理)。

(3) 目前居住地址证明(完整的户口簿复印件及距申请日期两个月之内的水费、电费、煤气费、固定电话等账单任选一,上述对账单均需留下有效地址并应与借款申请书核对一致无误)。

(4) 职业及收入证明(工作证复印件、工资单及代发工资存折复印件或其他有效的工作、收入证明),工商银行规定国家公务员、银行证券保险机构正式在编人员、医生、教师、高级技术人员、执业注册会计师、执业律师等申请汽车消费贷款时,若月还款额为3 000元以下可免交收入证明。

(5) 有效联系方式及联系电话(由客户提供个人居住电话、单位电话、移动电话、Email地址的书面说明)。

(6) 在银行存有不低于规定比例的首付款凭证(银行存款凭证的复印件)或加盖经销商财务章的首付款收据。

(7) 与银行认可的汽车经销商签订的购车合同。

(8) 担保贷款证明资料。以房产作抵押担保的,提供《房屋产权证》。如抵押物已出租,还须提供承租人出具的"一旦借款人违约,同意银行无条件处置抵押物"的书面承诺。

(9) 在银行开立的个人结算账户凭证及扣款授权书。

(10) 按银行要求提供有关信用状况的其他合法资料。

(二) 信用分析

如果说,借款人提出贷款申请是供贷关系发生的开始,那么贷款调查和信用分析,则是决定供贷关系能否发生的关键。也就是说,贷前调查和信用分析是对申请作出的反应,通过对申请人的调查和信用分析,判别申请人是否有资格取得贷款。消费信贷的贷前调查和信用分析,是通过对这些私人贷款中存在的各种风险进行评估,而这些风险无疑是与商业贷款的风险不同的。在一般的银行贷款评估时,通常要分析贷款人信用的五个方面,即品质、资本金、能力、环境和担保,其中最重要的、同时也是最难于评估的莫过于对借款者的品质甄别。

在对借款者品质进行调查时,首先必须掌握借款者的还款意愿。在这里,金融机构能获得的唯一量化资料,是借款者的申请和信用记录。金融机构一般要取得借款者的身份证,核实其就业情况,审查其贷款申请的准确性,甚至必要的时候向与借款者有过借贷关系的其他单位征询。如果金融机构确认借款者不诚实或有欺诈行为,则会拒绝放贷。客户应具备的条件如下:

1. 基本条件

(1) 借款人合法有效的身份证明(居民身份证、户口簿、军人证、护照)。

(2) 有正当的职业和稳定的收入,有按期偿还贷款本息的能力。

(3) 具有良好的信用记录和还款意愿,在商业银行及其他金融机构贷款无不良记录。

(4) 能提供贷款银行认可的财产作抵押或质押,或有偿还能力的第三方担保人承担归还贷款本息的连带责任。

(5) 有明确的贷款用途,且贷款用途符合相关规定。

(6) 在贷款行开立个人结算账户。

(7) 贷款行规定的其他条件。

2. 限制性条件

银行一般根据个人征信系统(人民银行个人信用信息基础数据库和各银行特别关注的客户信息)提供的客户信用信息(包括个人客户基本信息、信贷交易信息、基本结算账户信息以及其他能反映个人信用状况的信息)。个人客户基本信息是指自然人身份识别、职业和居住地址等信息;个人信贷交易信息具体包括个人贷款、国际卡、贷记卡、准贷记卡、担保等信用活动中形成的交易记录;其他能反映个人信用状况的信息是指除信贷交易信息之外的反映个人信用状况的相关信息),按照风险大小将客户分为禁入、关注和正常三类。

对禁入类客户,不与其发生新的授信业务;对关注类客户,原则上不得与其发生新增授信业务,否则必须提供充分理由和说明,并经过有权人签字批准;对正常类客户,可按银行有关规定进入新增授信业务审批流程。

(1) 禁入类客户的条件。

- 个人消费贷款最近 24 个月内当前逾期期数≥6;
- 个人住房贷款最近 24 个月内当前逾期期数≥12;
- 信用卡最近 12 个月非正常还款月数≥6,且当前逾期金额≥500 元(准贷记卡还款状态≥3 视为非正常还款;贷记卡还款状态≥1 视为非正常还款);
- 信用卡信用表现期[1]≥12,非正常还款月数占比≥50%;
- 信用卡信用表现期<12,24 个月还款状态栏中出现 6(贷记卡)或 7(准贷记卡)的;
- 业务部门认定的应该归为禁入类的其他个人客户。

(2) 关注类客户的条件。

- 个人消费贷款最近 24 个月内当前逾期期数≥3;
- 个人住房贷款最近 24 个月内当前逾期期数≥6;
- 信用卡最近 6 个月非正常还款月数≥3,且当前逾期金额≥500 元;
- 信用卡信用表现期≥12,非正常还款月数占比≥30%的;

---

[1] 信用表现期是指该账户开户以后,信用报告的 24 个月还款状态栏中首次出现非"/"和"#"的月份至最近结算日期的月数。

- 信用卡信用表现期<12,24个月还款状态栏中出现3(贷记卡)或5(准贷记卡)的;
- 业务部门认定的应该归为关注类的其他个人客户。

(3) 正常类客户的条件。

未归入银行禁入、关注类的所有客户。

(三) 贷前调查

调查员需到借款人和财产共有人的家庭或单位调查核实借款人购车意愿的真实性、汽车价格的有效性;核实借款资料是否真实、完整、合法、有效;核实借款人主体资格情况;核实借款人的身份、职业、收入、资产、住址、联系方式、身份证件及民事行为能力等。通过与借款人面谈,了解借款人基本情况,做好谈话记录并由借款人签字确认。

1. 调查身份真实性

核实借款人的身份证、户口簿等身份证件,要重点核实身份证明的真实性和有效性。确认身份证明的真实性主要可通过以下途径来取得:通过身份证鉴别仪器判断真假;通过发证机关核证身份证明的真实性;通过查验身份证明的有效期来确定身份证明的有效性。如果该证明超过有效期限的则应要求其提供新的有效证明。

2. 调查职业与收入状况

电话或上门调查借款人提交的工作单位证明。收入证明有多种形式,如单位出具的收入证明、工资单、个人收入调节税税单、代发工资存折、房屋租赁合同及税单、股权分红税单等。其中:

(1) 个人收入调节税税单、代发工资存折和银行卡对账单 真实性程度较高,在操作中一般要求借款人提供近3个月的上述证明单证。对于此种方式提供收入证明的,可通过电话核实收入并做好相应记录。

(2) 工资单 采用此种收入证明的仅限于国有企业、上市公司、政府机关、事业单位,在借款人提供工资单的同时,要求其提供工作证作为附件。对于此种方式提供收入证明的,可通过电话核实收入并做好相应记录。

(3) 工作单位收入证明(分行统一格式) 一般情况下借款人在不能提供上述(1)和(2)证明的情况下,应按照银行统一格式提供收入证明,并加盖单位法人公章或人事部门印章(其他印章无效),对于此种方式提供收入证明的,调查人员应做到上门核实。

(4) 租金收入 要求借款人提供租借合同以及纳税证明;

(5) 股权分红 要求借款人提供股权分红税单;

(6) 私营企业营业税税单、私营企业纳税申报表和银行对账单;

(7) 其他还款来源的调查核实。

计算还贷能力时除抵押物以外,还可引入第二还款来源,主要包括股票持仓清单、大额养老保险单、国债凭证等。其中对于股票持仓清单应要求借款人提供其指定交易的证券公司盖章的股票持仓清单以及经核对后的股东磁卡复印件。

3. 辨别借款人类别

对符合以下条件的借款人,允许其进入银行个人汽车消费贷款"绿色通道":第一,已支付首付款比例超过5成(含);第二,以房产抵押申请本贷款,房产抵押成数低于5成。

对进入个人汽车消费贷款"绿色通道"的借款人,经办行可结合实际情况,减免贷款资料,提高审贷效率。

4. 查询并核对信息

查询借款申请人及配偶的个人联合征信系统信用信息、分行客户预警信息数据库,了解借款人及其配偶的信用状况、资产及负债情况。对有以下三种不良信用记录的应予拒贷:第一,贷款有逾期记录的;第二,信用卡有恶意透支的;第三,有刑事记录的。此外,由于目前个人联合征信系统及分行客户预警数据库仍存在信息不完全、不充分的情况,调查岗还应细致分析借款人提供的各种借款申请资料的内在信息,如通过消费信贷台账、房贷台账、信用卡透支信息系统查询借款人及配偶在银行的贷款及归还情况,凡借款人偿债能力不足或发现已发生违约行为,不得发放新的贷款。

5. 调查借款人购车行为与购车价格的真实性

审核购车合同是否与银行指定的经销商签订,调查购车真实性、贷款用途的合法合规性、实际购车车型配置与经销商推荐是否相匹配,购车价格与市场价格是否符合。

6. 调查借款人住址

核实借款人提交住址证明的真伪性,核实房产证、水电煤账单、信用卡对账单等的真实性、一致性。居住地址的证明包含户口簿、公房租赁证明、产权证、水电煤账单等。

7. 调查借款人单位及联系方式

工作单位的核实可以通过114台查询,如114台查询没有该信息,则应通过上门查证。核实借款人填写的相关资料中电话号码等联系方式的真实性,要求借款人须提供3个联系电话,即家庭电话、单位电话和移动电话,并逐一进行核实。

8. 经办行认为需了解的其他内容

(四) 贷款的审批与发放

金融机构对借款者的资信状况已经有了足够的了解之后,就可根据前两个步骤所取得的资料,作出是否给予发放贷款的决定。如果金融机构认为可以放贷,就与借款者签订借款合同,发放贷款。银行有权签批人是经分行转授权的一级支行(营业部)行长(总经理)或业务主管行长(主管副总经理)。有权签批人负责审阅有关材料,根据审核人的综合评价意见,对符合贷款条件的,在授权权限内签署审批意见,并对签批意见负责。

其工作要点为:

(1) 审阅贷款资料、调查报告、审查岗的审查意见,根据贷款审核岗综合评价意见,做出贷款审批结论。

(2) 授权权限内签批贷款。对同意贷款的,在贷款审批表上签署审批意见,连同全套贷款资料交还审核人员,由审核人员交信贷管理部综合管理人员负责落实审批意见。对不同意贷款的,在贷款审批表上签署审批意见后连同全套贷款资料逐级退回。

(3) 对于超权限贷款,应在贷款审批表上签署审批意见后报送分行信贷部审批。

金融机构审批消费贷款时,经常采用两种方法,一种是经验判断法;另一种是信用评分和数量分析法。这两种方法中,前者较具主观性,主要由信贷员根据借款人申请及对借款的信用调查后所得结果作出贷款决定;后者比较客观一些,通常是由金融机构先建立一个信用评分模型,然后,信贷员通过此模型对贷款者进行等级评分。如果总分值超过了"拒绝分值",则信贷员批准放款,反之,拒绝放款。信用评分方法的可靠性和科学性在于模型是根据众多借款者的历史资料,运用数据统计原理而建立起来的,比经验评估法客观得多。

(五) 贷后检查及贷款的收回

在贷款发放以后,为了保证贷款的及时偿还,通常要对贷款进行贷后跟踪检查。在消费信贷中,这也是不可缺少的一个环节。特别是对分期偿还贷款,银行一般要定期检查贷款的执行情况,要求借款者定期反映其收入变动状况等,以随时掌握、控制可能发生的风险。金融机构有必要加强对还款的管理,以确保这些贷款本息如期全额收回。

贷后管理由银行消费信贷业务部门(个人金融业务部)综合管理人员负责,其工作要点如下:

(1) <u>发放贷款检查</u>。贷款发放后 2 个工作日内,银行信贷业务部门(个人金融业务部)综合管理员要与借款人取得联系,通知贷款已发放;贷后 5 个工作日内,检查贷款是否已经汇入借款人指定账户。

(2) <u>银行对借款人信息变动情况、贷款的使用及还本付息情况进行监督检查</u>。定期了解借款人的职业、收入、住所、联系方式等变动情况,对于借款人信息发生变化的情况要及时在台账中予以更新。

(3) <u>督促借款人续保抵押品财产险等相关险种(受益人为银行)</u>。

(4) <u>对违约 2 个月以内(含 2 个月)的贷款进行催收</u>。对违约程度不同的贷款,一般可采用以下催收方式:

● 违约一个月以内,电话和信函催收:对违约贷款账户按规定进行电话和信函催收,寄送《个人消费贷款催收通知书》,并对电话和信函催收情况进行详细记录。电话催收记录包括客户姓名、电话催收时间、通话内容、催收效果或通话失败等情况的记录;信函催收记录包括信函催收记录、回执记录和贷款收回记录。

● 对非质押类贷款违约一个月以上的应实施上门催收:认真调查借款人家庭情况,向借款人当面发出《个人消费贷款还款敦促函》,并取得回执。如果该笔贷款有连带责任保证人,则应同时向连带责任保证人发出催收通知,要求保证人履行连带保证责任,及时清偿逾期贷款本息。对上门催收情况进行详细记录、整理。

违约二个月以上或确认可进入司法诉讼程序的违约贷款可移送银行贷款催收岗,由其进行催收或进入不良资产处置程序。

(5) <u>不良资产的处置由专职人员负责</u>。其职责如下:

● 落实不良贷款清收计划,对于各支行报送的违约 3 个月(含)以上的不良贷款,负责组织集中清收、转化和呆账核销,及时处置不良贷款。

● 对逾期 3 个月(含)以上的不良贷款,逐户分析和认定,决定催收方案。对借款人确无还款能力的,符合贷款核销条件的借款人可以实施贷款核销方案;对于符合以物抵债条件的借款人实施以物抵债方案。对没有还款意愿者,在诉前财产保全的前提下应诉诸法律,经法院拍卖后及时收回贷款。

● 贷款呆账核销工作应在坚持"逐级审查、集体审核、严格规范、实事求是"的管理原则下,严格按照核销呆账贷款的标准和条件进行,从而保证呆账贷款资料的真实性、完整性、规范性。按照规定的流程进行逐级审批,对经批准核销的呆账,作账销案存处理。除法律法规规定债权与债务或投资与被投资关系已完全终结的情况外,对已核销的呆账继续保留追索的权利,并对已核销的呆账及应收利息等继续催收。

五、汽车消费信贷的管理要求

金融机构对消费信贷的管理要求,主要是突出"三性",即盈利性、安全性和流动性。因汽车消费信贷与其他种类的贷款有很大的不同,所以在管理上也有不同的要求。

(一)汽车消费信贷的盈利性

金融机构从汽车消费信贷中所得的收益主要来自于贷款的利息及其他相关手续费。从国际上看,消费信贷的利率是各种贷款中最高的,而且大部分的消费贷款都按固定利率发放。特别是近几年来,随着金融自由化的不断发展,各国纷纷取消利率限制,使得金融机构在必要的时候能迅速提高消费贷款的利率,因而,金融机构从贷款利息中所获收益比较高而且稳定。从实际经验看,消费信贷的利率偏高不会影响客户的需求,这主要是由于消费者对消费贷款的利率敏感度相对较低。而且,消费信贷与商业贷款相比,前者因其规模一般较小,因而单位管理成本较大。再者,与商业贷款相比,消费信贷中借款者违约的可能性更大,需要有较大的利差以弥补可能的损失。总之,各种因素决定了消费信贷的利率得以在高位上运行,除利息收入外,金融机构还能从消费信贷中获取大量非利息收入,主要是各种手续费、服务费收入。

(二)汽车消费信贷的安全性

一般来说,在金融机构的各种贷款中,消费信贷的损失最大,风险最大,这主要是因为消费者个人收入的不稳定以及各种欺诈行为盛行所致。据统计,美国仅1984年因欺诈造成的信用贷款损失就高达26亿美元。可见,加强对消费信贷的安全管理是十分必要的。

金融机构对于消费信贷的安全管理一般采取以下措施:

(1)在贷款审批过程中,加强对借款者的资信分析,建立严格的评估制度,力求把借款者可能发生的由于收入不稳定和道德问题而产生的风险减少到最低限度。

(2)为了使银行在风险发生时不至于遭受更大的损失或者把损失程度减到最小,银行应要求借款者提供相应价值的抵押物,以便在借款者无力偿还贷款时,银行仍能取得一定补偿。

(3)加强对消费信贷的贷后检查,特别是对消费贷款,应当建立经常性检查制度。对客户的贷款执行情况随时监控,尽可能将各种可能发生的风险减少至最低的程度。

(三)消费信贷的流动性

消费信贷的期限比较短,似乎不会对金融机构的流动性带来什么风险。但是,由于大多数消费信贷都实行固定利率,因此,在利率波动频繁的时候,金融机构就有可能面临流动性风险。特别是当利率下降时,借款者通常会提前偿还旧贷款,重新借贷来逃避利率下降给他们带来的损失,这时候就会给银行用于贷款的资金来源带来麻烦。对此,金融机构为了加强流动性管理,常采取以下两条措施:

(1)把更多的消费信贷按浮动利率定价,这一办法在抵押物市场上比较成功。但是,按浮动利率定价又会使银行在成本核算及盈利上产生更多的不确定性。

(2)建立消费信贷的次级市场,让贷款的最初发放者把贷款出售给那些愿意持有这种时间更长的贷款的投资者。这种方式最先在1985年初由美国的米德兰银行和所罗门兄弟公司尝试进行,近年来已颇具规模,成为银行规避流动性风险的一个有效方法。

六、办理购车合同公证

经销商协助客户办理购车合同公证时必须注意以下几点:

(1) 经销商与客户所签订的购车合同系事前与公证部门协商并认定的统一文本,包括三部分内容,即购车合同(与购车人签订);同意书(与共同购车人签订);担保书(与担保人签订)。
(2) 合同公证时须在场的人包括公证员、购车人、共同购车人、担保人及销售商代表。
(3) 所需材料:购车人、共同购车人、担保人的户口本、身份证复印件、关系证明。

七、办理汽车消费信贷保险及机动车辆保险

当购车客户经过经销商复审、银行初审,客户交了首付款、选定了车辆,并有了车辆交接单、购车合同书,此时保险公司可根据经销商提供的客户文件办理保险。经销商为保险公司准备的客户文件如下:

(1) 购车人身份证复印件。
(2) 购车人户口本复印件。
(3) 购车人的工资收入证明复印件。
(4) 经过公证的购车合同书。
(5) 共同购车人的身份证、户口本复印件。
(6) 保证人的身份证复印件。
(7) 购车发票、汽车合格证、车辆购置税缴费凭证复印件。
(8) 首期款缴费凭证复印件。
(9) 车辆交接单复印件。

第三节　汽车消费信贷操作性文件举例及说明

客户办理汽车消费信贷购买汽车的现行制度比较复杂,手续繁复,涉及的操作性文件有数十种之多。信贷经办人员应树立"用户第一"、"顾客至上"、"以人为本"、"全面满足客户需要"等先进服务理念,以顾客满意作为服务导向。先进的服务理念绝不只是各种响亮的口号,它必须转化到各种具体的服务工作之中。同时,信贷经办人员还必须熟悉本职业务,这是做好汽车消费信贷工作的基本条件。下面介绍几种信贷经办人员必须掌握的主要的操作性文件及其式样。

一、汽车消费信贷中银行终审所需材料

一般来说,汽车消费信贷银行终审需要以下材料:
(1) 借款人身份证复印件。
(2) 借款人户口本复印件。
(3) 借款人配偶身份证复印件。
(4) 借款人配偶户口本复印件。
(5) 借款人工资收入证明。
(6) 借款人配偶工资收入证明。
(7) 借款人结婚证复印件。
(8) 借款人房屋居住证明。
(9) 借款人驾驶证复印件(或借款人父母、配偶、子女驾驶证复印件)。

(10) 保证人身份证复印件。
(11) 保证人户口本复印件。
(12) 保证人工资收入证明。
(13)《银行汽车消费贷款申请书》。
(14)《个人消费贷款保证合同》。
(15) 购车人资格审查表。
(16) 机动车辆分期付款售车信用险投保单。
(17) 公证后的购车合同。
(18) 购车发票。
(19)《委托收款通知书》。
以上材料由银行留存、建档。

二、客户须提供的资料明细表

[说明] 客户、共同购车人及担保人应准备的明细资料,见表4-1。

表4-1 客户需提供的资料明细表

类别	项目	数量或确认	备注
借款人	1. 身份证复印件		
	2. 户口本复印件		
	3. 住房证明		
	4. 工资收入证明		
	5. 驾驶证		
	6. 停车泊位证明		
共同购车人	7. 身份证复印件		
	8. 户口本复印件		
	9. 住房证明		
	10. 工资收入证明		
	11. 关系证明		
担保人	12. 身份证复印件		
	13. 户口本复印件		
	14. 住房证明		
	15. 工资收入证明		

三、消费信贷购车初、复审意见表

[说明] 本表用于已决定购车的用户在初审、复审时填写意见,基本体现了购车人的全貌即

资信程度。

[用途及操作]　与"资信调查"相结合,用于审查服务。

[填写注意事项]　多位审查人员与购车人几次接触中当面交流和观察后产生的有关意见,可填入表 4-2 中。多位审查人员是:经办人、复审人、主复审和终审人。

表 4-2　消费信贷购车初、复审意见表

姓名		性别		联系电话	
初步印象	1. 购车欲望:□强烈　□一般 2. 穿着打扮:□有品位　□整齐　□一般　□不协调　□差 3. 言谈举止:□文雅、大方、得体　□一般　□粗俗 4. 面　　相:□温和　□凶相				
询问内容	1. 有关车的知识:□丰富　□一般　□差 2. 购车用途:□上班　□工作、生产　□出租　□其他 3. 对分期付款的理解:□很好　□好　□一般　□差 4. 驾龄长短;曾驾驶过的车型 5. 能采用何种担保方式:□质押(质押物为何)　□抵押(抵押物为何)　□保证人 (担保人条件如何)				
初审意见	经办人:		部门经理	签字:	
复审意见	复审人:　　　主复审:		部门经理	签字:	
终审意见	终审人:		领导意见	签字:	
复审情况	1. 确认购车者家庭地址(小区名称、门牌号码等)、电话号码; 2. 观察小区整体环境; 3. 观察进屋时的环境,如:楼房新旧程度、若是旧房有无拆迁迹象、卫生状况、是否安装防盗门、门铃等; 4. 如果购车者所住为平房,应仔细观察房屋的维护情况、院落整洁程度和居住者的基本情况; 5. 房屋整体结构,如:大致面积、有几室几厅、厨房和卫生间及阳台大小; 6. 房屋装修情况,如:选用材料、装修风格、装修质量、是否为新近装修、装修费用(注意侧面询问); 7. 家具、家电情况,如:家具档次及新旧程度、家电的新旧程度以及品牌、有无大件家电如电脑、音响设备、家庭影院; 8. 居住情况:居住人口数量、住房是否宽裕; 9. 屋内是否干净整洁,应注意厨房、卫生间等地方; 10. 主要家庭成员是否在场,注意家庭气氛和每个人谈吐时的表情,观察购车人是否为"家庭决策人"; 12. 注意观察隔壁屋的居住情况、邻里相处情况。				
复审询问内容					

四、消费信贷购车申请表

[说明]　在客户决定购车后,将同时填写购车申请表和资信调查表。

购车申请表(表4-3),一式二联,一联由客户回单位盖章,一联由经销商消费信贷部门存留;内容均为本人的真实反映,并由申请人所在单位盖章认可。

[用途] 客户向经销商提出购车贷款申请;请经销商协助办理相关手续。

[填写注意事项] 由购车人填写,各项均应如实填写、真实可靠。

表 4-3 消费信贷购车申请表

编号:

申请人姓名		性别		年龄		身份证号	
户口所在地					邮政编码		
现居住地址					家庭电话		
所在地派出所					所在地居委会		
工作单位					单位电话		
职务、职称					学历		
个人月收入					家庭月收入		
手机号码					寻呼机号码		
共同购车人					年龄		身份证号	
工作单位					单位电话		
职务、职能					个人月收入		
手机号码							
选购车型			汽车价格			贷款金额	
首付款			首付比例			还款期限	
发动机号			车架号			颜色	
申请人工作单位意见		申请人承诺意见	1. 以上表格内容为本人如实填写,真实可靠。 2. 同意在中国人民保险公司某某市××区支公司办理车辆保险。 3. 保证履约按期连本带息如数偿还购车欠款。 4. 未履约还款时,服从法院强制执行收回所购车辆。 购车申请人: 共同购车申请人: 年 月 日				

五、银行汽车消费贷款申请书

[说明] 在客户决定购车后,将填写银行汽车消费贷款申请书。

银行汽车消费贷款申请书由银行制发,用于客户申请购车贷款;是客户向银行提出汽车消费贷款的正式申请书,内容均根据国家金融机构有关政策制定;申请书(表4-4)一式三联,一联由银行信贷部门留存,二联由保险公司留存,三联由经销商消费信贷部门留存。

[**用途**] 决定购车客户向银行提出购车贷款申请；并分别向银行、经销商、保险公司出具资信调查担保。

[**填写注意事项**] 购车人各项的填写均应真实可靠。

表 4-4 银行汽车消费贷款申请书

申请人姓名		年龄		出生年月	
身份证号码		家庭电话			
工作单位名称		部门		职务	
工作单位地址		工作单位电话		邮编	
户口所在地址				邮编	
现居住地址		申请人月收入			
家庭人口数		家庭其他成员称谓			
配偶姓名		工作单位		月收入	
汽车品牌				汽车售价	
首付款				贷款金额	
贷款担保方式	住房抵押□ 质押□ 保证□	自住住房 □ 其他住房 □		住房评估价值	
		质押品名称		质押品价值	
		保证人名称			
家庭月平均收入合计		每月还款金额		占家庭收入比例	
共同申请人意见	本人作为购车人的配偶（或　　），对关系存续期共同财产享有共同财产权,因此愿同购车人共同参与对银行欠款的偿还。倘若购车人与本人解除夫妻关系或（　　关系）,除非法院判决或其他具有法律效力的协议书明确规定该车辆所有权和债务的归属为购车人,否则不解除本人还款义务。 共同申请人签字(盖章)： 　　　　　　　　　　　　　　　　　　　　　　　　年　月　日				
借款人意见	申请人同意上述贷款担保方式,抵(质)押权人为　　银行　　支行,并保证抵(质)押权人为第一受益人,或接受贷款保证人对本人约定的条件。 签名(盖章)： 　　　　　　　　　　　　　　　　　　　　　　　　年　月　日				

六、购车合同书、同意书和担保书

[**说明**] 本合同包含三个文件：

(1)《购车合同》是购车人与经销商签订的正式购销合同。本合同一式五份,购车人、经销商(供车方)、贷款银行、保险公司、公证处各执一份,具有法律效力。

(2)《同意书》为购车合同书的附件,是由共同购车人签署的具有法律效力的同意文书。

(3)《担保书》为购车合同书的附件,是由担保人签署的具有法律效力的文书,此文件须公证处公证。

[**用途**] 购车人向经销商、贷款银行、保险公司、公证处分别提交的购车合同。

[**填写注意事项**] 购车合同书由购车人本人签署；同意书由共同购车人本人签署。担保书由担保人本人签署，担保人情况（表4-5）应如实填写。

购车合同文本的一般形式与内容如下：

购 车 合 同
（代担保合同）

签约地点：　　　　　　　　签约时间：　　　　　　　　合同编号：

供车方（以下简称甲方）：

购车方（以下简称乙方）：

　　甲乙双方本着自愿的原则，经协商同意签订本协议，以资双方共同遵守执行。

第一条　甲方根据乙方的要求，同意将　　　　　　汽车壹辆；

发动机号：　　　　　　　　；车架号：　　　　　　　　，

价值人民币　　　拾　　万　　千　　百　　拾　　元（￥　　　　），销售给乙方。

第二条　因资金短缺原因，乙方需向银行申请汽车消费信贷专项资金贷款，并请求甲方为其贷款的担保人。

第三条　乙方在签订此合同时，首先在银行开立个人存款账户、申办信用卡，并按不低于所购车辆总价的__%的款项，计人民币_____万元存入该账户。剩余款项_____元向银行申请贷款，并按期向该银行归还贷款本息。

第四条　作为乙方贷款担保人，甲方接受银行委托，对乙方进行贷款购车的资信审查，乙方必须按甲方要求提供翔实证明资料配合甲方工作，并在贷款未偿清之前，必须在甲方指定的保险公司办妥所购车辆信用或保证保险以及贷款银行为第一受益人的车辆损失险、第三者责任险、车辆盗抢险、不计免赔险及其相关的附加险。在此前提下，乙方按甲方指定场所对所购车辆进行交接验收，并签署《车辆验收交接单》。

第五条　乙方在未付清车款及相关款项前，同意将所购车辆作为欠款的抵押担保物，此抵押物在乙方发生意外且无力偿还时，按最长不超过三年折旧比例作价给甲方。并将购车发票、合格证及车辆购置附加费凭证交甲方保存，期间不得将所购车辆转让、变卖、出租、重复抵押或做出其他损害甲方权益的行为。

第六条　在乙方提供停车泊位证明及其他入户所需证明条件下，甲方可协助乙方办理车辆的牌、证、保险手续，实际费用由乙方承担。

第七条　在三保期限内，乙方所购车辆如出现质量问题，自行到厂家特约维修服务中心进行交涉处理。此期间，乙方不得以此为借口停止或拖延支付每期应向银行偿还的欠款。

第八条　如乙方发生下列情况，按本合同第九条规定处理：

1. 乙方逾期还款，乙方经甲方二次书面催讨，在第二次催讨期限截止日仍不还款的（逾期5天后，即发出书面催讨，二次催讨间隔为7天，第二次催讨期限截止日为文书发出日第7天）；

2. 乙方借口车辆质量问题，拒不按期偿还欠款；

3. 发生乙方财产被申请执行、诉讼保全、被申请破产或其他方面原因致使乙方不能按期还款的。贷款未偿清之前,不在指定的保险公司办理本合同第四条所指各类车辆保险;

4. 其他情况乙方不能按期向银行还款;

5. 乙方违反本合同第五条的规定,未经甲方同意,擅自将车辆转让、变卖、抵押。

第九条 乙方承诺,不论任何原因发生第八条的事由之一时:

1. 甲方有权要求乙方立即偿还全部贷款及利息,并承担赔偿责任;甲方有权持合同就乙方未偿还的全部欠款,向有管辖权限的人民法院申请强制执行。乙方自愿接受人民法院的强制执行。

2. 甲方有权按合同规定行使抵押权拍卖变卖乙方所购车辆,拍卖所得价款偿还全部债款和其他欠款。如果出售所得的价款(扣除必要费用外)不足偿还全部欠款和费用总和的,甲方有权向乙方继续追偿,如果出售所得超过欠款和费用总和的,甲方应将超过部分的钱款返还给乙方。

3. 甲方有权要求乙方除支付逾期款额的利息外,并按逾期总额5‰/日计付滞纳金。

第十条 在分期还款过程中,乙方所购车辆发生机动车辆保险责任范围内的灾害事故,致使车辆报废、灭失,保险公司赔款应保证首先偿还尚欠银行的贷款及利息部分。

第十一条 除车款外,乙方尚须向甲方交纳担保费,金额以贷款额为基数,随贷款年限一次性交付(1年为1‰;2年为2‰;3年为3‰)。乙方如提前还清车款,从还清日起,甲方自动终止担保人义务。

第十二条 乙方配偶或直系亲属,作为共同购车人,须就此合同内容签署"同意书",作为本合同附件。

第十三条 乙方担保人自愿为乙方分期付款购置汽车担保,须就此合同的内容签署"担保书",作为本合同附件。

第十四条 本合同按合同条款履行完毕时,合同即自行终止。

第十五条 本合同须经公证处公证后生效。

第十六条 本合同一式五份,甲乙双方及贷款银行、保险公司、公证处各执一份。

供车方: 购车方:

法定代表人: 法定代表人:

合同附件1:

同 意 书

致:

鉴于_____(购车人)与贵单位于___年___月___日签订的《购车合同》购买壹辆____型号汽车一事,本人作为_____(购车人)的配偶(直系亲属),对其关系存续期间财产享有共同所有权,对债务亦共同承担义务。为此特向贵单位确认如下:

(一)本人同意(购车人)将所购汽车抵押给贵单位,作为贷款购车所欠款的抵押担保物。

(二)本人愿同购车人共同参与对银行欠款的偿还,直到对银行的欠款本息全部偿还完毕。

（三）（若共同购车人与购车人是夫妻关系）倘若购车人与本人解除夫妻关系，除非法院离婚判决书或调解书或经民政部门办理的离婚协议书中专门注明该车辆所有权和债务的归属为购车人，否则不解除本人还款义务。

（四）本人已详细阅读过了《购车合同》，充分理解合同经过公证后具有强制执行效力。我同意放弃起诉权和抗辩权。

（五）本同意书一经本人签字或盖章后即对本人具有法律约束力。

同意人（即购车人配偶）（签字盖章）

身份证号：

签署时间：

合同附件 2：

担 保 书

_____自愿作为汽车消费贷款购车人的担保人，承认并遵守以下条款：

（一）当购车人未按期偿付欠款时，承担连带担保责任。

（二）对由于购车人未按期偿付欠款而引起的一切相关损失及经济赔偿责任，承担连带担保责任。

（三）在购车人所签署的购车合同终止前，不得自行退出担保人地位，或解除担保条款。

（四）本人已详细阅读过了购车合同，充分理解合同经过公证后具有强制执行效力。我同意放弃起诉权和抗辩权。

（五）本担保书一经本人签字盖章后即对本人具有法律约束力。

（六）担保人情况（表 4-5）。

表 4-5 担保人情况表

姓名		性别		身份证号	
户口所在地				家庭住址	
通讯地址				邮政编码	
联系电话				手机	
工作单位				职务	
本人承诺上述情况均为事实。 担保人： （签字盖章）				签署时间： 年 月 日	

七、汽车消费贷款业务银企合作协议书

[说明] 银行和汽车经销商的合作，是通过双方之间签署的合作协议书来规范双方的行为、明确双方的权利和义务的。《合作协议书》的形式如下：

汽车消费贷款业务银企合作协议书

甲方：_____银行

乙方：_____公司

为促进汽车消费市场的稳健发展，甲、乙双方本着互惠互利，共同发展的原则，根据《中国人民银行汽车消费贷款管理办法》等规定，订立本协议：

(一) 甲方提供汽车消费贷款的一般原则

(1) 甲方提供的汽车消费贷款仅指16座以下客车的个人汽车贷款，不含个人卡车、营运车辆、特种车辆、工程车辆、机械设备等贷款，不含抵押人为法人的车辆贷款。

(2) 甲方为借款人提供的汽车消费贷款的额度，按7人座以下国产小汽车贷款最高额不超过市场价(净车价)的70%，7人～16人座的个人商务用车贷款最高额不超过市场价(净车价)的60%，进口车贷款最高额不超过市场价(净车价)的60%，以上贷款均不含牌照费、购置附加费等除净车价以外的费用。

(3) 贷款利率按人民银行规定的同期同档利率上浮执行。

(4) 贷款期限一般不超过三年。

(5) 甲方提供的个人汽车消费贷款必须以所购车辆做抵押担保，在此基础上甲方根据借款人的资信情况可要求借款人增加房产抵押、存单质押方式或投保甲方认可的保证保险。

(二) 甲方遵守并履行以下约定

(1) 甲方负责调查、审查乙方推荐的汽车消费贷款借款人的资信情况、收入及信用记录等情况。

(2) 甲方审查借款人提供的贷款担保。如甲方要求借款人增加存单质押方式，则甲方负责查验质押存单的真实性、有效性，并对其实施有效止付；如甲方要求借款人增加房产抵押方式，则甲方负责办理房产抵押登记手续；如借款人投保甲方认可的保证保险，甲方负责对保险公司的资信情况进行审核。

(3) 甲方在借款人申请资料齐全、手续完备，符合甲方的借款人条件的情况下，应向乙方发出《消费贷款审核通知书》。

(4) 甲方在收到乙方提交的购车全额发票、车辆合格证和行驶证复印件后与借款人签订借款合同、办理强制执行公证和按甲方规定的保险投保。

(5) 在办妥上述公证、保险手续后，应即时与借款人到市公安局车辆管理所办理车辆抵押登记手续，并在办妥抵押登记手续后，及时将贷款划转到乙方在甲方开立的企业账户内。

(6) 甲方在放款前，如发现不利于甲方债权安全的情况，可与借款人解除借款合同，并及时通知乙方；在放款后，如遇乙方退、赔款给借款人，则乙方的退、赔款，应优先用于抵扣借款人未清偿的贷款本息，所余部分退还借款人。

(7) 甲方为汽车消费贷款项下符合条件的借款人开立活期存折、信用卡、理财金账户等个人账户。

(三) 乙方遵守并履行以下约定

(1) 乙方向甲方推荐拟以分期付款方式购买汽车的个人客户，并为其提供购买汽车的售前、售中、售后的全程服务。

(2) 乙方应在甲方处开立人民币基本账户或一般账户,用以办理贷款划付和资金结算。

(3) 乙方在有关经营场所设置营销广告,介绍甲方开办汽车消费贷款业务特点、申请手续、贷款条件、开办此项业务的网点和有关事项,该营销广告涉及甲方贷款业务的内容应事先征得的甲方同意后方可公开宣传。

(4) 乙方为借款人提供贷款咨询,并指定专人受理借款人提出的汽车消费贷款申请,要求借款人当面填写有关借款资料和申请书,收齐甲方要求的借款申请资料。

(5) 乙方收妥甲方要求的资料后应与借款人签订汽车消费贷款购车协议书,应即时向借款人收取首期付款,并出具加盖乙方公章的首付款收据一并交甲方审查。

(6) 乙方在收到甲方发送来的《消费贷款审核通知书》后,办妥购车、上牌等手续,同时将购车发票、车辆合格证和行驶证复印件等有关资料递交甲方,并配合甲方办理公证、保险、抵押等手续。

(7) 乙方在收妥甲方划出的贷款后,应即时通知借款人提车。

(8) 乙方对甲方未核准的贷款,应及时通知贷款申请人,并与借款人协商处理汽车消费贷款购车协议书的解除或履行工作,如解除购车协议,应及时清退首付款。

(9) 乙方应保证所购车辆质量。对借款人提出的所购车辆质量问题妥善处理解决,如经有关有权管理部门认定为乙方责任时,乙方应承担由此影响借款人清偿汽车消费贷款本息的经济责任。

(10) 乙方在借款人清偿贷款前,如发生退、赔部分或全部款项(包括但不限于首付款),应及时书面通知甲方,并以转账方式将款项划回甲方指定账户。

(11) 乙方应定期地向甲方反馈销售、资金流向和回笼、偿债能力、担保情况以及汽车销售的政策、价格等信息。

(12) 乙方应协助甲方做好贷款本息清收工作。如借款人不能按期清偿贷款本息时,应甲方和借款人要求,协助办理所购车辆转让、拍卖等手续,并将所购车辆变现后的钱款划转给甲方,待贷款本息清偿后,由甲方将余款退给借款人。

(四)违约责任

(1) 乙方违反本协议规定,向借款人直接退、赔款,造成甲方损失的,应承担赔偿责任。

(2) 对乙方所推荐借款人的贷款违约率发生较大幅度的提高;乙方的财务、管理等方面混乱,导致出现销售减少、应收账款增加、甚至濒临破产等局面;乙方的法人代表或主要管理人员涉及政治、经济、法律纠纷,及出现其他可能影响乙方正常经营的情况,乙方应及时向甲方汇报,并配合甲方开展检查和采取措施。

(3) 乙方如有欺诈、高抛车价以提高贷款额度、挪用客户的汽车消费贷款或虚假广告等行为,甲方将与乙方中止合作关系,并要求乙方承担相应的经济和法律责任。

(4) 如因乙方原因造成甲方贷款风险的,应由乙方承担全额赔偿责任,包括借款逾期本金、利息、复利、罚息等,同时甲方有权取消乙方的合作资格。

(五)其他未尽事宜

(1) 对本协议执行中出现的争议,甲、乙双方应友好协商解决。协商未果,可向甲方所在地法院起诉。

(2) 甲、乙任何一方需更新协议条款的,应书面通知对方,经双方协商一致后,达成书面协议。在新协议未达成前,原协议继续有效。

(3) 本协议一式二份,经甲乙双方盖章签字后生效,有效期限一年。

甲方(盖章):　　　　　　　　　　　　　乙方(盖章):

授权签字人:　　　　　　　　　　　　　授权签字人:

　　年　月　日　　　　　　　　　　　　　年　月　日

八、个人消费贷款保证合同

[说明]　此合同是经销商为购车人提供贷款保证,与银行签订的合同。

[填写注意事项]　合同每项内容均需当事人签署。

个人消费贷款保证合同

编号:

贷款人:_____银行

地址:

保证人:

注册(户籍)地址:

营业(现住)地址:

基本存款账户行:　　　　　　　　　　　账号:

一般存款账户开户行:　　　　　　　　　账号:

鉴于贷款人向_____提供_____贷款,保证人承诺为借款人提供不可撤销的连带责任保证。经双方协调一致,签订本合同,以资共同遵照执行。

第一章　保　证　范　围

(一)本合同保证人的保证范围系指:

编号为_____的《个人汽车消费贷款借款合同》项下的全部债务,包括但不限于贷款本息、罚息、赔偿金和全权人为实现全权所发生的相关费用。

(二)保证期限:自贷款发放之日起,至_____。如借款人在此期间因_____原因造成违约而拖欠贷款本息、罚息、赔偿金和相关费用,保证人须负责代为偿还。

(三)在本合同有效期间内,贷款人依法将债权全部或部分转让给第三人的,保证人在本合同规定的保证范围内继续承担保证责任。

(四)保证人承担保证责任后,有权向借款人追偿。

第二章　保证人陈述

(五)保证人向贷款人陈述并保证:

(1)保证人是依法登记注册的企业法人,并通过工商行政管理部门规定的签约时仍有效的年检手续,或是有完全民事行为能力的自然人,具有签订和履行本合同的资格和能力;

(2)贷款人如要求保证人提供财务报表,则要求保证人提供的财务报表是根据我国会计准则编制的,该报表所附其他资料是真实完整的,自借款人提出借款申请以来,财务资信状况未发生重大不利变化；

(3) 保证人签订和履行本合同，与其签订和履行其他任何合同均无抵触；

(4) 保证人没有隐瞒其所涉的诉讼、仲裁、索赔事件和危及贷款人权益的事件。

(六) 在保证期限内，如借款人连续三个月未能偿还贷款本息，保证人在接到贷款人发出《履行还款保证责任通知书》的一个月内，代借款人偿还欠款。

(七) 接受并配合贷款人对其保证资格、权限、资信状况和代偿能力的核查。

(八) 发生或可以预见发生下列情形之一的，保证人除主动采取补救措施外，还应及时通知贷款人：

(1) 危及保证人的保证资格、权限、能力的事件；

(2) 借款人危及贷款人权益的事件。

第三章 合同纠纷的处理

(九) 本合同履行期间如有争议，双方协商解决。协商不成的任何一方均有权向贷款人所在地人民法院起诉。

第四章 附　则

(十)《个人汽车消费贷款借款合同》为主合同，本合同为从合同，如主合同无效，不影响本合同的效力。

(十一) 本合同及其附件的任何修改、补充均须经双方协商一致并订立书面协议方可有效。

(十二) 本合同的公证事宜由双方另行协商。

(十三) 本合同自双方法定代表人或其授权代表签名并加盖公章后生效，至借款人或保证人履行完其借款合同项下全部义务之日终止。

(十四) 本合同正本一式三份，合同双方及借款人各执一份，副本按需确定。

贷款人：　　　　　　　　　　　　　保证人：
(公章)　　　　　　　　　　　　　　(盖章)
法定代表人：(签名)　　　　　　　　法定代表人：(签名)
　　年　月　日　　　　签订于　　　市　　　区

九、个人消费贷款借款合同

[说明]　此合同是消费者个人与贷款提供方(通常是银行)签订的合同。其标准样式如下。

个人消费贷款借款合同

借款人：　　　　　　　　　　　　　编号：
户籍地址：　　　　　　　现住地址：
身份证号码：
贷款人：_____银行_____支行
地址：
借款人在本市_____(售货单位)购买_____，向贷款人申请借款。根据《银行个人消费贷款试行办法》,贷款人经审核同意向借款人提供本合同项下贷款,经双方协商一致,签订本合同,以资共同遵照执行。

（一）贷款金额及支付

1. 贷款金额人民币(大写)_____元整。

2. 贷款支付的先决条件:借款人办妥贷款担保手续。

3. 借款人委托贷款人,在办妥全部贷款手续之日起的 5 个营业日内将上述贷款金额全数以借款人购买耐用消费品名义划入商品销售单位在银行开立的账户。

（二）借款用途

4. 借款专项用于《个人消费贷款申请书》(编号为_____)所载购买公司所售耐用消费品。

贷款期限:

5. 本合同项下贷款期限　　年　　月,自　　年　　月　　日起至　　年　　月　　日止。如果合同借款日期与借款凭证记载日期不一致的,以借款凭证载明的日期为准。

（三）贷款利率

6. 本合同贷款月利率现为__‰。本合同约定利率执行期为__年,期满后贷款人根据本合同约定的贷款期限和当时的利率水平确定下一年的利率。

（四）贷款偿还

7. 本合同项下的贷款本息,采取按月等额还款方式,分期(月)归还,借款人授权贷款人在贷款发生的次月起每月二十日从借款人在贷款银行开立的活期储蓄存款账户扣收,或由借款人在贷款发生的次月起每月二十日前到银行的本贷款发放行还款,直至所有贷款本息、费用清偿为止。

8. 现每月还款本息额人民币(大写)　　万　　仟　　佰　　拾　　元　　角　　分。本合同约定每月还款本息额执行期为一年,期满后根据贷款剩余本金、贷款剩余期限和当时的利率水平确定下一年的每月还款本息额。

（五）提前还款

9. 借款人可以提前还款:

(1) 借款人提前归还未到期贷款本金的,应至少提前三个银行工作日书面通知贷款人,该书面通知送达贷款人处即为不可撤销。贷款人在该月__日至该月最后一个工作日内办理提前还款手续。

(2) 经贷款人同意借款人可一次性提前归还全部积欠本金,利随本清。贷款人不计收提前期的利息,也不退还或减免按原合同利率已收取的贷款利息。

10. 有下列情况之一项或几项发生时,贷款人有权要求借款人提前归还全部贷款本息,借款人无条件放弃抗辩权:

(1) 借款人违反本合同之任何责任条款。

(2) 借款人发生因不能履行本合同义务之疾病、事故、死亡等和担保人发生因不能履行本合同义务之合并、重组、解散、破产等影响借款人、担保人完全民事行为能力与责任能力的情况。

(3) 借款人或担保人涉入诉讼、监管等由国家行政或司法机关宣布的对其财产的没收及其处分权的限制,或存在该种情况发生的可能的预兆。

(4) 借款人与耐用消费品销售单位发生退回全部商品之情况。

（六）合同公证

11. 贷款人和借款人在本合同签订后，贷款人认为必要时，在贷款人指定的公证机关办理具有强制执行效力的借款合同公证，如借款人不履行还款义务，且累计三个月未能按期如数还款的，贷款人有权向有管辖权的人民法院申请强制执行，借款人自愿接受执行，于此情况下不再适用本合同第九章规定。

12. 同时办理个人住房贷款和本贷款的公证费用由贷款人负担。

13. 单独办理本贷款的公证费用由借款人负担违约责任。

14. 借款人未按期偿还贷款本息的，贷款人对其欠款加收逾期罚息。

15. 借款人连续三个月未偿还贷款本息和相关费用，并且担保人未代借款人履行偿还欠款义务的，贷款人有权终止借款合同，并向借款人、担保人追偿，或依法处分抵押（质）物。

16. 借款人申请贷款时提供的资料不实或未经贷款人书面同意，擅自将抵押（质）物出售、出租、出借、转让、交换、赠予、再抵押或以其他方式处置抵押（质）物的，均属违约，贷款人有权提前收回贷款本息或处置抵押（质）物，并有权向借款人或担保人追索由此造成的损失和发生的相关费用。

17. 与耐用消费品销售单位因质量原因发生纠纷时，不得以此为理由拖延或不归还贷款本息。

（七）合同纠纷的处理

18. 本合同履行期间如有争议，双方先协商解决。协商不成的，应向贷款人所在地的人民法院提起诉讼。

（八）附则

19. 本合同及其附件的任何修改、补充均须经双方协商一致并订立书面协议方为有效。

20. 本合同经贷款人法定代表人或其授权代表签名并加盖公章，借款人签名并加盖私章后与贷款担保合同一并生效，至借款人将本合同项下全部应付款项清偿时终止。

21. 下列附件均为本合同的组成部分，对合同双方均有同等法律约束力：
(1) 个人消费贷款申请书；
(2) 借、还款凭证；
(3) 个人消费贷款抵押合同、个人消费贷款质押合同、个人消费贷款保证合同；
(4) 抵（质）押财产清单。

22. 本合同正本一式五份，合同双方及抵（质）押登记机关、担保人、公证机关各执一份，副本按需确定。

借款人：　　　　　　　　　　　　　　贷款人：
　　　年　月　日　　　　　　　　　　　　年　月　日

十、个人消费贷款审批表

个人消费贷款审批内容如表4-6所列。

表 4-6 个人消费贷款审批表

编号

申请人姓名		性别		年龄		出生年月	
身份证号码				家庭电话			
工作单位名称				部门		职务	
工作单位地址				工作单位电话		邮编	
户口所在地址						邮编	
现居住地址				申请人月收入			
家庭人口数			家庭其他成员称谓				
配偶姓名			工作单位		月收入		元
拟购商品情况	出售单位名称						
	出售单位地址						
	销售柜台						
	商品名称、数量及价款						
	申请书编号				商品总价款		
是否申请本行住房贷款			是□ 否□		目前个人住房贷款金额		
申请住房商业性贷款金额				申请住房公积金贷款金额			
个人住房商业性贷款期限				个人住房公积金贷款期限			
家庭其他负债状况							
申请耐用消费品贷款金额				申请耐用消费品贷款期限			
贷款担保方式	住房抵押□	自用住房□	其他住房□		住房评估价值		
	质押□	质押物名称			质押物价值		
	保证□	保证人名称					
家庭月平均收入合计				每月还款占家庭收入比例			

贷款情况和意见：
    调查人：
    年 月 日

审查意见：
    信贷部主管：
    年 月 日

审查意见：
    主管行长：
    年 月 日

签批人意见：
    签批人：
    年 月 日

第四节 汽车消费信贷的风险防范

个人汽车消费信贷风险,从狭义上来讲,一般是指借款人到期不能或不履行还本付息协议,致使金融机构遭受损失的可能性,即它实际上是一种违约风险。从广义上讲,个人汽车消费信贷风险是指由于内外部各种不确定的因素对金融机构产生的影响,使金融机构经营的实际收益结果与预期目标发生背离,从而导致金融机构在经营活动中遭受损失或丧失获取额外收益的一种可能性程度。

我国个人汽车消费贷款业务中的风险主要包括偿债能力风险、道德风险、抵押保证风险、管理风险等。造成以上风险的原因主要有以下几个方面:

首先是个人信用制度不健全。我国各家金融机构目前主要采用的人民银行的个人征信系统尚不健全,采集的信用数据主要为个人信用卡及个人贷款的历史记录,且数据采集均为各家金融机构自行上报的,数据缺失较多,且差错率较高,并且对于一些之前没有银行信贷记录的客户就无数据可供查考,使得贷款方难以如实了解申请人的信用状况,使得一些申请人的违约成本大大降低,这是造成个人汽车消费信贷风险的主要原因。贷款方无法通过个人信用历史记录完整了解借款人的还款意愿以及过去的信用历史,也不能找到有效的途径掌握借款人的还款能力。我国目前能证明个人还款能力的材料一般是由单位出具的收入证明,西方商业银行通常使用的纳税证明在我国还难以取得。

此外,我国缺少完善的个人财产登记制度和金融资产实名制,贷款方难以准确掌握借款人的真实财产状况并对其进行核实,导致购车人有钱不还、不催不还、诈骗汽车贷款、多头骗贷等现象较多,给贷款机构带来极大的风险。

其次是抵押制度不完善,目前个人汽车消费信贷业务中主要采取车辆抵押和房产抵押两种方式来规避风险。汽车极具个性化,使用状况不同导致价值差异性大,并且汽车流动性较强,一旦出现违约风险时对汽车的强制执行也有较大的困难,因此加大了风险处置成本。此外,对个人抵押房产的执行力度较弱,即便有借款人的房产抵押证明也不能随意将其房产拍卖用以偿还贷款,这使得房产抵押在一定程度上失去了对借款人的担保效力。

最后是贷款机构内部缺少有效的风险管理机制,贷款机构没有针对个人汽车消费贷款业务特点来制订切实可行的岗位责任制度、岗位考核制度及不良贷款催收制度等一系列内部制约机制,而是参照住房贷款的形式进行风险管理,缺少灵活性,忽略了个人汽车消费信贷业务自身特点对管理体制的要求。

我国个人汽车消费贷款业务的风险防范应从宏观和微观两个层次来考虑。

一、从宏观层次应考虑的几个问题

(一)法律制度建设

为促进和规范消费信贷发展,美国、英国等国家都有专门的《消费信贷法》,而我国不但没有一部专门的《消费信贷法》,个人信用立法也缺失,使得汽车消费信贷业务缺乏必要的法律保障。我国有关汽车消费信贷的现行规定偏重金融领域,在车辆抵押和登记、违约处置等诸多非金融环节方面法规保障不力,束缚了汽车消费信贷的发展。汽车信贷消费领域巨大的诱惑力与高风险并存的状况制约了我国个人消费信贷业务的快速发展。我国尽管没有汽车消费信贷专门法规或条例,但是根据我国现有的法律制度,开展汽车消费信贷是有法可依的。《民法通则》《民事诉讼法》到《经济合同法》《担保法》《汽车消费贷款管理办法》等,这些民商法律为开展汽车消费信贷提供了基本的法律构架。

根据我国目前的法律,保证汽车消费信贷实施和规范买卖双方交易行为的法律条文有以下几种:

(1)《民法通则》是保证汽车消费信贷的基本大法。虽然目前我国立法对汽车消费信贷没有明确规定,但从法律上看,汽车消费信贷属于一种民事交易行为,根据《民法通则》的规定,汽车消费信贷只要符合民事法律行为的条件,就是合法有效的。对于汽车消费信贷引起的纠纷,可按《民法通则》的有关规定处理。

(2)《经济合同法》对买卖(购销)合同的一般规定同样适用于汽车消费信贷。现行《经济合同法》只对买卖(购销)合同作了一般规定,对消费信贷买卖合同没有具体规定。但在法律上,可视汽车消费信贷为特种买卖合同,即在常态买卖合同中附加有别于一般买卖合同的条款。因而在汽车消费信贷交易中,完全可以根据《经济合同法》对买卖(购销)合同的规定,附加特殊条款以制订汽车消费信贷买卖合同。

(3)《担保法》是汽车消费信贷债权人顺利实现债权的重要保障。根据《担保法》的规定,汽车消费信贷合同的债权人为保障债权顺利实现,可采取以下几种担保方法:

- 设定卖方第一顺序的抵押权(即汽车抵押担保)。
- 所有权保留方式。
- 附买回权条款担保。
- 由买方提供保证人或质押。

(二)所有权保证制度

无论是经销商、财务公司,还是商业银行,在开展汽车消费信贷业务时,所有权在买卖双方之间转移的过程中,都存在如何保障债权顺利实现的问题。消费信贷过程中汽车所有权的转移主要有两种方式:

一是抵押权设定式消费信贷。这种方式的特点是:在消费信贷购车行为生效后,汽车的所有权即归买方所有,但该汽车必须作为卖方残余债权的抵押,卖方享有第一顺序的抵押权(买方指消费信贷购车者,卖方指消费信贷经营主体)。

二是所有权保留式分期付款。这种方式的特点是:在买方未交清全部车款之前,汽车所有权由卖方享有,在买方支付最后一期车款时,汽车所有权才归买方所有。

前者法律关系明确,便于操作;后者对保障卖方债权有利,又被称为附条件买卖。

(1)抵押权设定方式。采用这种方式,卖方应协助买方到车管部门办理所有权转让登记,以使买方取得汽车所有权,而买方则以所购车为卖方设定第一顺序的抵押权。如果买方将汽车拍卖、折价或变卖,从中获得价款由卖方优先受偿。按照《担保法》的规定,以汽车为抵押的,买方与卖方必须订立书面抵押合同,而且抵押合同必须经过车管部门登记才能生效。汽车抵押合同如不登记,则无法律效力,抵押合同即相当于一张废纸。我国已于2001年10月后,各地都可以办理汽车抵押登记。

(2)所有权保留方式。采用这种方式,所有权在买方交付全部车款之前,一直由卖方享有。因而卖方完全可能将汽车转让于第三人。我国目前法律规定,汽车所有权自登记过户时开始转移,而不是从汽车交付时转移。因而尽管买方占有汽车实物,卖方仍可在法律上转移产权。此时,原买方不享有汽车所有权而仅享有债权、请求权,而第二买方却享有所有权。依据民法规定,物权优于债权,原买方不能再取得汽车所有权,这无疑会给买方造成损失。因此,有必要和其他国家的民法一样,建立预告登记制度。所谓预告登记制度,是指有物权变动请求权的人(在汽车消费信贷中即是买方)可向登记机关(如车管部门)请求所有权的预告登记以阻止所有权再进行转让。预告登记申请的条件是:第一,有物权变动请求权的存在;第二,需经转让方(即是卖方)同意。办理预告登记应由买方与卖方共同向登记机关提出申请。在办理了预告登记后,原所有权人转让汽车给第三人的行为无效。

(三)信用制度建设

个人汽车消费信贷业务具有高收益、高风险的特点,国外个人汽车消费信贷业务的健康发展,很大程度上是因为国外具有比较成熟的标准化的信用评价体系,这些国家一般都有商业性的和非商业性的个人信用咨询机构,他们负责收集、保存个人和家庭有关的信用资料,并加以分析整理,一旦某人资信不佳,就会及时记载。个人信用评价体系一般包括个人记录和信用记录两部分。个人记录包括身份证明、工作单位、工作期限、居住地址、联系电话等;核查信用记录只需消费者提供社会保障卡号,金融机构即可得到借款人的年收入状况、纳税状况、信用卡使用状况、贷款清偿状况、支票使用状况等。通过对借款人进行标准化信用评估,决定是否贷款及贷款的具体安排。在这种较完善的个人信用征信体系支持下,使得审批过程简化,保证了个人汽车消费信贷业务快速、高效地发展。

(四)产权证的制订和发放

目前我国已有汽车产权证书(即中华人民共和国机动车登记证书),买车人凭买车发票、车辆购置税完税证明等证明文件到公安交通管理局车管部门登记,上牌领证。按照目前车辆管理办法,消费信贷所购车辆的产权、抵押状况可在有关证件上明确体现。防止用户没有付清款项就将车辆转让、或将抵押车辆再次抵押、或发生其他意外。没有确认产权归属的有效证明,就缺乏判断权益归属的法律依据,无法确保分期付款双方的权益。

二、从微观层次应考虑的几个问题

从微观层次来看,在汽车消费信贷上,风险来自汽车经销商和购车消费者两方面,金融机构在现阶段可以采用"直贷式"运行模式和加强贷前审查来解决,但最终要采取尽快建立个人信用联合征信体系加以防范。

(一)经销商欺诈风险

商业银行由于在违约车辆的回收、拍卖、变现等方面缺乏经验和专家,不能及时有效地处理,兼之社会其他配套措施不健全。所以,银行为尽量控制信贷风险,要么人为抬高"门槛",制定非常苛刻的贷款条件;要么将消费者的资信调查、办理贷款等手续全部推给汽车经销商,并要求经销商提供贷款担保。

以目前我国汽车消费信贷常用的"间客式"运作模式为例。汽车消费信贷是由银行、保险、经销商三方联手,资信调查和信用管理以经销商为主体,保险公司提供保证保险,经销商负连带保证责任。这种模式一方面给消费者带来较大便利,另一方面又给消费者带来较大负担:消费者除承担银行利息外,还要承担保证保险、经销商服务费等各项支出。这样,经销商居于主导地位,一些经销商为了扩大销售,对消费者的资信情况调查不认真或根本不进行调查就要求金融机构发放贷款,个别经销商甚至与违法分子勾结骗取银行贷款。更有一些不法经销商就干脆伪造虚假购车合同,在缴纳少量首付款后,从银行骗取消费贷款供自己使用,造成了银行不良资产的产生。

一大批汽车经销商经银行审批后向消费者提供贷款购车第三方担保的服务。其具体操作办法是经销商在银行存一笔保证金,一般是几万元(在贷款总额中占很小的比例,这笔钱到一定阶段可能就是银行贷款转化而来的),如消费者不还款,从中扣除。极少数的汽车经销商没有长期打算,他虽然有一部分资金押在银行,但那是很少的,等到他赚足了以后,卷起铺盖走人、逃废银行债务都是有可能的。

对于这种情况,金融机构虽然由保险公司提供还款保证,但是金融机构未履行必要的审查程序在先,再加上很多商业银行为了争夺市场份额,采取了降低首付款比例的优惠措施,有的甚至采用了零首付,而保险公司一般要求汽车消费贷款首付款要达到20%。金融机构违约在先,一旦出现风险,保险公司免责,银行将承担巨大的损失。

(二)购车消费者的违约风险

中国的汽车贷款业务到今天为止仍是一项比较优良的资产。以农业银行为例,截至2001年末其不良贷款(含逾期、呆滞、呆账)率仅为0.46%,贷款利息收回率在98%以上。这主要是因为:第一,当时的业务没有太大地扩张,更没有高速地扩张;第二,这项业务刚刚开展了才几年时间,大量的业务都是一两年内发展的,汽车贷款往往是3~5年期限,很多贷款还没有到期。所以随着业务的迅速扩张,潜在的风险也会增大。

我国目前个人信用体系尚未建立,即使有汽车履约保证保险来降低银行的信贷风险,个人信用风险的评估和控制依然不容忽视。只有逐步积累个人信用资料和建立评估体系,消费信贷业务才能健康快速发展下去。

除了目前汽车消费信贷的信用体系欠缺外,汽车降价风潮造成的风险也不容忽视。随着汽车不断降价,汽车作为抵押品的价值也相应下降,潜在的风险就是贷款人将车开了几年后不还贷款,而是将旧车还给银行。

对于以上问题,当务之急是尽快建立我国个人信用征信体系。汽车消费信贷业务是一种零售业务,一个专业信贷机构面对几百万个客户是无法靠人海战术自己开办这项业务的。只能交由第三方的联合征信机构将分散在各金融机构、商业企业、公共事业的有关个人信用资料,按统一格式汇集成个人信用档案数据库,再提供给各授信金融机构,将其作为是否授信和授信额度的依据,以有效确保减少金融机构个人信贷的违约风险,并在相当大的程度上节约人力资本。在信贷制度相当健全的美国、德国和法国等贷款购车业务发展良好的国家,贷款买车则非常方便。

(三)风险防范措施

考虑到个人信用联合征信体系的建立尚需时日,目前我国普遍采用的是消费者+经销商+保险公司+银行的信贷模式。但是金融机构不能将自身业务过多地委托给经销商,从而事实上加大自身风险。一些金融机构已经开办的"直贷式"汽车消费信贷模式是现阶段可行的选择,即由保险公司向银行提供客户担保,银行将贷款直接贷给客户。客户既可以要求将贷款打入指定的购车账户(卡),也可以申请一个信用额度,再要求银行支付贷款。此外,金融机构还要严把贷前审查关,对借款人的资金来源、收入与贷款后的月偿债比率、抵押物价格减值因素、借款人驾驶记录,特别是有无违章肇事记录等进行严格审查。

汽车贷款风险较小、收益较好,是一项很有潜力的零售业务品种。鉴于此,商业银行应根据"规模、质量、效益"并举的原则,拓展汽车消费信贷业务。其具体措施与风险控制办法如下:

第一,汽车消费信贷必须强调以个人信用管理为业务核心,要具备一整套完整的、有效的个人信用管理技术和办法,通过社会专业分工,切实保障资金的安全性。建立的个人信用管理体系应包括个人资信水平调查与评价(贷前)、个人信用状况监控(贷中)和个人信用风险处置(贷后)三个组成部分。其一要把握与汽车专业服务相结合的特点。汽车是一种特殊的商品,在使用过程中需要大量的专业化售后服务予以支撑,在实现了服务营销的同时,可以非常巧妙地完成个人信用状况的监控。其二要完善个人资信状况的实时监控、信用记录的即时生成和修正个人信用状况监控系统。这样不仅有助于金融机构及时掌握客户信用状况的变化,处置可能形成的风险隐患,防止赖账现象的发生。

第二,建立以信用卡为核心的消费信贷体系。商业银行可以在实行存款实名制的基础上实现行际联网,建立个人信用体系,使银行在掌握相对真实的个人信用状况的前提下,建立以信用卡为核心的消费信贷体系,在建立个人消费信贷客户经理制的基础上开展客户信息管理。

第三,成立个人资信体系。建立这一体系可以借鉴西方国家成功的经验,由政府牵头,多部门相互协调配合,成立个人资信公司,实行个人信用的计算机联网查询,为银行选择客户和减少消费信贷风险提供可靠的保证。

第四,尽快制定和完善有关法律、法规。严厉打击各种名目的骗贷、赖账现象,以维护汽车信贷市场的稳定,降低或分散银行等金融机构承担的风险。

第五,建立专门汽车消费信贷风险管理中介机构。我国85%的金融信贷来自于银行,最开始只允许四大国有银行来从事汽车消费信贷。如果银行法不允许银行把它所掌握的个人信贷信息提供给个人信用征信行业的话,个人信用体系是不可能真正建立起来的。针对当前汽车信贷消费市场存在的种种问题,无论对保险公司、银行还是对汽车经销商来说,承担风险管理的职责都有较大的困难。因此,为了推动汽车信贷消费市场的深入发展,可以建立专门的对汽车信贷消费风险进行管理的中介机构。这个机构可以通过专门收取服务费用,接受银行或保险公司的委托,对个人信用进行调查评价,并对信贷、保险合同的履行进行有效的管理。

第六,关注抵押物的价值变化。国外具有比较成熟的汽车市场,汽车价值的变化相对比较有规律,对抵押物贷款期间价值变化的预测评估,可以有效地降低贷款风险负债比等,如果存在担保人,则提供担保人就业以及收入状况。另外还要调查一些其他信息,比如是否有过破产记录,是否有过抵押贷款的违约记录以及是否诉讼在身等。

第七,要采取有效的担保方式。鉴于目前我国社会信用制度还不健全,对于信用贷款,商业银行一般应不予考虑,所有贷款必须具备有效担保;抵押物的抵押登记手续必须完备;为有效控制风险,应积极发展保险公司保证保险条件下的汽车信贷业务。

目前我国汽车消费贷款的担保方式主要有3种,即抵押、质押和第三方担保。但是,现实情况是,有条件以房产物业等作为购车担保的仅占少数,大多数贷款人往往不能提供有效的、完整的质押和抵押财产,同时在办理房产抵押贷款时手续又较为繁琐。另外,有能力担保的单位和个人往往不愿意提供担保,也使贷款人无法或很难申请到银行贷款。贷款方应帮助借款人选择恰当的担保方式。

第八,建立有效的跟踪及催收系统。贷后跟踪及欠款催收可以有效地帮助经营主体及时回收可能失去的债权利益,减少坏账损失。汽车消费信贷经营主体有必要对逾期未缴款的客户进行催收,并且有效地跟踪催收后客户的付款情况,对于故意拖延或拒绝付款的客户,就可以最快的方式采取必要的措施保障债权。根据国外汽车消费信贷的经验,可由汽车消费信贷经营主体设立专门的跟踪和催收部门,对客户的消费信贷情况通过计算机建立档案以便及时跟踪,对逾期未缴款的客户由专人负责跟踪及催收。实践证明,这一方法行之有效。

第五节 典型案例

一、案例1

工商银行上海某支行汽车消费信贷操作实例

许先生是上海一位年轻的中学教师,2011年9月想购买一辆2011款1.8TSI帕萨特轿车,车价约24万元。车辆购置税约为2万元,第一年新车保险费约0.5万元(含车辆盗抢险),当时上海市的车辆牌照费约为5.5万元。许先生要想实现自己的购车愿望,起码需要32万元。

许先生自有资金22万,经汽车经销商介绍,决定向工商银行某支行申请汽车消费贷款10万元,借期二年。

许先生按汽车经销商所介绍的贷款手续,准备了贷款所需的相关资料送到了工商银行某支行,接待他的前台咨询人员是李小姐。工行某支行的车贷(或称自用车贷款)操作流程如下。

(一)告知贷款人贷款利息的计算方式及还款方式。

李小姐告诉许先生工商银行车贷利率两年期的年基准利率为6.65%。汽车贷款当时执行利率按基准利率上浮15%操作,即贷款执行年利率为7.6475%,汽车贷款可按等额本息和等额本金两种还款方法操作,本案例选择按等额本金还款法(适合每月还本付息额先高后低),每个月还本付息。

按等额本金偿还法计算,每月的还本付息清单见表4-7。

表4-7 贷款还本付息清单

贷款总额	¥100 000.00 单位:元;
年息	7.6475%
贷款期限	2(年)
起贷日期	2011-8-1
还款次数	24
利息总计	¥7 966.15 单位:元;
本息总计	¥107 966.15 单位:元;

编号	还款日期	期初余额/¥	还款额/¥	本金/¥	利息/¥	期末余额/¥
1	2011-9-1	100 000.00	4 803.96	4 166.67	637.29	95 833.33
2	2011-10-1	95 833.33	4 777.40	4 166.67	610.74	91 666.67

续表

编号	还款日期	期初余额/¥	还款额/¥	本金/¥	利息/¥	期末余额/¥
3	2011-11-1	91 666.67	4 750.85	4 166.67	584.18	87 500.00
4	2011-12-1	87 500.00	4 724.30	4 166.67	557.63	83 333.33
5	2012-1-1	83 333.33	4 697.74	4 166.67	531.08	79 166.67
6	2012-2-1	79 166.67	4 671.19	4 166.67	504.52	75 000.00
7	2012-3-1	75 000.00	4 644.64	4 166.67	477.97	70 833.33
8	2012-4-1	70 833.33	4 618.08	4 166.67	451.41	66 666.67
9	2012-5-1	66 666.67	4 591.53	4 166.67	424.86	62 500.00
10	2012-6-1	62 500.00	4 564.97	4 166.67	398.31	58 333.33
11	2012-7-1	58 333.33	4 538.42	4 166.67	371.75	54 166.67
12	2012-8-1	54 166.67	4 511.87	4 166.67	345.20	50 000.00
13	2012-9-1	50 000.00	4 485.31	4 166.67	318.65	45 833.33
14	2012-10-1	45 833.33	4 458.76	4 166.67	292.09	41 666.67
15	2012-11-1	41 666.67	4 432.20	4 166.67	265.54	37 500.00
16	2012-12-1	37 500.00	4 405.65	4 166.67	238.98	33 333.33
17	2013-1-1	33 333.33	4 379.10	4 166.67	212.43	29 166.67
18	2013-2-1	29 166.67	4 352.54	4 166.67	185.88	25 000.00
19	2013-3-1	25 000.00	4 325.99	4 166.67	159.32	20 833.33
20	2013-4-1	20 833.33	4 299.44	4 166.67	132.77	16 666.67
21	2013-5-1	16 666.67	4 272.88	4 166.67	106.22	12 500.00
22	2013-6-1	12 500.00	4 246.33	4 166.67	79.66	8 333.33
23	2013-7-1	8 333.33	4 219.77	4 166.67	53.11	4 166.67
24	2013-8-1	4 166.67	4 193.22	4 166.67	26.55	(0.00)

（二）李小姐按照工商银行自用车贷款受理的相关规定对许先生的贷款申请进行宣传和介绍，并交代了许先生贷款申请需要哪些资料。

许先生按李小姐的交代，提交的借款资料有如下几种：

（1）个人消费贷款申请表。

（2）提供的有效身份证件（身份证）、户籍证明、婚姻证明（许先生尚未婚配，所以提供未婚证明）。

（3）许先生因为尚未婚配，所以无参贷人。但许先生与其父母、名下拥有本市产权住房一套，需提供相关房屋权利证明。

（4）提供本市职业及收入证明。

（5）许先生在工行存有17万元，提供其存单复印件，证明其有首付款能力。届时许先生必须提供不低于规定比例的首付款发票。银行规定的可贷额度是不超过所购车辆价格的80%,不含各类费用。许先生的首付款发票金额应该为14万元,首付比例已高于车辆价格的50%。

(6)许先生提供了与工行某支行认可的汽车经销商签订的购车合同。

(7)许先生在工行某支行开立的个人结算账户凭证。

(8)许先生提供了本人的机动车驾驶证。

(三)李小姐核实了许先生在本行无其他贷款记录,基本符合贷款申请条件,故要求许先生将有关资料准备好以后就正式提交信贷科进行调查和审批。

(四)银行对借款申请人及贷款申请资料进行调查(双人调查职责),审查并提出贷款方案和调查意见,最终经有权签批人签批意见。信贷科调查岗的工作人员是周先生和王先生,负责对借款申请人及贷款申请资料进行调查,并完善贷款方案和出具调查人意见,然后逐级上报审批。

调查、审查过程是核实借款资料是否真实、完整、合法、有效;核实借款人主体资格情况,核实借款人的身份、职业、收入、资产、住址、联系方式、身份证件及民事行为能力等。调查、审查和审批贷款期间主要做好以下工作:

(1)周先生和王先生通过身份证查询系统、及户籍管理系统核实了许先生的身份。

(2)通过房屋产证登记系统核实了许先生提供的相关房屋权利证明的真实性。

(3)对借款人资信状况进行评估,并见面会谈;对借款人的贷款目的进行调查。

(4)许先生的信用报告中社保、公积金缴交单位与许先生的工作单位是一致的,但出于慎重的工作习惯,周先生和王先生还是通过114查询了许先生的工作单位,核实了许先生的收入情况。并在收入证明上注明"经114查询、电话为××××,经拨打核实本证明真实有效"。

(5)通过贷前调查证明,许先生所提供的资料真实有效,个人资信良好,首付款比例较高,具备偿还贷款的能力,最终有权审批人签批"同意"意见。调查岗向借款人出具《个人自用车贷款预审通知书》,并将复印件送交经销商,通知其备好拟购车辆。并通知借款人签订借款合同。

(6)周先生和王先生亲临现场核实,核实行驶证和机动车证书上的车架号和发动机号是否一致,并拍摄车辆证明照片一张,填写《车辆现场核实表》,审验车辆合格证是否真实、有效,同时收妥购车发票。

(7)调查岗通知许先生购买车辆保险,第三者责任险的投保金额为30万元。保险期限为两年三个月(大于贷款期限三个月)。除交强险外其余保险必须趸缴并收妥保单正本。

(8)贷款所购车辆必须办妥上海市车辆牌照登记手续。随后由银行相关人员统一办理抵押登记手续。办妥抵押登记后,支行即在内部系统中补录抵押物的相关信息。

(五)上述流程结束之后,便进入最终核准放款阶段。核准内容如下:

(1)核对车辆经销商、购车发票的开票单位、放款账号和户名三者是否相符,核对个人借款担保合同等资料填写是否规范、有效;

(2)核对保单是否符合要求;

(3)核对《车辆现场核实表》、车辆行驶证、机动车登记证上的车架号和发动机号是否一致;

(4)核对抵押车辆是否已办妥沪籍车牌;

(5)核对其他放款前提条件是否已落实;

(6)核对信贷业务档案完整性、一致性、有效性。

审核相关信息无误后,发放贷款。会计岗确认消费信贷管理中心核准人员出具的《放款同意通知书》和借据上的借款利率、金额、期限、账号、姓名等信息一致无误后,发放贷款至借款合同(借据)约定账户。

最后,银行出具加盖公章的《提车通知书》,并转交汽车经销商,由其通知借款人提车。许先生如愿以偿,提到了新车。

二、案例2

汽车消费信贷的"冀东模式"

1995年,冀东物贸集团公司根据购车用户的心理和经济状况,借鉴国外发达国家的做法,利用公司自由资金在国内率先开展了"分期付款售车"业务,这一销售方式的创新,得到了中国一汽集团等汽车生产企业的大力支持和广大消费者的普遍欢迎。1999年,集团公司与中国银行唐山分行合作,独创了"以帮助用户申请贷款,帮助用户选车上牌照、帮助合作银行收缴贷款本息,全程为用户提供担保服务"为主要内容的汽车消费信贷新模式——冀东模式。冀东模式的突出特点就是由经销商控制和承担车贷风险,既能满足购车用户资金不足的需求,又能保障贷款合作银行和经销商利益不受损害,同时促进国家汽车工业发展、增加税收,提高银行、经销商和购车用户效益,实现多方共赢的销售模式。其核心是有效防范信贷风险,确保银行投放资金的安全。冀东模式成为集团公司的核心竞争力。

严格地说,"冀东模式"应该称作一个思路,思路发明人庞庆华有自己的理解,而且在操作上也有地域的特点,由于实施这个模式的冀东物贸集团在当地是一家举足轻重的企业。因此在经营的过程中得到地方政府特别是执法部门的大力支持,公安部门抽调8名经验丰富的干警组成"冀东物贸办案小组",法院也有29名人员的专门办案组织。这是其他地区汽车经销企业不一定能够做到的,所以难以成为一种模式来规范其他单位,但是这个思路确实能够让汽车销售企业在资金不足的用户面前有用武之地,也实实在在让整个汽车产业的链条比较正常地运转起来。

汽车消费的增长对于拉动国民经济增长起到了重要的作用。然而在2004年信贷紧缩中,银行的操作危害到这个对国民经济非常重要的市场的发展。汽车经销商一般采用3个月承诺汇兑方式,利用从银行贷款资金进货,而在银行收紧信贷后,经销商的进货越来越困难。

一般的品牌4S店,厂家要求的注册资金不能低于1 000万人民币,维持运转的日常流动资金则需要1 500万元到2 000万元。在这些资金中经销商自有资金大约只占35%,其他依靠银行贷款充实。

2004年2月,人民银行公布汽车贷款行为管理办法的草案,规定个人贷款购车最低首付为20%,在此以前出现的车贷"零首付"化为泡影,连最低首付10%同遭封杀。

在央行整顿车贷的同时,与车贷业务密切相关的车贷险也被保监会正式叫停。中国人民银行和保监会的两纸文件让颓势已显的全国车市雪上加霜。

国外汽车销售中,采用消费信贷方式占了70%～80%的比例,中国新车销售中采用消费信贷的方式所占比例不过20%左右。也就是说,中国汽车消费信贷并没有超出合理的比例,甚至处于低得不合理的比例,但是为什么做不下去呢?

农业银行和中国银行汽车贷款分别是422亿元和408亿元,占银行市场车贷总量的31%和30%。两家银行认为目前汽车贷款的不良率为2%,主要集中在骗贷上,农行表示,1%以上就不能容忍了,因此决定凡是坏账超过1%的经办银行全部停办销贷业务。

信贷政策的收紧抑制了汽车消费,各地商业银行对车贷业务的收缩,也直接导致轿车市场的销售大幅下滑,库存激增。车贷紧缩导致销售下滑,销售下滑直接导致库存增加,库存压力又逼迫厂商不得不降价,中国车市不得已进入了一个结构性的销售低潮。这本来是不该出现的。

就在中国车市一片喊衰的声音中,出现逆市而上的强音,冀东物贸集团公司在2003年销售80 900辆汽车、销售收入66.8亿元的情况下,再创佳绩,在2004年销售汽车13.75万辆,销售收入98.9亿元。特别要指出的是:其中有32 800辆是通过消费贷款销售的汽车。"冀东模式"的内容就是"由冀东公司帮助用户申请贷款、帮助用户选车上牌、帮助银行收本清息、全程为用户担保服务。"(图4-5和图4-6)

图4-5 冀东公司风险防范系统示意图

1	2	3	4	5	6
用户信用评价制	资信责任追究制	消贷客户经理制度	GPS目标监控系统	司法手段保证权益	贷款风险准备金制度
以个人财产、购车用途、居住区域等要素作为个人信用评价依据,对借款购车人的资格信用程度进行量化评估。	为确保资信调查人员的调查结果真实可信,建立资信调查人员的奖(罚)制度,实行责任追究制。	客户经理肩负着客户资信调查和客户服务两项职能。在服务客户过程中,了解客户运营情况,实现了监测与服务的有效结合。	集团投资7 000余万元建成GPS研发、生产、监控中心,规定凡在公司贷款购买的车辆必须安装GPS终端。	庞大集团法规部统一制定消贷担保合同,约定由集团公司总部所在地法院负责管辖。	根据车型提取一定比例的风险准备金。未按期缴纳所产生的费用、消贷车辆一旦出现风险,及时予以核销,并保留债务追索权。

图4-6 冀东公司风险控制制度示意图

在车贷坏账诸多因素中,骗贷或恶意拖欠最为显著,事情发生以后,往往是汽车经销商与银行耗费很大精力去清欠,甚至打官司。汽车经销商唯恐避之不急,哪有主动帮助用户申请贷款的?这就是"冀东模式"的高明之处。

冀东公司在认真分析市场以后认为:汽车在中国有很大的市场,关键有两个问题制约了汽车市场的发展,其一是有些人想买车钱不够,其二是运用车贷这个金融工具又受制于信用体系的薄弱。解决的办法就是用明天的钱办今天的事情,想花明天的钱,就设法防范风险。

冀东公司的做法总结起来有四条:第一是领导重视,建立健全各项制度。第二是利用高科技手段。第三是建立强有力的清欠队伍。第四是地方政府和司法部门的支持。

冀东物贸集团在与银行合作开展消费信贷业务以后,把防范风险工作放在首位,成立以总经理、副总经理为正副组长,主管各大区的副总、总助、法规部、业务部、财务部负责人为成员的风险防范领导小组,制定防范风险的规章制度;下达风险限额考核指标;足额提取风险准备金;监督指导各单位风险控制情况;对重点案件指挥协调。

领导重视不难,难在防范风险的手段,在总结 5 年来经营汽车消贷经验教训基础上,为防止和惩罚人车逃逸,最大限度降低清欠成本,冀东集团斥巨资引进 GPS 定位系统,这个系统监控汽车数量大、范围广、信息平台搭建完善、收费合理。能够在 24 小时监控汽车行踪,从已经安装的 21 000 辆车的情况看,可以随时了解车辆所在位置以及行驶路线,避免车主逃贷和车辆丢失的问题发生。

冀东公司介绍:我们已经成功地运用 GPS 系统为用户找回被盗车辆,同时也给车主带来相应的经济收入。车队挂靠的车辆为了沿途配载,四处寻找货源,时间就是金钱,GPS 的安装增加车主的信誉度,配货栈可以放心将货物交给货主,提高货物运输成交率。为车主增加营运收入。

由此可想到:国际社会一般以物流成本占 GDP 比重来衡量一个国家的物流发展水平,比重越低越先进。发达国家的物流比重为 10%;中等发达国家,如韩国约为 16%;而中国的物流成本占到 GDP 的 20%~30%,其中相差的 10%~20% 成本等于浪费,从宏观上讲,这就意味着中国作为一个国家的竞争力比国外低 10%~20%。

有了 GPS 再加上相应的软件系统,它就是一个物流系统全面解决方案,对于提升中国的综合国力有巨大的推动作用,这个功能还有待于全社会的努力。但是已经可以预见高科技带给我们不仅是一个信用体系的保障,更重要的是新经济发展的动力。

前面已经讲过,冀东模式的地域性特点和清欠队伍的素质取决于地方政府以及司法部门的执政能力,冀东物贸通过法律手段为公司追回欠款 2 000 多万元,收回各种车辆 800 余辆。这显然体现了当地政府部门的重视,如果是发达地区的大城市,这种支持可能就会弱化。这就给我们一个思考:恶意逃贷的结果是形成诈骗,属于刑事问题,最终要有公安机关解决。如果防患未然,从源头就防范风险,会减少多少无谓的成本,能够创造多少财富。但是政府部门对这些问题只能事后出面,而银行又不能承担风险。

在这种情况下,"冀东模式"或者这个思路的关键意义就显露出来:冀东物贸只不过是把银行不做,政府不能做的事情做了,他们的出发点就是市场,完全以市场为导向。在 5 年多的汽车信贷业务中,累计 120 亿元,目前银行贷款账面余额 40 亿元,其中中国银行系统有 35 亿元,不良贷款率 5 年累计 1 520 万元,按当年核销帐面不良率还不足 0.5%,按 5 年累计消贷不良率不足 0.13%,银行欠款为零。

在 2004 年汽车市场低迷的情况下,冀东公司依然收入颇丰,这是一个四赢的结果:汽车厂把车卖出去赚了钱,用户用明天的钱圆了今天的梦,银行顺利开展汽车贷款业务获利,作为汽车经销商的冀东物贸自然也有不少的收益。

这个模式或者思路带给我们的思考是:国有银行不经过商业化改革,政府不进行市场化改革,就永远不可能用创新的模式或者思路去推进有利于国计民生的事情。而这些东西也就只能由这些民营企业去开创,去发展,但是他们太艰难了。

思考题

1. 我国汽车消费信贷的经营方式有哪些?
2. 在汽车消费信贷工作中汽车经销商和商业银行的职责是什么?
3. 组织学生扮演不同角色模拟经销商汽车消费信贷的业务流程。
4. 如何对借款者品质进行调查?
5. 金融机构对于汽车消费信贷的安全管理一般采取什么措施?
6. 熟悉各种主要的汽车消费信贷操作性文件。
7. 从微观层次来看,在汽车消费信贷上存在什么风险?应如何防范?

第五章

汽车保险服务

机动车辆保险产生于 19 世纪末,世界上最早签发的机动车辆保险单,是 1896 年由英国"法律意外保险公司"签发的,保险费为 10 英镑到 100 英镑的汽车第三者责任保险单。机动车辆保险的真正发展,是在第二次世界大战后,一方面是因为汽车的普及使道路事故危险构成一种普遍性的社会危险;另一方面则是因为许多国家将包括汽车在内的各种机动车辆第三者责任列入强制保险的范围。

纵观世界发达国家的保险业,经过百年多的发展,尤其是第二次世界大战后消费信贷的兴起和分期付款方式的引入,汽车在发达国家已进入家庭,在发展中国家拥有量也急剧增加,机动车辆保险已成为国际非寿险保险市场上第一大险种,保费收入占世界非寿险保费收入的五成以上。机动车辆保险开办范围由最初的欧美国家扩大到世界上大部分国家和地区,承保标的从最初的汽车扩大到几乎所有机动车辆,险种也由单一的第三者责任险发展成为保障充分的综合性保险。我国改革开放 30 多年以来,机动车辆保险业务一直以较快的速度发展,成为财产保险中的龙头险种,并占据着举足轻重的地位,为我国保险业的发展作出了巨大贡献。

第一节 汽车保险的概述

一、保险的职能与作用

保险属于经济范畴,其定义一般可以表述为:保险是以法令或合同形式,集合多数经济单位或个人,根据合理计算,共同建立专用基金,对特定危险事故所致损失或约定事件的发生给予经济补偿或给付的一种社会互助性质的经济制度。保险所体现的是人与人之间的经济关系,即通过保险将社会上具有相同危险的人们组织起来,使大多数人用分摊损失的方法对其中少数人在遭遇自然灾害、意外事故等不幸事件后所造成的经济损失,给予补偿的一种特殊的经济活动。

(一)保险的职能

保险的职能是由保险的本质决定的,保险本质上是一种经济补偿制度。这一制度通过对有可能发生的不确定事件的数理预测和收取保险费的方法,建立保险基金;以合同的形式,将风险从被保险人转移到保险人,由多数人来分担少数人的损失。保险的职能可分为两类:基本职能和派生职能。

1. 保险的基本职能

根据保险产生和发展的历史,保险基本职能就是组织经济补偿和实现保险金的给付,具体表现为补偿损失功能。这种保障功能是保险业能迅速发展的内在根源,也最能体现保险业的特色与核心竞争力。在人类社会的历史进程中,自然灾害和意外事故总是客观存在的,社会生产和人们的生活始终面临遭到破坏的危险。面对惨重的损失,单靠某个企业或个人是难以承担的,有组织的经济补偿成为必要,保险形式应运而生。被保险人参加保险的目的是在遭受灾害、事故的时候能够获得保险补偿和保险金的给付。通过保险的补偿和给付,企业可以获得足够的资金,购买原材料等用品,支付生产停顿期间所需要的费用,把因生产中断造成的损失降低到最低限度。保险对个人可免除或减轻不幸事故造成的经济损失,为本人及家属提供相应的物质保障。为了实现经济补偿的目的,保险人必须根据保险合同或事先约定,收取一定的保险费,事先组织保险基金,以便分散风险和分摊损失。

保险补偿不同于社会救助。保险是保险人用科学的方法计算出保险费率,在收取保险费的基础上建立保险基金。保险之所以能够成为经济发展的重要保障,关键在于它依靠精确计算,达到转移风险的目的,使原来不可预测的经济损失,通过保险费的方式固定下来。保险的补偿和给付,完全依据保险合同的履行,排除了财政支持的公共性和政策性及社会救济的偶然性和不确定性。保险组织经济补偿和给付保险金的职能,既是它固有的本质功能,也是其他基金所不能代替的。

2. 保险的派生职能

对保险的派生职能,保险学界有着不同的认识,比较多的学者赞同保险有防灾防损和融通资金的职能。

保险的防灾防损职能是由保险经营性质决定的。保险人与被保险人有着共同的经济利益,就是减少灾害、事故的发生,尽量避免保险财产损失和人员伤亡。保险人为了减少赔款,提高经济效益,必然要与被保险人共同做好防灾防损工作。保险人从日常业务中掌握大量保险财产的位置和分布,以及分析各种灾害事故造成损失的资料,对灾害原因有比较确切的分析和结论,从而积累了丰富的防灾防损的工作经验;同时可以运用保险财力和专业人员的技术力量,提出防灾防损的方案。防灾防损工作必须具体地体现在保险制度、保险条款和保险费率上,提高被保险人遵守安全法规的自觉性,增强社会防灾防损的能力,防止或减少灾害事故的发生,保障被保险人的生命和财产安全。

保险的融资职能是指将保险组织的可运用的资金,重新投入到社会再生产过程中所发挥的金融中介的作用,以便实现保险资金的保值和增值。由于保险人经营的连续性和保险事件的随机性,在保险人的业务经营中会有一部分资金处于暂时的闲置状态,这种处于暂时闲置状态的资金构成了保险人的可运用资金。保险投资渠道主要有以下几种:银行存款、证券投资、抵押贷款等。保险业越发达,保险投资越重要,保险公司的投资渠道也就越多。保险人通过保险资金的运用,取得赢利,加快了资金的积累。有了雄厚的保险准备金,可以提高保险人应付巨大危险的能力,增强保险人的财务稳定性。同时也突出了保险业在整个社会经济生活中的重要作用,使保险更好地成为社会稳定器。

(二) 保险的作用

保险的作用是保险职能在具体工作中的表现。随着社会经济的发展,保险经济活动已经渗透到国民经济和社会经济生活的各个领域,成为市场经济条件下风险管理的基本手段,是金融体系和社会保障体系的重要组成部分,在社会主义和谐社会建设中具有重要作用。

1. 有利于应对灾害事故风险,保障人民生命财产安全和经济稳定运行

我国每年因自然灾害和交通、生产等各类事故造成的人民生命财产损失巨大。由于受体制

机制等因素制约,企业和家庭参加保险的比例过低,仅有少部分灾害事故损失能够通过保险获得补偿,既不利于及时恢复生产生活秩序,又增加了政府财政和事务负担。加快保险改革发展,建立市场化的灾害、事故补偿机制,对完善灾害防范和救助体系,增强全社会抵御风险的能力,促进经济又快又好发展,具有不可替代的重要作用。

2. 有利于完善社会保障体系,满足人民群众多层次的保障需求

我国正处在完善社会主义市场经济体制的关键时期,人口老龄化进程加快,人民生活水平提高,保障需求不断增强。加快保险业改革发展,鼓励和引导人民群众参加商业养老、健康等保险,对完善社会保障体系,提高全社会保障水平,扩大居民消费需求,实现社会稳定与和谐,具有重要的现实意义。

3. 有利于优化金融资源配置,完善社会主义市场经济体制

我国金融体系发展不平衡,间接融资比例过高,影响了金融资源配置效率,不利于金融风险的分散和化解。21世纪前20年是我国加快发展的重要战略机遇期,金融在现代经济中的核心作用更为突出。加快保险业改革发展,发挥保险在金融资源配置中的重要作用,促进货币市场、资本市场和保险市场协调发展,对健全金融体系,完善社会主义市场经济体制,具有重要意义。

4. 有利于社会管理和公共服务创新,提高政府行政效能

随着行政管理体制改革的深入,政府必须整合各种社会资源,充分运用市场机制和手段,不断改进社会管理和公共服务。加快保险业改革发展,积极引入保险机制参与社会管理,协调各种利益关系,有效化解社会矛盾和纠纷,推进公共服务创新,对完善社会化经济补偿机制,进一步转变政府职能,提高政府行政效能,具有重要的促进作用。

二、机动车辆和机动车辆保险

机动车辆保险与其他财产保险一样,是经济发展的产物,是伴随机动车辆的出现和普及而产生和发展起来的一种综合性保险。在欧美等保险发达国家,由于对汽车的保险早于其他机动车辆,所以直至今日仍习惯性地把机动车辆的保险称为汽车保险。

新中国成立前后,我国在开办机动车辆保险时沿用了汽车保险这一名称。1983年,交通管理部门对机动车辆的名称、范围进行了规范。考虑到我国开办的机动车辆保险的承保对象不仅包含汽车,还包括摩托车、拖拉机、专用机械车等机动车辆,为适应形势发展和准确定义该险种的承保范围,于1983年10月将汽车保险更名为机动车辆保险。

(一) 机动车辆和机动车辆保险的概念

1. 机动车辆的概念

机动车辆是指由动力装置驱动或牵引在道路上行驶的、用于运送人员、物品或进行专项作业的车辆。包括汽车、挂车、无轨电车、农用运输车、摩托车、轻便摩托车、运输用拖拉机和轮式专用机械车等,但不包括任何在轨道上运行的车辆。

2. 机动车辆保险的概念

机动车辆保险是综合性保险,属于财产保险范畴,是运输工具保险的一种。它承保公务、商用和民用的各种机动车辆因遭受自然灾害或意外事故造成的车辆本身及相关利益的损失和采取施救保护措施所支付的合理费用,以及被保险人对第三者人身伤害、财产损失依法应负的民事赔偿责任。

(二)机动车辆保险的特点

机动车辆保险的基本特征,可以概括为以下几点。

1. 保险标的出险率较高

机动车辆是陆地的主要交通工具。由于其经常处于运动状态,总是载着人或货物不断地从一个地方开往另一个地方,很容易发生碰撞及其他意外事故,造成人身伤亡或财产损失。由于车辆数量的迅速增加,一些国家交通设施及管理水平跟不上车辆的发展速度,再加上驾驶员的疏忽、过失等人为原因,交通事故发生频繁,汽车出险率较高。

2. 业务量大,投保率高

由于汽车出险率较高,汽车的所有者需要以保险方式转嫁风险。各国政府在不断改善交通设施,严格制定交通规章的同时,为了保障受害人的利益,对第三者责任保险实施强制保险。保险人为适应投保人转嫁风险的不同需要,为被保险人提供了更全面的保障,在开展车辆损失险和第三者责任险的基础上,推出了一系列附加险,使汽车保险成为财产保险中业务量大,普及迅速,投保率较高的一个险种。

3. 保险利益的扩大

机动车辆保险中,针对汽车的所有者与使用者不同的特点,机动车辆保险条款一般规定:不仅被保险人本人使用车辆时发生保险事故保险人要承担赔偿责任,而且凡是被保险人允许的驾驶人员使用车辆时,也视为其对保险标的具有保险利益。如果发生保险单上约定的事故,保险人同样要承担事故造成的损失,保险人须说明机动车辆保险的规定以"从车"为主。凡经被保险人允许的驾驶人员驾驶被保险人的汽车造成保险事故的损失,保险人须对被保险人负赔偿责任。此规定是为了对被保险人提供更充分的保障,并非违背保险利益原则。但如果在保险合同有效期内,被保险人将保险车辆转卖、转让、赠送他人,被保险人应当书面通知保险人并申请办理批改。否则,保险事故发生时,保险人对被保险人不承担赔偿责任。

4. 被保险人自负责任与无赔款优待

为了促使被保险人注意维护、养护车辆,使其保持安全行驶技术状态,并督促驾驶员注意安全行车,以减少交通事故,保险合同上一般规定:驾驶员在交通事故中所负责任,车辆损失险和第三者责任险在符合赔偿规定的金额内实行绝对免赔率;保险车辆在保险期限内无赔款,续保时可以按保险费的一定比例享受无赔款优待。以上两项规定,虽然分别是对被保险人的惩罚和优待,但要达到的目的是一致的。

(三)机动车辆保险的常见分类

机动车辆保险可按不同的角度进行分类,常见的有以下几种分类方法。

1. 按照保险标的分类

按照保险标的的不同分类,可以分为车辆损失保险和车辆责任保险两个大类。中国保监会2000年颁布的《机动车辆保险条款》中,车辆损失保险除主险车辆损失险外,还包括全车盗抢险、玻璃单独破碎险、自燃损失险、新增加设备损失险、车辆停驶损失险等6个附加险种。但是,车辆停驶损失险是以间接损失为标的的损失保险,即保险车辆发生损毁所致的被保险人的相关利益损失,可视为车辆损失险的延伸。车辆责任险除主险中的第三者责任险外,还包括车上责任险、车载货物掉落责任险、无过失责任险等附加险种。

2. 按照实施的形式分类

按照实施形式的不同分类,可以分为自愿保险和强制保险。自愿保险是指投保人和保险人在自愿、平等、互利的基础上,经协商一致而订立的机动车辆保险合同。在这种保险形式下,投保人对于是否投保有决定权。投保人决定投保后,可以自主选择保险人,并和保险人自由协商确定保险险种、保险金额等内容。车辆损失保险主要采用自愿保险的形式。

强制保险又称为法定保险,是依据国家的法律规定发生效力或者必须投保的保险。强制保险基于法律的特别规定而开办,是针对机动车辆第三者责任的基本保障,投保人有投保的义务,保险人有接受投保的义务。国际上一般通过以下三种形式规范机动车辆第三者责任强制保险:

(1) 以道路交通法规规范。以英国为代表的若干国家,以道路交通法规规范汽车第三者责任强制保险。英国 1930 年颁布的《道路交通法》规定,任何在公路上使用或者让他人使用或者允许他人使用车的人,应当依法投保责任保险。1988 年经修正后的《道路交通法》第 6 章专门规定第三者责任强制保险。

(2) 以道路交通法规和保险法规综合规范。例如,美国加利福尼亚州通过道路交通法规和保险立法对汽车第三者责任强制保险加以调整。加利福尼亚州 1989 年颁布的《机动车法典》和《加利福尼亚州保险法》中都有对强制保险的规定。

(3) 以单行法规范。德国、法国、意大利、瑞士、日本等多数国家通过制定单行法规范汽车第三者责任强制保险,如德国的《汽车所有人强制保险法》、日本的《汽车损害赔偿保障法》。

3. 按照机动车辆常见类型分类

按照机动车辆的常见类型可以分为汽车保险、摩托车保险和拖拉机保险等。

4. 按照保险期限分类

按照保险期限可以分为一年期保险和短期保险。我国机动车辆保险一般都是一年期保险,但为适应特殊需求也可开办短期保险,执行相应的短期费率或条款,提车险就是短期保险。

5. 按照承保条件分类

按照承保条件可分为基本险和附加险,附加险必须在投保相应的基本险后方可投保,中国保监会 2000 年颁布的《机动车辆保险条款》中规定,车辆损失险和第三者责任险为基本险,其他险种只能附加承保。

三、机动车辆保险的职能与作用

(一) 机动车辆保险的职能

保险的基本职能就是组织经济补偿和实现保险金的给付,即补偿损失功能,这同样也是机动车辆保险的基本职能。生产力水平的提高、科学技术的发展使人类社会走向文明,汽车文明在给人类生活以交通便利的同时,也给人类带来了因汽车运输中的碰撞、倾覆等意外事故造成的财产损失和人身伤亡。不仅如此,随着生产力水平的提高,科学技术的进步,风险事故所造成的损失也越来越大,对人类社会的危害也越来越严重。机动车辆在使用过程中遭受自然灾害风险和发生意外事故的概率较大,特别是在发生第三者责任的事故中,其损失赔偿是难以通过自我补偿的。

与保险的功能一样,机动车辆保险同样具有金融融资功能和防灾防损功能,以实现资金的融通和灾损的减少。机动车辆使用过程中的各种风险及风险损失是难以通过对风险的避免、预防、分散、抑制以及风险自留就能解决得了,必须通过保险转嫁方式将其中的风险及风险损失得以在全社会范围内分散和转移,以最大限度地抵御风险。汽车用户以缴纳保险费为条件,将自己可能遭受的风险成本全部或部分转嫁给保险人。机动车辆保险是一种重要的风险转嫁方式,在大量的风险单位集合的基础上,将少数被保险人可能遭受的损失后果转嫁到全体被保险人身上,而保险人作为被保险人之间的中介对其实行经济补偿。通过机动车辆保险,将拥有机动车辆的企业、家庭和个人所面临的种种风险及其损失后果得以在全社会范围内分散与转嫁。机动车辆保险是现代社会处理风险的一种非常重要的手段,是风险转嫁中一种最重要、最有效的技术,是不可缺少的经济补偿制度。

（二）机动车辆保险的作用

我国自 1980 年国内保险业务恢复以来,机动车辆保险业务已经取得了长足的进步,尤其是伴随着机动车辆进入百姓的日常生活,机动车辆保险正逐步成为与人们生活密切相关的经济活动,其重要性和社会性也正逐步凸显,作用越加明显。

1. 扩大了对汽车的需求

从目前经济发展情况看,汽车工业已成为我国经济健康、稳定发展的重要动力之一,汽车产业政策在国家产业政策中的地位越来越重要。汽车产业政策要产生社会效益和经济效益,要成为中国经济发展的原动力,离不开机动车辆保险与之配套服务。机动车辆保险业务自身的发展对于汽车工业的发展起到了有力的推动作用,机动车辆保险的出现,解除了企业与个人对使用汽车过程中可能出现的风险的担心,一定程度上提高了消费者购买汽车的欲望,扩大了汽车的市场需求。

2. 稳定了社会公共秩序

随着我国经济的发展和人民生活水平的提高,机动车辆作为重要的生产运输和代步的工具,成为社会经济和人民生活中不可缺少的一部分,其作用显得越来越重要。机动车辆作为一种保险标的,虽然单位保险金不是很高,但数大量广而且分散,车辆所有者遍及社会的各阶层,既有党政部门,也有工商企业和个人。车辆所有者为了转嫁使用机动车辆带来的风险,愿意支付一定的保险费投保。在机动车辆出险后,从保险公司获得经济补偿。由此可以看出,开展机动车辆保险既有利于社会稳定,又有利于保障保险合同当事人的合法权益。

3. 促进了汽车安全性能的提高

在机动车辆保险业务中,经营管理与机动车辆维修行业及其价格水平密切相关。原因是在机动车辆保险的经营成本中,事故车辆的维修费用是其中重要的组成部分,同时车辆的维修质量在一定程度上体现了机动车辆保险产品的质量。保险公司出于有效控制经营成本和风险的需要,除了加强自身的经营业务管理外,必然会加大事故车辆修复工作的管理,一定程度上提高了机动车辆维修质量管理的水平。同时,机动车辆保险的保险人从自身和社会效益的角度出发,联合汽车生产厂家、汽车维修企业开展汽车事故原因的统计分析,研究汽车安全设计新技术,并为此投入大量的人力和财力,从而促进了汽车安全性能方面的提高。

4. 机动车辆保险业务在财产保险中占有重要的地位

目前,大多数发达国家的机动车辆保险业务在整个财产保险业务中占有十分重要的地位。美国汽车保险保费收入,占财产保险总保费的 45% 左右,占全部保费的 20% 左右。亚洲地区的日本和中国台湾地区机动车辆保险的保费占整个财产保险总保费的比例更是高达 58% 左右。

从我国情况来看,随着积极的财政政策的实施,道路交通建设的投入越来越多,机动车保有量逐年递增。在过去的 30 年,机动车辆保险业务保费收入每年都以较快的速度增长。在国内各保险公司中,机动车辆保险业务保费收入占其财产保险业务总保费收入的 50% 以上,部分公司则达到60%以上。2006年前11个月的统计显示,我国机动车辆保险保费收入为1 008.72亿元,同比增长27.6%,占财产保险公司业务比重为69.8%,稳居产险业第一大险种。机动车辆保险业务已经成为财产保险公司的"吃饭险种"。其经营的盈亏,直接关系到整个财产保险行业的经济效益。可以说,机动车辆保险业务的效益已成为财产保险公司效益的"晴雨表"。

四、机动车辆保险的发展

(一) 国外机动车辆保险的发展

机动车辆保险已有百年历史,最早产生于19世纪末的英国,其后伴随着汽车在世界范围内的广泛使用而开展起来,并在第一次世界大战以后得到了快速发展。据记载,1896年11月12日英国事故保险公司最早实行了汽车保险,承保汽车第三者责任险,并且可以加保汽车火险;1898年,法律意外保险公司对汽车承保火险以及第三者责任险,并将汽车相互碰撞而酿成意外损毁事件,也列入保险业务范围。

第一次世界大战期间,汽车作为运输工具而大量生产,战后随着经济的快速发展,数量迅速增加,大量的意外事故也随之出现,为保护受害人的利益,1930年英国颁布《道路交通法》实施第三者责任强制保险,这一做法被欧洲许多国家所借鉴。

1. 美国汽车保险

1898年,美国旅行家保险公司签发了全美第一张机动车辆保险单,承保汽车第三者责任保险;1899年出现汽车碰撞损失保险单;1902年出现汽车损失保险单;1927年是汽车保险发展史上的一个重要里程碑。美国马萨诸塞州制定的举世闻名的《强制汽车(责任)保险法》的颁布与实施,表明了汽车第三者责任保险开始由自愿保险方式向法定强制保险方式转变。此后,汽车第三者责任法定保险很快波及世界各地。第三者责任法定保险的广泛实施,极大地推动了汽车保险的普及和发展。车损险、盗窃险、货运险等业务也随之发展起来。1930年,美国实行了汽车保险单证标准化,投保人只要购买一张汽车保险单,就能同时满足其所需的车损险和责任险的双重保障;截至2000年,美国机动车辆保险保费总量达到1 360亿美元,位居世界第一,其中机动车辆财产损失类保险保费为540亿美元,责任类保险保费为820亿美元。

2. 日本汽车保险

日本机动车辆保险始于1912年,是亚洲较早开办机动车辆保险的国家之一,从1947年起,各保险公司使用统一的普通保险条款和费率;1955年日本政府颁布《自动车损害赔偿保障法》作为实施强制保险的法律依据,形成了强制责任保险和自愿保险两大体系相结合的机动车辆保险制度;1964年根据《有关损害保险费率厘定团体法》设立了汽车保险费率厘定委员会,成为制定汽车保险费率的专门机构,分别制定汽车第三者责任保险和自愿汽车保险的保险费率,同时还在全国主要城市设立损害调查事务所,专门负责汽车第三者责任保险的人员伤亡损害调查;1998年日本开始机动车辆保险费率的自由化改革,当年承保数量73 688千辆,保费收入45 988亿日元。

3. 我国香港特区汽车保险

香港早在1951年就颁布了《机动车辆保险法令》(第三者风险),要求在香港道路上使用机动车辆必须购买第三者人身伤亡保险。1970年代后期至1980年代,香港的机动车辆迅速增加,道路交通事故也随之增多。但是,由于对某些机动车辆没有购买保险、机动车辆或司机肇事逃逸、保单持有人或司机违反保险条款等情况,保险公司不承担保险责任,致使受害人得不到应有的赔偿,其权益得不到保障。于是香港有关人士在1978年开始考虑这一问题,并提交香港政府予以重视。1979年与香港政府达成"原则协议",1980年12月建立香港汽车保险局(简称MIB)。1981年2月,香港汽车保险局开始运作,当月与机动车辆保险人签订"第一笔基金协议"。根据协议的规定,所有在香港经营的机动车辆保险公司、劳合社承保人必须成为香港保险局会员,并按比例交纳一定的会费。保险基金来源于两个方面。第一,与机动车辆保险人签订"第一笔基金协议"。根据这个协议,在1986—1994年间,每年从汽车保费收入中提取0.5%,从1995年开始,从年度保险费中提取1%。第二,"无偿付能力基金协议"。根据这个协议,从1995年开始,从机动车辆保险费收入中提取2%。这笔费用主要是针对破产的汽车保险人而实施的一项补充协议。因为在此之前,香港有5家汽车保险人破产,无法对交通事故受害人进行赔偿。如果出现这种情况,由香港汽车保险局负责赔偿第三者受害人的损失。基金的提取采用动态形式,当基金数额达到一定程度时,停止征收。

经过100多年的发展,尤其是第二次世界大战后汽车在发达国家已进入家庭,在发展中国家拥有量也急剧增加,21世纪后更是得到极大地普及,机动车辆保险已成为国际非寿险保险市场上第一大险种,保费收入占世界非寿险保费收入的近六成。机动车辆保险开办范围由最初的欧美国家扩大到世界上大部分国家和地区,承保标的从最初的汽车扩大到几乎所有机动车辆,险种也由单一的第三者责任险发展成为保障充分的综合性保险。

(二) 我国机动车辆保险的发展

1. 萌芽时期

我国的汽车保险业务的发展经历了一个曲折的历程。汽车保险进入我国是在鸦片战争以后,但由于我国保险市场处于外国保险公司的垄断与控制之下,加之旧中国的工业不发达,我国的汽车保险实质上处于萌芽状态,其作用与地位十分有限。

2. 试办时期

1949年10月20日,中国人民保险公司成立后开办了汽车自愿保险,主要承保地方国营交通运输部门和国有厂矿的汽车。私营工商业投保的汽车起初占整个业务的30%左右,以后随着资本主义工商业的社会主义改造,其比重逐年下降。此外,各国驻华外交使馆和外国人的汽车也参加了保险。随着国家交通运输业的发展,汽车保险业务逐年增长,汽车保险的规章办法,也随着客观情况的变化做过多次改革。

在开办汽车保险业务的初期,国家保险机构曾沿用了旧中国汽车保险的办法,办理汽车公众安全责任险。但是,后来对这项业务因故被停止。

1979年4月,经国务院批准,中国人民保险公司恢复了停办20年的国内保险业务,1980年初重新办理机动车辆保险业务。此后,随着改革开放的不断深入,国民经济快速发展,人民生活水平显著提高,机动车保有量迅速增长,促进了机动车辆保险市场的形成和发展。

3. 发展时期

我国保险业恢复之初的1980年,中国人民保险公司逐步全面恢复中断了近25年之久的汽车保险业务,以适应国内企业和单位对于汽车保险的需要,适应公路交通运输业迅速发展、事故日益频繁的客观需要。但当时汽车保险仅占财产保险市场份额的2%。

随着改革开放形势的发展,社会经济和人民生活也发生了巨大的变化,机动车辆迅速普及和发展,机动车辆保险业务也随之得到了迅速发展。1983年将汽车保险改为机动车辆保险使其具有更广泛的适应性,在此后的近20年中,机动车辆保险在我国保险市场,尤其在财产保险市场中始终发挥着重要的作用。到1988年,汽车保险的保费收入超过了20亿元,占财产保险份额的37.6%,第一次超过了企业财产险(35.99%)。从此以后,汽车保险一直是财产保险的第一大险种,并保持高增长率,我国的汽车保险业务进入了高速发展的时期。

从1980—2000年,机动车辆保险承保数量从1980年的7 922辆上升至2000年的1 757.34万辆,总保险费也从728万元增至372.52亿元,占整个财产险保费收入的62%。经营机动车辆保险业务的公司也从最初的中国人民保险公司一家发展到中国人民保险公司、中国平安保险公司、中国太平洋保险公司、中华联合财产保险公司、华泰财产保险公司、天安财产保险公司、永安保险公司、华安财产保险公司、大众财产保险公司共9家中资公司。其中,中国人民保险公司、中国太平洋保险公司、中国平安保险公司占有比较大的市场份额。

2001年中国机动车辆保险市场份额构成见表5-1,客户结构和投保意识也发生了显著变化,客户由以前以企业和单位为主逐步向个人过渡,投保的主动性也随着保险意识的加强而不断提高。机动车辆保险条款和费率也经历了1980年恢复业务之初由中国人民保险公司自行制定和使用,1985年3月3日国务院颁布《保险企业管理条例》后由中国人民银行审定和1995年10月1日《保险法》实施后由金融监督管理部门制定三个阶段。1995年中国人民银行制定了统一的机动车辆保险及机动车辆附加全车盗抢险的条款和费率,1996年对机动车辆保险条款的部分内容进行了修改,1998年重新修订了机动车辆保险附加全车盗抢险的条款、费率。1998年11月18日中国保监会成立后,于1999年对机动车辆保险条款、费率进行了修改,形成了目前主险、附加险的架构,同时针对机动车辆保险市场中的混乱状况加强了治理整顿和培育引导工作,统一对机动车辆保险单进行监制,监制保单在一定程度上遏制了机动车辆保险市场中的不正当竞争现象,使其逐步走上依法合规经营的轨道。2000年2月4日,保监会颁布并于7月1日实施了新的《机动车辆保险条款》,对1999年的统颁条款和费率进行了补充和完善。为了适应入世,与国际接轨的需要以及我国车险市场发展的逐步完善,2003年11月1日,我国机动车辆保险费率逐步实行市场化,由各保险公司制定其条款,报中国保监会审批。因此,各保险公司车险条款、费率并不相同。2006年3月21日公布《机动车交通事故责任强制保险条例》,2006年7月1日起施行。该条例的施行使得车损险和商业第三者责任险发生了重大变化。中国保险行业协会率先提出,各保险公司经营的汽车商业保险将使用统一条款和费率,同时还为各财险公司制定了A、B、C三款商业险,各家保险公司从中进行选择。这样就告别了以前各家财险公司各自为政的局面。

表5-1 2001年中国机动车辆保险市场份额构成

保险公司 (中资)	保费收入 (万元)	市场份额 (%)	保险公司 (中资)	保费收入 (万元)	市场份额 (%)	保险公司 (外资)	保费收入 (万元)	市场份额 (%)
人保股份	7 364 583	37.19	阳光财产	513 251.6	2.59	美亚	47 352.72	0.24
大地财产	713 570.9	3.60	阳光农业	7 182.11	0.04	东京海上	24 114.19	0.12
出口信用	312 094.9	1.58	都邦	146 109.2	0.74	丰泰	10 955.99	0.06
中华联合	843 803.2	4.26	渤海	60 371.98	0.30	太阳联合	6 960.95	0.04
太保财	2 679 302	13.53	华农	6 771.62	0.03	丘博保险	7 307.22	0.04
平安财	3 368 905	17.01	国寿财产	649 629.4	3.28	三井住友	20 273.98	0.10

续表

保险公司（中资）	保费收入（万元）	市场份额（%）	保险公司（中资）	保费收入（万元）	市场份额（%）	保险公司（外资）	保费收入（万元）	市场份额（%）
华泰	203 140.7	1.03	安诚	74 808.61	0.38	三星	16 786.46	0.08
天安	354 377.5	1.79	长安责任	74 547.03	0.38	安联	17 289.69	0.09
大众	77 789.14	0.39	国元农业	41 892.85	0.21	日本财产	10 208.67	0.05
华安	180 623.8	0.91	鼎和财产	71 804.15	0.36	利宝互助	20 050.66	0.10
永安	277 646	1.40	中煤财产	897.13	0.00	安盟	1 638.84	0.01
太平保险	240 327.9	1.21	英大财产	177 000.5	0.89	苏黎世	10 460.25	0.05
民安	84 244.53	0.43	浙商财产	70 564.6	0.36	现代财产	3 697	0.02
中银保险	109 797.9	0.55	紫金财产	57 171.88	0.29	中意财产	11 416.27	0.06
安信农业	31 251.17	0.16	泰山财险	263.42	0.00	爱和谊	2 326.08	0.01
永诚	246 154.9	1.24	锦泰财产	877.46	0.00	国泰财产	5 991.61	0.03
安邦	307 218.8	1.55	安华农业	44 469.6	0.22	日本兴亚	1 584.38	0.01
信达财险	34 748.53	0.18	天平车险	150 823.6	0.76	乐爱金	3 664.68	0.02
						富邦财险	1 390.88	0.01

随着机动车辆的大发展,行业规范化程度加速,机动车辆保险条款、费率以及管理也日趋完善,尤其是中国保监会的成立,进一步完善了机动车辆保险的条款,加大了对于费率、保险单证以及保险人经营活动的监管力度,加速建设并完善了机动车辆保险中介市场,对全面规范市场,促进机动车辆保险业务的发展起到了积极的作用。

第二节 汽车保险的种类

机动车辆保险不仅是运输工具保险中最主要的险种,也是整个财产保险中最重要的业务来源。在各国非寿险业务中,机动车辆保险均占有举足轻重的地位,在我国财产保险中则属于第一大险种。

一、机动车辆保险的险种

为了有效转移车辆风险,世界各国的机动车辆保险均设立了机动车辆损失险(或者称为车损险)和商业第三者责任险两种主险。车辆损失险是指保险车辆遭受保险责任范围内的自然灾害或意外事故,造成保险车辆本身损失,保险人依照保险合同的规定给予赔偿的保险。第三者责任险是指保险期间内,被保险人或其允许的合法驾驶人在使用被保险机动车过程中发生意外事故,致使第三者遭受人身伤亡或财产直接损毁,依法应当由被保险人承担的损害赔偿责任,保险人依照保险合同的约定,对于超过机动车交通事故责任强制保险各分项赔偿限额以上的部分负责赔偿的保险。这两种保险属于商业汽车保险范畴。从主要险种来看,除商业汽车保险外还有强制汽车责任保险。机动车交通事故责任强制保险是指由保险公司对被保险机动车发生道路交通事故造成本车人员、被保险人以外的受害人的人身伤亡、财产损失,在责任限额内予以赔偿的强制性责任保险(《机动车交通事故责任强制保险条例》第三条),简称交强险。我国的强制汽车责任保险采取限额保险制。根据保障的责任范围,机动车辆商业保险条款由1个特约条款(单程提车特约条款)、4个基本险条款和15个附加险条款组成。机动车辆商业保险条款附加险与基本险的组合关系见表5-2。

表 5-2 机动车辆商业保险条款附加险与基本险的组合关系

基本险 附加险	车辆损失险	商业第三者责任险	车上人员责任险	全车盗抢险
玻璃单独破碎险	√	—	—	—
车身划痕损失险	√	—	—	—
自燃损失险	√	—	—	—
倒车镜或车灯单独损坏险	√	—	—	—
新增加设备损失险	√	—	—	—
发动机特别损失险	√	—	—	—
停驶损失险	√	—	—	—
车身损失延伸港/澳/境外险	√	—	—	—
车上货物责任险	—	√	—	—
车载货物掉落责任险	—	√	—	—
交通事故精神损害赔偿责任险	—	√	—	—
零部件、附属设备盗窃险	—	—	—	√
安全驾驶补偿险	—	—	√	—
基本险不计免赔率特约条款	√	√	√	√
附加险不计免赔率特约条款	凡有"√"的项目为含免赔率的附加险			

注:费洁.汽车保险.北京:中国金融出版社,2009:28.

我国的机动车辆保险一直实行统一颁布的条款和费率,随着2006年7月1日起《机动车交通事故责任强制保险条例》的施行,各保险公司经营的汽车商业保险使用统一条款和费率,中国保险行业协会为财险公司制定了A、B、C三款商业险以供选择,并推出了车损险的基础保险费和费率。此次统一的是车险中的主险部分,即车损险和商业第三者责任险,条款以人保财险、平安保险、太平洋财险的车险条款为基准,在此基础上又细微调整。对于划痕险、玻璃险等附加车险,仍允许保险公司进行差异化经营。

二、机动车辆损失险

车辆损失险又称车身损失险,简称车损险,它有狭义与广义之分。狭义的车辆损失险,是机动车辆保险的主险之一,是指投保车辆在被保险人或其允许的合格驾驶员使用过程中,遭受保险责任范围内的自然灾害或意外事故,造成本车毁损,保险人依照保险合同的规定,在保险金额范围内对被保险人进行经济补偿。广义的车辆损失险是狭义车损险和全车盗抢险、自燃损失险、玻璃单独破碎险、新增加设备损失险等附加险的总和。本节所阐述的是广义车辆损失险的内容。

(一)保险标的

1. 保险标的

车辆损失险的标的是投保车辆的本身,包括汽车、电车、电瓶车、摩托车、拖拉机、各种专用机

械车、特种车等。

2．参加保险的机动车辆必须具备的条件

（1）领有车辆牌照。即经公安交通管理部门审核、检验合格后，发给车辆的正式或临时牌号。牌号的式样、颜色根据车辆大小、类别有所区别。

（2）领有行车执照。即经公安交通管理部门检验合格后，填发的机动车行驶证，证上填有车辆（包括挂车）的车长、车高、车宽、轴距、轮胎、发动机号码、车架号码等。

（3）具有年检合格证。新车应有制造厂出具的合格证。旧车则必须有车辆年检合格证明。

3．投保人与被保险人

车辆损失险的投保人可以与被保险人合一，也可以不是被保险人而独立存在。当投保车辆的所有权与使用权统一时，投保人即是被保险人；当投保车辆的所有权与使用权分离，使用方为确保车辆在遭受损失时能得到及时补偿而将车辆投保时，使用方为投保人而拥有汽车的那一方则是被保险人。被保险人可划分为：国家机关、事业单位、人民团体、企业单位、公民个人、外国驻华机构等。被保险人对投保的机动车辆必须具有可保利益，即与其投保的车辆必须有某一种法律上的关系。车辆安全对他有利，车辆肇事使他受害。这种可保利益是订立车辆损失险合同的基础。

（二）保险责任

机动车辆损失险是我国机动车辆保险中的两个基本险别之一，承保车辆遭受保险责任范围内的自然灾害或意外事故造成保险车辆本身的损失。

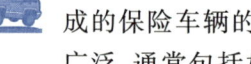

机动车辆损失险的保险责任一般采用列明风险的方式，只有列明的自然灾害和意外事故造成的保险车辆的直接损失，保险人方承担赔偿责任。我国机动车辆损失险的保险责任范围较为广泛，通常包括如下3个大方面。

1．意外事故

包括碰撞、倾覆；火灾、爆炸、外界物体倒塌、空中运行物体坠落、保险车辆行驶中平行坠落等。在机动车辆损失险中，碰撞、倾覆是最主要的承保风险。在国外，有的保险人专门设立了碰撞、倾覆险承保这两种风险造成的车辆损失。所谓碰撞是指：车辆与外界物体的意外接触，即要符合三个条件：一是保险车辆与外界物体的意外碰撞造成本车的损失；二是当货物装上车以后，车与货即视为一体，所装货物与外界物体的意外撞击造成的本车损失，属于碰撞损失；三是保险车辆与外界物体直接接触。车辆损失险承保的仅是碰撞损失，即因碰撞事故的发生所造成的车辆自身损毁。倾覆是指保险车辆由于遭受自然灾害或意外事故，造成本车翻倒，车体触地，使其失去正常状态和行驶能力，不经施救不能恢复行驶的一种状态。

2．自然灾害

包括雷击、暴风、龙卷风、暴雨、洪水、海啸、地陷、崖崩、雪崩、雹灾、泥石流、滑坡、载运保险车辆的渡船遭受自然灾害（只限于有驾驶员随车照料者）造成车辆的损失。由于各地区的自然环境及保险车辆的行驶区域相差很大，其面临的风险也不尽相同，采用这种一揽子责任的承保方式，无疑对于某些被保险人是不公平的。因此有的保险公司将全国分为几个地域，使用不同的费率，达到相对公平的目的。

3．救护行为的费用支出

车辆发生保险事故时，被保险人或其允许的合格驾驶人员对保险车辆采取施救、保护措施所支出的合理费用，由保险人在保险车辆以外的保险金额内负责。施救措施是指发生保险事故时，为减少和避免保险车辆的损失所施行的抢救行为;保护措施是指保险事故发生以后,为防止保险车辆损失扩大和加重采取的行为。采取施救保护措施所支出的费用必须是合理的,才能得到保险人的赔偿。衡量施救保护费用是否合理,原则上以"为了减少保险车辆损失而直接支出的必要费用"为判断标准,但在实际中必须根据具体情况加以判断。在很多情况下,保险车辆发生保险事故后,保险车辆与其所装货物同时被施救,则保险人只对保险车辆的施救费用负责。

上述风险造成保险车辆的直接损失,保险人能否赔偿取决于:第一,保险车辆的损失是由承保风险直接造成的,承保风险是该损失的主要原因;第二,保险车辆是在被保险人或其允许的合格驾驶员的使用过程中发生损失。两个条件必须同时具备,缺一不可。

(三) 责任免除

很多投保人存在这样的认识:认为只要自己投保了机动车辆保险,那么一切与机动车辆有关的损失都应该从保险公司那里得到补偿,其理由是自己不能白交保险费。其实这是投保人不了解保险的真正含义所形成的误解。也就是说,被保险人参加了机动车辆保险,并不是把所有的危险与损失、费用都转嫁给了保险人,而是被保险人自己也有责任承担一部分风险和损失、费用,这些不保的风险与费用便构成了除外责任。在车辆损失险中,保险人的除外责任一般包括不保的风险和不保的损失。

1. 不保的风险

保险车辆在以下情况下造成的损失,保险人不负赔偿责任:

(1) 地震、战争、军事冲突、恐怖活动、暴乱、扣押、罚没、政府征用、污染。
(2) 竞赛、测试,在营业性维修场所修理、养护期间。
(3) 利用保险车辆从事违法活动。
(4) 驾驶人员饮酒、吸食或注射毒品、被药物麻醉后使用保险车辆。
(5) 保险车辆肇事逃逸。
(6) 驾驶员无驾驶证。

2. 不保的损失

保险车辆的下列损失和费用,保险人不负责赔偿:

(1) 自然磨损、朽蚀、故障、轮胎单独损坏。
(2) 人工直接供油、高温烘烤造成的损失。
(3) 自燃以及不明原因引起的火灾造成的损失;自燃是指因本车电器、线路、供油系统发生故障或所载货物本身原因起火燃烧。
(4) 遭受保险责任范围内的损失后,未经必要修理继续使用,致使损失扩大的部分。
(5) 因市场价格变动造成的贬值、修理后因价格降低引起的损失。
(6) 车辆标准配置以外,未投保的新增设备的损失。
(7) 在淹及排气筒或进气筒的水中启动,或被水淹后未经必要处理而启动车辆,致使发动机损坏。
(8) 保险车辆所载货物坠落、倒塌、撞击、泄漏造成的损失。
(9) 摩托车停放期间因翻倒造成的损失。
(10) 被盗窃、抢劫、抢夺,以及因被盗窃、抢劫、抢夺受到损坏或车上零部件、附属设备丢失。

三、第三者责任险

在机动车辆保险合同中,保险公司是第一方,又称为第一者;被保险人是第二方,也叫第二者;除保险人和被保险人之外的,因保险车辆的意外事故而遭受人身伤害和财产损失的受害人,是第三方,也叫第三者。

机动车辆第三者责任险是指被保险人或其允许的合格驾驶员在使用保险车辆过程中发生意外事故,致使第三者遭受人身伤亡或财产的直接损毁,依法应当由被保险人支付的赔偿金额,保险人依照保险合同的约定给予赔偿。但因事故产生的善后工作,由被保险人负责处理。在机动车辆保险第三者责任险条款中,保险公司承担赔偿责任有两个基本条件:

(1) 肇事的驾驶员必须是被保险人或其允许的、合格的驾驶员;
(2) 对第三者造成的损失必须是依法应由被保险人支付的。

第三者责任险是由被保险人承担的经济赔偿责任转由保险人代为负责赔偿的一种保险,有法定保险和商业保险之分。就我国目前的险种体系而言,机动车辆第三者责任保险的赔付对象是指车辆以外的受侵害人员和财产,而车上人员和财产则由其相应的附加险"车上责任险"予以承保。

(一) 保险标的

机动车辆第三者责任险所承保的保险标的是机动车辆驾驶员在使用车辆过程中,发生意外事故,给第三者(他人)造成损害,被保险人及其驾驶员应负的相应的民事责任。保险人只负责被保险人或其允许的驾驶员因过失造成他人的损害应负的民事责任,而被保险人或其允许的驾驶员的故意行为造成他人的损害所负的民事责任,就不属于可保险的范围。概括地讲,民事责任分为违约责任和侵权责任两大部分,机动车辆发生意外事故,造成他人财产与人身的损害,即对他人的财产和人身权利进行了侵害,属于侵权行为,其所承担的责任,属于侵权的民事责任。民事责任中的过错,包含了"故意"和"过失"两种情况。无论是驾驶员由于故意,还是过失引起的交通事故,施害一方都应承担民事赔偿责任。但对于保险责任,只有被保险车辆的驾驶员在驾驶车辆过程中由于过失造成他人财产或人身损害,依法应当承担民事赔偿责任时,这种民事赔偿责任才属于保险责任。由于被保险人或其允许的驾驶员的故意行为引起的赔偿责任,则不属于保险责任。"过失"为可保责任,"故意"为不保责任。以下所述的内容仅涉及侵权的民事责任。

(二) 机动车辆第三者责任险的承保内容

2009 年,中国共发生道路交通事故 23.8 万起,造成 67 759 人死亡、275 125 人受伤,直接财产损失 9.1 亿元。可见,机动车辆的第三者责任风险是巨大的,对公众的人身与财产安全构成了严重的威胁。机动车辆第三者责任保险正是为了维护公众的利益而在许多国家成为法定保险业务,它承保机动车辆所有者或被保险人允许的合格驾驶人员在使用车辆过程中发生意外事故造成第三者人身伤害或财产直接损失,且依法应由被保险人承担的损害赔偿责任,由保险人根据《道路交通事故处理办法》和保险合同的有关规定进行赔偿。机动车辆第三者责任保险属于责任保险范畴,但习惯上又与车辆损失保险统一构成机动车辆保险。

1. 直接损毁

直接损毁是指道路交通事故中一次直接造成的第三者的人身伤亡及财产损失的赔偿责任,包括受害者的死亡补偿、伤残补偿、医疗补偿及财物损毁补偿。如汽车撞倒路边树木,树木又撞倒电线杆,电线杆再压倒房屋,导致房屋内的财产受损和人员伤亡,在事故现场,树木、电线杆、受损房屋及屋内受损财产、受伤人员等均是直接损失,而因此产生的交通堵塞、停电、停产等损失则为间接损失,保险人对间接损失不负责任。

2. 被保险人允许的合格驾驶员

须符合两个条件：一是经被保险人允许，指被保险人本人或经被保险人委派、雇用或认可的驾驶保险车辆的人员；二是合格的驾驶员，指上述驾驶员须持有效驾驶证，并且所驾车辆与驾驶证规定的准驾车型相符。

3. 使用保险车辆过程

指保险车辆作为一种工具被使用的整个过程，包括行驶和停放。如保险吊车固定车轮后进行吊卸作业，可视为使用保险车辆过程。

4. 意外事故

车辆使用中发生的意外事故有道路交通事故和非道路交通事故。凡在道路上发生的交通事故，即为道路交通事故，一般由公安交通管理部门依照《道路交通事故处理办法》处理。凡不在供车辆、行人通行的地方使用保险车辆过程中发生的事故，属于非道路事故，由出险当地政府有关部门根据《道路交通事故处理办法》规定的赔偿范围、项目和标准以及保险合同的规定计算保险赔款金额。

5. 第三者

在保险合同中，保险人是第一方，被保险人或使用保险车辆的致害人是第二方，除保险人与被保险人以外的，因保险车辆的意外事故致使保险车辆下的人员或财产遭受损害的，在车下的受害人是第三者。

6. 依法应由被保险人支付的赔偿金额，保险人依照保险合同的规定进行补偿

我国道路交通事故是由公安交通部门处理的。对保险人而言，公安交通部门的处理结果是保险人承担责任与否的基础性依据，但又不完全按照公安交通部门的处理结论承担赔偿责任，因为制约保险双方的直接法律依据是保险合同。因此，首先是被保险人有对受害方的损害进行赔偿的责任；其次是这种责任是否符合保险合同中应当支付的赔偿中扣除保险合同中规定的不赔部分或可以免除责任的部分。例如，一被保险人酒后驾车，发生车祸，造成一人死亡。公安交通部门认定由这位被保险人承担全部责任，并且向死者家属支付赔偿金。在这个案例中，尽管被保险人依法应当向受害方支付赔款，但酒后驾车是违法行为，属于保险合同中的除外责任，保险人因而可以免除自己的责任。

四、机动车辆保险的附加险

机动车辆保险的附加险是指不能独立投保，须在投保基本险之后方能投保的险种。机动车辆保险的附加险主要有如下 10 种。

（一）全车盗抢险

承保保险车辆全车被盗窃、抢劫或抢夺，经县级以上公安刑侦部门立案证实，满 60 天未查明下落，由保险人按照保险金额与车辆出险时的实际价值的低者并扣除一定的绝对免赔率予以赔付；保险车辆在被盗窃、抢劫或抢夺期间受到损坏或车上零部件设备丢失需要修复的合理费用，由保险人按实际修复费用计算赔偿，最高不超过全车盗抢险保险金额。

（二）车上责任险

主要分车上人员责任险和车上货物责任险两种。承保车辆发生意外事故，造成车辆上人员的人身伤亡，依法应由被保险人承担的经济赔偿责任，由保险人负责赔偿。但是对于违章搭乘人员的人身伤亡、车上人员因疾病、分娩、自残、殴斗、自杀、犯罪行为造成的自身伤亡或在车下时遭

受的人身伤亡,保险人可以免除责任。若发生意外事故,致使保险车辆所载货物遭受直接损毁,依法应由被保险人承担的经济赔偿责任,保险人负责赔偿。但是对于货物因哄抢、自然损耗、本身缺陷、短少、死亡、腐烂、变质造成的损失;违法、违章载运或因包装不善造成的损失及车上人员携带的私人物品损失,保险人不承担赔偿责任。

(三) 车身划痕损失险

此险种适用于已投保车辆损失保险的家庭自用或非营业用、使用年限在3年以内、9座以下的客车,对于车辆无明显碰撞痕迹的车身划痕损失,保险人负责赔偿。但该损失若是被保险人及其家庭成员、驾驶人员及其家庭成员的故意行为造成的,保险人不予赔偿。

(四) 车辆货物掉落责任险

承保保险车辆在使用过程中,所载货物从车上掉下(车上所载气体或液体泄漏造成的损失除外)致使第三者遭受人身伤亡或财产的直接损失,依法应由被保险人承担的经济赔偿责任,保险人在保单载明的保险赔偿限额内赔偿。

(五) 玻璃单独破碎险

承保保险车辆风挡玻璃或车窗玻璃的单独破碎,但对于安装、维修车辆过程中造成的玻璃单独破碎不予负责。投保人与保险人可协商选择按进口或国产玻璃投保。保险人根据协商选择的投保方式承担相应的赔偿责任。

(六) 车辆停驶损失险

车辆停驶损失险负责赔偿保险车辆发生保险事故造成车辆损坏,因停驶而产生的损失。保险人在双方约定的修复时间内按保险单约定的日赔偿金额乘以从送修之日起至修复竣工之日止的实际天数计算赔偿。对于从事专业营运的大型客货车辆以及营运出租轿车,由于肇事后修车耽误营运,间接损失较大,是有必要投保的。

(七) 自燃损失险(简称自燃险)

承保保险车辆在使用过程中,因本车电器、线路、供油系统发生故障及运载货物自身原因起火燃烧,造成保险车辆的损失,以及被保险人在发生本保险事故时,为减少保险车辆损失所支出的必要合理的施救费用,保险人在保险单该项目所载明的保险金额内,按保险车辆的实际损失计算赔偿;发生全部损失的,按出险时保险车辆实际价值在保险单该项目所载明的保险金额内计算赔偿。

(八) 新增加设备损失险

承保保险车辆在行驶过程中,发生碰撞等意外事故,造成车上新增加设备的直接损失,保险人在保险单该项目所载明的保险金额内,按实际损失计算赔偿。

(九) 不计免赔特约保险(即不计免赔率特约条款)

办理了本项特约险的机动车辆发生所投保基本险或附加险的保险事故造成损失,对其在符合规定的金额内按基本险或附加险条款规定计算的免赔金额,保险人负责赔偿。

(十) 无过失责任险

负责赔偿在交通事故中造成对方人员伤亡和财产损失,虽然本车无过失,但车主为抢救伤员等已经支付而无法追回的费用。除根据《中华人民共和国道路交通事故处理办法》的规定,应由被保险人承担的10%的经济赔偿外,对于10%以上的经济赔偿部分,在事故责任认定前已由被保险人垫付的医疗费用、抢救费用及丧葬费用,经公安交通管理部门或人民法院裁定由被保险人承担时,保险人在合同规定的赔偿限额内负责赔偿。

第三节 机动车辆保险实务

机动车辆保险实务是汽车保险服务的重要内容,涉及机动车辆保险所有业务环节,从机动车辆保险的投保、机动车辆保险的承保、机动车辆保险的保险理赔等方面详细介绍车辆保险的实务操作。

一、机动车辆保险的投保

(一)投保注意事项

由于各家保险公司推出的机动车辆保险条款种类繁多,价格不同,因此业务员在接受投保人购买机动车辆保险时应注意如下事项:

1. 合理选择保险公司

消费者应选择具有合法资格的保险公司营业机构购买机动车辆保险。机动车辆保险的售后服务与产品本身一样重要,消费者在选择保险公司时,应了解各公司提供服务的内容及信誉程度。部分保险公司还对直接在其营业机构购买机动车辆保险的消费者提供优惠。

2. 合理选择代理人

消费者可以通过代理人购买机动车辆保险。选择代理人时,应选择有执业资格证书、展业证及与保险公司签有正式代理合同的代理人;应当了解机动车辆保险条款中涉及赔偿责任和权利义务的部分,防止个别代理人片面夸大产品保障功能,回避责任免除等条款内容。

3. 了解机动车辆保险的内容

业务员应当向投保人详细介绍所购买的机动车辆保险条款是否经过保监会批准,条款的具体内容、重点条款的保险责任、除外责任和特别约定,被保险人权利和义务,免赔额或免赔率的计算,申请赔偿的手续、退保和折旧等规定。此外还应当注意介绍保险公司的费率优惠规定和无赔款优待的规定。通常保险责任比较全面的产品,保险费比较高;保险责任少的产品,保险费较低。

4. 根据实际需要购买

投保人选择机动车辆保险时,业务员应了解投保人的风险和特征,根据实际情况帮助投保人选择个人所需的风险保障。应对机动车辆保险市场现有产品进行充分介绍,以便投保人购买适合自身需要的机动车辆保险。

5. 购买机动车辆保险的其他注意事项

(1) 对保险重要单据和凭证的使用和保管。投保者在购买机动车辆保险时,应如实填写投保单上规定的各项内容,取得保险单后应核对其内容是否与投保单上的有关内容完全一致。对所有的保险单、保险卡、批单、保费发票等有关重要凭证应妥善保管,以便在出险时能及时提供理赔依据。

(2) 如实告知义务。投保者在购买机动车辆保险时应履行如实告知义务,对与保险风险有直接关系的情况应当如实告知保险公司。

(3) 购买机动车辆保险后,应及时交纳保险费,并按照条款规定,履行被保险人义务。

(4) 合同纠纷的解决方式。对于保险合同产生的纠纷,消费者应当依据在购买机动车辆保险时与保险公司的约定,以仲裁或诉讼方式解决。

(5) 投诉。消费者在购买机动车辆保险过程中,如发现保险公司或中介机构有误导或销售未经批准的机动车辆保险等行为,可向保险监督管理部门投诉。

（二）保险公司或代理人应提供合理的保险方案

在开展机动车辆保险业务的过程中，保险公司或代理人应从加大产品的内涵、提高保险公司的服务水平入手，在开展业务的过程中为投保人或被保险人提供完善的保险方案。

1. 保险方案制订的基本原则

（1）充分保障的原则。是指保险方案的制订应建立在对于投保人的风险进行充分和专业评估的基础上，根据对于风险的了解和认识制订相应的保险保障方案，目的是通过保险的途径最大限度地分散投保人的风险。

（2）公平合理的原则。是指保险人或代理人在制订保险方案的过程中应贯彻公平合理的精神。所谓合理就是要确保提供的保障是适用和必要的，防止提供不必要的保障。所谓公平主要应体现在价格方面，包括与价格有关的赔偿标准和免赔额的确定，既要合法，又要符合价值规律。

（3）充分披露的原则。是指保险人在制定保险方案的过程中应根据保险最大诚信原则的告知义务的有关要求，将保险合同的有关规定，尤其是可能对于投保人不利影响的规定，要向投保人进行详细的解释。以往机动车辆保险业务出现纠纷的重要原因之一就是保险公司或代理人出于各种目的的考虑，在订立合同时没有对投保人进行充分的告知。

2. 制订保险方案前的调查工作

在制订保险方案之前应对投保人或潜在被保险人的情况进行充分的调查，根据调查结果进行分析是制订保险方案的必要前提。由于企业的用车情况比个人用车情况要复杂得多，所以调查的范围较广，项目较多（个人调查内容只需选择其中的若干项即可）。若我们以企业为投保人，其调查的主要内容有：

（1）了解企业的基本情况，包括企业的性质、规模、经营范围和经营情况。

（2）了解企业拥有车辆的数量、车型和用途，了解车况、驾驶员素质情况、运输对象、车辆管理部门等。

（3）了解企业车辆管理的情况，包括安全管理的目标，对于安全管理的投入、安全管理的实际情况、以往发生事故的情况以及分类等。

（4）了解企业以往的投保情况，包括承保公司、投保险种、投保的金额、保险期限和赔付率等情况。

（5）了解企业投保的动机，防止逆向投保和道德风险。

3. 保险方案的主要内容

保险方案是在对投保人进行风险评估的基础上提出的保险建议书。首先，应当包括从专业的角度对投保人可能面临的风险进行识别和评估。其次，在风险评估的基础上提出保险的总体建议。再次应当对条款的适用性进行说明，介绍有关的险种并对条款进行必要的解释。最后，对保险人及其提供的服务进行介绍。其具体内容有：

（1）保险人情况。

（2）投保标的风险评估。

（3）保险方案的总体建议。

（4）保险条款以及解释。

（5）保险金额以及赔偿限额的确定。

（6）免赔额以及适用情况。

（7）赔偿处理程序。

(8) 服务体系以及承诺。
(9) 相关附件。

(三) 汽车保险方案

目前,机动车保险包括 4 个基本险和 15 个附加险。在这 16 个险种中,除第三者责任险是强制性险种,其他的险种都以自愿为原则。车主可以根据自己的经济实力与实际需求进行投保。以下是 5 个机动车辆保险方案,可以供车主投保时参考。

1. 最低保障方案

险种组合:第三者责任险。
保障范围:只对第三者的损失负赔偿责任。
适用对象:急于上牌照或通过年检的个人。
特点:只有最低保障,费用低。
优点:可以用来应付上牌照或检车。
缺点:一旦撞车或撞人,对方的损失能得到保险公司的一些赔偿,但自己车的损失只有自己负担。
举例:以价值 16 万元新车为例,投保第三者责任险一般以 10 万元为限额,因此需交 1 300 元保险费。

2. 基本保障方案

险种组合:车辆损失险+第三者责任险。
保障范围:只投保基本险,不含任何附加险。
特点:费用适度,能够提供基本的保障。
适用对象:有一定经济能力的车主。
优点:必要性最高。
缺点:不是最佳组合,最好加入不计免赔特约险。
举例:以价值 16 万元新车为例,车损险基本保费为 240 元,费率为 1.2%,则需交保险费:
$$240 元 + 160\ 000 元 \times 1.2\% + 1\ 300 元 = 3\ 460 元$$

3. 经济保险方案

险种组合:车辆损失险+第三者责任险+不计免赔特约险+全车盗抢险。
特点:投保最必要、最有价值的 4 个险种。
适用对象:是个人精打细算的最佳选择。
优点:投保最有价值的险种,保险性价比最高,人们最关心的丢失和 100% 赔付等大风险都有保障,保费不高但包含了比较实用的不计免赔特约险。当然,这仍不是最完善的保险方案。
举例:以价值 16 万元的新车为例,不计免赔特约险按车辆损失险和第三者责任险保险费之和的 20% 计算。全车盗抢险的费率为 1%,则需交保险费:
$$3\ 460 元 + 3\ 460 元 \times 20\% + 160\ 000 元 \times 1\% = 5\ 752 元$$

4. 最佳保障方案

险种组合:车辆损失险+第三者责任险+车上责任险+风挡玻璃险+不计免赔特约险+全车盗抢险。
特点:在经济投保方案的基础上,加入了车上责任险和风挡玻璃险,使乘客及车辆易损部分得到安全保障。

适用对象：一般公司或个人。

优点：投保价值大的险种，不花冤枉钱，物有所值。

举例：以价值16万元的国产新车为例，如果是客车，车上责任险只需为车上人员投保，按座位投保的费率为0.9％，按核定座位数投保的费率为0.5％，玻璃单独破碎险按国产风挡玻璃的费率(0.15％)投保。

车上责任险按座位投保50万元，需交保险费：

3 460元＋500 000元×0.9％＋160 000元×0.15％＋3 460元×20％＋160 000元×1％＝10 492元

车上责任险按核定座位数投保50万元，需交保险费：

3 460元＋500 000元×0.5％＋160 000元×0.15％＋3 460元×20％＋160 000元×1％＝8 492元

5. 完全保障方案

险种组合：车辆损失险＋第三者责任险＋车上责任险＋风挡玻璃险＋不计免赔特约险＋新增加设备损失险＋自燃损失险＋全车盗抢险。

特点：保全险，能保的险种全部投保，从容上路，不必担心交通所带来的种种风险。

适用对象：经济充裕的车主。

优点：几乎与汽车有关的全部事故损失都能得到赔偿。投保的人不必为少保某一个险种而得不到赔偿，承担投保决策失误的损失。

缺点：保全险保费高，某些险种出险的概率非常小。

举例：以价值16万元的新车为例，新增加设备损失险费率为1.2％，自燃损失险的费率为0.4％。

车上责任险按座位投保50万元，需交保险费：

3 460元＋500 000元×0.9％＋160 000元×0.15％＋3 460元×20％＋30 000元×1.2％＋160 000元×0.4％＋160 000元×1％＝11 492元

车上责任险按核定座位数投保50万元，需交保险费：

3 460元＋500 000元×0.5％＋160 000元×0.15％＋3 460元×20％＋30 000元×1.2％＋160 000元×0.4％＋160 000元×1％＝9 492元

（四）汽车保险的投保技巧

汽车保险的投保选择合适与否直接关系到车辆遭遇风险后经济损失的程度，能否将损失减小或弥补。当然，这也并非说所有险种都买，根据不同的状态掌握车险的投保技巧相当重要。

1. 投保的注意事项

(1) 车辆的保险金额要根据新车购置价确定。车辆损失险保险金额可以按投保时新车价值或实际价值确定。但要注意保险金额不得超过车辆价值，因为超过的部分无效。

(2) 针对司机乘客意外伤害险，在投保时根据使用情况投保一个座位或几个座位，如果超过2座，则5个座全部投保比较合算。

(3) 第三者责任险有5万元、10万元、20万元、50万元和100万元五个档次，保费分别为1 040元、1 300元、1 500元、1 730元、1 820元。一般来说，保10万元比较合适，一般的事故都能应付。

(4) 自燃险是对车辆因油路或电路的原因自发燃烧造成损失进行的担保。但轿车自燃事故极为少见，所以投保的必要性不大。

(5) 旧车的盗抢险和车损险，投保时车辆的实际价值按新车购置价减去折旧来确定，折旧的计算见第七章第二节。

2. 几类投保技巧

(1) 免责条款要看清。 虽然现在各家保险公司商业车险分 A、B、C 三种不同条款,但在一些情况下保险公司都会拒绝赔付。比如,在车辆投保检测、送修期间发生了碰撞、被盗等损失;如果车辆被车厢内或车顶装载的物品击伤,或者不是全车被盗,只是零部件如轮胎、音响设备等被盗,保险公司都不会赔偿,所以在购买车险前,这些免责条款都应该仔细阅读。

不过在签保险合同前,如果保险公司或代理人都没有对免责条款尽到告知义务,条款将不发生效力,保险公司仍然需要为此承担理赔责任,这一点需要投保人特别注意。

(2) 新旧车投保有区别。 投保时要注意,既不能只考虑省钱而不足额投保,也不能多花不必要的钱超额投保。由于汽车保险费的费率是固定的,因而交费多少取决于新车购置价。明智的选择是足额投保,就是车辆价值多少就保多少,不能因为要节省保险费就不足额投保,如 20 万元的轿车只保 10 万元,一旦发生交通事故,就得不到足额赔付了。如果车辆是旧车或已临近报废期,那么建议投保车损险、自燃损失险、第三者责任险和司乘人员保险,车身划痕和盗抢险可以不保。当然,旧车在保险时,车主不要认为投保的数额越高,保险公司赔付的就越多。实际上,保险公司只按汽车出险时的实际损失及车辆折旧程度确定赔付金额。

(3) 4S 店方便但价稍高。 一般在 4S 店、保险公司和代理机构都可以买到车险,如果车主图省事,可以在 4S 店上保险。出险后,车主直接找 4S 店,什么也不需要管,而且 4S 店在修理技术上也相对过硬。不过,车主也可以直接去保险公司购买,价格通常会低于 4S 店(但根据保监会规定,车险产品折扣不允许低于七折)。因为无论是代理公司还是 4S 店,保险公司都要额外支付手续费,"羊毛出在羊身上",费用最终都会加在保费中。不过,车主在理赔时要首先到保险公司报案,程序上会稍微繁琐一些。

需要提醒注意的是,在小的汽车服务公司或修理厂上车险,往往在维修的时候存在以次充好、换汽车原配件等问题。如果投保的是新车,对于维修质量有比较高的要求,不妨选择大公司。另外,在买车的 4S 店投保,能比较好地满足维修与理赔方面的要求。如果是二手车,车价也并不算高,选择小公司在费用方面比较划算。

3. 不同价格和车龄的车辆投保方案

(1) 车价 10 万元以下经济型轿车: 一般来说车主应该选择投保 4 个最基本的险种:第三者责任险(简称三责险)、车损险、车上人员意外伤害险(简称座位险)和不计免赔险(全称为不计免赔率特约条款)。

(2) 车价 10 万~20 万元的经济型轿车: 这类车除了以上三责险、车损险、座位险和不计免赔险这 4 个基本险种外,如果是进口车最好加保一个玻璃单独破碎险,因为进口车的玻璃比较贵。

(3) 车价 20 万~50 万元的中高档车: 这类车除了 4 个基本险种外,也推荐购买玻璃单独碎损险。同时,如果没有固定的停车位或者小区治安较差,建议加保盗抢险和车身划痕险。

(4) 车价在 50 万元以上的高档车: 一般来说因为车价已经较高,车主对保险费支出的多少已经不那么敏感,同时这些车的配件都比较贵,所以建议车主选择全保。如果全保一般有以下险种:三责险、车损险、座位险、不计免赔、盗抢险、玻璃单独破碎险和车身划痕险。自燃险一般来说没有投保必要,一来有些保险公司会主动赠送这个险种;二来 2000 年以后购买的新车自燃的可能性已经微乎其微。

(5) 车龄 1~3 年、车价 5 万~10 万元：这类车在投保时与新车的变化不大，一般来说应购买三责险、车损险、座位险和不计免赔险这 4 个基本险种。

(6) 车龄 1~3 年、车价在 10 万元以上：除了仍然应该购买三责险、车损险、座位险和不计免赔险这 4 个基本险种外，如果是进口车或者玻璃配置比较贵的车，还应该加上玻璃单独破损险。但是，盗抢险可以根据车主自己的情况适当省去，除非是停车的小区治安很差。此外这类车可能无法购买车身划痕险，因为大多数保险公司的车身划痕险只卖给新车，车主在第二年续保时一般很难再购买该险种。

(7) 车龄 3 年以上、车价 5 万~10 万元：对于这类车来说，三责险、座位险和不计免赔仍然需要投保，车损险可以视个人需求而定，如果车子已经使用多年或者车主已经考虑要淘汰旧车，那么车损险可以省去。此外，如果是 2000 年以前购买的车辆，可以考虑投保自燃险，因为这类旧车发生自燃的概率相对较高。

(8) 车龄 3 年以上、车价 10 万元以上：如果是中高档车，仍然可以考虑全保，当然 3 年以上的旧车无法购买车身划痕险，同时 2000 年以前购买的车辆可投保自燃险。

二、机动车辆保险的承保

（一）填具投保单

投保人购买保险，首先要提出投保申请，即填写投保单，交给保险人。投保单是投保人向保险人申请订立保险合同的依据，也是保险人签发保单的依据。投保单的基本内容有：投保人的名称、车辆种类、厂牌型号、号牌号码、发动机号码及车架号、使用性质、吨位或座位、行驶证、初次登记年月、保险价值、车辆损失保险金额的确定方式、第三者责任险赔偿限额、附加险的保险金额或保险限额、车辆总数、保险期限、联系方式、特别约定、投保人签章。

（二）核保

核保是保险公司在业务经营过程中的一个重要环节。核保是指保险公司的专业技术人员对投保人的申请进行风险评估，决定是否接受这一风险，并在决定接受风险的情况下，决定承保的条件，包括使用的条款和附加条款、确定费率和免赔额等。

1. 核保的意义

(1) 防止逆选择，排除经营中的道德风险。在保险公司的经营过程中始终存在一个信息问题，即信息的不完整、不精确和不对称。尽管最大诚信原则要求投保人在投保时应履行充分告知的义务。但是，事实上始终存在信息的不完整和不精确的问题。保险市场信息问题，可能导致投保人或被保险人的道德风险和逆选择，给保险公司经营带来巨大的潜在的风险。保险公司建立核保制度，由资深人员运用专业技术和经验对投保标的进行风险评估，通过风险评估可以最大限度地解决信息不对称的问题，排除道德风险，防止逆选择。

(2) 确保业务质量，实现经营稳定。保险公司是经营风险的特殊行业，其经营状况关系社会的稳定。保险公司要实现经营的稳定，关键一个环节就是控制承保业务的质量。但是，随着国内保险市场供应主体的增多，保险市场竞争日趋激烈，保险公司在不断扩大业务的同时，经营风险也在不断增大。其主要表现为：一是为了拓展业务而急剧扩充业务人员，这些新的工作人员业务素质有限，无法认识和控制承保的质量；二是保险公司为了扩大保险市场的占有率，稳定与保户的业务关系，放松了拓展业务方面的管理；三是保险公司为了拓展新的业务领域，开发了一些不成熟的新险种,签署了一些未经过详细论证的保险协议增加了风险因素。保险公司通过建立核保制度,将展业与承保相对分离,实行专业化管理,严格把好承保关。

(3) **扩大保险业务规模,与国际惯例接轨**。我国加入WTO以后,国外的保险中介机构正逐步进入中国保险市场;同时,我国保险的中介力量也在不断壮大,现已成为推动保险业务的重要力量。在看到保险中介组织对于扩大业务的积极作用的同时,也应注意到其可能带来的负面影响。由于保险中介组织经营目的和价值取向的差异以及人员的良莠不齐,保险公司在充分利用保险中介机构进行业务开展的同时,也应对保险中介组织的业务加强管理,核保制度是对中介业务质量控制的重要手段,是建立和完善保险中介市场的必要前提条件。

(4) **实现经营目标,确保持续发展**。在市场经济条件下,企业发展的重要条件是对市场进行分析,并在此基础上确定企业的经营方针和策略,包括对企业的市场定位和选择特定的业务和客户群。同样在我国保险市场的发展过程中,保险公司要在市场上争取和赢得主动,就必须确定自己的市场营销方针和政策,包括选择特定的业务和客户作为自己发展的主要对象,确定对各类风险承保的态度,制定承保业务的原则、条款和费率等。而这些市场营销方针和政策实现的主要手段是核保制度,通过核保制度对风险选择和控制的功能,保险公司能够有效地实现其既定的目标,并保持业务的持续发展。

2. **核保的主要内容**

(1) **投保人资格**。对于投保人资格进行审核的核心是认定投保人对保险标的拥有保险利益,机动车辆保险业务中主要是通过核对行驶证来完成的。

(2) **投保人或被保险人的基本情况**。投保人或被保险人的基本情况主要是针对车队业务的。通过了解企业的性质、是否设有安保部门、经营方式、运行主要线路等,分析投保人或被保险人对车辆管理的技术管理状况,保险公司可以及时发现其可能存在的经营风险,采取必要的措施降低和控制风险。

(3) **投保人或被保险人的信誉**。投保人与被保险人的信誉是核保工作的重点之一。对于投保人和被保险人的信誉调查和评估逐步成为机动车辆核保工作的重要内容。评估投保人与被保险人信誉的一个重要手段是对其以往损失和赔付情况进行了解,那些没有合理原因、却经常"跳槽"的被保险人往往存在道德风险。

(4) **保险标的**。对保险车辆应尽可能采用"验车承保"的方式,即对车辆进行实际的检验,包括了解车辆的使用和管理情况,复印行驶证、购置车辆的完税费凭证,拓印发动机与车架号码,对于一些高档车辆还应当建立车辆档案。

(5) **保险金额**。保险金额的确定涉及保险公司及被保险人的利益,往往是双方争议的焦点,因此保险金额的确定是机动车辆保险核保中的一个重要内容。在具体的核保工作中应当根据公司制定的机动车辆市场指导价格确定保险金额。对投保人要求按照低于这一价格投保的,应当尽量劝说并将理赔时可能出现的问题进行说明和解释。对于投保人坚持己见的,应当向投保人说明后果并要求其对于自己的要求进行确认,同时在保险单的批注栏上明确。

(6) **保险费**。核保人员对于保险费的审核主要分为费率适用的审核和计算的审核。

(7) **附加条款**。主险和标准条款提供的是适应机动车辆风险共性的保障,但是作为风险的个体是有其特性的。一个完善的保险方案不仅解决共性的问题,更重要的是解决个性问题,附加条款适用于风险的个性问题。特殊性往往意味着高风险,所以,在对附加条款的适用问题上更应当注意对风险的特别评估和分析,谨慎接受和制定条件。

(三) 缮制和签发保险单证

保险人按照规定的业务范围和承保的权限,在审核检验之后,有权做出承保或拒保的决定。

缮制单证是在接受业务后填制保险单或保险凭证等手续的程序。保险单或保险凭证是载明保险合同双方当事人权利和义务的书面凭证,是被保险人向保险人索赔的主要依据。因此,保险单质量的好坏,往往直接影响机动车保险合同的顺利履行。填写保险单的要求有:单证相符、保险合同要素明确、数字准确、复核签章、手续齐备。

1. 缮制保险单

业务内勤接到投保单及其附表后,根据核保人员签署的意见,即可缮制保险单。

(1) 录入投保单有关内容,在保险单"被保险人"和"厂牌型号"栏内登录统一规定的代码,并打印保险单一式三联,电脑出单后不得在保单上涂改,若有差误则应重新出单。

保险单原则上由电脑出具,个别暂无电脑设备而只能由手工出具的营业单位,必须得到上级公司的书面批准。手工制单必须按规定填制相应份数。保险单上的印制流水号即为保险单号码,字迹要清楚,单面要整洁,涂改处应加盖制单人名章,涂改三处以上的保单,应作废重新出单,出单后必须在电脑上补录。

制单完毕后,制单人应在"制单"处签章,并将保单号码转录在投保单及其附表上的"保险单号码"栏内。

(2) 特约条款和附加条款,应在保险单正本背面印上或加贴,加贴的条款应加盖骑缝章。

(3) 保险单缮制完毕后,制单人将其连同投保单一起送复核人员复核。

2. 复核保险单

复核人员接到投保单、保险单及其附表后应认真对照复核。经复核无误后,在保险单上签章。

3. 开具保费收据

保险单经审核无误后,转财务人员据以打印或用复写纸套写"保险费收据"一式三联。保费收据上的收款金额应与保单上总保费一致。分期交费的按实际收费数填写,且必须在保险单上载明分期交费的日期与金额。

分期交付保费应从严掌握。分期交付保险费不适用于车辆第三者责任保险。首期交付保费的比例不得低于应交保费的20%,分期交付的次数应控制在四次以内。分期交费应在特别约定栏内注明违约处理办法,应建立专项登记簿,以便及时催收,过期限仍未交付的,则以书面方式通知被保险人,并从实际交付保险费责任期满的次日零时起终止保险合同。

4. 收取保险费

收费人员经复核,向投保人核收保费,并在保险单"会计"处和保费收据的"收款人"处签章,同时在保费收据上加盖财务专用章。

5. 签发保险单、保险证

机动车辆保险单统一实行一车一单,投保人交费后,业务人员应出具保险单和保险证,保险单和保险证上需注明公司名称、详细地址、邮政编码及电话,并加盖保险公司业务专用章。

无论是主车、挂车一起投保还是挂车单独投保,挂车都须单独出具有独立保险单号码的保险单。

(四) 统计归档

1. 登记

业务部门应建立承保登记制,将承保情况逐笔登记,并编制承保日报表。

2. 归档

留存业务部门的单证,应按下述要求整理、装订、归档:

(1) 每一套承保单证的整理排列顺序为保费收据、保险单副本、投保单及其附表。

(2) 按保险单号码顺序排列(包括作废的保险单),装订成册,封面及装订要按档案规定办理,并标明档案保存期限。保单装订排列顺序有两种常用方法:一是按照保监会对有关监制单证管理规定,按统一印刷流水号顺序装订。作废的保险单加盖作废章,并同其他有效单证联号装订。二是按保险单使用打印号(又称"保险单号")顺序装订。

(3) 各种有效单证应指定专人妥为保管,不得遗失,并按规定时间移交档案室管理。

三、机动车辆保险的理赔

保险理赔是指保险人在保险标的发生风险事故导致损失后,对被保险人提出的索赔要求进行处理的过程。保险理赔应遵循"重合同、守信用、实事求是、主动、迅速、准确、合理"的原则,以保证保险合同双方行使权利与履行义务。保险理赔的程序如下:

(一) 接受损失通知

保险事故发生后,被保险人应将事故发生的时间、地点、原因及其有关情况,在规定的时间内通知保险人,并提出索赔要求。

发出损失通知书是被保险人必须履行的义务。被保险人发出损失通知的方式可以是口头方式、也可以是函电等其他方式,但随后应及时补发正式的书面通知,并提供必备的索赔凭证,如保险单、出险证明书、损失鉴定书、损失清单、检验报告等。

(二) 审核保险责任

保险人收到损失通知书后,应当立即审核该索赔案件是否属于保险责任范围,其审核的主要内容为:损失是否发生在保险单的有效期内、损失是否由所承保的风险所引起、损失的车辆是否是保险标的、请求赔偿人是否有权提出索赔等。

(三) 进行损失检查

保险人审核保险责任后,应派人到出险现场进行查勘,了解事故情况,分析事故损害原因,确定损害程度,认定索赔权利。

(四) 赔偿给付保险金

保险事故发生后,经核查属实并估算赔偿金额后,保险人应当立即履行赔偿给付的责任。由于保险理赔是保险公司存在的客观基础,是保险工作中十分重要的环节,将在下节中具体介绍。

第四节 汽车保险理赔

一、理赔工作概述

(一) 理赔工作的概念

理赔是保险工作中的重要环节,理赔是指保险合同所约定的保险事故(或保险事件)发生后,被保险人(或投保人、受益人)提出赔偿给付保险金请求时,保险人按合同履行赔偿或给付保险金的行为过程。

(二) 理赔工作的一般原则

理赔人员的职责是处理赔案,同被保险人协商如何解决赔案,作为汽车理赔人员,他必须十分了解汽车保险条款和保险单的条件,也必须熟悉汽车结构原理和国家有关法律等。理赔人员在处理赔案时,必须遵循"主动、迅速、准确、合理"的原则,而对处理汽车险赔案尤其如此。汽车如经常出事,要主动研究其主要原因;汽车在交通要道上出事必须迅速出动调查,如果经久不报,合适的见证人就难找,一旦迟延,事过境迁,什么证明也难以弄到。此外,估计损失要准确,确定损失大小和误工费用要合理。

"主动、迅速、准确、合理"四个因素中,迅速对汽车险来说特别重要。迅速报案,及时处理赔案并使汽车得到及时修理,恢复使用,尤其营业用车,车辆损坏还会导致营业损失,时间因素显得更为重要。

(三) 赔付依据

保险人对被保险人的赔付是以保险条款、交通管理部门颁发的交通事故处理办法以及相关的法律为依据的。理赔工作是保险人履行保险合同义务的法律行为,应当严格按条款的规定办事,决不能脱离条款另立章程,任意处理赔案。哪些该赔,哪些不该赔,保险条款上都有说明,但由于灾害事故发生的情况千变万化,造成的损失又错综复杂,即使保险条款对赔偿责任都作了原则的规定,但却又不能十分具体地把每一可能的情况一一载明,这就要求在处理赔案时坚持实事求是。在尊重客观事实的同时,对具体问题作具体分析,合情合理,区别对待。既要严格按照保险合同的原则办事,又要结合实际情况考虑一定的灵活性。

(四) 核赔工作简图

机动车辆出险的理赔工作主要由保险公司的车险部负责,车险部主要工作人员包括有:接待报案员、医疗查勘员、车辆查勘员、定损核价员、复勘人员、立案人员、缮制赔案员等,他们的主要工作内容和要求将会在后面的章节中作详细介绍。图 5-1 说明了各工作岗位的相互关系,表 5-3 显示核赔工作各环节的内容和要求。

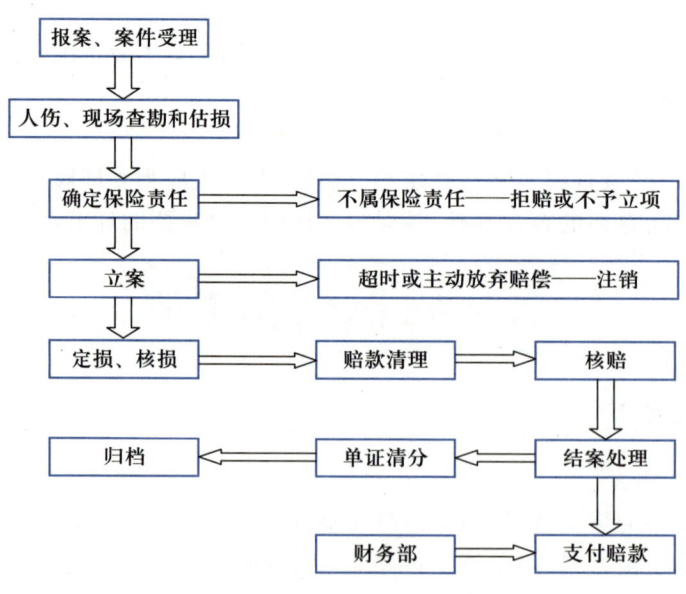

图 5-1　汽车保险理赔业务流程图

表 5-3 理赔工作各环节的内容和要求

核赔流程	主要工作	时效要求
案件受理	• 接听/接待报案； • 记录报案内容； • 查抄保单； • 准备有关单证； • 通知查勘、定损	接报案后 1 小时内完成；抄单应在 1 日内完成
现场查勘	• 赶赴现场、施救、查勘； • 盗抢险调查车辆被盗、抢的真实性	50 千米内应在 2 个工作日内完成
定损核损	• 对受损车辆进行定损、核损； • 缮制查勘报告； • 复勘； • 缮制复勘报告	50 千米内应在 2 个工作日内完成
立案处理	• 根据查勘、定损报告等资料，属保险责任的在电脑系统进行立案处理； • 扣除责任分摊、免赔、折旧、残值等因素，在电脑系统录入预估损失	应在报案后 7 日内立案、录入预估损失
缮制赔案 审批结案	• 收齐索赔资料，缮制赔案； • 审批结案，如有疑点进行案件调查，属超权限的赔案报上级部门； • 在电脑系统进行结案处理，属追偿案件的则录入电脑系统； • 核对保费到账情况，如有异议，根据规定支付赔款	盗抢案件应由公安部门出具证明后，收齐有关索赔单证；简单、一般、复杂案件分别在材料收齐后起 3、7、15 个工作日内审批

二、车险理赔程序

机动车辆出险一般可分为三类：保险车辆（含投保的挂车）发生全车被盗窃、被抢劫、被抢夺称全车盗抢险；保险车辆出险受损称车损险；保险车辆出险致使第三者遭受人身伤亡或财物直接损失称第三者责任险。现将上述三类车辆出险的理赔程序分述如下。

（一）盗抢险理赔程序

1. 接待报案，核查底单

这部分工作一般由接报案员负责：

（1）详细询问并记录车辆盗抢的时间、地点、经过；盗抢车辆的型号、制造年份、重置价值；发动机号码、车架号码等。

（2）要求被保险人在地级市以上报纸上刊登《寻车启事》，并要求提供保单正本、行驶证、附加费证、车钥匙、购车发票等，并由经办人员签收。

（3）指导被保险人如实填写《出险通知书》，在《出险通知书》加盖收件章，载明报案年月日时分。

(4) 查阅保单副本、批单副本,核实保费收缴情况,确定公司应否负盗抢赔偿责任。

(5) 根据所了解的情况记入《保险车辆盗抢登记簿》并按规定将案情上报上级公司。

2. 收集资料,调查取证

接报案员将有关资料移交车辆盗抢专职调查员,由调查员从多条途径对车辆盗抢情况进行调查、了解、取证。

(1) 到发生盗抢的地点进行现场查勘,找有关当事人(如保安、目击者等)询问并记录案发的情形。

(2) 从该车的销售部门及机电公司了解该车的购买价和实际价,参照保险金额,判断被保险人有无保险欺诈行为。

(3) 到车管所核对盗抢车辆的档案,查实其车型、牌号、制造年份、发动机号码、车架号码等是否与《出险通知书》上填列一致。

(4) 从当地公安部门了解盗抢车辆的侦破近况,并协助其加强对盗抢车辆的侦破工作。根据调查情况填制《查勘报告》。

3. 逐级审核,归档结案

这部分工作一般由缮制赔案人员负责:

(1) 三个月未被破获的被盗抢保险车辆要求被保险人提供公安部门出具的车辆盗抢未破获证明。

(2) 由被保险人填写《权益转让书》,将盗抢车的追偿权转让给承保公司。

(3) 按《机动车辆出险索赔所需资料》要求,收集有关资料及单证,根据条款确定赔付金额,缮制《赔款计算书》。

(4) 按规定逐级复审并报上级公司,核批后赔付归档。

4. 加强对盗抢寻回车的管理

盗抢车经公安部门破案寻回的,其奖励费由承保公司按公安部文件规定给付,须单独归档,统一管理。

盗抢寻回车原则上退回被保险人抵减赔款,确因工作需要收回的,需报上级公司有关部门批准方可留用。

(二) 车损险理赔程序

1. 接待报案

接待报案员负责指导出险保户配合承保公司的理赔工作,负责有关理赔方面的答疑咨询,负责与保户进行联络并将有关资料及时反馈相关部门,负责受理公司系统内异地委托代理查勘业务的接待工作等。

接待报案员应向报案人提供有关单证,进行逐项填写(电话报案的话一般由内勤填写)并由保户填写《出险通知书》。接待报案员还要查阅业务留存的有关资料,核定承保内容及保费收缴情况。根据条款规定和已填写的《出险通知书》,初步判定是否属承保公司应负赔偿的责任。无误后,填写《出险案件登记簿》立案编号。并将有关资料提交查勘定损人员。

2. 送修

由送修人员负责出险事故车送厂修理的具体落实。送修人员按照事故的定损价格送修,或按被保险人的要求送修。一般保险公司没有专门的送修员,可以由查勘员兼任。

3. 定损估价

定损核价人员在接到任务及有关资料后，应利用必要的设备和手段做好查勘工作。对事故车及受损部位进行拍照。

根据查勘情况，应用所掌握的汽车专业知识和修理专业方面的知识，弄清事故原因及损伤形成的因果关系。正确区分：哪些是汽车本身故障所造成的损失，哪些是汽车正常使用过程中自然磨损、老化造成的损失，哪些是使用保养不当造成的损失，哪些是损伤产生后没有进行正常的维修保养致使损失扩大而造成的损失。依照机动车保险条款所列明的责任范围，明确事故车损伤部位和赔付范围。在定损估价过程中遵循能修不换的保险补偿原则，并参照当地的修理工时价格和零配件价格对事故车的损伤部位逐项进行审定，做到合理准确地定损估价。

由查勘定损员负责对送达指定汽修厂内（含非指定修理厂）及未送达指定修理厂出险事故车的查勘定损估价，受理外埠事故车查勘定损估价，受理公司系统内异地委托代理查勘业务的查勘定损估价。

4. 核赔

由核赔人员（缮制赔案员）负责从保险条款上和技术上对赔案进行分析审批，档案卷宗管理及分析统计。

核赔人员向保户和有关部门、人员收集索赔资料及有关单证，根据所查明的事故损失原因、涉及的部位和损失范围，按照保险条款规定确定赔偿范围及赔付金额。编制《赔款计算书》，缮制赔案，按照公司要求认真做好超权限赔案的审批上报工作，并按照核赔人的权限范围最终审定。

在赔案审批前，参考修理签订的项目和金额，估算未决赔款，录入电脑，统计未决赔款金额及赔付率。赔案审批后，按实际赔付录入电脑，统计已决赔款金额及赔付率。

（三）第三者责任险理赔程序

1. 接到出险通知

报案接待员在接待被保险人报案时，应根据被保险人填具的《出险通知书》详细询问并记录：

(1) 被保险人的名称、保单号码、驾驶员情况、车辆型号、牌照号码、发动机号码等。

(2) 出险日期、出险地点、出险原因及经过。

(3) 第三者人身伤亡及财物情况。

(4) 伤者姓名、性别及就医时间、医院名称、地址。

(5) 第三者受损财物的所有人名称、种类及存放地点。

2. 核实承保情况

承保公司在接到《出险通知书》后，应立即查阅公司业务留存的保单副本、批单副本及保费收据，核实其承保内容及保费收缴的情况，无误后在《出险通知书》上加盖收件章，载明年月日时分。车险业务内勤须填写《出险案件登记簿》，编号立案，并及时将有关资料转交现场查勘人员。

3. 查勘定损

现场查勘人员接到通知后，应立即赶到现场进行查勘、定损。

(1) 对出险现场全景、受损财物、事故发生的部位、局部损坏的部分进行拍照，并绘制现场草图。

(2) 伤者及受损财物是否属第三者，是否确属保险金责任范围。

(3) 对第三者财物进行定损估价，第三者车辆损失参照《车损险理赔程序》处理。

(4) 至伤者就医医院了解事故发生的经过、治疗情况及所需医疗费用。

(5) 对于定损困难的第三者财物损失及人身伤害案,应及时聘请技术部门的专家或工程技术人员协助作出技术鉴定后,再予定责定损,以防损失扩大和盲目处理。

(6) 根据查勘定损情况填制《查勘报告》,并在上面写明处理意见。

4. 核赔归档

交警部门对事故作出裁决后,被保险人应将事故责任判定书、损失赔偿裁决书、医院诊断证明或法医鉴定书、医药费发票、损失清单、修理费发票等有关单据送交承保公司,承保公司根据《机动车辆保险条款》、查勘审定的责任以及单证、票据等确定其赔偿范围及赔付金额。

(1) 对第三者赔偿要根据当地《道路交通事故处理办法》,认真审核,看是否真实合理,是否以责论处,对不合理的费用和间接损失要剔除;对未经承保公司许可,而保户自愿支付的款项,应由保户自负。

(2) 若第三者赔偿费用超过保单载明的第三者责任险每次事故最高赔偿限额,则按最高赔偿限额计算。

(3) 缮制《赔款计算书》,根据规定报各级核赔人审批,在该案未最终核定前,不得对赔偿金额有任何预告或承诺。

(4) 由车险业务内勤将有关资料整理、归档。

三、核赔工作的具体内容

(一) 现场查勘

1. 现场查勘

工作人员应及时迅速赶赴现场对车辆事故现场进行查验,并做好详细记录以及收集取证等工作。主要查验以下内容:

(1) 查明出险时间。

(2) 查明出事地点。

(3) 查明出险车辆的情况。

(4) 查实车辆的使用性质。

(5) 查清驾驶人员姓名、驾驶证号码及准驾车型,验证驾驶证是否有效,是否是被保险人或其所允许的驾驶员。

(6) 查明出险原因。

(7) 施救、清理受损财产。

(8) 确定损失情况。

(9) 弄明责任划分情况。

(10) 重大赔案应绘制事故现场草图。

(11) 询问记录。

(12) 拍照存查。

调查是否在保险责任范围,是否向第三者追偿,是否是被保险人自己的责任。

2. 缮制查勘报告

查勘人员在现场查勘完毕后,根据查勘现场情况及有关资料缮制《现场查勘报告》。缮制时要求做到:项目齐全、内容完整、字迹清楚、文字简练、情节明了。《现场查勘报告》必须由查勘人员缮制,一人缮制,一人复核,两人签章。对现场勘查记录内容必须经被保险人进行确认并签字。

3. 定损核价

通过现场查勘以及对照承保内容,对事故车辆本身以及财产损失定损核价,掌握"以我为主"原则,争取定损主动权。

4. 立案和录入预估

所谓立案就是一个案件查勘资料齐全后才能立案而不是报案后就可以立案的,立案就是表示保险公司正式确认损失和保险责任,且立案也有时效,一般情况是一天时间,是指查勘员上交查勘资料开始算起,立完案后就交给理算员开始理算事故赔付金额。

收到查勘员或核价员转交的查勘资料后,立案员要逐一核对查勘资料与登记本,对于已登记未交查勘资料的,要求查勘员补交,对于已交查勘资料未登记的要补登记,最后记录查勘资料数量并签上姓名和日期后转交未决档案管理员。如发现重复报案或不属保险责任范围的报案,当天报经理室确认签字,然后在系统上予以注销。

立案员应在出险后7天内立案和录入预估。及时立案率不低于90%(及时立案率=当月出险后7天内立案的笔数/当月出险笔数)。对未能及时立案的案件要在10日内查明原因,明确立案与否,由立案员以一案一估损或上年案均赔款法估损立案。

立案的基本流程为:
(1) 收集查勘报告、定损单及照片;
(2) 根据单证和事故责任将预估损失,把未决赔款录入电脑系统和报案档案中;
(3) 登记立案登记本。

(二) 人伤查勘、调查

1. 人伤查勘

工作人员接到任务后及时与客户联系,了解伤者情况及救助情况。并迅速赶往现场或者医院了解真实情况,伤者身份及基本信息;向医院了解伤情、治疗情况及治疗费用。在确定保险责任后,向客户告知双方的权利与义务,告知人伤的赔付标准。查勘要做到"三到":到医院、到事故处理机关、到伤者单位;"三了解":了解事故经过、了解伤情、了解治疗经过及费用;"三确定":确定保险责任、伤情范围、初步损失金额。查勘的要点主要是伤者与院方两个主体,以及"入院时、住院中、出院后"三个环节。轻伤要求当天完成人伤查勘,重大伤亡要求3天完成。

2. 缮制查勘报告

进行人伤查勘后,做好跟踪调查,预估损失,缮制查勘报告,以作为赔付凭证。

3. 立案并将其录入电脑

工作人员将查勘的一手信息上交后,由立案员将基本信息录入电脑,留存信息。

4. 调查

对于人伤的调查主要是出事现场,伤者单位以及医院治疗等基本情况,主要是为了取得更为翔实的数据与信息,确保核赔工作的有效性。

5. 缮制调查报告

根据现场查勘及调查的信息,完成调查报告,给出初步结论,为核赔提供基础信息资料和理赔依据。

6. 核赔

根据事故情况以及保险责任,对照投保条款予以预估损失,作出核赔方案,完成核赔相关程序。

(三)定损核价

1. 定损核价

在出险后,查勘人员在现场查勘后,把查勘的数据带回保险公司分析,用这些数据分析出现事故谁要负主要责任和次要责任,然后才根据车主要负责的主次来确定赔偿金额。根据事故情况,确定受损项目与损失的金额,给出赔付的初步价款,并出具相关的证明材料。

2. 缮制定损报告

定损报告的缮制是在确定了基本的损失项目以及核价的金额后给出的,完成后上交有关部门复核。定损报告的示例样张见表5-4。

表5-4 机动车辆保险定损报告

车牌号码	×××	报案号	4610500002009001807		
车架号	*	发动机号			
厂牌车型	骊山 LS6751	出险时间	2009-11-24 09:10:20		
生产年月	2009	修理厂名称	自修		
修理厂类型	二类修理厂	损失类别	三者车		
更换配件名称	数量	单价/元	修理项目	工时费/元	
左前大灯	1	420.0	前围、左前立柱、左前门、左侧围、风挡玻璃框	1 000.0	
左前雾灯	1	95.0	拆装更换件、仪表台(内部构件)	400.0	
前杠	1	520.0	前杠、前围、左前门、左侧围	900.0	
左前门合叶	1	55.0	拆装前围及仪表台线路	150.0	
前风挡玻璃	1	2 100.0			
仪表台	1	1 750.0			
左侧倒车镜	1	380.0			
残值:		70.0			
小计:	7	5 250.0	工时费小计:	2 450.0	
管理费:		0.0			
1. 经甲乙丙三方协商,完全同意按以上核定的价格修理。维修费总计人民币柒仟柒佰元整¥7 700.0 2. 丙方按以上核定项目保质保量修理,且履行以上核定的修理及换件项目。如有违背,甲方有权向丙方追回价格差额。 3. 丙方保证在___日内保质保量按时完成修理;若违约,愿意赔偿因拖延时间而造成乙方的损失。 4. 乙方对以上核定的维修项目和价格无任何异议。如存在修理质量问题或价格超标,由丙方负全部责任。 5. 其他约定:					

甲方(保险公司)签章:
查勘定损员:×××
核损员:×××
  年 月 日
		乙方(车方)签章:
		
		被保险人签章:
		  年 月 日
				丙方(维修厂)签章:
				
				  年 月 日	

3. 复勘

复勘是复原查勘的意思,要复原当时情况,情况属实可以按第一现场处理。

4. 预估损失

汇总所有的调查信息与相关报表,预估本次车险的损失,给出相关的数据与结论。

5. 录入电脑

将查勘、调查取证、预估后的相关信息录入电脑,在网上完成理赔立案,并生成赔案号。

(四)复勘工作流程

1. 确定复勘目标

确定需要进行复勘的目标,对照其级别与难易度安排布置相关工作。

2. 复勘

按照复勘要求组织相关单位与工作人员到场,进行查勘的事故发生状态的恢复工作,并进行详尽记录、调查、拍照等工作。

3. 缮制查勘报告

根据复勘结果以及所获取的相关数据或信息,按规定要求写出复勘的查勘报告,并上报。

4. 归档

将有关材料整理、分类,并标好标号归入档案。

5. 统计分析

对复勘工作后的结果汇总,作出统计分析,得出相关数据和结论。

6. 定期评定

为确保工作的有效性与实效性,有必要对复勘结果根据行业相关规定的改进进行定期评定,予以修正或强化。

(五)立案和录入预估

1. 立案处理

接到报案后,现场查勘人员上交了相关查勘报告后,保险公司进行立案,进而开始对该机动车辆事故的核赔工作展开部署。案件受理主要有以下工作:

(1)接听客户报案,填写《报案登记簿》信息;

(2)指导客户填写《出险通知书》;

(3)填写《出险查勘通知单》;

(4)报案信息登录电脑,打印保单抄件;

(5)建立未决卷宗,派人进行查勘定损。

2. 收齐单证

为保障核赔顺利规范,须收齐以下单证:

(1)驾驶证、行驶证、保险单及车主身份证复印件;

(2)事故处理部门的《事故认定书》、《赔偿调解书》、法院的《判决书》及赔偿收据等,事故车辆的修理发票及施救费用发票;

(3)伤者住院证明、病历、医药费用发票等;

(4)残者的评残证明,死者的死亡证明,销户证明,抚养、被抚养关系证明及户口簿;

(5)盗抢车辆的《盗抢立案表》,购车及购置附加费原始发票,行驶证及保单原件,全套钥匙,

公路规费报停证明,车管档案所在地的地市级以上报刊登载的《寻车启示》原件等;

(6) 其他特殊案件必须提供的相关资料。

3. 预估损失

根据查勘结果,对照相关条款预估本次车险的损失,并初步判断是否属于责任保险,确定事故损失项目及修复方式,出具《定损单》并安排送修。

4. 将相关信息录入电脑

将相关单据的信息,及时录入电脑备案。

(六) 缮制赔案、审批、结案

1. 缮制赔案

缮制赔案主要完成以下工作:整理并按规定装订赔案资料;明确保险责任;根据事故责任、责任免赔和特别约定缮制《赔款计算书》。

2. 审批

在完成赔案复核以及赔案报批后,根据权限逐级上报审批。

3. 结案处理

在最终上级审批后,安排赔付和归档工作。

4. 支付赔款

通知并带领客户领取赔款,当面核实数额,客户签字。

5. 归档

将已决赔案归档管理。登记的主要内容有:归档日期、案卷编号、被保险人的姓名等,登记簿要指定内勤人员专职管理,便于查找调阅案卷。

(七) 缮制赔案的核赔计算

1. 车辆损失险

(1) 车辆损失险的计算公式为:

$$车辆损失险保费 = (基础保费 + 车辆购置价 \times 费率) \times 优惠系数$$

其中:基础保费和费率是中国保监会批准的,车辆购置价是根据实际车型确定的,优惠系数是各家保险公司根据车辆上年度的理赔情况及保险公司车险承保政策自己制定的。

(2) 车辆全损赔付款计算公式为:

$$保险赔款 = 车辆核定损失 \times 按责任分担损失的比例 \times (1 - 免赔率)$$

该赔款的计算有如下2种情况。

● 保险车辆发生全部损失后,如果保险金额等于或低于出险时的实际价值时,按保险金额计算赔款,即:

$$保险赔款 = (保险金额 - 残值) \times 事故责任比例 \times (1 - 免赔率)$$

● 保险车辆发生全部损失后,如果保险金额高于出险时车辆的实际价值时,以出险当时的实际价值计算赔偿,即:

$$保险赔款 = (实际价值 - 残值) \times 事故责任比例 \times (1 - 免赔率)$$

(3) 汽车部分损失的赔款计算:

该赔款的计算有如下2种情况。

● 投保车辆以新车购置价确定保险金额的车辆,发生部分损失后,按实际修理费用计算赔

偿。但每次以不超过保额或出险当时的实际价值为限,如果有残值应在赔款中扣除。其计算公式为:

$$保险赔款＝(实际修复费用－残值)×事故责任比例×(1－免赔率)$$

● 保险金额低于新车购置价的车辆,按照保险金额与新车购置价的比例计算赔偿修理费用。但每次以不超过保额为限,如有残值应在赔款中扣除。其计算公式为:

$$保险赔款＝(修理费用－残值)×事故责任比例×(保险金额/新车购置价)×(1－免赔率)$$

2. 施救费

施救费用的赔偿是保险赔偿责任的一个组成部分,是在施救费用核定的基础上进行计算的。通常保险人只承担为施救、保护保险车辆及其财物而支付的正常、必要、合理的费用,保险人在保险金额范围内按施救费赔偿;但对于保险车辆装载的货物、拖带的未保险车辆或其他拖带物的施救费用,不予负责。施救的财产中,含有本保险合同未保险的财产,如果两者费用无法划分,应按本保险合同保险财产的实际价值占总施救财产的实际价值的比例分摊施救费用。

计算公式为:

$$保险车辆施救费＝总施救费×保险金额/(保险金额＋其他被施救财产价值)$$

例如:某保险车辆的保险金额40 000元,车上载运货物价值30 000元,发生属保险责任范围内的单方事故,保护与施救费用共支出1 000元。试计算应赔付的施救费用。则:

$$保险车辆施救费赔款＝1 000元×[40 000元/(40 000元＋30 000元)]＝571.43元$$

3. 第三者责任险

计算赔款数额时,按以下两种情况采用不同的公式来计算:

(1) 当被保险人应负赔偿金额超过保险赔偿限额时:

$$保险赔款＝赔偿限额×(1－免赔率)$$

(2) 当被保险人应负赔偿金额等于或低于赔偿限额时:

$$保险赔款＝应负赔偿金额×(1－免赔率)$$

第三者责任险的保险责任为连续责任即保险车辆发生第三者责任事故,保险人赔偿后,每次事故无论赔款是否达到保险赔偿限额。在保险期限内,第三者责任险的保险责任仍然有效,直至保险期满。第三者责任事故赔偿后,对受害第三者的任何赔偿费用的增加,保险人不再负责。

4. 附加险

附加险主要包括两种情况:车上责任险与附加盗抢险的赔付计算。

(1) 车上责任险的赔款计算:

被保险人凡发生车上责任险范围内的各项损失,保险人按责任限额以及被保险人在事故发生过程所应承担的责任,扣减相应比例免赔率进行赔付款计算。分别按照人员伤亡和车上货物损失两方面进行计算。

① 人员伤亡:车上人员伤亡按人分别计算,每辆车给付的人数以不超过保险车辆的额定座位(包括司机)为限。如实际载客人数超过额定座位时,以额定座位数与实际载客数的比例给付。

● 当被保险人应承担的受伤人员医疗费、抢救费超过限额时(含车上人员死亡):

$$赔付款＝赔偿限额×(1－免赔率)$$

● 当被保险人应承担的受伤人员医疗费、抢救费低于限额时:

$$赔付款＝实际费用×(1－免赔率)$$

按人分别计算后的合计数,即是保险人应支付被保险人的赔款数。

② 车上货物损失:
- 当被保险人应承担的车上货物损失(含施救费)超过限额时:

$$赔付款 = 赔偿限额 \times (1 - 免赔率)$$

- 当被保险人应承担的车上货物损失(含施救费)低于限额时:

$$赔付款 = 实际损失费用 \times (1 - 免赔率)$$

(2) 盗抢险的赔款计算:

附加盗抢险的保险车辆,在保险期间被盗窃或被抢劫,若满 60 天后仍未找到,保险人在取得车辆权益转让书后,按车辆保险金额或出险时车辆实际价值计算赔偿,并扣除相应的免赔率。

① 当车辆保险金额高于或等于车辆出险时的实际价值时:

$$赔付款 = 实际价值 \times (1 - 免赔率)$$

② 当车辆保险金额低于车辆出险时的实际价值时:

$$赔付款 = 保险金额 \times (1 - 免赔率)$$

被盗抢车辆在 60 天内找回,但车辆遭受部分损失(碰撞、车上装备丢失以及其他机械方面的损坏),保险人比照车辆损失险赔付款计算方法进行计算。

5. 赔款合计

对照各赔款项目统计总额,即为车险赔款总额。

四、现场查勘技术

(一) 出险现场分类

交通事故现场(以下简称现场)是指发生交通事故的车辆及其与事故有关的车、人、物遗留下的同交通事故有关的痕迹证物所占有的空间。现场必须同时具备一定的时间、地点、人、车、物五个要素,它们的相互关系与事故发生有因果关系。

交通事故现场可分为原始现场(第一现场)和变动现场等。

1. 第一现场

第一现场是指发生事故后至现场查勘前,没有发生人为或自然破坏,仍然保持着发生事故后的原始状态的现场。这类现场的现场取证价值最大,它能较真实地反映出事故发生的全过程。

2. 变动现场

变动现场是指发生事故后至现场查勘前,由于受到了人为或自然原因的破坏,使现场的原始状态发生了部分或全部变动。这类现场给查勘带来种种不利因素,由于现场证物遭到破坏,不能全部反映事故的全过程,给事故分析带来困难。

出现变动现场的原因有如下几个:

(1) 为抢救伤者或排除险情而变动了现场的原始位置。

(2) 执行任务的消防、救护、警备、工程救险车,完事后因任务需要驶离现场。

(3) 过往车辆和行人及现场围观群众。

(4) 自然原因(刮风、下雨、下雪、日晒等)。

(5) 主要交通干道或繁华地段发生的事故,需及时排除交通堵塞而移动肇事车辆及相关证物。

3. 伪造现场

当事人为了逃避责任或进行保险诈骗,对现场进行破坏和伪造。这类现场事故状态不合常理,不符合客观规律。

(二)现场查勘程序

现场查勘工作是一项政策性、技术性、法律性很强且烦琐细致的工作。尤其对于重大和特大交通事故,查勘工作量大,需要的时间长,涉及的部门、人员多,有些情况要现场处理。因此,现场查勘要有严密的组织和强有力的临场指挥,使查勘工作在统一领导、统一指挥下,有组织、有秩序地进行,避免杂乱无章。交通事故的现场查勘由属地公安交通管理部门统一组织,单方事故可以由保险公司独立查勘、处理。

现场查勘程序主要有:尽快赶到现场、现场查勘、询问当事人和调查证人、现场复核。其中证人非常重要,如有可能,最好取得证人的文字证明材料,将证人目击时所说的位置和他目击的事情发生经过情况,绘制成草图之类,标明各方的位置、行驶方向、速度,借以表明谁是肇事人。当车碰人时,应查询行人横穿道路的情形;当车撞车时,应询问对方驾驶员,了解对方车辆的位置、动态以及其所采取的措施等。当然第一证人是出险车驾驶员自己,他的证明最重要。

现场查勘的组织应注意如下事项:

1. 迅速赶赴现场

事故发生地的公安交通管理部门接到报案后,应立即组织警力,快速赶赴现场,按《道路交通事故处理程序规定》的要求,及时划定现场范围,实施保护,维护交通秩序,保证现场查勘工作的顺利进行。

2. 全面了解和掌握现场情况

只有全面了解和掌握情况,才能对事故性质以及采取什么样的措施等一系列问题作出正确的判断与决策。否则,将会使查勘工作陷于被动。

指挥员到达现场后,首先听取先期到达有关人员的汇报,亲自巡视、查看现场状况,确定查勘重点,布置各项查勘工作。对重要痕迹物证,要亲自查验,鉴别真伪与可靠程度,掌握第一手资料。

3. 兼顾统筹、全面安排

(1) 合理布置查勘力量,特别是重大、特大交通事故。在分配工作任务时,要注意发挥工作人员的特长,因人制宜、新老搭配,提高查勘取证的效率和质量。

(2) 重点痕迹处进行仔细查勘。尽管现场查勘的工作内容很多,但对重点痕迹的查勘、对痕迹形成的认定、收集人证物证、现场查勘记录四项工作不得有误。这些工作直接关系到事故因果关系、事故性质、事故责任认定。

(3) 掌握进度,协调工作。现场查勘工作既有分工又有合作,痕迹查勘与摄影录像、测绘现场图之间要彼此照应,相互协调。否则就会彼此干扰,影响工作的完整性。指挥员要协调各组的工作进度,进行必要的调整,使现场查勘工作顺利进行。

(4) 及时采取应急措施。在现场查勘过程中,当遇到某些紧急情况时,应当机立断,及时采取相应措施,保证查勘工作的连续性。例如,对交通肇事逃逸案,一旦掌握基本证据,即可立即采取措施,对肇事车辆进行堵截。

（5）组织现场汇报。查勘结束后,应召开现场工作报告会,听取各项调查汇报,查验查勘记录和现场记录图是否符合《道路交通事故痕迹物证勘验》的要求。发现漏洞和差错,及时复查和补充。若需安排现场实验,另选时间和地点进行。

（三）现场查勘工作

现场查勘工作主要包括收取证物、现场摄影、现场丈量、绘现场图、车辆检查、定损、调查证人、收取证书。

1. 现场勘察方法

（1）沿着车辆行驶路线查勘法,这种方法必须是事故发生地点痕迹清楚。

（2）从中心(接触点)向外查勘法,这种方法适用于现场范围不大,痕迹、物体集中,中心明确的现场。

（3）从外向中心查勘法,这种方法适用于范围大,痕迹分散的现场。

（4）分片分段查勘法,这种方法适用于现场范围大,伪造的现场。

2. 收取物证

物证是证明交通事故发生过程最客观的依据。收取物证是现场查勘的最核心的工作,各种查勘工作、方法和手段均为收取物证服务。作好物证的收取,在于认识物证,发现物证,并有科学的手段和方法取得物证。

3. 现场摄影

现场报送的拍摄顺序,一般应遵循以下原则:先拍原始,后拍变动;先拍重点,后拍一般;先拍容易的,后拍困难的;先拍容易消失和被破坏的,后拍不容易消失和被破坏的。

（1）现场摄影分类:

现场摄影主要分方位摄影、中心摄影、细目摄影、宣传摄影四类。

① 方位摄影　拍摄确定全貌,反映现场轮廓,也就是要拍摄以肇事车辆为中心的周围环境情况,反映出事故现场的地形、路况、地面面貌、肇事车辆和其他物体实际情况。如车辆、人畜、建筑、铁路、山、树木、道路等相互关系,同时也反映出肇事的时间、气候情况。

② 中心摄影　主要是拍摄现场的中心地段。以接触点为中心,拍摄事故接触的各部位,以及现场有关的部位,主要是说明重要物体特点、状况、痕迹、物体的联系,如被破坏的地方、遗留痕迹、物证的地方等。

③ 细目摄影　主要拍摄现场发现的各种痕迹、物证,用于反映这些痕迹、物证的大小形状、特征等。

● 要拍摄肇事车辆和其他物体接触部分的表面痕迹,反映出事故属于碰撞、碾压、刮擦、挤压、翻车、落水、坠车、爆炸、失火等情节。

● 拍摄物体痕迹,如肇事车辆刹车痕迹,伤、亡人员的痕迹及机械事故的机件损坏情况等。

● 拍摄肇事车辆,如肇事车辆牌号、车辆厂牌。

● 拍摄事故的后果,反映事故的损失伤亡,物资损坏等情况。

④ 宣传摄影　有时为了宣传和收集资料的需要,也可以拍摄伤者,必要时可拍摄肇事人,可以运用技巧,突出反映某一侧面,达到宣传教育目的。

（2）现场拍摄常用的方法:

① 相向拍摄法　它是从两个相对的方向对现场中心部分进行拍摄,即把现场的中心部分和

相对的情况拍入两张照片中。

② 十字交叉拍摄法　是从四个不同的地点向现场的中心部分交叉进行拍摄,即把现场中心部分和前后左右的情况拍入四张照片中。

③ 回转连续和平行连续拍摄法　是将现场分段进行拍摄,然后将各个照片拼接成一个完整的照片,这是在现场面积较大,拍一张照片包括不了的情况下采用的一种方法。回转连续拍摄法是将相机固定在一个地方,只是转动相机的角度进行分段拍摄,这种方法用于距离较远的对象。平行连续拍摄法是从数点进行拍摄现场,每个摄影点必须与被摄对象有着相等的距离,而且必须平行。

④ 比例拍摄法　这种方法是把尺放在被损物体旁进行的拍照,比例拍摄常常在痕迹、物证以及碎片、微小物等情况下采用,以便根据照片确定被摄被物体的大小和尺寸。

4. 现场丈量

查勘员可根据当时出险的具体情况进行必要的丈量。对于一般的交通事故,可以不作详细地丈量,但对于可能是伪造的或者可能会引起诉讼的事故则应做较详细的丈量工作。常用的方法有:

(1) 垂直定位法　在路边选定一固定点作为原点,以公路为横坐标,过原点并垂直于横坐标的方向为纵坐标,由此定位。

(2) 极坐标法　把选定的坐标点与事故现场的主要点连接起来,测出目标与原点的距离及此线与北方向的夹角,即可定位。

5. 绘现场图

现场图是研究分析出险事故产生的原因,判断事故责任,准确定损,合理赔偿的重要依据。现场查勘图不仅是绘图者能看懂,更重要的是能使别人看懂,使没有到过出险现场的人,能从现场查勘图中,了解到出险现场的概貌。它表现的基本内容是:

(1) 能够表明事故现场的地点和方位,现场的地貌和交通条件;
(2) 表明各种交通元素以及与事故有关的遗留痕迹和散落物的位置;
(3) 表明各种事物的状态;
(4) 根据痕迹表明事故过程,以及车、人、畜的动态。

绘制时,选择适当的比例,以正投影的原理,参照工程制图的要求绘制,并作必要的文字说明或标注。绘制现场图时经常要用到一些图例,为适应现场绘图迅速直观的要求,各种图例应以构图简单、形象、易于判断为原则,最好达到使别人不用看图例说明就能明确其所代表的意义。

6. 车辆检查

车辆的技术状况及乘员、载重情况,与交通事故有直接关系,因而应该进行检查和鉴定,其内容包括:转向、制动、挡位、轮胎、喇叭、灯光、后镜、刮水器等及乘员、装载情况,有的事故必要时可检查鉴定机械内部状况,对各项检查做好记录。

7. 定损

(1) 定损原则:

出险汽车经现场查勘后,已明确属于保险责任而需要修理时,按照保险契约,保险人对出险汽车的修理费用进行定损估价。为了做到正确定损,合理理赔,下面简单阐述定损原则:

① 修理范围仅限于本次事故造成的车身损失；
② 如能修复，不要随便换新的零部件；
③ 局部修复不能扩大到整体修复；
④ 零件更换的不能换总成；
⑤ 修理工时费用与零件费用一次性包干估价；
⑥ 修理工时定额、价格及油料工杂费定额只能参照当地汽车维修管理部门制定的统一标准计算；
⑦ 汽车零件价格按当地国营汽车配件公司价格计算；
⑧ 所有汽车残值应作价给被保险人并从总修理费用中扣除。

(2) 定损界限的确定：

① 事故损失与自然磨损的界定。

凡车损险，保险人只能承担新条款载明的保险责任所致事故损失的经济赔偿，因刹车失灵、机械故障和车胎自身爆裂以及零部件的锈蚀、老化、变形、断裂等所造成的汽车车身损失，不应负赔偿责任；若因这些原因而事实上已构成碰撞、倾覆、爆炸等保险责任的，对当时的事故损失部分可予负责，非事故损失部分不能负责赔偿。

② 新旧碰撞损失的界定。

属于本次事故碰撞部位有新脱落的漆皮痕迹和新的金属刮痕，非本次事故的碰撞处有油污和锈迹。

(四) 各类交通事故的现场查勘重点

交通事故通常可归纳为：车辆与人事故、车辆与车辆事故和车辆自身事故。各类交通事故的现场都有共同的方面，也有它特殊的方面。在现场查勘中，既要注意作好时间、空间、心理和后果的共同调查，又要根据不同类型的事故现场的特点进行细致的查勘，这样才能使查勘工作有的放矢，达到迅速、全面、准确的要求。

1. 机动车与人的事故

(1) 车辆与人的事故原因：

最普通的是行人横穿公路或儿童突然跑上公路被过往的车辆碰撞辗压。事故的主要原因一般有三种：

① 机动车驾驶员反应迟钝，判断错误或措施不当；
② 通过城镇街道或没有交通标志的地方没有按规定速度、路线行驶，即违反交通法规；
③ 行人或儿童离行驶车辆过近时突然横穿马路，驾驶员措施不当或采取措施而无法避免。

在车辆与人的事故中，行人是弱者，被车辆撞压时，车辆的运动状态几乎不受影响，而且也较少留下碰撞的痕迹。同时往往由于抢救伤者而移动车辆位置，使现场变动，给查勘工作增加困难。

(2) 现场查勘重点：

确定现场原始状态和变动后状态，伤者与车辆的位置、相关距离及方位，与事故有关的各种痕迹，用来判断人与车的接触点以及车辆的速度；确定行人横穿前所在位置、横穿路线及与接触点或人体、血迹处的距离（可以计算穿过这段距离所需要的时间和在同一时刻车辆所在的位置）；检查机动车上有没有头发、皮屑、衣服纤维、血迹、手印等并明确其所在部位、距离

（判断刮碰点）。

(3) 访问重点：

查询行人横穿道路的原因，未横穿前有谁与当事人在一起；查清驾驶员最初发现行人横穿的地点，感到危险的地点，采取紧急措施的地点等。

(4) 其他方面的调查：

车辆制动性能，自然条件，人体损伤鉴定和衣服上的痕迹，行人心理和生理方面影响因素。

2．机动车与自行车的事故

(1) 自行车与机动车的事故原因分析：

自行车与机动车的事故多发生在各种路口，有的由于自行车的争道抢行、截头猛拐，机动车驾驶员措手不及造成辗压；还有的是在道路狭窄、交通拥挤路段，机动车超越自行车或与自行车交会时，没有保持一定的安全间隔，撞刮自行车；或由于路面不平的影响，骑车者紧张，自行车摇晃倾斜时被挤压。

自行车与机动车碰撞辗压事故中，在机动车的接触部位有可能留下刮擦碰撞的痕迹，自行车则产生明显的变形，撞刮部位往往留有机动车的油漆膜片，地面也会留有车胎或车轴等挫划的印迹和沟槽痕迹。

(2) 现场查勘重点：

确定机动车、自行车停止位置和骑车者躺卧位置、状态及三者间在路面上的方位和相互位置关系；检查路面上机动车和自行车的轮胎印迹、沟槽痕迹的位置，以及互相间关系（用于判断行车速度和安全间隔）；检查机动车车身上的痕迹、形状、所在部位与车前端距离和离地面高度（用于判断车身接触位置）；自行车受力变形部位、方向、形状、离地高度（可以判断自行车碰撞部位和方向）；自行车载物质量、宽度、高度、碰撞后物体散落位置（可以判断自行车稳定性，对事故的影响）。

(3) 访问重点：

机动车和自行车的行驶方向；互相发现对方的距离、位置和动态；采取什么措施？怎样碰撞或辗压？

(4) 其他方面的调查：

交通环境（包括车、行人、畜等）；路口形式、视线及路面平整度；机动车和自行车的制动性能检验。

3．机动车之间的事故

(1) 机动车之间的事故原因分析：

车与车事故即撞车事故。撞车有正面迎头、追尾、侧面正交和侧面斜交等多种碰撞形式，在路面上留下轮胎印迹和印迹突变的现象。

撞车地点在平直路段、岔路口和弯道处都有发生。撞车原因除客观上有道路视线、光线、道路条件和交通环境等影响外，主观上有驾驶员的反应、判断、操作上的失误和不遵守有关的行车规定等因素。

(2) 现场查勘重点：

确定车辆停止位置和状态，车辆与车辆之间的位置关系（判断冲突角度）；检查路面上轮胎和印迹突变位置、形态，印迹与车辆的关系（判断行驶路线和接触点）；车辆散落物及散落物的位置，分别丈量散落物掉落处的高度和抛出距离或两散落物之间的距离(判断接触点和碰撞速度);观察确定车体第一次碰撞破损痕迹所在部位,破损程度(变形量)、着力方向、痕迹、表面异物或颜色,并分别丈量痕迹的面积,离地高度和与车前、后端角的水平距离(用以判断接触部位,碰撞角度及碰撞前后车辆运动的趋势)。

(3) 访问重点:

在交通复杂路段或岔道口、弯道处采取哪些安全措施?速度多少?发现对方车辆时彼此位置、距离、动态?如何判断有没有危险感?采取什么措施?碰撞的地点和部位?

(4) 其他方面的调查:

路面宽度及情况,岔路口形式,弯道、纵坡道的几何线形,视线以及标志设施等;车辆外轮廓宽度、灯光设备(如前大灯、转向灯、刹车灯)等情况。

4. 翻车事故

(1) 翻车事故原因分析:

车辆自身原因造成的翻车有驶出路外翻车和路内翻车,其原因也有所差别。驶出路外翻车一般有受外因影响或操作失误,如转弯时速度过快、制动时跑偏或者前轮胎爆破、转向节折断、转向机构故障等使方向失控;路内翻车则多由于车辆侧滑时车轮受阻,由于惯性引起翻车。翻车场所在多数情况下留有轮胎印迹和沟槽痕迹。

(2) 现场查勘重点:

发现和鉴别路面上遗留的轮胎印迹,检查有没有突变现象,突变的位置和突变的原因(判断分析行驶路线、速度和翻车的原因);检查路面沟槽痕迹位置、形状、深度,力作用方向和形成的原因;观察散落物散落方向,抛出位置和抛出距离(判断车辆翻车前的速度)。

(3) 访问重点:

行驶速度和操作情况,驾驶中有没有异常感觉,作何检查?临事前发现什么情况,有什么措施?

(4) 其他方面的调查:

道路方面:调查路面情况、转弯半径、超高、标志、护栏等设施的情况;在车辆方面:调查转向系统及制动系统的性能和故障的原因,检查中特别注意鉴别自然的断裂损坏与人为的破坏;调查装载质量、装载物品性质、装载高度、重心位置等。

五、机动车辆核赔的相关管理

(一) 车险各级核赔权限

车险各级核赔人员都有各自的核赔权限,某保险公司核赔权限示例见表 5-5。

表 5-5　某保险公司车险各级核赔人员核赔权限

核赔级别		授权金额范围/元		
		车险	第三者责任	个案总计损失
核赔员		5 000	5 000	8 000
核赔主任	一级	80 000	80 000	120 000
	二级	30 000	30 000	50 000
	三级	10 000	10 000	15 000

续表

核赔级别		授权金额范围/元		
		车险	第三者责任	个案总计损失
核赔经理	一级	250 000	250 000	300 000
	二级	200 000	200 000	250 000
	三级	150 000	150 000	200 000
高级核赔经理		高级核赔经理的权限在核赔经理权限之下,但超核赔经理权限赔案的审批权归属总公司业务审定委员会,即任何一笔超核赔经理权限的赔案的审批工作均应由高级核赔经理在总公司业务审定委员会的授权下进行		

注:① 核赔人员处理事故不受授权金额限制,但须依金额大小逐级呈核;
② 核定车损金额须由指定的专职核价人员进行;
③ 疑难案件、车辆全损案、失窃案及通融赔付案须报总公司车险核赔部审批;
④ 一笔赔案的车身险、第三者责任险及总计金额中任何一项超出某一级核赔员的权限,即需报对应的上级核赔员审批。

(二)保险事故车辆定点修理厂管理方法

事故车辆被送往汽修厂后,汽修厂方面将会对事故车辆进行定损核价,但得出的价钱往往跟保险公司的核价结果不一样,如果在价钱方面出现矛盾,一般由保险公司提供零配件。这就涉及什么情况下应由保险公司提供零配件、其流程如何管理等问题,现用零配件供货管理流程简图对其进行说明(图5-2)。

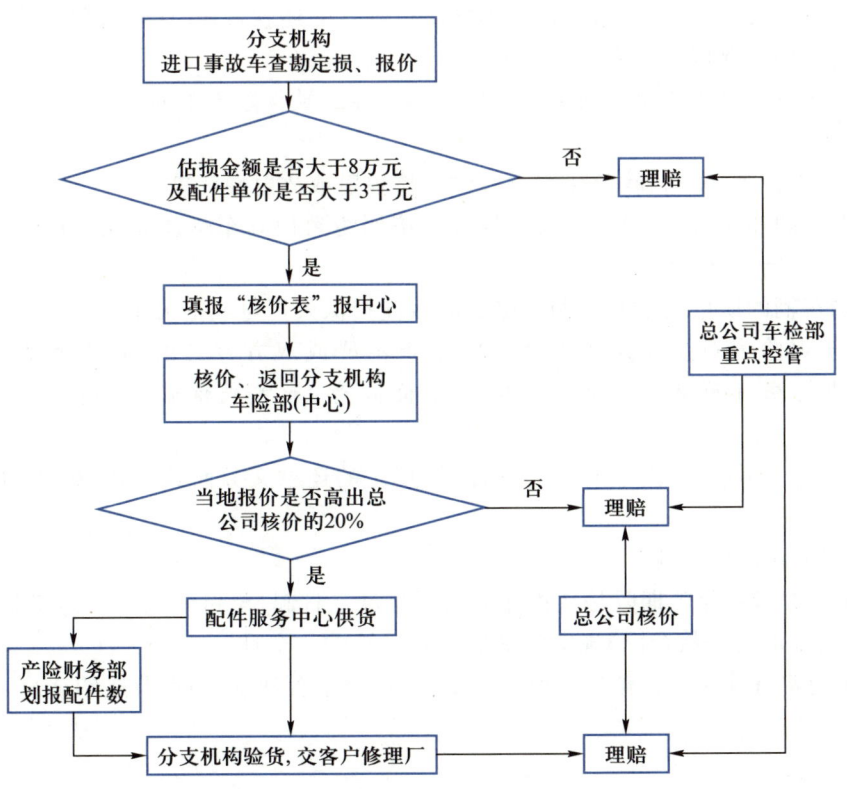

图5-2 零配件供货管理流程简图

第五节 机动车辆消费贷款保证保险

近几年来,汽车作为个人大宗消费对象,越来越多地通过汽车消费贷款业务走入千家万户。银行为了有效化解风险,对保险公司提供的机动车辆消费贷款保证保险需求大幅提高。

一、机动车辆消费贷款保证保险相关管理

随着汽车消费贷款业务的迅速增长及市场规模的扩大,贷款风险问题已成为商业银行日益重视的一项课题。为此,汽车消费贷款保证保险的推出,是帮助银行有效锁定风险,为保险公司创造新的效益增长点,使贷款购车居民方便借款,得以尽享金融便利服务的一件好事。

(一)机动车辆消费贷款保证保险条款基本知识

1. 基本概念

(1)投保人:汽车消费贷款投保人指根据中国人民银行《汽车消费贷款管理办法》规定,与被保险人订立《汽车消费贷款合同》,以贷款购买汽车的中国公民、企业、事业单位法人。

(2)被保险人:汽车消费贷款被保险人指为投保人提供贷款的国有商业银行或经中国人民银行批准经营汽车消费贷款业务的其他金融机构。

(3)保险责任事故:投保人逾期未能按《汽车消费贷款合同》规定的期限偿还欠款满一个月的,视为保险责任事故发生。

保险责任事故发生后6个月,投保人不能履行规定的还款责任,保险人负责偿还投保人的欠款。但是下列几种情况可以免除相应责任:

① 由于下列原因造成投保人不按期偿还欠款,导致被保险人的贷款损失时,保险人不负责赔偿:
- 战争、军事行动、暴动、政府征用、核爆炸、核辐射或放射性污染。
- 因投保人的违法行为、民事侵权行为或经济纠纷致使其车辆及其他财产被罚没、查封、扣押、抵债及车辆被转卖、转让。
- 因所购车辆的质量问题及车辆价格变动致使投保人拒付或拖欠车款。

② 由于被保险人对投保人提供的材料审查不严或双方签订的《汽车消费贷款合同》及其附件内容进行修订而事先未征得保险人书面同意,导致被保险人不能按期收回贷款的损失。

③ 由于投保人不履行《汽车消费贷款合同》规定的还款义务而致的罚息、违约金,保险人不负责赔偿。

2. 保险期限和保险金额

(1)汽车消费贷款保险期限是从投保人获得贷款之日起,至付清最后一笔贷款之日止,但最长不得超过《汽车消费贷款合同》规定的最后还款日后的一个月。

(2)汽车消费贷款保险金额为投保人的贷款金额(不含利息、罚息及违约金)。

3. 相关方义务

(1)投保人义务:

投保人必须在本合同生效前,履行以下义务:

① 一次性缴清全部保费。
② 必须依法办理抵押物登记。
③ 必须按中国人民银行《汽车消费贷款管理办法》的规定为抵押车辆办理车辆损失险、第三者责任险、盗抢险、自燃险等保险,且保险期限至少比汽车消费贷款期限长6个月,不得中断或中途退保。

(2) 被保险人义务:
① 被保险人发放汽车消费贷款对象必须为贷款购车的最终用户。
② 被保险人应按中国人民银行《汽车消费贷款管理办法》严格审查投保人的资信情况,在确认其资信良好的情况下,方可同意向其贷款。

资信审查时应向投保人收取以下证明文件,并将其复印件提供给保险人,内容包括:个人的身份证及户籍证明原件;工作单位人事及工资证明或居委会出具的长期居住证明;法人的营业执照;税务资信证明等。

③ 被保险人应严格遵守国家法律、法规,做好欠款的催收工作和催收记录。
④ 被保险人与投保人所签订的《汽车消费贷款合同》内容如有变动,须事先征得保险人的书面同意。
⑤ 被保险人在获得保险赔偿的同时,应将其有关追偿权益书面转让给保险人,并协助保险人向投保人追偿欠款。
⑥ 被保险人不履行上述规定的各项义务,保险人有权解除保险合同或不承担赔偿责任。

4. 赔偿处理

(1) 当发生保险责任范围内事故时,被保险人应立即书面通知保险人,如属刑事案件,应同时向公安机关报案。

(2) 被保险人索赔时应先行处分抵押物抵减欠款,抵减欠款不足部分由保险人按本条款赔偿办法予以赔偿。被保险人索赔时如不能处分抵押物,应向保险人依法转让抵押物的抵押权,并对投保人提起法律诉讼。

(3) 被保险人索赔时,应向保险人提供以下有效单证:
● 《索赔申请书》。
● 机动车辆消费贷款保证保险和机动车辆保险保单正本。
● 《汽车消费贷款合同》(副本)。
● 《抵押合同》。
● 被保险人签发的《逾期款项催收通知书》。
● 未按期付款损失清单。
● 保险人根据案情要求提供的其他相关证明材料。

(4) 在符合规定的赔偿金额内实行20%的免赔率。
(5) 关于抵押物的处分及价款的清偿顺序按《抵押合同》的规定处理。

5. 其他事项

(1) 本保险合同生效后,不得中途退保。
(2) 发生保险责任事故后,被保险人从通知保险人发生保险责任事故当日起6个月内不向保险人提交规定的单证,或者从保险人书面通知之日起一年内不领取应得的赔款,即作为自愿放弃权益。

(3) 在机动车辆发生全损后，投保人获得的机动车辆保险赔偿金应优先用于偿还机动车辆消费贷款。

(4) 保险人和被保险人因本保险项下发生的纠纷和争议应协商解决。如协商不成，可向人民法院提起诉讼。除事先另有约定外，诉讼应在保险人所在地进行。

(5) 费率规章：投保人所买保险的保险期限和费率如表5-6所列：

表5-6 保险期限和费率表

保险期限	1年	2年	3年	4年	5年
费率	1‰	2‰	3‰	4‰	5‰

投保人所交保险费按下式计算：

$$保险费 = 保险金额 \times 保险费率$$

其中：保险期限不足6个月，按6个月计算，费率为0.5‰；

保险期限超过6个月不满1年，按1年计算，即费率为1‰。

例如，保险期限为2009年4月1日至2010年7月1日，保险期限为1年3个月，则保险期限按1年6个月计算，费率为1‰+0.5‰，即1.5‰；保险期限为2005年4月1日至2008年11月1日，保险期限为3年7个月，则保险期限按4年整计算，费率为4‰。

(二) 机动车辆分期付款售车信用保险条款基本知识

分期付款售车是我国汽车销售行业采取的多种汽车销售方式之一，为确保汽车销售商开展的分期付款销售汽车业务的顺利进行，也为了让保险业适应当前国内汽车销售的新变化，寻找新的车险业务增长点，我国设立了机动车辆分期付款售车信用保险这一特别约定保险。中国人民保险公司于1998年颁布了现行的《机动车辆分期付款售车信用保险条款（试行）》。

1. 保险双方的界定

(1) 投保人、被保险人：

机动车辆分期付款售车信用保险的投保人、被保险人是分期付款的售车人。

(2) 担保人：

机动车辆分期付款售车信用保险的担保人指按照被保险人的要求，接受分期付款购车人的请求，为分期付款购车人所欠债务承担连带责任者。

2. 保险责任与除外责任

(1) 保险责任：

① 购车人在规定的还款期限到期3个月后未履行或仅部分履行规定的还款责任，保险人负责偿还该到期部分的欠款或其差额。

② 如购车人连续两期未偿还到期欠款，保险人代购车人向被保险人清偿第一期欠款后，于第二期还款期限到期3个月后，向被保险人清偿购车人所有欠款。

(2) 除外责任：

由于下列原因造成购车人不按期偿还欠款，导致被保险人的经济损失时，保险人不负责赔偿：

① 战争、军事行动、核爆炸、核辐射或放射性污染。
② 因购车人的违法犯罪行为以及经济纠纷致使其车辆及其他财产被罚没、查封、扣押、抵债。
③ 因所购车辆的质量问题致使购车人拒付或拖欠车款。
④ 因车辆价格变动致使购车人拒付或拖欠车款。
⑤ 被保险人对购车人资信调查的材料不真实或售车手续不全。
⑥ 被保险人在分期付款售车过程中的故意违法行为。

3. 保险期限、保险金额及相关费率

（1）保险期限：保险期限是从购车人支付规定的首期付款日起，至付清最后一笔欠款日止，或至该份购车合同规定的合同期满为止，二者以先发生为准，但最长不超过3年。

（2）保险金额：保险金额为购车人首期付款（不低于售车单价的30%）后尚欠的购车款额（含资金使用费）。

$$保险费＝保险金额×保险费率$$

（3）保险费率：机动车辆分期付款售车信用保险的保险费率如表5-7所列：

表5-7 分期付款售车信用保险费率表

分期付款时间	费率	分期付款时间	费率
6个月	0.6%	7～12个月	1%
1年	1%	1年3个月	1.25%
1年6个月	1.50%	1年9个月	1.75%
2年	2%	2年3个月	2.25%
2年6个月	2.50%	2年9个月	2.75%
3年	3%		

4. 赔偿处理

（1）当发生保险责任范围内事故时，被保险人应立即书面通知保险人，如属刑事案件，应同时向公安机关报案。

（2）被保险人索赔时应交回抵押车辆，由保险人按本条款第二十三条和第二十四条办法处分抵押物抵减欠款，抵减欠款不足部分由保险人按本条款赔偿办法予以赔偿。

（3）若被保险人无法收回抵押车辆，应向担保人追偿，若担保人拒绝承担连带责任时，被保险人可提起法律诉讼。

（4）被保险人索赔时，根据出险情况，提供以下有效证明文件：索赔申请书（应注明购车人未履行按期偿还余款和担保人未履行连带责任的原因、索赔金额及其计算方法）；分期付款购车合同；保单正本；被保险人签发的《逾期款项催收通知书》；未按期付款损失清单；代收款银行提供的代收款情况证明；向担保人发出的索赔文件；县及县级以上公安机关出具的立案证明；法院受理证明；产品质量检验报告或裁决书；保险人要求提供的其他相关文件。

（5）在符合规定的赔偿金额内实行20%的免赔率。

（6）关于抵押物的处分及价款的清偿顺序按《抵押合同》的规定处理。

5. 被保险人义务

（1）被保险人应要求购车人提供具有担保资格的担保人，并以所购汽车作为抵押。

（2）被保险人应严格遵守购销合同、抵押合同、质押合同等有关必备合同的规定。

（3）被保险人应严格审查购车人和担保人的资信情况，在确认其资信良好的情况下，方可按分期付款方式销售车辆。

资信审查时向购车人和担保人收取以下证明文件，并予以登记，内容包括：个人的身份证及户籍证明原件；工作单位人事及工资证明或居委会出具的长期居住证明；法人的营业执照和税务登记证复印件，营业场所证明，法人代表身份证明，单位的开户行、户名及账号，银行及税务资信证明等。保险人有权要求被保险人提供上述证明文件。

（4）被保险人应按时向保险人交纳保险费。

（5）被保险人应严格遵守国家法律、法规及《分期付款购买汽车合同》中的责任和义务，经常检查分期付款合同的执行情况，做好欠款的催收工作和催收记录，对保险人提出的防损建议，应认真考虑并付诸实施。

（6）被保险人的《分期付款购买汽车合同》如有变动，须事先征得保险人的书面同意。被保险人改变经营方式如对购车人分期付款产生较大影响的，应及时书面通知保险人。

（7）被保险人不履行本条款规定的各项义务，保险人有权终止保险合同或拒绝赔偿。

6. 追偿及抵押物处分

（1）保险人支付保险赔款之后，即取代被保险人的地位，行使对购车人的追偿权利，包括接管为被保险人债权而设计的任何抵押物。

（2）保险人有权按下列任一种方式处分抵押物：拍卖、转让、兑现或其他合理的方式。

（3）抵押物经处分后，按下列顺序分配价款：

① 支付处分费和税金。

② 清偿被保险人应得款项。

③ 清偿保险人应得的所有款项。

④ 如上述款项仍有余额，该余额应归还购车人。如上述款项不足以清偿欠款，被保险人应积极协助保险人向购车人追偿。

7. 其他事项

（1）对超出保险金额或保险期限的任何欠款，保险人不承担任何赔偿责任。

（2）保险人对购车人因未能按期履行主合同引起的罚息和违约金不承担赔偿责任。

（3）发生保险责任事故后，被保险人从通知保险人发生保险责任事故当日起3个月内不向保险人提交规定的单证，或者从保险人书面通知之日起一年内不领取应得的赔款，即作为自愿放弃权益。

（4）保险人赔偿后，若发现是属于被保险人的欺骗等行为造成保险人错赔的，保险人有权追回赔款。

（5）本保险一经承保，投保人不得中途退保。

（6）保险人和被保险人应本着"实事求是、公平合理"的原则协商解决本条款项下发生的纠纷和争议。如协商不成，可提交工商行政管理部门进行调解、仲裁，向法院提起诉讼。除事先另行约定外，仲裁或诉讼应在保险人所在地进行。

二、机动车辆消费贷款保证保险业务程序

（一）机动车辆消费贷款保证保险的承保实务

1. 展业

（1）展业准备：

① 学习掌握机动车辆消费贷款保证保险的基本知识。

② 进行市场调查并选择合适的保险对象。

- 调查与分析本区域内银行、汽车生产商、销售商和社会大众对消费信贷的态度，合理预测市场发展前景。
- 调查分析与预测个人和法人对汽车消费贷款的实际购买力、参与程度以及当地的汽车年销售量等情况。
- 了解银行、销售商、购车人对保险的态度、需求及希望与保险公司合作的方式。
- 调查分析实施消费贷款售车的车型、销售价格及变化趋势。

③ 同选定的银行、销售商、公证机关、公安交通管理部门等签订合作协议，明确合作方式、各方的职责、权利及义务。

④ 展业材料准备与培训。根据合作协议，向有关合作方及时提供机动车辆消费贷款保证保险的条款、费率规章、投保单及其他有关资料。对银行与销售商的相关业务人员进行培训，使他们掌握保证保险的有关规定，能够指导投保人正确填写投保单。

（2）展业宣传：备齐保险条款与相关资料以后，向银行、汽车生产商、销售商和贷款购车人作好宣传。重点宣传保证保险的特点、优势及本公司的网络优势、技术优势、实力水平、信用优势和服务优势。

2. 受理投保

（1）指导下填写投保单：

① 业务人员应依法履行告知义务，按照法律所要求的内容对条款及其含义进行告知，特别对条款中的责任免除事项、被保险人的义务，以及其他容易引起争议的部分，应予以解释和说明。

② 业务人员应提示投保人履行如实告知义务，特别是对可能涉及保险人是否同意承保或承保时需要特别约定的情况应详细询问。

③ 业务人员在投保人提出投保申请时，应要求其按照保证保险条款的规定提供必需的证明材料。

（2）收取投保单及其相关资信证明并初步审核：

业务人员应对填写完整的投保单和所附的资信证明材料进行初步审查，必要时要调查核实；对于审核无误的投保单，由业务负责人签署"拟同意承保"意见后交投保人。如果合作协议有明确规定，可直接交给银行或销售商。业务人员对投保单初步审查的内容包括：

① 审核证明文件或材料是否齐全，是否符合银行指定的汽车消费贷款管理办法。

② 在审核时，对于存在疑点或证明材料有涂改、伪造等痕迹的，应通过派出所、居委会或开户银行予以核实。必要时可以通过消费贷款保证保险问询表予以落实，并让消费贷款购车人确认后，附贴在投保单上。

3. 核保内容

（1）对受理投保单时初步审查的有关内容进行复核。

(2) 审核投保单的保险金额是否符合条款规定,投保人购车的首付款是否符合规定。

(3) 审核贷款合同和购车合同是否合法并真实有效,银行与销售商在办理消费贷款和购车手续时,是否按照规定严格把关。

(4) 审核投保人是否按照条款的规定为消费贷款所购的车辆办理了规定内容的保险。

(5) 审核贷款协议是否明确按月、按季分期偿还贷款,不得接受一年一次的还款方式。

(6) 审核投保人是否按照与银行签订的抵押、质押或保证意向书,办理了有关抵押、质押或保证手续。

(7) 审核投保人所购车辆的用途与还款来源。

对上述核保内容审核以后,应签署核保意见,明确是否同意承保,或是否需要补充材料以及是否需要特别约定等。

如果核保后同意承保,应将贷款合同、购车合同和相关证明材料复印一套留存。

4. 缮制保险单证

(1) 缮制机动车辆消费贷款保证保险保单,保险期限应长于贷款期限,保险金额不得低于贷款金额。

(2) 根据贷款金额、贷款期限等正确选择费率并计算保险费。

(3) 机动车辆消费贷款保证保险不单独出具保险证,但为明示需要,应在车辆基本险与附加险的保险证上标注"保证保险"字样。

(4) 复核人员按照规定程序和内容,对保险单证进行复核并签章。

5. 收取保险费

财务人员按照保单核收保险费并出具保险费收据。投保人应一次交清保证保险的保险费。

6. 签发保险单证

保险费收取后,业务人员在保险单证上加盖公章,将保险单正本交被保险人。

7. 归档管理

保险单副本一联交投保人,一联交财务,剩下一联连同保费收据业务联、复印的贷款合同、购车合同及有关证明材料等资料整理归档。

(二) 保险合同的变更、终止、解除

1. 合同变更

(1) 变更事项:它包括变更保险期限、购车人住址和电话,购车单位联系地址、银行账户及联系电话,其他不影响车辆还款和抵押物登记的事项。

(2) 变更申请:购车人在保险期限内发生变更事项,应及时提出申请。

(3) 办理批改:在办理批改时,应注意审核批改事项是否将产生意外风险,从而决定是否接受批改申请。

2. 合同终止

遇有下列情况之一,则机动车辆消费贷款保证保险的合同终止:

(1) 贷款购车人提前偿还所欠贷款。

(2) 贷款所购车辆因发生车辆损失险、盗抢险或自燃损失险等车辆保险责任范围内的全损事故获得保险赔偿,并且赔款足以偿还贷款的。

(3) 已履行保证保险赔偿责任。
(4) 保证保险期满。

3. 合同解除

下列情形之一发生时,保险合同将被解除:

(1) 投保人违反保险法或担保法等法律法规,保险人可以发出书面通知解除合同。
(2) 被保险人违反国家相关法律法规和消费贷款规定的,保险人有权解除合同。
(3) 投保人根据国家相关的法律法规,提出解除合同。
(4) 投保人未按期足额缴纳机动车辆保险保费,且被保险人未履行代缴义务的,保险人有权解除合同。
(5) 法律法规规定的其他解除合同的事由。

4. 办理收退费

(1) 经保险人同意延长保险期限的,根据延长后的实际期限选定费率,补收保险费。
(2) 投保人提前清偿贷款,按照实际还贷时间按月计算保险费,多收部分退还投保人。
(3) 贷款所购车辆因发生车辆损失险、盗抢险或自燃损失险责任范围内的全损事故获得保险赔偿,并且已优先清偿贷款的,保证保险合同终止,并退还从清偿贷款之日至保证保险合同期满的全部保险费。

(三) 保证保险的理赔

1. 接受报案

(1) 接受报案人员在接到报案时,应按照报案的要求,对报案人进行询问,并填写报案记录,通知业务人员。
(2) 业务人员根据报案记录,尽快查阅承保记录,将符合理赔的案件登入《保证保险报案登记簿》。
(3) 业务人员在接受报案的同时,需向被保险人提供索赔申请书和索赔须知,并指导其详细填写索赔申请书,同时向被保险人收取下述原始单证:

① 机动车辆消费信贷保证保险保单和机动车辆保险单正本。
② 汽车消费贷款合同(副本)。
③ 抵押合同或质押合同或保证合同。
④ 被保险人签发的逾期款项催收通知书。
⑤ 未按期付款损失清单。

2. 查抄底单

业务人员根据出险通知,应尽快查抄出机动车辆消费贷款保证保险保单与批单、机动车辆保险的保险单与批单,并在所抄单证上注明抄单时间和出险内容。

3. 立案

(1) 业务人员应根据被保险人提供的有关资料进行初步分析,提出是否立案的意见与理由,报业务负责人。
(2) 业务负责人接到报告后应及时提出处理意见。
(3) 业务人员根据负责人的意见办理立案或不立案的手续。立案的,应在机动车辆保险单上做出标记;不予立案的,应以书面形式通知被保险人。

4. 调查

(1) 调查要求：调查工作必须双人进行，应着重第一手材料的调查。所有调查结果应做出书面记录。

(2) 调查方式与重点：

- 对已经掌握的书面材料进行分析，确认被保险人提供的书面材料是否全面真实。
- 向被保险人取证，了解投保人逾期未还款的具体原因，被保险人催收还款的工作情况。
- 向个人投保人的工作单位或所在居委会(村委会)调查，了解投保人收入变动情况；向法人投保人的上级单位或行政主管部门了解其经营情况。
- 向有关单位和个人调查抵押物的当前状况。
- 通过其他途径调查，并结合以上调查结果，明确是否存在条款所载明的责任免除事项，投保人、被保险人是否有违反条款规定义务的行为。

5. 制作调查报告

调查人员在调查结束后应写出调查报告，全面详细地记录调查结果并作出分析。

6. 确定保险责任

业务人员应根据调查报告和收集的有关材料，依照条款和有关规定，全面分析，确定是否属于保险责任。形成处理意见后报地市级分公司车险部门审定，拒赔案件应逐级上报省级公司审定。

7. 抵押物处理

(1) 保险事故发生后，保险人应及时通知被保险人做好抵押物处理的准备工作。

(2) 保险人应与被保险人、投保人(抵押人)共同对抵押物进行估价，或共同委托第三人进行估价。所估价值由各方同意后，签订《估价协议书》。协议书所确定的金额为处理抵押物的最低金额。

(3) 被保险人按照《估价协议书》规定处理抵押物，所得价款优先用于偿还欠款。

(4) 被保险人不能处分抵押物的，应对投保人提起诉讼，抵押物的抵押权转归保险人，保险人应会同被保险人办理抵押权转移的各项手续。

8. 赔款理算

理赔人员根据前述条款的规定，依据调查报告、索赔通知书和估价协议等有关材料进行赔款理算。具体计算如下：

(1) 抵押物已由被保险人处理的：

$$保险赔款=(保险金额-已偿贷款-抵押物的处分金额)\times 80\%$$

(2) 抵押物抵押权转归保险人的：

$$保险赔款=(保险金额-已偿贷款)\times 80\%$$

(3) 抵押物灭失且不属于机动车辆保险赔款责任，且投保人未提供新的抵押物的，保险费按照上述(2)中所给公式计算。

上述公式中的"已偿贷款"，不包括投保人已经偿还的贷款利息；"抵押物的处分金额"是指抵押物处分后，被保险人实际得到的金额，即扣除处分抵押物所需的费用及其他相关费用后的余额。

投保人以其所购车辆作为贷款抵押物，因逾期未还款车辆依抵押合同被处分后，投保人为其投保的机动车辆保险的保险责任即行终止,被保险人应按照保险合同的规定,为投保人办理机动车辆未了责任期保险费的退费手续。

贷款所购车辆发生车辆损失险、盗抢险以及自燃损失险保险责任范围内的全损事故后,机动车辆保险的被保险人应得到的赔款,应优先用于偿还机动车辆消费贷款。此时,机动车辆保险的理赔人员,应书面通知贷款银行向保险公司提出"优先偿还贷款申请",并书面通知机动车辆保险的被保险人,要按照合同的规定将赔款优先用于偿还贷款。优先偿还的范围仅限于所欠的贷款本金。优先偿还贷款后的赔款余额应交机动车辆保险的被保险人。赔款优先清偿贷款后,保证保险合同即行终止。保险人应按照本实务规程中关于收退费的规定,为投保人办理保证保险未了责任期保险费的退费手续。

9. 缮制赔款计算书

计算完赔款以后,要缮制赔款计算书。赔款计算书应该分险别、项目计算,并列明计算公式。赔款计算应尽量用计算机出单,应做到项目齐全、计算准确。手工缮制的,应确保字迹工整、清晰,不得涂改。业务负责人审核无误后,在赔款计算书上签署意见和日期,然后送交核赔人员。

10. 核赔

核定赔款的主要内容包括:

(1) 审核单证:

● 审核被保险人提供的单证、证明及相关材料是否齐全、有效,有无涂改、伪造等。

● 审核经办人员是否规范填写有关单证,必备的单证是否齐全等。

● 审核相关签章是否齐全。

(2) 核定保险责任。主要审核是否属于保险责任。

(3) 审核赔付计算。审核赔付计算是否准确:属于本公司核赔权限的,审核完成后,核赔人员签字并报领导审批;属于上级公司核赔的,核赔人员提出核赔意见,经领导签字后报上级公司核赔。在完成各种核赔和审批手续后,转入赔付结案程序。

11. 结案登记与清分

(1) 业务人员根据核赔的审批金额填发《赔款通知书》及赔款收据,被保险人在收到《赔款通知书》后,在赔款收据上签章,财会部门即可支付赔款。在被保险人领取赔款时,业务人员应在保险单正、副本上加盖"××××年××月××日出险,赔款已付"字样的印章。

(2) 赔付结案时,应进行理赔单据的清分。一联赔款收据交被保险人;一联赔款收据连同一联赔款计算书送会计部门作付款凭证;一联赔款收据和一联赔款计算书或赔案审批表,连同全案的其他材料作为赔案案卷。

(3) 被保险人领取赔款后,业务人员按照赔案编号,做好机动车辆消费信贷保证保险赔案结案登记。

12. 理赔案卷管理

理赔案卷要按照一案一卷整理、装订、登记、保管。赔款案卷应单证齐全,编排有序,目录清楚,装订整齐。一般的保证保险的理赔案卷单证包括赔款计算书、赔案审批表、出险通知书、索赔申请书、机动车辆消费贷款保证保险的保险单及批单的抄件、抵押合同、调查报告、估价协议书、权益转让书,以及其他有关的证明与材料等。

(四)客户回访服务与统计分析

1. 客户回访

(1)消费贷款保证保险业务要指定专人负责,对客户应每半年回访一次,做好跟踪服务,及时掌握购车人(投保人)、被保险人的需求与动态。

(2)要建立客户回访、登记制度,实行一车一户管理制,及时记录还款情况。

(3)建立与银行保持定期联络制度;协助银行做好消费贷款还款跟踪服务。

(4)建立消费贷款购车人与所购车辆档案,内容包括购车人的基本资信情况、车辆使用情况、安全驾驶记录、保险赔款记录、还款记录等。

2. 统计分析

(1)按期做好不同车型、不同车辆价格范围、不同职业与地域的购车人、不同销售商、银行等方面的专项量化分析,报上级公司。

(2)各省级分公司对专项统计的业务报表和消费贷款保证保险的经营情况分析,应按照季度上报总公司,由总公司上报中国保监会。

第六节 汽车保险案例分析

一、常见案件的处理

汽车保险理赔应按照保险条款以及交通管理部门颁发的交通事故处理办法和相关法律执行,但汽车交通事故情况复杂多变,甚至有时候会出现一些难以界定的情况,因此理赔人员可以在适当的范围内灵活处理。但对有条文为依据的案件还要按规定处理,不能滥用"灵活"。下面简单讲述几类常见案件的处理要点。

(一)双方车损

双方车损通常由碰撞引起,碰撞可分为追尾碰撞、正面碰撞、斜交碰撞等几类,双方在各类的碰撞中所负的责任亦有所不同,而具体双方各负多大的责任,则应由交警部门判决。但是从出险到交警部门下判决书是需要一定时间的,在交警部门下判决书之前,保险公司的查勘员会根据以往的经验预估其所承保的车辆在事故中所负的责任,并根据责任系数预估该次事故造成的损失有多大。如果保险公司所承保的车辆在该次事故中无须负责,则应由第三方赔付给被保险人,保险公司可取消立案。

此类事故发生后,当事人一般都会先报交警,交警在现场处理以后就把事故车辆拖走,保险公司通常不查勘第一现场,而到交警指定的事故车辆停放点对事故车辆进行拍照、定损等工作,预估损失后,接下来就是等交警下判决书及有关证明,所有单证收集齐全以后即可进行赔付。

(二)第三方逃离现场

出事后,如果第三方逃离现场,则第三方应负全责,也就是说本车的车损应由第三方赔付。但如果无法找到第三方,经保险公司调查后,证实情况属实,则保险公司亦会对本车损给予赔付。

(三)玻璃单独破碎

机动车在使用中常常会出现玻璃单独破碎的事故(车灯、后镜的破碎不在保险范围内),尤其是在驾驶中被飞石击碎风窗玻璃的情况是很常见的,所以玻璃单独破碎这类情况一般无法查明是否故意行为。由于这类案件的赔付额并不会很大,保险公司一般不会作太多的调查便会给予赔付。

有时风窗玻璃出现很小的并不影响驾驶的裂纹,保户也要求赔付,保险公司则会对其车辆在卸下玻璃前进行拍照,再把玻璃击碎,再拍照,然后进行更换。这样做是为了确定保户已更换玻璃,以防止保户收取赔款后不更换玻璃,过了一段时间后又向保险公司索赔的情况发生。

(四) 自身车损

机动车在行驶时出现翻车、撞护栏、撞树等没有第三者伤亡的情况时,查勘人员马上赶赴现场调查损失情况、对险情进行施救和与第三者的协调后,如果保户对保险公司的赔付可以接受,第三者对保险公司的赔付也可以接受,则为了不浪费保户的时间,可以不报交警处理,而进行赔付。

(五) 机动车辆被盗

机动车辆被盗的案件对保险公司来说,是比较严重的案件,尤其是新购置的高档轿车,赔付金额较高。因此,保险公司都会投入较大的人力物力调查这类案件。除了对被保险人进行询问、笔录,并请报案人签字为证以外,还会到现场认真检查有没有盗车痕迹,有没有目击证人,同时调查报案人所言有没有自相矛盾之处,如停车场周围环境、当时的天气、时空等有无可疑之处。接着对被保险人的公司性质、财务状况进行调查,防止被保险人因经营不善等情况而进行保险欺诈。保险公司还要到被盗车辆购置所在的车行调查被盗车辆的购买情况及购买价进行了解,通过对保额、购买价和市场价的对比,分析被保险人有没有利用价差进行欺诈的可能。调查被盗车辆驾驶员和其他车钥匙拥有者的情况,另外调查对被盗车辆进行过维修保养的汽修厂的有关情况,查明最后一次修车与丢车时空上有没有关联。最后还要到车管所核对被盗抢车辆档案是否已封档或注销,查实档案记载的车型、牌号、制造年份、发动机号码、底盘号码与被保险人所述是否一致。

二、典型案例分析

下面列举几个比较常见的典型案件的处理。

(一) 双方车损

【例 5-1】 甲厂和乙厂的车在行驶中相撞。甲厂车辆损失 5 000 元,车上货物损失 10 000 元,乙厂车辆损失 4 000 元,车上货物损失 5 000 元。公安交通管理部门裁定甲厂车负主要责任,承担经济损失的 70%,为 16 800 元;乙厂车负次要责任,承担经济损失 30%,为 7 200 元。试计算双方应获得的赔款。

解:甲厂应承担的经济损失 =(甲厂车损+乙厂车损+甲厂车上货损+乙厂车上货损)×70%
$$= (5\,000 \text{元} + 4\,000 \text{元} + 10\,000 \text{元} + 5\,000 \text{元}) \times 70\%$$
$$= 16\,800 \text{元}$$

乙厂应承担的经济损失 =(甲厂车损+乙厂车损+甲厂车上货损+乙厂车上货损)×30%
$$= (5\,000 \text{元} + 4\,000 \text{元} + 10\,000 \text{元} + 5\,000 \text{元}) \times 30\%$$
$$= 7\,200 \text{元}$$

甲、乙厂的车都投保了车辆损失险(按新车购置价确定保险金额)和第三者责任险,由于第三者责任险不负责本车上货物的损失,所以保险人的赔款计算与公安交通管理部门的赔款计算不一样,其赔款计算应如下:

$$甲厂自负车损 = 甲厂车损 5\,000 元 \times 70\% = 3\,500 元$$

$$甲厂应赔乙厂 = (乙厂车损 4\,000 元 + 乙厂车上货损 5\,000 元) \times 70\% = 6\,300 元$$

保险人负责甲厂车损和第三者责任赔款

$$= (甲厂自负车损 3\,500 元 + 甲厂应赔乙厂 6\,300 元) \times (1 - 免赔率 15\%)$$

$$= 8\,330 元$$

$$乙厂自负车损 = 乙厂车损 4\,000 元 \times 30\% = 1\,200 元$$

$$乙厂应赔甲厂 = (甲厂车损 5\,000 元 + 甲厂车上货损 10\,000 元) \times 30\% = 4\,500 元$$

保险人负责乙厂车损和第三者责任赔款

$$= (乙厂自负车损 1\,200 元 + 乙厂应赔甲厂 4\,500 元) \times (1 - 免赔率 15\%)$$

$$= 4\,845 元$$

结果,此案甲厂应承担经济损失 16 800 元,得到保险人赔款 8 330 元;乙厂应承担经济损失 7 200 元,得到保险人赔款 4 845 元。这差额部分即保险合同规定不赔的部分。

【例 5-2】 某日,甲、乙两车相撞,经交通管理部门裁定:甲车车损 10 万元,医疗费 8 万元,货物损失 12 万元;乙车车损 22 万元,医疗费 4 万元,货物损失 14 万元。甲车负主要责任,承担经济损失的 70%;乙车负次要责任,承担经济损失的 30%。该两辆车均投保了车辆损失险和第三者责任险,甲车在 A 保险公司投保了保险金额为 16 万元的车辆损失险、赔偿限额为 50 万元的第三者责任险;乙车在 B 保险公司投保了保险金额为 20 万元的车辆损失险、赔偿限额为 20 万元的第三者责任险。

问:在不考虑免赔额的条件下,分别计算 A、B 保险公司对甲、乙两车的被保险人各应承担多少赔偿金额?

解:甲车自负车损 = 甲车车损 10 万元 × 70% = 7 万元

甲车应赔乙车 = (乙车车损 + 乙车车上货损 + 乙车人员医疗费用) × 70%

$$= (22 万元 + 14 万元 + 4 万元) \times 70\%$$

$$= 28 万元$$

保险人负责甲车车损和第三者责任赔款 = 甲车自负车损 + 甲车应赔乙车

$$= 7 万元 + 28 万元$$

$$= 35 万元$$

乙车自负车损 = 乙车车损 × 30% = 22 万元 × 30% = 6.6 万元

乙车应赔甲车 = (甲车车损 + 甲车车上货损 + 甲车人员医疗费用) × 30%

$$= (10 万元 + 12 万元 + 8 万元) \times 30\%$$

$$= 9 万元$$

保险人负责乙车车损和第三者责任赔款 = 乙车自负车损 + 乙车应赔甲车

$$= 6.6 万元 + 9 万元 = 15.6 万元$$

【例 5-3】 某车主将其所有的车辆向 A 保险公司投保车辆损失险,保险金额 12 万元;向 B 保险公司投保第三者责任险,赔偿限额 20 万元。保险期限内发生交通事故,导致对方车辆、财产损失 12 万元和人身伤害所支付的医疗费 6 万元;本车全损,车辆损失 15 万元和人身伤害所支付的医疗费 2 万元。经交通管理部门裁定,车主负全部责任。则:

(1) A 保险公司应赔偿多少?为什么?
(2) B 保险公司应赔偿多少?为什么?

解:(1) A 保险公司应赔偿 12 万元×(1−20%)=9.6 万元

因为 A 保险公司承保车辆损失险,只负责赔偿本车辆的损失;虽然在本次事故中,本车辆实际价值为 15 万元,由于保险金额是 12 万元,故保险公司应按 12 万元赔偿,免赔率为 20%。

(2) B 保险公司应赔偿 18 万元×(1−20%)=14.4 万元

因为 B 保险公司承保第三者责任险,赔偿限额为 20 万元,由于车主责任造成对方车辆、财产损失 12 万元和人身伤害 6 万元,共计 18 万元,未达到 20 万元的赔偿限额。故按 18 万元赔偿,免赔率为 20%。

【例 5-4】 赵某 2005 年 8 月 8 日购买一辆汽车,购买价格 24 万元,同月 16 日,赵某向 X 保险公司购买了保险金额 24 万元的机动车辆保险和责任限额 5 万元的第三者责任保险,保险期限为 1 年,并于当日交清了保险费。2006 年 2 月 8 日,赵某将该汽车以 4 万元的价格卖给刘某,赵某并没有经 X 保险公司办理批单手续,也没有告知该保险公司。2006 年 3 月 18 日,具有合格驾驶证的车主刘某合法驾驶,不料发生车祸,车辆全损,未造成第三者人员伤亡和财产损失。问:

(1) 若赵某向 X 保险公司索赔,保险公司是否赔偿?为什么?
(2) 若刘某向 X 保险公司索赔,保险公司是否赔偿?为什么?

解:(1) 保险公司可以拒赔,因为:一是被保险人违反了最大诚信原则,车辆转让时没有向保险公司告知,没办理批单手续,保险合同失效;二是被保险人赵某对该车辆已经不存在保险利益,则保险合同自车辆转让时起无效。

(2) 保险公司可以拒赔。因为刘某同 X 保险公司没有保险关系,不是被保险人。

(二) 自身车损

【例 5-5】 2009 年 1 月 9 日,车主李某将自己的一辆黄河牌货车向保险公司投保了车辆损失险,第三者责任险和车上人员责任险,保险金额为 9.68 万元。2009 年 3 月 2 日,车主聘请的驾驶员王某驾车运煤,空车返回时车辆翻于公路右侧 23 米的山坡下。王某跳车后幸免于难,但多处软组织受伤,治疗用去医疗费 500 元。

事故发生后,保险公司会同当地交警部门进行了查勘和事故调查,3 月 5 日,交警部门向车主李某送达了交通事故责任认定书,认定"驾驶员王某负全部责任"。此次事故造成车辆损失 74 740 元,加上医疗费 500 元,共计 75 240 元。李某向保险公司索赔,问:保险人是否应承担赔偿责任?应赔偿的金额是多少?

解:保险人应承担赔偿责任。

赔偿金额为 75 240 元×(1−20%)=60 192 元

【例 5-6】 出险时间:2010 年 4 月 16 日 13 时 50 分,出险地点:东莞万江区金泰工业区,出险车辆厂牌型号:昌河 CH6321D 小客车,出险车辆厂牌号码:粤 S-87489,驾驶员:刘锦昆,保险险别:综合险。

处理过程:

(1) 保险公司于 2010 年 4 月 16 日 13 时 58 分接到报案,询问必要的情况后即派查勘员前往现场查勘。

(2) 经查勘员查勘了解,驾驶员刘锦昆于 2010 年 4 月 16 日 13 时 50 分驾驶厂牌型号为昌河 CH6321D,牌照号码为粤 S-87489 的小客车行经万江区金泰工业区时,由于右前胎突然爆裂,致使保险标的侧翻,造成本车损坏,无人员伤亡的一起交通事故。此次事故并无涉及第三者,且痕迹明显,没有迹象显示是伪造现场,且损坏情况并不很严重,所以没有报交警处理。

(3) 由查勘员定损后通知附近的定点汽修厂把事故车辆拖至汽修厂修理。经查勘员的初步定损,事故车辆主要损坏有:右侧沙板、右侧门窗、右转向灯、右前轮、右后镜,转向系统亦有轻微损坏。保险公司估价约为 1 200 元。

(4) 汽修厂、被保险人签署估价协议书后,即对事故车辆进行修理。

(5) 修复完毕,保险公司的复勘人员对事故车辆进行复勘。

(6) 2010 年 4 月 18 日整车修复完毕,保险公司收齐单证给予赔付 1 450 元。

(三) 综合险续保

【例 5-7】 某人新购机动车辆车损险保 20 万元,保费 3 000 元,第三者责任险 5 万元,保费 800 元,附加盗抢险 20 万元,保费 2 000 元,玻璃单独破碎险 500 元,合计保费 6 300 元。在保险期限内未发生保险事故,试求第二年续保时应交纳的保险费(投保险种与上年相同)。

解:优待比例为 10%,则

$$应交保费 = 6\ 300\ 元 \times (1-10\%)$$
$$= 6\ 300\ 元 \times 0.9$$
$$= 5\ 670\ 元$$

(四) 涉及第三者

【例 5-8】 出险时间:2010 年 4 月 5 日 11 时 30 分,出险地点:东莞石碣镇大王洲路段,出险车辆型号:林肯 LK125-2B 摩托车,出险车辆牌照号码:粤 S-24F36,驾驶员:×××,保险险别:综合险。

处理过程:

(1) 保险公司于 2010 年 4 月 5 日 14 时 35 分接到报案,询问了必要的情况后,即派出查勘员前往查勘。

(2) 于交警处理完现场后便将肇事车辆拖走,并停放于石龙交警大队。保险公司的查勘员到石龙交警大队对肇事车辆的损坏情况进行定损。

(3) 经查勘了解,驾驶员×××于 2010 年 4 月 5 日 11 时 30 分驾驶厂牌型号为林肯 LK125-2B,车牌号码为粤 S-24F36 的摩托车行经石碣镇大王洲路段时,撞到一突然横穿公路的行人,致使行人轻微受伤。由于行人受伤较轻,在交警处理现场后,才送往石碣镇医院门诊部进行检查、治疗。保险标的粤 S-24F36 并无损坏,受伤的行人在医院门诊做 X 光检查并经医生鉴定后证实并无大碍,并自行离去,无法联系。其门诊费用约为 800 元,由肇事车辆驾驶员预先垫付,受伤行人的门诊费用收据及有关医生证明亦由肇事车辆驾驶员保存。

(4) 在石龙交警大队下责任认定书之前,理赔人员对此次事故的损失进行预估。由于保险标的粤 S-24F36 并无损坏,只需赔偿第三者的损失。预估肇事车辆驾驶员负七成责任,即赔款额约为 800×70%=560 元。

(5) 于 2010 年 4 月 14 日石龙交警大队下责任认定书,肇事车辆驾驶员带齐有关单证到保险公司索赔,交警的责任认定书判摩托车驾驶员负七成责任,与预估赔付相符,即为 560 元。摩托车驾驶员在赔款收据上签字,理赔人员给予赔付后,进行存档、结案处理。

(五) 典型案例

一则交通事故的保险理赔实录

小张是平安保险公司上海车险部的查勘定损员,2011 年 9 月 11 日下午接到公司指令:"汶水路、广粤路口发生车祸,有人报案,请速到现场查勘处置"。

报案人是刘先生,这一天他驾驶一辆福特蒙迪欧带着妻子王小姐从郊区回上海,天气很好,心情不错。刚从广粤路高架下来过十字路口时,与一辆左拐弯的电动车相撞。骑电动车的是个年轻小伙子,后面还带了一青年,两人连车带人被撞倒,其中一人伤势较重,无法站立(后经医院诊断为脚踝骨折)。

交通事故发生后,刘先生尽量让自己冷静下来,根据自己掌握的交通事故处理知识,要报案、处理伤者、找保险公司理赔等一系列的程序浮现脑海。

刘先生一边安慰受伤者一边拨打 110 及时报案,同时拨打 120 急救。除了向交通管理部门报案外,他还及时向保险公司报了案(他知道事故发生后 48 小时内不及时报案会影响事故理赔)。平安保险公司接到电话后,告知刘先生:

(1) 公司会立即派员工到达事故现场,以协助交警勘察取证;

(2) 请刘先生配合交警,保险员将随同进行事故处理;

(3) 询问了事故现场伤者的情形及车辆损伤情况。

这样,平安保险公司受理了该起交通事故。过了 5 分钟左右交警到了现场,王小姐随前来的救护车陪伤者前往距离最近的医院,她需要为伤者支付医疗费用。刘先生留下协同交警进行现场处理,10 分钟后保险公司的小张也到了现场。小张立即按照平安保险的车辆保险理赔流程展开如下工作。

一、协助交警进行事故查勘和责任认定

交警对所发生的事故现场进行了勘察,拿皮尺测量了事故车辆的距离,标记下了相关的位置,绘制了事故现场图,并拍下了事故后的轿车与电动车的细部照片。同时扣下了刘先生的驾驶证、行驶证,并叫刘先生一一签字确认。小张也采用方位摄影、中心摄影、细目摄影等方法拍下了事故现场的相关照片,并对包括保险杠、前脸、前大灯、挡风玻璃等受损部位拍了局部特写照片。处理完现场后,现场交警填写《交通事故确认书》,事故车辆被拖走。小张与事故双方约定第二天一起到交警大队处理事故,开具"事故认定证明"。

9 月 12 号,事故双方到交警大队填写了事情经过,交警根据各方陈述,调看了录像资料,经认定,该事故为双方过错,但电动车属非机动车辆,责任主要由机动车主刘先生承担。对事故作出的认定及责任划分是,机动车方承担 80% 的责任,非机动车承担 20% 的责任,填写《道路交通事故责任确认书》,双方签字确认。小张同意了事故责任认定。

二、定损

刘先生的车辆投保险种含车辆损失险、不计免赔险、第三者责任险、交强险等,其中第三者责任险投保额为 50 万元。

根据刘先生的投保险种及金额,保险公司可以按事故责任认定的比例赔付:

(1) 车辆损伤维修的费用;

(2) 伤者医疗费用。

根据第三者责任险及交强险的规定,小张表示事故受伤者的医疗救治费、误工费等都属于理赔范围。

由于电动车主急需医疗费用,经交警证明,查勘定损员小张同意后,刘先生预先垫付了 6 000 元的医疗费,并叫对方签字后留在交警队作为证据。该费用等医疗结束可凭发票由保险公司支付。

刘先生受损的车辆如何理赔,小张根据查勘的结果确定了车辆的损坏部位和修理项目,并参照当地的修理工时价格和零配件价格对事故车的损伤部位逐项审定,进行定损估价。给出了车辆修理费为 8 250 元的结论。刘先生认为小张确认的修理项目都是车辆的表面损伤,车辆发生碰撞后会产生内部损坏,应拆解检查。小张同意将车辆拖至 4S 店拆解检查,经检查后发现车辆右前轮牛腿变形,需要更换,车辆修理费增至 11 000 元。双方无异议,填写了《机动车保险事故车辆损坏项目确认单》。

小张完成定损工作后签收审核索赔单证,填写《机动车辆保险出险/索赔通知书》,双方签字确认。

三、送厂修理

小张开具了任务委托单确定维修项目及维修时间,并要求签字认可。还特地提醒刘先生,请其确认车辆上有无贵重物品,若有应将贵重物品拿走,然后把事故车辆交 4S 店修理。由于刘先生是自己选择了修理厂修理的,所以修完车后,要先向修理厂支付修理费,然后拿着所有的索赔材料到保险公司的理赔部门索赔。

小张告知刘先生保险理赔工作中有很多的材料需要提供。并告诉刘先生,车辆维修费以 4S 店的维修发票为准,伤者的医疗费用等治疗结束后凭发票予以核赔。

四、材料归整

刘先生与小张商讨申请赔付的问题。小张让刘先生出示如下证件:

(1) 机动车辆保险单及批单正本原件、复印件;

(2) 《机动车辆保险出险/索赔通知书》;

(3) 相关行驶证、驾驶证、身份证复印件;

(4) 相关赔款收据、汽修发票等原件;

(5) 《道路交通事故责任认定书》。

并要当事人刘先生详细填写:

(1) 出险报案表;

(2) 出险经过;

(3) 报案人、驾驶员和联系电话;

(4) 被保险人的存折号码。

五、核赔

半个月后,刘先生将4S店出具的车辆维修费、医院出具的医药费等相关票据快递到小张所在的保险公司。由核赔人员(缮制赔案员)负责从保险条款上和技术上对赔案进行分析审批,根据所查明的事故损失原因、涉及的部位和损失范围,按照保险条款规定确定赔偿范围及赔付金额。编制《赔款计算书》,缮制赔案,并按照核赔人的权限范围最终审定。

赔案审批后,按实际赔付录入电脑,统计已决赔款金额及赔付率。

在办理理赔过程中,保险公司的工作人员还看望了伤者,主要是为了确定伤势。对于某些临时没有拿到的材料票据,刘先生也应保险公司的要求快递给对方,提高了办事的效率。

六、结案与付款

对于理赔所涉及的所有材料,保险公司都留存了档案,而且在网上刘先生也能够随时查阅理赔的进程。票据递交后1天,刘先生就在保险公司的网上看到自己车辆的理赔到了"等待付款"环节了,总算松了口气。想想,整件事情的处理过程还算流畅,但保险理赔没有想象中的快速。9月30日,也就是事故发生后的20天,保险公司打电话通知刘先生说,理赔的款项已经打入他所提供的被保险人的银行账户,请其查收。至此,该次事故的保险理赔工作顺利结束。

思考题

1. 机动车辆保险的作用与特点是什么?
2. 机动车辆保险的险种有哪些?熟悉各险种的保险责任和承保内容。
3. 掌握机动车辆保险的业务流程。以福特蒙迪欧致胜2011款为例,制定保险方案。
4. 核保的主要内容是什么?
5. 熟悉各险种的理赔程序。
6. 现场查勘的组织应注意哪些事项?掌握各类交通事故的现场查勘重点。
7. 机动车辆消费贷款保证保险的基本概念是什么?
8. 熟悉机动车辆消费贷款保证保险的业务程序。

第六章

汽车租赁

汽车租赁是现代汽车服务业的重要内容之一,在我国属于新兴的"朝阳产业"。由于具有比自购车辆和出租汽车更为经济、高效、便捷的特点,这种消费形式已在发达国家广泛流行。

汽车租赁业在国内起步较晚,形成仅 20 多年的时间,但随国民消费水平的提高,消费意识的转变,这种模式已逐渐被接受,具有良好的发展潜力和发展前景。

第一节 汽车租赁概述

一、汽车租赁的定义

租赁,是通过经济行为,转移物品在一段时期内使用权的一种方式。出租人将物品交于承租人使用,承租人为此向出租人支付一定的费用,但物品的所有权仍然归属于出租人。其实质是运用经济行为,实现物品使用权和所有权的分离。

汽车租赁是承租人支付租金,向汽车所有权人交换汽车使用权的一种交易行为。

二、汽车租赁的分类

(一) 按照服务所含项目不同分

按照服务所含项目不同,汽车租赁可分为自驾租赁和代驾租赁。

(1) 自驾租赁,租赁期内的驾驶劳务由承租方承担。

(2) 代驾租赁,出租方会为出租车辆配备司机,为承租方提供驾驶劳务服务。所配司机的工作时间一般约定为 6~10 小时/日。

(二) 按照租赁期的长短不同分

按照租赁期的长短不同,汽车租赁可分为时租、日租、月租和长期租赁。租赁的计时是从承租人租用车辆离开停车位置起开始计算,到归还至出租方规定的还车地点交回车辆为止。

(1) 时租:以"小时"作为租赁时间的计量单位,一般 4 小时起租,并且有行驶千米数的限制。

(2) 日租:以"24 小时"作为租赁时间的计量单位。通常也有行驶千米数的限制。

(3) 月租:以"月"作为租赁时间的计量单位,承租人可能需要在与出租方约定的某个时间至约定地点对汽车进行定期检查和养护,并填写车辆运营情况说明。

(4) 长期租赁:一般租赁期按"年"进行约定,也有将 90 天以上的租赁行为界定为长期租赁的。长期租赁需遵照月租的有关规定对汽车进行定期检查和养护,并填写车辆运营情况说明。

(三)按照经营目的的不同

按照经营目的的不同,汽车租赁可分为经营性租赁和融资租赁。

1. 经营性租赁

经营性租赁,其交易目的具有唯一性,即用经济方式交换临时的汽车使用权,出租人和承租人均不以汽车所有权的转移作为目标。租赁期间,出租人除了提供汽车本身外,还应当承担保险、保养、维修、配件、上牌、税费、验车等用以保障汽车合法、安全使用的相关责任。租赁期结束后,承租人将汽车归还出租人,出租人对该汽车仍享有所有权。由于承租人对汽车所有权没有需求,所以一般是承租人在出租人已有的汽车中进行挑选,出租人不会根据承租人的需求,去购置特定车辆。

2. 融资租赁

融资租赁,除了出让临时的汽车使用权外,汽车所有权的转移也是目的之一。它的实质是依附于传统租赁上的金融交易,是一种特殊的金融工具。承租人选定某型号汽车,由出租人出资购买,租赁给承租人。在约定的租赁期内,承租人支付租金,获取汽车的使用权。租赁期满,承租人可以根据约定,选择支付约定的汽车残值或返还汽车给出租人。与经营性租赁不同,承租人需承担租赁期内保险、保养、维修等责任,保险受益人为出租人。融资租赁,对出租人而言,控制租赁物件的所有权是为了控制承租人偿还租金的风险,从而将租赁所有权引起的成本和风险全部转嫁给了承租人。对承租人而言,承租人通过支付租金的方式,先行获得汽车的使用权,在租赁期结束后,再根据自身经济状况,需求情况和汽车状况对是否需要购买该汽车进行选择,推迟了对汽车购买的决策时间。

汽车融资租赁与分期付款购车相比,有以下区别:

(1) 汽车所有权的归属。分期付款购车,汽车所有权从完成购买的时间点起,便转移给了购买者。汽车融资租赁,汽车所有权在整个租赁过程中,都是属于出租方的。虽然承租人在整个租赁期内,也有大量的资金支出,但在租赁期满后,汽车所有权仍可能是属于出租方的。这可以简单概括为,汽车所有权对于分期付款是"必然转移",对于融资租赁是"未必转移"。

(2) 资金支出分布。分期付款需要有一定比例的首付款(我国规定不得低于车价的20%),随后按期偿还贷款。融资租赁无首付款要求,只需按期支付租金,并在租赁期满后,视需求选择是否支付尾款。

(3) 资金支出与使用权取得的先后关系。分期付款购车,从表象上看,是只支付了一部分购车款便取得了汽车使用权,但实质上,是由信贷机构代为支付了车辆余款,即汽车使用权的获得是以支付全部购车款作为基础的。融资租赁汽车,在支付了首笔租赁款后,便可获得汽车的使用权,即在支付部分车价后便已取得汽车的使用权。

三、汽车租赁业的起源与发展

国际汽车租赁业的起源可追溯至20世纪初。

1918年,一位名叫沃尔特·雅各布(Walter L. Jacobs)的年轻小伙儿在芝加哥经营起了汽车租赁的生意,出租车是他维修翻新过的福特T型车。这项业务相当受欢迎,在不到5年的时间内,便创造了百万美元的年营业收入的奇迹。雅各布的巨大成功,引起了当时"黄色汽车公司"(Yellow Car Company)总裁约翰·赫兹(John Hertz)的注意。赫兹先生将雅各布的汽车租赁业务纳入自己公司旗下,雅各布任首席执行官,继续经营和拓展汽车租赁业务。

认识到了汽车租赁业的巨大潜力和广泛市场,1932年,赫兹先生在芝加哥主持成立了世界上第一家专业汽车租赁公司,这便是目前世界排名第一的租车公司——"赫兹公司"的前身。虽然在1926年,赫兹先生的公司已被"通用汽车公司"(General Motors Corporation)收购,1953年被转手给了"公共汽车公司"(Omnibus Corporation),赫兹先生不再具有公司的所有权,但为纪念赫兹先生的卓越功勋,1954年"公共汽车公司"仍将旗下的汽车租赁公司取名"赫兹公司"(The Hertz Corporation)。之后,"赫兹公司"虽又几度易主,但公司名字被保留了下来,沿用至今。

国际上的汽车租赁业巨头经过几十年的经营和发展,已经建立起一个庞大的汽车租赁服务网络。主要汽车租赁公司已占据了全球绝大部分的业务。国际知名的汽车租赁公司有欧洲汽车公司、阿维斯公司、巴基特汽车租赁公司等。经过近百年的发展,国际汽车租赁业巨头在其经营业务和覆盖地域不断迅猛扩张的同时,也形成了自身的特点和极为明显的竞争优势:

1. 具有全球联网的汽车租赁服务系统

各汽车租赁公司都拥有完善的汽车租赁服务系统。特许租赁服务网点都要加入这一系统,参与整个公司的业务运作。它可方便、快速地为客户提供租赁服务,使客户在预订、租用、归还结算等各个环节都得到最大的简化和方便。

2. 全方位的业务技能培训

公司总部对特许经营店的员工提供全方位的培训,从销售、市场开拓、预订及正常业务办理、维修技能到经理管理、融资计划等方面,提供整套的业务培训教程,同时派出总部员工和技术人员进行帮助和指导,使之达到总部的要求。

3. 广告支持

公司通过广播、报纸、消费手册和航空杂志进行市场开拓和销售支持,对特许经营店所在地区进行广告宣传和促销,也可通过当地的文化艺术活动进行广告宣传。

4. 弹性收费政策

公司总部帮助特许经营店根据当地的实际情况制定一套灵活的"弹性付费"政策,以提高服务业务的竞争力。

5. 科学的管理方法和成熟的运营模式

各公司与汽车生产厂商合作紧密,运营的车辆以经济型和小型车辆为主。特许经营模式在全球租赁市场的迅速推广,先进的经营管理和市场营销模式、规范服务流程、救援、保险等基本保障体系完备,这些都是汽车租赁业巨头取得良好经营业绩的成功经验。

四、汽车租赁的优势

汽车租赁业的产生和发展,说明这种模式具备特定优势,存在一定的需求市场。主要体现为:

1. 车型随时可更新

对追求潮流、爱翻花样及嗜好使用新车的人群而言,租赁汽车可以帮助他们轻松达到这一目的,省去了购买新车,又频繁处理"二手车"的烦琐手续及交易花费。

2. 解除汽车维修管理的烦恼

租赁汽车的维修、养护、缴纳税费工作完全由租赁公司承担,承租人无须像自购车辆那样在这些事务上耗费财力和精力,并能保证有车况良好的车辆供使用。

3. 合理控制用车成本

由于涉及维修、养护和缴纳税费等事宜，自购车辆的用车成本很难被精确计算，而租车可以使消费者对用车成本有清晰、直观的认识。自购车辆的使用率无论高低，都会存在固定的支出项目费用，而租赁车辆可以根据用车需要按需定额花费。在车辆的使用率不高时，租赁车辆更为经济。

4. 美化财务报表

自购车辆必然会造成固定资产增加、借款增加、流动资产减少。租赁汽车不需要准备大笔资金进行车辆采购作业，资金运用可以更有弹性。对于财务报表来说有美化作用，将更利于公司向金融机构获得贷款资金。

5. 避税效果

租金可作为运营支出列入成本，使营业利润降低，从而少缴企业所得税，达到合理避税的效果。

6. 事故处理便捷

租赁公司在交通事故处理方面更为专业。一旦有意外发生，租赁公司将全力协助，使事故得到高效、妥善处理，减少消费者耗费的精力。

第二节　我国的汽车租赁业

一、我国汽车租赁市场的产生与发展

受到经济发展水平的限制，直至20世纪70年代中期，全世界只有五六个国家拥有正规的汽车租赁公司。汽车租赁业的大规模发展是在20世纪90年代后。我国的汽车租赁业也是从那个时期产生的。

1990年第十一届亚运会在北京举办，为给各国参赛人员提供可以自行驾驶的车辆，作为亚运会配套设施的一部分，大陆首家汽车租赁公司"福斯特汽车租赁公司"于1989年8月1日成立。将该事件定义为中国汽车租赁业起步的标杆。20世纪90年代初，面向大众市场的以经营性租赁发展起来的专业的汽车租赁公司，在一些大城市有如雨后春笋般诞生。

发展之初，由于缺乏相关法律法规和具体监管部门定义，租赁行业良莠不齐的情况相当严重，严重阻碍了行业的健康发展。主要体现为：企业经营规模小，管理水平低。以北京市为例，曾出现过：共240家汽车租赁公司，拥有100辆汽车以上的仅60多家，另有90多家拥有车辆不到20辆。许多汽车租赁公司还停留在几个人、十几辆车的家庭小作坊式经营阶段。对此，1998年中华人民共和国交通部和中华人民共和国国家计划委员会联合颁布了《汽车租赁业管理暂行规定》，主要对以下内容予以规定。

（1）汽车租赁企业规模

配备汽车不少于20辆，且汽车车辆价值不少于200万元，租赁汽车应是新车或达到一级技术等级的在用车，并具有齐全有效的车辆行驶证件；须有不少于汽车车辆价值5%的流动资金；有固定的经营和办公场所，停车场面积不少于正常保有租赁汽车投影面积的1.5倍。

（2）人员和机构设置

有必要的经营机构和相应的管理人员，在经营管理、车辆技术、财务会计等岗位上应分别有一名具有初级及其以上职称的专业技术人员。

（3）从事经营活动的手续

需由地市级道路运政管理机构、工商行政管理、税务等部门审查批准，获得道路运输经营许可证和道路运输证后方可从事经营活动。

（4）租赁活动管理

对出租车辆的技术标准、收费标准、合同文本和运营规章等进行了规范。

（5）法规责任

对违反本规定的行为施以经济惩罚，罚款金额最高为3万元。

经过数年的规范整治，一大批微型规模、管理能力弱的企业逐步退出了汽车租赁市场，剩下的企业相对综合实力较强，具备一定的抗风险能力，汽车租赁行业的整体水平得到了提升。

除了上述所谈及的问题，汽车租赁市场成熟度低、缺乏有效的信用体制也是迄今为止，始终制约汽车租赁业发展的两大难题。有待于法律法规的完善、行业规范的建立以及百姓消费习惯的改变、信用意识的提高来逐步解决。

二、国内经营性汽车租赁市场的划分

以租赁目的划分国内经营性汽车租赁的市场，可分为公务、商务、旅行、婚庆，以及其他用途（主要包含接待、大型活动等）。

公务和商务用途租车在经营性汽车租赁的市场划分中占有超过3/4的份额。首先，对企业而言，精确控制成本是相当必要的。公车配备数量是依据使用率来确定的（一般期望控制70%以上）。偶尔发生公车无法满足需求的情况，临时租赁一辆车要比长期维护一辆车要经济得多。其次，公车以满足日常公务、商务需要为主，一般会避免采购高端汽车。当参加比较重要的活动，如隆重的庆典、重要的商务活动或接待贵客等，为体现公司实力或对活动及客人的重视，需要使用高端汽车时，租赁是比较合适的选择。再次购置汽车相对租赁汽车而言，一次性支出要大得多。对于规模不大、起步不久的企业，占用较多的流动资金，不利于日常运营和发展，所以也会选择租赁。最后租赁汽车所支付的租金反映在财务报表上是运营费用，可以起帮助企业减少所得税的缴纳，达到合理避税的目的。

旅行租车在欧美已非常普及（但在国内尚处于萌芽兴起阶段）。旅行者将航空、铁路和公路交通方式予以组合，使旅程更轻松、便捷和自由。欧美的汽车租赁服务网络非常发达，连锁店遍布各大城市、地区。以全球最大的汽车租赁公司——赫兹国际租车公司为例，它在超过150个国家设有7 000多个租车门店，其中有2 000多个设在公交枢纽附近，如机场、火车站。旅行者可以通过互联网或电话先预订某汽车租赁公司某型号的汽车，出机场或火车站后，直接取车，自由安排，之后只需在同一公司旗下的连锁店（同地或异地均可）还车即可。因操作方便，交通转换衔接及时，这种模式使得周末异地度假的想法变得简单可行。相比之下，国内的汽车租赁公司规模要小得多。国内汽车租赁业的领军企业，如首汽汽车租赁、今日新概念汽车租赁、福斯特汽车租赁及安吉汽车租赁有限公司，拥有的汽车数量也仅在千辆至四千辆之间，门店分支所在城市也仅有十几至几十个，与国际一线企业相比，其规模可谓沧海一粟。正是由于国内大部分汽车租赁公司缺乏分支连锁，所以有能力提供"同城异店"、甚至"异地"还车服务的企业数量实属凤毛麟角。虽然目前国内汽车租赁业的发展水平和国际尚有不少差距，但我们已感受到了它带来的便利性，至少使旅行者在某个城市内的出行可以便于自主掌控，不需要为陌生城市的交通问题而费神。旅行租车在汽车租赁的市场划分中(见图 6-1)占有 6.3% 的份额,且比例处于逐渐上升的趋势。

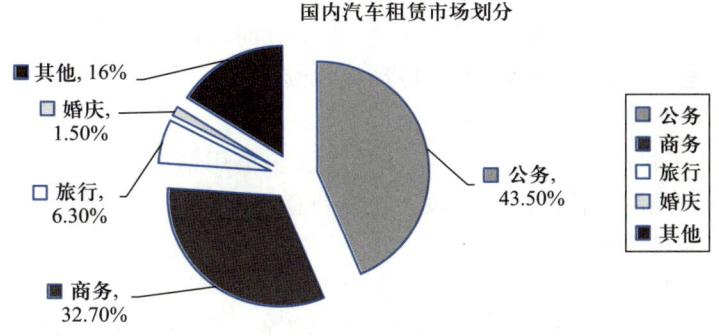

图 6-1 汽车租赁市场的业务分布

婚庆租车在汽车租赁的市场划分中,所占比例仅为 1.5%,但却是大部分国人了解、认识和经历汽车租赁服务的重要渠道。中高端轿车是婚庆用车的首选,在国内汽车保有率水平不高,高端轿车的拥有率更低的背景下,大部分新人都会选择在婚庆当日租赁一辆或多量轿车作为主婚车或工作车辆。由于婚庆出租的车辆价值通常较高,而租赁方对所租汽车的驾驶性能和功能不熟悉,出于安全考虑和人性化服务需要,一般出租方会为出租车辆配备驾驶员,即"代驾租赁"。

从租赁的车型构架来看,目前处于运营状态的五万多辆汽车中,小客车占到总数的 95%,中、大型客车及货运车只占总数的 5%。

小客车中,以中级轿车和商务车为主流,经济型轿车、多功能轿车和高档轿车居其次,越野型汽车也占一定比例。据上海市城市交通运输管理处 2007 年统计数据显示,别克 GL8 商务车占到了小客车租赁的 40%。

第三节 汽车租赁企业运营实务

一、租赁业务流程

汽车租赁作为一种服务产品,为了提高服务质量、控制运营风险,业务运行中的过程管理十分重要,因此汽车租赁企业应制定和实施合理、严格的业务流程。整个汽车租赁过程包含业务接洽、查验证件及信用情况、签订合同、办理财务手续、验车提车、验车还车,如客户在租赁过程中遭遇意外,租赁企业应按约定提供车辆救援服务。

为规范汽车租赁操作流程,减少纠纷发生率,租赁经营活动中,文本文件不可或缺,主要有:《汽车租赁合同》、汽车租赁业务登记单和车辆交接单等。其中,《汽车租赁合同》是租赁双方达成租赁合约关系的最重要的法律依据。

《汽车租赁业管理暂行规定》第 13 条规定:办理租赁汽车业务应签订租赁合同,必须使用由各省级道路运政管理机构根据国家有关法律、法规制定的汽车租赁合同文本。合同文本内容应包括:租赁经营人名称、承租人名称、租赁汽车车型、颜色和车辆号牌、行驶证号码、道路运输证号码、租赁期限、计费办法、付费方式以及租赁双方的权利、义务和违约责任等。

(一) 业务接洽

主要工作是接待客户,简要介绍租赁业务的性质,解答客户疑问;介绍租金收费,明确租车限制条件;详细询问客户租车目的、用途、所需车型、租用时间;查阅备车情况,若无客户所需车辆,则提出建议车型;对电话或网络预约的客户应简化手续。

(二) 查验证件及信用情况

仔细查验客户所提供的身份、资产、资格证件及客户信用情况,并对信息予以留存记录。这是有效防范租赁诈骗、控制运营风险的手段。在遇到意外情况时,客户的证件信息能为租赁公司及时救助,妥善处理提供帮助。

(三) 签订合同

业务员应详细解释合同内容,明确双方的权利和义务。合同签订后,双方各执一份。汽车租赁合约一般需明确如下信息:

(1) 承租方。
(2) 出租方。
(3) 出租标的物(某品牌型号的汽车)。
(4) 出租标的物的数额(一般为出租汽车及其附属物件的总价值)。
(5) 经济担保(如:信用卡、房产、存款等)。
(6) 租赁费率(如:300元/日)。
(7) 租赁费用的计算方式(如:10:00至次日10:00为一个结算日。不足6小时,计为0.5日;超过6小时不足24小时,按1日计算)。
(8) 租赁期。如:2010年7月1日至2010年7月8日,共计7天……
(9) 租赁费用的结算方式。如:预支付、归还日一并支付、按照约定的周期分期支付……
(10) 租赁方式。如:经营性租赁、融资租赁;自驾租赁、代驾租赁……
(11) 使用限制。如:不得转租,不得用于竞技类活动,每日限行200千米……
(12) 关于车辆合法、安全上路的要约。如:出租方应保证车辆出租时性能良好,随车证件齐全,随车工具和附属用品齐备。
(13) 保险事宜。如:出租方已为出租车辆和随车乘员购买何种保险;承租人员需支付多少费用享受何种保险服务。
(14) 维护事宜。出租方和承租方在出租车辆的租赁过程中,各自承担何种维护责任。
(15) 事故处理。若车辆在租赁过程中发生事故,出租方和承租方在事故处理中的责任分工。
(16) 赔付约定。如:车辆在租赁过程中造成损失,承租方应承担何种赔偿责任;承租双方未按约定交付或归还车辆,应承担何种赔付责任。
(17) 其他约定。如:租赁期间的燃油损耗由承租方承担。
(18) 产权归属。主要针对汽车融资租赁形式。阐明在租赁期满后承租方是否需要归还所租车辆,即是否获得该车的所有权。

(四) 办理财务手续

客户办理押金缴纳、预付租金手续。

(五) 验车提车

业务人员陪同客户到车辆管理部门验车。验车项目遵循《车辆交接单》所述内容。双方签署确认后客户将所租车辆提走。

(六) 验车还车

客户在业务人员陪同下,将所租车辆归还至车辆管理部门,双方依照《车辆交接单》中的检查项目验车。若有车损情况,双方依照所签订的合同或协商确定赔偿金额。确认完毕后,双方签字完成交接。财务部门结算费用,退还押金余款,租赁合同中止。

(七) 车辆救援

收到客户救援请求后,应及时记录求助电话号码,客户所在具体位置、联系方式、车辆状况、事故情况、是否需要更换车辆等信息,并通知车管和技术部门安排施救(包括救援车辆和替换车辆的派遣;随车修理工具和通信工具的准备;或准备拖车)。若为交通事故,应及时提醒或协助客户向公安交管部门和保险公司报案。检查现场后,双方一起认定事故原因、责任方及车损程度,工作人员对情况予以描述记录,双方在救援单据上签字确认。然后由工作人员进行维修及必要的车辆替换并跟踪办理保险理赔手续。其工作流程如图6-2所示。

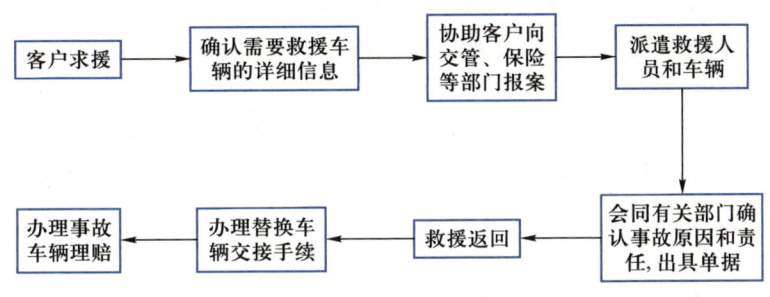

图6-2 车辆救援流程图

二、租赁价格的构成和制定

(一) 成本测算

成本是判断企业在同行业中是否具备竞争力的重要指标,也是决定企业能否盈利的重要因素。所以在进行汽车租赁业务前,首先要完成成本测算工作。

主要包含以下几个方面:

(1) 汽车折旧。新车的折旧期一般按3～5年计算,最长不超过5年。《汽车消费贷款管理办法》(2004年)规定,新车的汽车贷款期限不得超过5年。即5年之后汽车的剩余价值较低,若将折旧期定义超过5年,则企业收回成本的周期过长,风险大。

(2) 车辆维护、检测费用。除汽车使用过程中,常规的维修和养护外,在完成每次租赁活动后,也需要对车辆进行检测和清洁,确保汽车功能及状态完好,可以从事下次租赁交易。

(3) 车辆的各项税费。包括一次性费用,如车辆购置税、牌照费;定期税费,如保险费、车辆年检费、车船使用税等。

(4) 经营场地费用。

(5) 其他经营管理费用。包含办公费用、广告宣传费、车辆救援费用等。

(6) 职工工资福利。

(7) 不可预计风险准备费用。

（8）银行贷款利息。

（9）经营税费。

在测算成本时，需将企业前期投资花费带来的时间价值一并计算，然后针对不同的出租车型统计出租赁成本测算表。

（二）汽车租赁企业的效益测算

追求经济效益是企业基本目标，准确地测算汽车租赁企业的经济效益是企业经营管理的基础工作。下面以 2009 款 PASSAT 领驭 1.8T 型汽车为例，来说明汽车租赁企业经济效益的测算方法。

（1）**支出项目**：车辆（PASSAT 领驭 1.8T 型）价格为：215 800 元。

（2）**保险费用**：

交强险　（营业性出租租赁 6 座以下）1 800 元。

车辆损失险（简称车损险）　保额×费率+240 元=215 800 元×1.2%+240 元=2 829.6 元。

第三者责任险　保额 10 万元，每年应缴保险费 1 040 元。

盗抢险　保额×费率=215 800 元×1%=2 158 元。

不计免赔险　（车损险保费+第三者责任险保费）×20%=（2 829.6+1 040）元×20%=773.92 元。

$$合计=(1\ 800+2\ 829.6+1\ 040+2\ 158+773.92)元=8\ 601.52\ 元$$

由于车辆在使用过程中会贬值，往后年份的保险费用会下降，为计算简便，暂以保险费不变来测算。

（3）**购车时一次性支付的费用**：

车辆购置税　（车价/1.17）×10%=（215 800 元/1.17）×10%=18 444.44 元。

申报牌照费　每车 500 元（不含牌照本身价值）。

$$合计=18\ 444.44\ 元+500\ 元=18\ 944.44\ 元$$

（4）**营运费用**：

车船使用税　200 元/年。

营业税　营业税率以 5.5% 计，以年营业额为 91 800 元计，则 91 800 元×5.5%=5 049 元。

$$合计=(200+5\ 049)元=5\ 249\ 元$$

（5）**其他费用**：包括车辆维修、检测费用、不可预计风险费用、经营管理费用等，以每车 3 年 20 000 元计，则每车每年需支出 6 667 元。

（6）**人员工资**：设公司聘用工作人员 4 名，每人月平均工资为 1 500 元/月，则每年工资为 1 500 元/月×4×12 月=72 000 元/年。以公司拥有 20 辆运营车计，每辆车的人员工资为 3 600 元/年。

（7）**收入计算**：

车日租金　车日租金以 300 元/日计。

承租率　承租率以 85% 计。

租赁营运期　租赁营运期以 3 年计。

租赁业务收入（年收入）　300 元/日×85%×30 日×12 月=91 800 元/年。

车辆残值　以 5 年折旧计，3 年以后的折旧应为 40%，则

车辆残值=车辆总价×40%=（215 800+18 444.44+500）元×40%=93 897.78 元

综上所述,该款车单车的三年经济效益见表6-1。

表6-1 单车三年效益测算表　　　　　　　　　　　　（元）

项目		第一年	第二年	第三年
整车价格		215 800		
购置成本		18 444.44		
固定成本	保险费	8 601.52	8 601.52	8 601.52
	车船使用税	200	200	200
	营业税	5 049	5 049	5 049
变动成本	其他费用	6 667	6 667	6 667
	人员工资	3 600	3 600	3 600
支出小计		258 361.96	24 117.52	24 117.52
收入项	租赁收入	91 800	91 800	91 800
	残值收入			93 897.78
收入小计		91 800	91 800	185 697.78
净收益		−166 561.96	67 682.48	161 580.26
合计			62 700.78	

(三) 租赁定价

制定汽车租赁价格时应考虑的具体因素如下:

车辆标准;车辆售价;车辆折旧程度;车辆技术等级;汽车排量;汽车附件设施;租期长短;服务项目;客户支付承受能力;参考国际收费标准;价格浮动(季节、节日、区域、时段、特殊服务等)。

价格计算的基本公式为

$$日租价格 = \frac{每日成本 \times (1 + 成本利润率)}{1 - 税率}$$

$$月租价格 = \frac{每月成本 \times (1 + 成本利润率)}{1 - 税率}$$

$$超程价格 = \frac{每千米成本 \times (1 + 成本利润率)}{1 - 税率}$$

$$超时价格 = \frac{每小时成本 \times (1 + 成本利润率)}{1 - 税率}$$

企业在综合考虑自身的期望收益率和价格竞争力的基础上,确定企业的成本利润率。

另外,也可以采用经验定价法,将汽车的日租金的基础定价定为新车售价的0.2%～0.3%。节假日的租赁需求较大,租赁价格可以略有上浮。

确定租赁定价时,需注意普通客户和会员客户会存在服务优惠的差异。长期租赁由于可以保证在特定时期内100%的出租率,而短期租赁会存在一定空租率,所以两者的服务定价也是有区别的。企业需保证提供各类优惠后,自身依然维持一定的盈利水平。表6-2为某汽车租赁公司的定价实例。

表6-2　某汽车租赁公司的汽车租赁定价表

车型	用户	日租（元/天）	周租（元/天）	月租（元/月）	超千米附加费（元/千米）
别克GL8	普通用户	779	629	7 500	3
	普通会员	749	579	7 000	
	金卡会员	599	599	7 000	
帕萨特B5	普通用户	649	549	6 500	2
	普通会员	599	499	6 000	
	金卡会员	399	399	6 000	
荣威550	普通用户	449	349	6 500	2
	普通会员	319	289	6 000	
	金卡会员	249	249	6 000	
切诺基（四驱）	普通用户	319	239	4 200	2
	普通会员	289	209	3 800	
	金卡会员	189	189	3 800	
POLO	普通用户	229	189	3 000	1.5
	普通会员	199	159	2 600	
	金卡会员	119	119	2 600	

注：普通用户每日限行150千米，超过150千米，按价格标准收取"超公里附加费"。

从上述示例中可以发现，会员可以享受价格上的优惠以及更多内容的服务内容（不受行驶千米数限制），而长期租赁的价格会比短期租赁的价格优惠。但对于租金，租赁企业设立了日最低租金底限和月最低租金底限，无论客户是否会员或会员的级别达到何种程度，租期长短如何，其优惠价格都不会低于该底限价格。该底限租赁定价是租赁企业维持经营利润的最低收益期望值。

三、客户投诉与纠纷处理

汽车租赁作为服务性行业，提高服务水平和客户满意度是企业赖以生存和发展的关键。在日常运营中，不可避免地会有租赁纠纷和客户抱怨的情况发生。能否妥善处理客户矛盾，直接体现出企业的经营管理水平，并会对企业和品牌形象带来影响。所以，除在日常工作中加强车辆管理、严格租赁业务相应环节的操作规范外，还应设置专门的部门和人员，制定客户投诉处理办法，以便快速响应，给客户合理答复。

通常，为正确处理客户投诉，需建立以下工作制度：
(1) 投诉处理依据。
(2) 投诉的受理范围和受理方式。
(3) 受理投诉的程序和处理方式。

(4) 对投诉者因处理结果产生争议的解决途径。

在处理各类纠纷的过程中,企业应不断总结,完善自身制度上或处理方式上存在的不足或缺陷,避免类似抱怨再度发生。这对树立和维护品牌形象,保持企业持续发展大有裨益。

四、客户管理模式

客户信息管理是将现有或潜在客户的信息资料,包括个人基本信息、收入、兴趣爱好、消费记录、信用等级等,进行收录整理。对汽车租赁公司而言,这项工作可以帮助企业有针对性地向客户推广或提供服务,在发生租赁关系时,做到快速核实客户身份信息,识别客户质量,规避信誉不佳、事故频发的客户,提高服务效率,降低经营风险。

(一) 普通客户

对初次客户的审查较为严格。客户需提供详细的个人信息、身份证件信息、户籍或居住证明、驾驶资质证明、资产证明等,租赁公司对上述信息进行调查核实。有可能的话借助网络资源查询该客户的信用情况,是否属于汽车租赁业"黑名单"中成员。初次客户可能还会被要求填写心理测试问卷。

对于已有租赁记录的普通客户,确认其信息资料是否发生变更,查阅以往是否存在不良租车记录。

信誉等级较差的客户,租赁公司会进行必要的限制。

(二) 会员客户

招募优质客户资源,集合成团体,有组织地管理,这种模式称为"会员制管理模式",团体中的每一个客户个体称为"会员客户"或简称为"会员"。相对于普通客户,会员客户可享受更好的服务待遇和价格优惠。企业通过提供差别化服务的手段,达到有效留存优质客户的目的,是长期维护固定客户群体谋取利润的一种营销手段。

会员身份可以通过会员卡进行证明和辨识。关于会员卡制度,目前存在以下3种情况:

(1) 一般会员卡制度。凭会员卡即能享受固定的服务待遇和价格优惠。

(2) 等级划分的会员卡制度。根据会员的消费能力和消费情况,将会员分成多个层次,授以不同的会员卡,如金卡、银卡、普卡等。持不同的会员卡,享受的服务优惠程度有所区别,级别越高,优惠幅度越大。会员可以通过增加消费额或消费频度提升会员等级。若在约定时期内消费额或消费频度未达到要求,会员等级有被降低的可能。

(3) "积分制"会员卡制度。用"积分"的方式记录消费累积,并据此给予奖励。积分越高,获得的奖励越大。为评价单位时间内的消费能力,历史积分可能会被定时清零或打折计算。

这三种方式中,第2种和第3种是目前应用广泛、行之有效的刺激再次消费,提升客户忠诚度方法。

要成为某汽车租赁公司的"会员",客户首先要向该公司提出会员申请,并按照要求提供材料或证明。其中,大部分内容和普通客户需提供的材料和证明类似,除此之外,若有担保人要求,担保人同样需提供相应的材料或证明。初步审核通过后,双方签订《会员合同》,客户缴纳会费和保证金,租赁公司颁发会员卡,会员身份生效。会员客户可以是自然人或法人。

第四节　汽车租赁企业的经营管理

一、汽车租赁企业的服务质量管理

服务质量是影响企业竞争力的主要因素之一,对服务企业而言,质量评估是在服务传递中进行的。在服务过程中,顾客与服务人员要发生接触,顾客对得到的服务的感受与服务的期望相比较,当超出期望时,服务被认为具有良好的质量,顾客将非常满意;当没有达到期望时,服务被认为是不可接受的;当期望与感知一致时,质量是满意的。因此,汽车租赁企业的服务质量管理过程也就是一个如何让顾客的感知超出其期望的过程。

(一)服务质量要素

根据对顾客感知的相对重要性,研究人员总结出用来判断服务质量的五个基本要素为:可靠性、响应性、保证性、移情性和有形性。

可靠性是可靠地、准确地履行服务承诺的能力。可靠的服务行动是顾客所希望的,它意味着服务以相同的方式、无差错地准时完成。客户希望自己预租的车辆能按照自己的要求停放在约定的地点,希望能及时、准确的得到账单。

响应性是指帮助顾客实现迅速提供服务的愿望。让顾客等待,特别是无原因的等待,会造成不必要的消极影响。如果出现服务失败,要迅速采取补救措施,以便对客户的质量感知产生积极的影响。

保证性是指员工所具有的知识、礼节以及表达出自信与可信的能力。保证性具体体现在:完成服务的能力;对客户的礼貌和尊敬;与客户有效的沟通;将顾客最关心的事放在心上等。

移情性是设身处地地为客户着想和对客户给予特别的关注。移情性体现在下列几点:接近顾客的能力,服务的敏感性和有效地理解顾客需求。例如为举家出游的客户精心选择适合的车型。

有形性是指有形的设施、设备、人员着装举止等。有形的环境条件是服务人员对顾客更细致的照顾和关心的有形表现。对这方面的服务(如干净整洁性)可延伸至所有的来访者,不管他是否是真正的客户。

顾客从这五个方面将预期的服务与接受到的服务比较,最终形成自己对服务质量的判断。期望与感知之间的差距是服务质量的量度,可以为正,也可为负。

(二)服务质量差距

从图6-3中可以看出,影响顾客满意度的差距主要由4部分构成:

1. "顾客的期望"与"租赁公司对顾客期望的认知"之间的差距

例如:顾客在旅行过程中租赁车辆的时候,希望租赁公司能将提供的车辆停在方便自己上车的

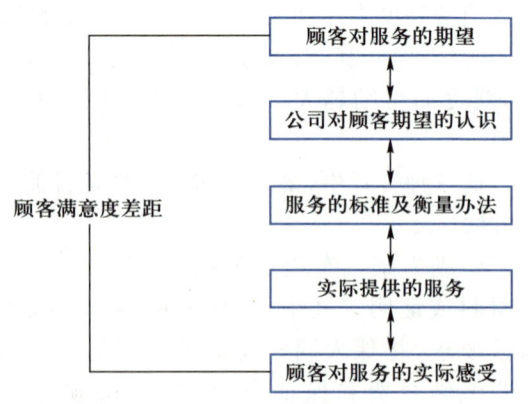

图6-3　顾客满意度差距图

地方,而租赁公司则对此并没有太多的在意,他们认为停在哪里都差不多,对此并没有引起足够的重视。

2. "顾客的期望"与"公司内部建立的服务标准"之间的差距

这一差距是让很多汽车租赁企业感到为难的地方,他们无法将自己对顾客期望的了解转化为提高服务质量的细节。例如,顾客在租赁车辆的使用过程中,发生了故障,租赁企业的服务中心知道很多顾客都希望在他们等待的时间当中,车子就可以马上修好,但是他们可能不知道怎样才能把这种期望变成可以衡量的工作标准,或作为考核业务能力的重点。一般来说,管理者缺乏对服务质量的认识和认为满足顾客期望是不可实现的目标,这两个方面的原因造成了这一差距。然而,设定努力目标和将服务工作标准化可以弥补这一差距。比如将顾客的需要反映在企业的顾客满意度调查中,让顾客知道企业正在努力改进他们关注的问题。

3. "公司的服务标准"和"公司实际的服务表现"之间的差距

这一差距也被称为"服务提供差距"。许多原因会引起这一差距,比如租赁公司的管理水平或硬件设施无法让他们达到自己预定的服务标准。比如,缺乏全球定位系统(GPS)的车辆当然无法提供导航服务。缺乏团队合作态度、员工素质低下、训练不足等也是导致这一差距产生的原因。为了达到公司设定的目标,就要求要有一批高素质的员工的共同努力。如果汽车租赁企业觉得有些服务标准在现有条件下很难或根本无法实现的话,就不要把它们写进自己公司的服务标准中。

4. "公司的实际表现"和"传达给顾客的信息"之间的差距

这一问题产生的原因是缺乏与顾客很好的沟通。如一个汽车租赁公司经过努力后,服务水平有较大的提高,表现出顾客所期望的水平,但如不让顾客及时了解这些情况的话,顾客就会保持和原来一样的看法,认为该汽车租赁公司"表现不好"。所以,缩小这一差距的办法就是通过各种渠道来让顾客了解公司目前的情况和公司所做的努力,让顾客知道公司在为了令他们满意在不停地努力。

当然,要彻底地解决以上存在的差距,让顾客对汽车租赁企业的服务比较满意,必须从企业实力、硬件设施、管理水平、人员素质、服务理念等全方位入手,用系统管理的方法来解决问题。

二、汽车租赁企业的车辆管理

车辆管理是汽车租赁企业的一项非常重要的基础性工作,其管理水平直接关系和影响到企业的服务水平、经济效益,甚至关系到车辆使用的安全和企业的品牌。汽车租赁企业的车辆管理包括租赁企业的车辆营运标准管理、车辆档案管理、车辆技术管理和车辆安全管理。

(一) 车辆营运标准管理

1. 车辆行驶证件齐全有效

(1) 必须随车携带的证件:行驶证、年检证、车辆购置税完税证明、保险证、车船使用税交讫证(张贴)以及其他地方主管部门要求的证件。

(2) 有关标志应按统一位置要求进行张贴。

2. 车况优良、设备完好

应该做到:① 发动机无异响;② 制动系统可靠有效,转向系统灵活有效,变速系统轻便有效;

③ 喇叭按钮灵敏,音量符合标准;④ 雨刮器、后窗玻璃的电热装置完好;⑤ 灯光完好有效;⑥ 组合仪表、空调、音响等设施完好;⑦ 反光镜、后视镜、遮阳板齐全完好;⑧ 门锁、摇窗机、杂物缸齐全完好;⑨ 轮胎、备胎符合标准,气压正常,车轮钢圈无裂损或变形;⑩ 座椅完好舒适,安全带安全有效;⑪ 风窗玻璃、车窗无破损。⑫ 随车工具(千斤顶、套筒等)齐全有效。

3. 车容、车貌整洁

(1) 车身整洁光亮,达到"二亮、三无、三净"。即车辆亮、玻璃亮,无污泥、无破损、无脱落,轮胎净、机舱净、车牌净。

(2) 车厢内部整洁。应该做到:① 仪表板干净、无浮灰;② 座套整洁、无污垢;③ 脚垫整洁、统一;④ 车厢顶篷无悬尘、无脱落;⑤ 杂物缸干净、无残留杂物;⑥ 车内空气新鲜、无异味;⑦ 行李箱整洁,物品放置规范。

(3) 配套设施齐全有效。应该做到:① 安全防盗装置(防盗锁、警示牌等)齐全有效;② 灭火器有效;③ 清洁工具(拖把、水桶、抹布等)齐全;④ 季节性用品(凉席、隔热膜等)配套齐全。

(二) 车辆档案管理

1. 车辆技术档案管理

建立完整的车辆技术档案,以反映营运车辆真实的整体状况,并做到:一车一档、专人管理、随时记录、分级调用。

2. 车辆证件管理

行车证件必须齐全有效,所有证件均应有复印件存档,且有专人保管。营运车证到期前三个月,应提前报经理,由经理视经营状况统筹安排。

(1) 随车必带证件,详见《车辆营运标准管理》。

(2) 无须随车携带的证件,应设专门档案分车存放,并由专人保管。

(3) 车辆证件如有丢失、损坏,应确定责任,尽快补办。是用户造成的,补办的各种费用、车辆和人员误工费由用户承担;是管理人员造成的,按公司内部有关规定进行处罚。

(4) 按时缴纳车辆的各种规费,按国家有关部门要求进行车辆手续的各种审验,并事先通知客户;要求其做好相关的配合工作。

3. 建立车辆台账

车辆台账的内容为:① 修理和维修记录;② 故障记录;③ 换件记录;④ 轮胎换位、换胎记录;⑤ 行驶里程记录;⑥ 消耗性费用记录。

(三) 车辆技术管理

为使车辆始终处于良好的技术状态之下,以保证车辆的正常使用,车管部门应按照车辆使用说明书和维护手册上规定的千米数和时间要求,定期对租赁车辆进行仔细检查、维护,不应以任何理由拖延。要编制各级维护计划,强制性执行。对交回公司的租赁车辆进行技术状况检查,并详细记入技术档案,一旦发现车辆故障,及时报有关管理人员,本着"安全、低耗时、低成本"的维修原则安排修理。并提交书面报告,说明故障原因、需修理部位、预计修理耗时及费用,并将上述内容和修理结果记入车辆技术档案,从而最大限度地减少车辆的非正常损耗,降低经营成本,保证租赁车辆的正常使用。

(四) 车辆安全管理

车辆安全管理主要是预防场内车辆事故的发生和事故发生后的处理。为预防车辆在公司发生事故车管部门应做好以下几项工作：

（1）将租赁站点的停车场地科学地划分为待租车辆区、检修车辆区、车辆通道等不同区域，避免车辆因乱停、乱放和移动造成碰撞等事故。

（2）工作人员将车辆停入车场后，必须关闭所有电门、拉紧驻车制动器，锁好门窗及防盗装置，检查一遍，确定无误后方可离开。配备专门人员做好停车场车辆的登记、管理工作，防止车辆缺损或丢失。

（3）按国家要求和本地情况为停车设施配备有效的灭火工具，对员工进行消防安全教育、开展消防演习，保证停车管理人员能熟练使用灭火工具。

车辆一旦在运营过程中发生交通事故，处理方法见《运营中突发事件的处理》。

三、汽车租赁的特许经营

特许经营是特许人和受许人之间的契约关系。特许人将自己所拥有的商号、商标、产品、专利和专业技术、经营模式及商业技巧以特许经营合同的形式授予受许人使用，受许人根据特许人的理念进行经营。特许人和受许人在法律和财务上是独立的。

特许经营是以特许经营权的转让为核心的一种经营方式，具有以下三方面特征：

（1）特许经营是利用自己的专有技术与他人的资本相结合来扩张经营规模的一种商业发展模式。因此，特许经营是技术和品牌价值的扩张，而不是资本的扩张。

（2）特许经营是以经营管理权控制所有权的一种组织方式。受许人投资特许加盟网点并对网点拥有所有权，但该网点的最终管理权由特许人掌握。

（3）成功的特许经营应该是双赢模式。只有让受许人获得比单体经营更多的利益，特许经营关系才能有效维持。

利用特许经营模式，可以使企业有效借助外部资金来源，降低自身扩张的经济成本压力，并利用当地资源对市场的熟知程度开展业务，用较少的投入，迅速形成规模化、规范化、网络化，达到显著的快速扩张效果。

在汽车租赁业中，特许经营模式是行业通行的成熟经营模式。1992年，赫兹公司与沙特阿拉伯的奥拉扬集团（Olayan Group）签署协议，授权奥拉扬沙特控股公司（Olayan Saudi Holding Company）作为赫兹公司在整个中东地区特许经营权的持有人，即赫兹公司在该地区的服务，完全有这个公司以赫兹公司的名称和标准提供。这一特许经营协议的签订，使赫兹公司在世界经营汽车租赁业务的国家扩大到130多个。

目前，我国汽车租赁行业的发展中仍然存在着企业规模小、未形成遍布全国的租赁服务网络、管理不到位、市场不规范等问题，而特许经营则有利于我国汽车租赁业实现资源共享，解决上述问题。1997年创建于北京的世纪通汽车俱乐部的出现，标志着中国汽车租赁业特许经营的开始。

国内最知名的汽车租赁业特许经营案例是安吉汽车租赁有限公司与国际第二大汽车租赁业巨头安飞士国际租车公司（AVIS）的携手合作。借助安飞士的国际品牌形象和在租车行业内的顶尖技术，使其在中国成为了规模最大、连锁网店最多、各类服务功能最全的著名专业汽车租赁服务品牌。目前安飞士已覆盖上海、北京、广州、苏州和深圳等24个城市的31个营业网点，2 200多名员工和近5 000辆租赁运营车。

特许经营模式在国内汽车租赁业规模化发展的道路上起着积极作用，以其一体化、网络化、技术化的服务理念帮助中国建立汽车租赁业的新标准，同时也开启了中国汽车租赁高科技的新时代。

四、汽车租赁企业的风险管理

（一）签订合同前风险防范的措施

1. 会员管理

汽车租赁企业一般设立专门部门，以发展会员的方式，对客户进行信用审核。这样可以避免在签订合同时进行信用审核容易造成疏漏、增加客户办理租赁手续时间等弊端。通过信用审核的客户填写记录会员信息、双方在会员服务方面的权利义务条款等内容的"会员申请表"并签字后获得会员资格卡，会员租车时凭会员卡就可以免除信用审核的程序。会员的有效期为一年，到期后应对会员资格进行重新审核，但对会员信用状况的期间复核也很重要，定期组织会员活动是复核会员信用状况的很好手段。审核的方法主要是对客户提供的各类资料的审核以及对资料真实性的复核，包括上门核实。对一些信用特征比较清晰的客户，比如知名人士；在政府、大型金融机构、公检法机关供职的人员可以适当精简审核过程和手续。会员管理除了是一种有效的风险控制手段外，还是汽车租赁企业行之有效的营销手段，用这种方式可保持一批稳定的老客户。

2. 利用相对完善的信用体系

汽车租赁企业的信用体系毕竟具有很多局限性，随着我国信用体系的发展、完善，利用社会信用体系、银行信用体系，可以降低汽车租赁企业信用管理的成本，提高信用管理的功效。现阶段，汽车租赁企业与银行进行联名卡形式的合作，能够较好的解决信用管理问题。民航、宾馆行业在营销中建立了庞大的会员体系，其会员的信用标准和消费领域与汽车租赁行业有很大的重叠性，与这两个行业合作，共享其信用等级比较高的会员，有很大的可操作性和发展空间。

（二）签订合同时的防范措施

1. 业务人员应严格、细致的审核客户提供的资料

在有限的时间内按照业务程序对客户的信用情况进行审核，其判断的准确性常依赖负责客户资格审核的业务人员的工作能力。业务人员应加强对证件识别能力的训练，如对资料之间的相互比对是检查其真实性的重要办法。住址包括注册地、经营地址、经办人的居住地址等是核实的重点。

2. 应婉拒个人同时租用多辆车或长租

通常个人用户基本只在节假日租车，如在其他日子或同时、先后租用多辆汽车或长期租用汽车，违背一般规律，应予特别注意。有的犯罪分子以招收司机为名，让受害人到租赁公司租车，然后人车失踪，租车人既拿不到工资，又要承担赔偿责任。多数情况受害人经济状况不佳，无法履行赔偿判决，最终还是汽车租赁企业受害。

3. 对于注册资金少于100万元的公司应加强审核和监控

这类多从事装修、广告、科技、咨询、餐饮等行业，竞争激烈，淘汰率高，对具有这些特点的承租方，一定要谨慎。在进行信用审核时，不能仅仅机械地执行业务程序，查看证件、地址、电话，而是要察言观色，尽可能多的获得客户信息，对这些信息综合分析，作出正确判断。

(三)合同履行中的防范措施

车辆失控、车辆被盗、拖欠租金等风险多是在车辆租赁过程中发生的。对于长租客户,除定期收取租金外,应设法采取各种方式定期与承租方接触,如上门服务、征求意见等,形成汽车租赁企业随时重视和关注承租方的印象。反之,承租方可能觉得汽车租赁企业对车辆疏于管理,产生邪念。特别是对于将租赁车辆开往外地的承租方,应严格审核,避免租赁车辆长期在外地,处于无法控制的状况。如租赁车辆必须长期在外地行驶,可委托当地汽车租赁企业代为管理,降低风险。

租赁车辆的防盗装置应定期检查或更换,GPS等电子防盗装置应保持运行可靠,对突然失去踪迹的车辆及怀疑车辆应注意发生时间、地点和规律。

随时注意承租方的交款情况,如多次出现迟交租金的情况,应考虑终止合同,以免损失扩大。当出现交款异常的,应采取恰当方式,到承租方处了解情况,及时掌握对方行踪。

确认车辆失控后应尽快寻找承租方及相关人员和车辆的下落,整理、收集租赁合同、收款通知书等证据。如汽车租赁企业自行收回车辆和欠款失败,承租方行为属于刑事犯罪的,可向公安机关报案,寻求协助。不属于刑事案件的,可向法院起诉,除合同规定的租金外,可追加车辆失控期间租金的赔偿。

五、现代信息技术在汽车租赁业中的应用

随着世界科技水平的不断提高,计算机网络技术已被愈来愈广泛地应用于工业、农业、教育、科技和交通运输等诸多行业,并日益发挥出不可替代的重要作用。将计算机网络技术应用于汽车租赁行业已经引起了方方面面的高度重视,计算机网络技术可以进一步提高租赁经营管理水平。

汽车租赁企业的管理信息系统内容基本涵盖了汽车租赁业务的各个方面。它要有快速、有效的认证过程,不仅应满足一般的租车需求,还应满足异地还车的需求,并且可以根据公司的发展情况能够逐步升级。汽车租赁管理信息系统可以在一个城市或多个城市中满足公司需要,保证车辆和客户资源在不同的站点之间进行共享,并确保公司管理者能及时、全面、准确地掌握下属各站点的业务,进行必要的管理、监督和控制。

总的来说,由于汽车租赁行业的特殊性,对汽车租赁管理信息系统有如下要求:

(1)**适应性强**。如果同时有数万名客户和数千辆车的信息被使用时,应保证系统在速度上不出现数量级的下降;在硬件条件上由于系统多采用电话拨号方式进行连接,应保证系统对每单笔交易完成的时间在一个可以接受的范围之内。

(2)**安全性好**。因为汽车租赁业务对安全性要求高,而信息网络物理链路的不稳定性,可能会导致汽车租赁业务出现计算机管理的安全性问题。这也要求管理信息系统的安全性和保密性要好。

(3)**界面友好**。采用图形用户界面,方便用户的使用;大量使用信息预置值使用户在任何一个地方都可以方便地了解到所有相关的信息,并尽可能地减少操作员的输入工作量。

(4)**可升级**。系统与其他软件的兼容性能好,在系统升级时不影响当前的业务。

一般来说,汽车租赁企业的管理信息系统应具有以下一些功能:

(1)**租赁业务管理**。具有车辆预订、租车、续租、救援、还车等业务处理能力;业务处理过程

中的单据(如租车单、续租单、还车单、替换单、车辆交接单、违规单等)的打印。

(2) 客户管理。能对客户档案和客户使用车辆的信息进行管理、查询和打印。

(3) 车辆管理。能对车辆档案和车辆历史信息进行管理、查询和打印。

(4) 机构管理。能对下属各个站点的信息进行管理(系统能根据季节的变化自动扩展其配置,使系统适应于不同的规模)。

(5) 业务查询和分析。能对指定时间范围内的特定业务查询,如租车、还车、车辆状况等;有关业务数据的统计和分析,如出租率、营业收入等,还可打印列表及统计图表。

(6) 系统维护。系统中各种代码的维护,如车辆的型号、颜色等;自动检测并提示车辆报验、报修、保险到期和租车到期、会员会期到期;系统的备份和恢复等。

汽车租赁企业中常用的信息管理系统有以下几种。

(一) ERP 系统

企业资源计划(Enterprise Resource Planning,简称 ERP)系统是指建立在信息技术基础上,以系统化的管理思想,为企业决策层及员工提供决策运行手段的管理平台。

ERP 系统可以帮助企业将整个运营状况真实且实时地反映出来。企业做到信息流、资金流、物流集中地在同一个平台上运作,各职能部门、人员在相同的平台上进行相关的操作和信息资料的获取,保证了经营的高效准确的进行。

汽车租赁业中所应用的 ERP 模块包括:

(1) 租/还车业务管理模块;

(2) 车辆及其他租赁设备管理模块;

(3) 保险事故管理模块;

(4) 违章事件管理模块;

(5) 车辆安全监控管理模块;

(6) 财务结算管理模块;

(7) 门店拓展管理模块;

(8) 会员资料维护管理模块。

连锁经营企业要求的规范统一的业务流程、规范统一的服务操作,因为 ERP 系统的存在,使得管理上的"以体系求规范,以系统求保证"得以实现。

(二) CRM 系统

客户关系管理(Customer Relationship Management,简称 CRM)系统是基于网络、通信、计算机等信息技术建立的管理模式。通过对客户信息的收集、整理、分析,提高客户满意度,从而建立和发展与客户的长期、稳定的合作关系,提升企业竞争力。它主要包含以下几个主要方面(简称 7P):

(1) 客户概况分析(Profiling)。包括客户的层次、风险、爱好、习惯等;

(2) 客户忠诚度分析(Persistency)。指客户对某个产品或商业机构的忠实程度、持久性、变动情况等;

(3) 客户利润分析(Profitability)。指不同客户所消费的产品的边际利润、总利润额、净利润等;

(4) 客户性能分析(Performance)。指不同客户所消费的产品按种类、渠道、销售地点等指

标划分的销售额;

(5) 客户未来分析(Prospecting)。包括客户数量、类别等情况的未来发展趋势、争取客户的手段等;

(6) 客户产品分析(Product)。包括产品设计、关联性、供应链等;

(7) 客户促销分析(Promotion)。包括广告、宣传等促销活动的管理。

在汽车租赁业中应用 CRM 系统,不仅对客户的个人资料、租赁的车型、租期、是否违规等一般信息进行收集和分析,以作为营销组合决策的参考,更可从中归纳、预测租车客户在汽车租赁过程中的消费行为模式,然后有针对性地为客户定制个性化服务,提升客户满意度。

由于服务内容是针对不同客户建立的个性化分析,所以很难被其他企业简单模仿,成为企业自身独特的资料宝库,带来长久竞争优势。

(三) GPS 定位技术

全球卫星定位系统(Global Positioning System,简称 GPS)是利用人造卫星网络组建起来的高精度、全天候和全球性的实时无线电导航定位系统。

全球定位系统在车辆管理上的应用,被称作车辆定位系统。汽车租赁企业可以利用该技术,实现以下功能。

1. 实时监控和行车线路跟踪

GPS 车辆管理系统实现了对车辆的全天候实时监控(速度、方向等),并能对行驶路线进行记录。出租人可借此了解承租人的用车情况,反观是否存在违反租用车辆使用限制的行为。在遭遇租赁诈骗后,更易追踪车辆下落,为追回车辆提供信息。

2. 紧急救助

当遇到特殊情况时,可通过 GPS 终端的紧急求助按钮向监控中心求救。监控中心工作人员可迅速确定求救人所在位置,及时安排救援或通知警方协助。

3. 文字提醒

监控到出租车辆已接近约定的租金内限行千米数上限或临近车辆归还日、保养期时,可发送文字信息给予提醒。

4. 网点引导

可将营业网点方位通过文字和图像在地图上进行标注,引导客户快捷到达,使异地还车更为便捷。

(四) InkaNet 系统

InkaNet 系统继承了导航、收音机、对讲机、电话、网络等内容,相比其他的导航娱乐系统功能更强大,而最大的优点在于增强了交互性。通过 InkaNet 可直接语音连线服务中心,获得客服人员的在线指引和帮助。

(1) 省去了旅途中自行查询和设定目的地及兴趣点的麻烦。

(2) 不必担心车载电子地图的版本陈旧而造成不便,客服人员会按照最新版本的地图提供指引。

(3) 将跟踪实时路况信息并修正出行规划线路的工作转交给客服人员完成。

InkaNet 系统可帮助企业提升服务品质,使客户出行省心安心,获得良好的客户满意度。

第五节　汽车租赁业常用的文书范本

一、汽车租赁合同范本

汽车租赁合同

合同编号：_____

出租方：(以下简称甲方)
承租方：(以下简称乙方)
经济担保：现金、有价证券、房产证书、担保人、经济担保书、户口册。
租车用途：_____
行使区域：_____
租用车型：_____　颜色：_____
牌照号码：_____　发动机号码：_____　车架号：_____

甲乙双方就汽车租赁事宜经协商达成条款如下：
一、租赁期限
　　乙方自_____年_____月_____日_____时启租，至_____年_____月_____日_____时终止租赁，计_____天。
二、租金与付款方式
　　乙方必须先付信誉保证金、预付租金后启用租赁车辆(外地单位还需有本市有关单位出具的经济担保书)。
三、租赁费用计算方式
　　(1) 乙方在有限租赁期内，应向甲方预付租金_____元/24小时。若超过租赁期限，每超过1小时甲方加收超时费_____元。
　　(2) 乙方所承租的车辆每日额定限行200千米。若超过额定限行千米数，每超过1千米加收_____元超千米费用。
　　(3) 租赁费可一次性付清，也可按甲乙双方商定逐月按季支付，租金逾期支付的视为乙方违约。甲方有权单方面解除合同并按逾期日数(以每日计算)从信誉保证金内扣除租赁费总额10%的滞纳金。
　　(4) 乙方承租车辆时，需支付信誉保证金_____元(不计息)。租赁到期无意外情况，履行车辆交接手续后，信誉保证金退还给乙方。
　　(5) 信誉保证金或租金用支票支付的乙方必须确保资金可以进入账户。
四、甲方的责任和义务
　　(1) 保证车辆出租时性能良好，机件齐全。随车工具、附属用品齐备。随车证件齐全并与乙方交接清楚。
　　(2) 负责按时对租出车辆进行正常的维修保养、年检、审验并提供车辆保险及养路费、车船税。甲方为车辆所上司乘险的最高赔偿额度为每座人民币一万元。

(3) 拥有租赁车辆的所有权。负责对租用车辆指定汽车修理厂维修,协助乙方处理发生的交通事故,按保险条例办理索赔手续。

五、乙方的责任和义务

(1) 乙方提供给甲方的各种证件真实和有效。如属伪造或超过时效期,由此而引起的一切经济及法律责任由乙方负责。

(2) 驾驶租赁车辆的驾驶员必须身体健康,持有中华人民共和国交通管理部门核发的有效机动车驾驶执照,准驾车型与所租赁的车型驾驶相符。经登记后方可驾驶承租车辆,未登记人驾驶承租车辆所造成的一切后果由乙方负责。

(3) 乙方不得将租赁车辆转租、处理、抵押,不能对车辆享有超出合同的其他权利。

(4) 乙方必须按合同上所规定的时间、地点交还车辆,还车时必须保证车辆性能良好、整洁、设备齐全有效,无任何碰迹、刮痕现象。如有需整修和清洁项目,则由乙方按甲方规定承担整修和清洁费用,并按汽车维修行业收费标准收费。

(5) 乙方所租赁的车辆发生各类机件故障、事故维修、必须到甲方指定的修理厂修复,不得拆装车体及其零部件。归还车辆时,经检验,因乙方自行修理,造成车辆装配或配件质量低劣引发的车辆故障,由乙方进行经济补偿,并承担由此造成的修复费用及停车所有损失,同时按照本合同第五条第9款承担责任。

(6) 乙方由于操作不当而造成的车辆故障和机件损坏修复的费用由乙方担负,修复期间照付租金,租赁期内乙方不慎将随车工具遗失的,由其全额赔偿。

(7) 坚持按规定例行保养租赁车辆。严格按照交通法规驾驶车辆,严禁使用租赁车辆参加竞赛及测试,严禁使用租赁车辆进行营利性运输,严禁运输易燃易爆易腐蚀品,严禁使用租赁车辆进行违法活动。如使用租赁车辆进行违法活动所引发的一切责任由乙方自负,甲方概不承担任何责任。

(8) 对甲方保留在租赁车上的特征、标识,不得摘除、涂改,不得擅自变动租赁车辆内部设施和随意拆装,若发现有上述情况之一的,将处不少于1 000元以上的罚款。

(9) 乙方如发生交通事故,应立即报告交管部门和保险公司并在24小时内通知甲方如实填写事故报告单,因交通事故造成人员伤亡及车辆损失所发生的费用,除保险公司按规定赔偿部分外,差额部分由乙方承担。乙方在事故中无论责任均需按事故总费用的30%作为间接损失补偿给甲方,并将处理结果及有关证明交与甲方,以便甲方据此办理索赔事宜。在事故处理期间所造成甲方租赁车辆的停运,乙方必须承担停运期间的租赁费用。

(10) 乙方在租赁期内每月底(25~28日)必须将所租用车辆运行千米数报予甲方,甲方据此安排车辆的修理、保养及检测。乙方应按甲方指定的时间将租用车辆送到指定地点,若乙方不按规定执行所造成车辆损坏的一切后果由乙方承担。

(11) 乙方应每日检查机油、冷却液等,并在行车时经常观察水温、油压,如果发现任何问题须立即采取措施或返回甲方指定的修理厂检查补充,否则由此引起的一切后果由乙方自负。

(12) 乙方租用车辆时必须向甲方申明车辆使用区域,否则引起的一切费用和责任由乙方全部承担。

(13) 乙方租用的车辆发生路边抛锚需急修的,在向甲方报告后,甲方应及时派人对车辆进行抢修,所需费用由乙方承担,如乙方要求换车则按另外租车处理。

六、其他约定事项

（1）乙方的注册名称、地址、电话等发生变更，必须及时通知甲方，违者按本合同第五条第1款承担责任。

（2）乙方在使用租赁车辆过程中，违反租车合同和规定，甲方有权在任何时候收回车辆，解除合同，并从信誉保证金中扣除有关费用，由此造成的一切后果由乙方承担。

（3）乙方提前终止合同的时间在一周内，原则上不退还预付租金，也不向甲方赔偿。提前终止合同的时间在一周以上的，乙方需向甲方支付不低于剩余日期总租赁费的50%的违约金。

（4）乙方在租赁期间，需延长租赁期限的，要在合同期满日期的一周前通知甲方并办理延长手续，未办理续租延长手续的，按本合同第三条第1款收取超时费用。

（5）乙方因随车证件或车牌不慎丢失，乙方必须承担补办证件或车牌手续所发生的一切费用及损失，并承担车辆停驶期间的租金。

（6）承租车辆的接交车时间为8:30—17:30，交还车的当日不足一天的按一天计算。

（7）乙方承租的车辆燃料费自理，承租期间无论车辆是否使用，乙方都必须足额缴纳租金。

（8）承租车辆在承租期间，因交通事故给第三者（包括人、物等）造成损害的，应根据事故处理的有关部门的裁决进行赔偿。赔偿费及由此发生的费用全部由乙方垫付，甲方概不承担。承租车辆发生交通事故，因乙方不能在保险公司规定的有效时间内向保险公司报案，而导致不能向保险公司索赔的损失由乙方承担。承租车辆无论在保险公司确定的赔偿范围内外，乙方都负赔偿责任，即承担保险公司所不能承担的全部赔偿金额。

（9）乙方租用车辆时擅自摘除里程表，甲方则按本合同第五条第8款执行。

（10）乙方逾期15天不能还车且没有正当理由的，甲方视为乙方有诈骗嫌疑，可按诈骗起诉乙方。

（11）承租人在签字前已仔细检查车辆内外并阅读租车须知和本合同。

七、纠纷的解决方式

甲乙双方在执行合同期间，如有一方违反本合同的有关规定，另一方有权终止合同。在履行合同过程中发生争议时，任何一方有依法向仲裁机构申请仲裁或向人民法院提起诉讼的权利。

甲乙双方均对以上合同无异议，一式两份，自签字之时起生效至承租车辆完好归还并结清费用之时终止。

甲方：　　　　　　　　　　　　　　　　经办人：（签章）

乙方：（签章）　　　　　　　　　　　　代表人：（签章）

经济担保：（签章）　　　　　　　　　　代表人：（签章）

注：还车时暂押现金5 000元，如在租车期间没有违章行为，20日内退还。

　　　　年　　　月　　　日

二、汽车租赁业务登记单范本

"汽车租赁登记表"范本见表6-3。

表6-3 汽车租赁登记表   合同编号：_____

承租方							
住址/地址							
电话				证件号			
担保人							
住址/地址							
电话				证件号			
驾驶员		档案号		驾驶证号		电话	
车牌号		车型	颜色	发动机号	车架号	燃料标号	
启租时间			应还时间		租期	限行里程	
租金标准		超程费率	超时费率	保证金	预付租金	下次付款日	
备注							
出租方经办人： （签章） 日期：				承租方经办人： （签章） 日期：			

三、车辆交接单范本

车辆交接单范本如下所示，租赁车辆交接检查项目的清单见表6-4。

租赁车辆交接单

发车：_____年_____月_____日_____时_____分

还车：_____年_____月_____日_____时_____分

车型：_____   车牌号：_____

车架号：_____ 发动机号：_____
起始千米：_____ 终止千米：_____ 超的千米数：_____
承租人：

联系电话：

出租方经办人：
_____年_____月_____日

归还人：

联系电话：

出租方经办人：
_____年_____月_____日

表 6-4 租赁车辆交接检查项目清单

	检查项目清单		
	租出	归还	备注
证照			
行驶证			
保险卡（证）			
购置附加税本			
车船使用税税讫标识			
车况			
外观及漆面			
内饰			
座椅			
座套			
脚垫			
转向			
制动			
手刹			
离合器			
排挡			
发动机			

续表

检查项目清单			
	租出	归还	备注
车况			
空调			
灯光			
喇叭			
后视镜			
轮胎及备胎			
雨刮器			
门窗及玻璃			
电动天窗			
电动天线			
油盖			
车载娱乐系统			
音响			
点烟器			
杂物缸			
钥匙及遥控器			
千斤顶			
随车工具			
灭火器			
警示牌			

四、会员章程范本

会 员 章 程

第一章 总 则

_____汽车租赁有限公司,采用会员制服务,个人会员分为无限卡会员和储值卡会员(银卡、白金卡、钻石卡)。每个不同级别的会员在租车时,除享受不同的级别对应的日租金和日限制里程的收费标准外,还可以享受本公司针对不同级别会员推出的增值服务。详见服务价格及相关的告知。

第二章 会员资格

申请人凡具有完全民事行为能力,无不良社会记录,年龄18周岁以上者,只要提供有效的身份证件(第二代身份证、港澳居民来往内地通行证、台湾居民来往大陆通行证、国际护照)及有效的中华人民共和国机动车驾驶证正、副本,就有资格申请成为本公司租车会员。

第三章 会员级别说明

(1) 无限卡会员

凡符合本公司会员申请资格,缴纳 3 000 元押金及第一年年费 380 元(以后每年 150 元),填写会员申请表,本公司审核后即可成为无限卡会员。

租车时享受无限卡会员价格及相应其他各项增值服务。

(2) 银卡会员

一次储值 3 800 元租金,有稳定工作及固定收入,可成为银卡会员。

(3) 白金卡会员

一次储值 18 000 元租金,有稳定工作及固定收入,可成为商务卡会员。

(4) 钻石会员:

一次储值 38 000 元租金,有稳定工作及固定收入,可成为商务卡会员。

第四章 会员级别的时效

时效的规定如表 6-5 所列。

表 6-5 会员级别和时效说明表

会员级别	时效	时效到期的处理	申请/升级方式
无限卡	一年	到期后续费延期	付费申请
银卡	一年	到期后续费延期	免费/付费申请
白金卡	一年	到期后续费延期	免费/付费申请
钻石卡	二年	到期后续费延期	免费/付费申请

第五章 会员积分的相关政策

(一) 会员积分的定义

会员在本公司租车消费,可获得本公司赠送的积分。本公司赠送积分的依据仅限会员租车实际支付的租金。

(二) 不参与会员积分的项目包括但不限于

(1) 在非指定租赁门店租车的情况;

(2) 本公司员工使用内部优惠价格租车的;

(3) 通过加入本公司合作伙伴的奖励计划,在本公司以会员价格租赁车辆的非会员顾客;

(4) 全部或部分使用优惠券、奖励券租车的。

(三) 会员积分用途

会员可以凭有效积分换取本公司的积分礼品。

(四) 会员积分分值确定

会员租车消费每一元人民币获赠一个有效积分,不足一元的消费不予积分。
(五)会员积分的时效管理
(1)奖励计划的期限:长期。
(2)奖励积分的有效期:当年消费累计的积分至次年12月31日24时有效。

第六章 会员年费的收取标准及相关说明

(一)收费标准
无限卡:第一年380元,次年后续卡150元/年;
银卡:无;
白金卡:无;
钻石卡:无。
(二)收费方式
通过网上支付,或通过本公司直营门店直接刷卡缴费、现金支付。

第七章 会员申请程序

(1)申请会员时需提供身份证、户口本、驾驶证等,可在本公司任意直营门店领取《会员申请表》,也可在本公司的网站上下载《会员申请表》;
(2)本公司会根据您的申请,对您提供的资料进行审核,审核一旦通过,您就可以成为本公司的会员,同时享受会员的各项优惠服务。

第八章 会员权利与义务

(1)本公司会员有权享受本公司提供的各项优惠服务。
(2)为确保会员的权益得到保证,当会员的资料发生变更(如工作变动、住址迁移、联系方式变动或单位名称变更、单位迁址等信息),应及时通知本公司;同时为确保会员得到更好的服务,请如实填写您的个人资料。
(3)会员卡只准本人使用,不准转借、转让,否则使用无效。
(4)本公司有权在必要时,对会员进行资格再认定。
(5)会员因使用会员卡租赁车辆而发生的各项债务,需承担无条件、无期限的连带赔偿责任。

第九章 会员资格取消

当如下情况发生时,会员资格将被自动取消:
(1)会员主动申请取消会员资格(需提出书面申请)。
(2)会员在用车期间发生事故时,隐瞒事故事实造成本公司相关损失的,本公司有权利取消该会员资格。
(3)会员欠交相关费用。

第十章 附 则

(1)本章程由本公司制定和解释;

(2) 本公司保留修改、订正及解释本章程的权利。

第六节 典型案例

一、案例 1

租车去郊游——永达汽车租赁纪实

2012年,南方的春天来得有点晚,连日的阴雨和"倒春寒"的天气让大部分的人只能"窝"在家里,着实的"宅"了起来。3月中旬,天气开始变暖了,春天的脚步日益走近。在某高校工作的小杨老师,看到周边的朋友同事都在相邀去踏青,也想到了和女友一起去郊外走走。然而自己没车,如何成行是个问题。

一天,小杨在网上看到这样一条信息:"春季到了,有很多人都希望能够在这时候开车载着家人、约着朋友一起到郊外自驾游玩,感受春日的美好,这也在一定程度提升了汽车租赁市场的热度,近日,根据汽车租赁公司调查的数据显示:各大城市春季自驾出游的车辆预订率有了明显的提升。"他茅塞顿开,携女友自驾踏青的目标近在眼前——可以租车啊,也不白拿驾照呢。有了这个想法,他立即查阅了本地的汽车租赁公司,最后把目标锁定在永达汽车租赁公司。他约好女友,20号去公司租车。

一、到店咨询

小杨他们与永达汽车租赁公司电话约好20号上午10点到公司,接待他们的是永达公司的苏先生,苏先生向他们介绍了目前本市汽车租赁的简单情况:

目前本市汽车租赁主要的几大公司有巴士、大众、锦江等,网络的一嗨租车、租车网等知名度也比较高。因无统一标准,各家公司的流程繁简不一,侧重不同。但汽车租赁业务主要分为两种:

(1) 个人自驾:适用于白领,刚拿到驾照者等,流程较为简便,使用者人数多,信誉不错;

(2) 企业高管用车:目前主要适用于外企高管,提供高档车,进行一对一的保姆式服务。

小杨和女友商量后,决定租车自驾。苏先生热情的为两位年轻人介绍了汽车租赁的业务流程,了解了他们的具体需要和经济承受能力,向他们推荐了几款合适的车型。小杨经过反复比较,选择了一辆红色的凯越,租期为2天(3月24日、25日)。

二、办理手续、查验证件

车子选好后,苏先生首先告知小杨租车需办理的各类手续,并讲解了相关细节,然后让其填写了《汽车租赁业务登记单》。当小杨提供了相关材料后,苏先生便按规定为小杨及女友耐心解释了车辆租赁合同条款中容易产生疑惑之处,并对如何填写予以指导,然后请小杨签署了一份租车合同。

租车需提供的材料如下:

(1) 承租人户口本;

(2) 承租人驾驶证;
(3) 承租人身份证;
(4) 担保人户口簿(本市户口、与承租人非直系亲属);
(5) 担保人身份证及押金(押金 5 000 元,如押金为车价的 50%以上,可免担保人)。
苏先生仔细查验了客户所提供的身份和资格证件,并对信息予以留存记录。

三、付款

苏先生告知小杨,租车的价格是根据公司投资回报以及参照市场租车价格制定的,公司对长期租车客户有一定的价格优惠,对短期租车客户按基本价格执行。小杨欲租凯越车,租车基本价格如表 6-6 所列。

表 6-6 永达公司租车报价表

车型	座位	日租价/元	接/送浦东机场/元	接/送虹桥机场/元	基本时间/小时	基本里程/千米	超千米/元	超小时/元
别克陆尊	7	700	400	300	8	100	5	50
别克商务车	7	650	400	350	8	100	5	50
别克君越	5	650	350	280	8	100	5	50
别克凯越	5	360	250	180	8	100	3	30
奥迪 A6	5	750	500	400	8	100	5	50
帕萨特	5	600	350	250	8	100	5	50
考斯特	22～25	900	500	400	8	100	5	50
金杯面包车	11	450	250	200	8	100	3	30
奔驰 MB100	12～15	700	400	300	8	100	5	50
福特全顺	12～17	650	450	350	8	100	4	40
奔驰 S600	5	2 800	2 000	1 600	8	100	15	150
奔驰 S350	5	2 600	1 800	1 500	8	100	15	150

苏先生告诉小杨,他们应付:
基本租金:720 元(2 日);
支付押金:5 000 元。
小杨他们到前台刷卡付款,并取得了相关付款凭证。

四、车辆交接

苏先生告诉小杨,在这个环节主要是检查车况、路码、油量等。苏先生陪同小杨到提车处验车。他们查验了车辆存油,遵循《车辆交接单》所载内容进行验车。双方确认车况良好后在交接单上签字,小杨拿到了凯越车的钥匙。

五、放车

交接好车辆后,杨先生请车辆交接处的员工为小杨他们开具出门证。
此外,苏先生还告知小杨,按照合同,2 日后还车也必须要按以下流程进行:

(1) 车辆交车(还车);

交接项目为车况、行驶里程、油量等。

(2) 结算:
- 根据使用情况结算实际租费;
- 根据车辆交接情况结算是否有其他项目费用;
- 退押金(留存 1 000 元,15 个工作日后,若无违章退还)。

六、还车

二天后,小杨按租车合同规定将所租车辆归还至永达公司的车辆管理部门。双方依照《车辆交接单》中的检查项目验车,检查确认车辆没有任何问题,车辆存油也符合规定,双方签字完成交接。财务部门结算费用,退还押金余款,租赁合同中止。

这次成功的租车自驾之旅让小杨与女友拍手称快,他们表示,将在朋友中更多的宣传租车自驾,让更多的人享受现代汽车租赁服务所提供的便利和乐趣。

二、案例 2

汽车融资租赁的成功案例

依托上汽集团强大的实力背景和多元化的发展模式,安吉租赁作为融资租赁行业的新生力量,在整个行业中表现出蓬勃向上的朝气。安吉租赁一直秉承推陈出新、不断进取的精神,其车辆租赁业务取得了长足的发展。

安吉租赁目前的车辆租赁业务涵盖乘用车及商用车两大类型,通过上汽得天独厚的销售渠道及生产能力,以零售终端和大客户两大方式进行融资租赁业务,在市场上已开创出了安吉的品牌效应,占据了一定市场份额。目前,安吉租赁的车辆部门已与 AVIS(安飞士)、安吉物流、德邦物流、远成集团等多家知名企业签订框架合作协议,业务开展速度及投放金额都相当可观。

消费者是汽车金融的主要消费主体,把握大众消费的理念是潮流所趋。安吉租赁推出的零售产品已于 2009 年 12 月 28 日上市,在多家 4S 店进行试点,取得不错的业绩。作为市场上为数不多的创新型汽车金融类产品,不论从前期设计到后期的经销商渠道开拓,安吉租赁为此付出了极大的努力。目前推出的产品口号为"以租代售"和"长租送产权",为终端客户解决融资难、融资少的症结问题。

目前主推的为"安易租"、"安心租"两类产品,顾名思义,"安易租"使客户可以较容易地租到车并开回家使用,融资总额包括车价和保险(含车船税);"安心租"使客户可以省心省力,安吉租赁会为客户提供一条龙服务,融资总额包括车价、保险(含车船税)、牌照费、购置税、通行费。两类产品的首付款都可以创纪录地最低降至 20%,并且还可以为客户留取最高 55% 的尾款(车价一定比例的款项,在租赁期后一次性付清),这样客户所需支付的每月还款额便大幅度降低,利用资金具有时间价值的特性,消费者可以得到极大的实惠。

客户只需在合作经销商处填写融资租赁申请表,安吉租赁的运营人员会上门进行资格调查,3 天内便会通知客户审核结果,快速便捷是安吉租赁秉承的服务精神。

与银行和汽车金融公司较为不同的特点是可以为客户提供全打包的融资选择,而不仅仅是车价融资。客户在起初支付首付款和押金之后,只需等待安吉租赁的通知,便可完成上牌工作,操作流程就是如此简单。随着战略合作经销商数量的快速上升,安吉租赁的车辆融资租赁类产品将成为汽车金融创新的标杆,今后的市场前景非常广阔。

思考题

1. 经营性租赁和融资租赁的区别是什么?
2. 学生分别扮演不同岗位角色,按操作流程模拟实施汽车租赁业务。
3. 某公司的 2009 款 PASSAT 领驭 1.8T 型汽车日租赁成本为 500 元,目标利润率为 10%,营业税率为 5%,试确定该车的日租赁费用。
4. 汽车租赁企业车辆管理的主要内容是什么?
5. 如何防范汽车租赁业务的风险?

第七章

汽车置换服务

当前,中国汽车市场已形成生产能力大于销售能力,而销售能力又大于现实市场需求的态势。与此对应的是,各汽车厂商彼此之间的竞争趋于白热化,各汽车厂商均在有限的市场增幅中争夺最大的市场发展空间。在此基础上,销售方式也层出不穷,厂商希望借此刺激需求,开创一片新天地。各汽车厂商普遍认为,当前轿车进入家庭的关键问题是相对较高的新车价格与相对低下的消费能力的矛盾。于是,置换业务便应运而生。开展汽车置换业务可以加快经济发达地区的车辆更新速度,同时刺激欠发达地区市场对车辆的需求,满足特定消费市场,从而进一步提高市场占有率。而且,作为汽车置换业务的商品——二手车,可以在某种程度上调和高车价与低收入之间的矛盾,使其成为轿车真正进入家庭的前奏曲。

第一节 汽车置换服务概述

一、汽车置换的概念

汽车置换是指消费者用二手车的评估价值加上另行支付的车款,从品牌经销商处购买新车的业务。汽车置换从狭义上来说就是"以旧换新"。广义上的汽车置换,则是指在以旧换新业务的基础上,还同时兼容二手车整备、跟踪业务、二手车再销售,乃至银行按揭贷款等一系列业务整合,从而使之成为一种独立的汽车金融服务方式。

本章主要讨论以旧车交易为核心的广义的汽车置换业务。通过"以旧换新"来开展二手车贸易,车辆更新程序简化,并使二手车市场和新车市场互相带动,共同发展。可以用来置换的旧车必须是证件齐全有效、非盗抢、非走私车辆、距报废年限一年以上、尾气排放符合要求、无机动车产权纠纷的、允许转籍的所有在用汽车。新车为客户所需的各类国产、进口汽车,客户既可通过支付新旧车之间的差价来一次性完成车辆的更新,也可选择通过其原有二手车的再销售来抵扣新车车款的分期付款方式。

品牌专卖店可用"以旧换新"的方式促进新车的销售。汽车置换在国外很普遍,经营模式已相当成熟。以美国为例,很多汽车品牌专卖店都会有经营二手车的业务。抽样调查,置换购车的比例已达到三分之一。随着汽车普及率的提高,以及换车周期逐渐缩短,未来置换购车必将呈上升态势。

根据中国汽车流通协会发布的 2008 年二手车行业预测,按照国内新车使用周期 5~6 年计算,2002、2003 年井喷行情时期市场销售的国产与进口新车共计 799 万辆已进入更新期。作者最近从其他渠道了解到，目前国内主流乘用车生产企业，如东风日产、东风雪铁龙、广州本田、上海通用、上海大众、一汽丰田等汽车品牌已开始广泛布局二手车置换业务网点。截至目前，全国已有近1000家汽车经销商开展了二手车置换业务。

二手车置换，不同于以往的二手车市场内经纪公司单纯的买卖业务，而是消费者用二手车的残余价值折抵一部分新车的车款从品牌4S店处购买新车的业务，旧车交易可以被看做是新车交易的延伸，近几年众多新车品牌专卖店延伸了这一项服务。在武汉、成都等不少城市的4S店，这种经营方式已经受到了消费者的认可。目前在北京、上海等城市，二手车的置换率更是高达30%以上，这一行业的业务规模发展势头良好。

二、汽车置换业务的产生

随着汽车生产能力的不断提高，经销商为了扩大销售，允许车主以旧车折价再购买新车，实施"卖新收旧"、"以旧换新"、"折价贴换"等汽车置换销售策略。起初，销售商涉及的旧车并不着意于交易，只着意于促进新车的销售。然而旧车的处理就成了一桩忧人的事情。到20世纪30年代，经销商开始认识到旧车的再销售存在很大的潜在利润，于是一些独立的、非特许经营的旧车经销商，经营起旧车交易业务。二战结束后，经济回升、发展迅速，激发出人们被压抑的购车需求，出现了排队购车的热潮，继之而来的是旧车更新浪潮。在利益的驱动下，出现了众多的特许经销商从事旧车交易，使之演变为一个新兴产业。

置换交易的兴起，不仅使新车的销售大大增加，同时也为汽车维修业、汽车服务业、汽车零部件销售业提供了新的机会。

中国的地域经济差异使不同地区商品消费水平不同，一辆在经济发达城市淘汰下来的二手车在经济欠发达地区可能成为炙手可热的抢手货。两地的消费水平不同导致同样商品在不同消费群当中具有不同的消费剩余，这种消费剩余的差异直接导致地区间供求关系的转化与价格差。大汽车生产厂商为提高各自市场占有率，对置换业务给予政策扶持，汽车置换业务在中国市场诞生的那一刻起，就是作为整车新车市场的一个辅助市场和竞争手段。从根本上讲，当前置换的主要任务还是加快车辆更新周期，刺激新车消费，因而具有现阶段鲜明的中国特色，但从另一方面讲，各大汽车厂商为扶持这一新兴市场，也给予了重点照顾。无论是车辆供应品种，资金配套，储运分流还是其他相关的广告宣传，厂商给予的关怀可谓"无微不至"。这也是置换业务能在竞争日趋白热化的汽车市场获得生存并在短时间内打开局面的一个重要原因。相关业务利润丰厚是置换业务产生的重要原因之一，除了后援公司的支持以外，汽车置换业务自身就有很大的盈利空间，且不论信息不均衡所产生的地区车价差，单旧车交易与新车置换过程中收取的手续费、交易费等当各种费用也会给从业者带来丰厚的利润，更何况随着业务的发展，置换业务将不再满足于旧车收购后的简单再销售，而是着眼于车辆收购、整新、办证等一条龙服务。如此，随着置换规模的形成，其所产生的利润将更为可观。

三、汽车置换的作用

汽车置换作为汽车贸易必不可少的一部分，是汽车产业链的重要一环，它的开展、发展和完善，对于我国整体汽车贸易的发展非常重要。汽车置换主要有以下重要作用。

1. 汽车置换能促进汽车新车贸易发展

在我国，汽车新车和二手车的购买者是两个有部分重叠的、购买力水平不同的群体，因而，二手车贸易的发展并不会取代新车市场而影响新车市场的发展。另一方面,汽车二手车贸易由于能加快我国汽车的更新周期,因而反而能带动我国的汽车新车市场发展。新华信调查显示,有超过 21.4% 的用户会选择到 4S 店进行旧车置换。在几年前,人们处理旧车的方式十分有限。随着 4S 店销售模式的蓬勃发展,各大厂商纷纷推出旧车置换业务。通过置换服务,尤其是多品牌置换服务,不仅可以促进新车销售,扩大市场份额,还能延伸服务价值链,为客户提供增值服务,提高企业的公众形象。

2. 汽车置换能增加汽车价值链增值点

汽车置换的发展能带动汽车整修翻新、二手车残值鉴定、二手车评估、二手车修复等多个相关行业,增加汽车价值链的增值点,创造汽车流通领域的新价值。置换在国外已经相当流行,新旧车同台展示也极为正常。通过置换厂家可以实现两次销售,并获得利润。例如低价收购旧车,再销售新车,然后再以高出收购价的价格将旧车售出,从而获得新车和旧车销售的两次利润。

3. 汽车置换能平衡我国各地汽车市场发展

我国汽车市场的地区发展不平衡,沿海地区与内地的发展不平衡。汽车置换的开展,正好可以促进我国各地区间二手车的流动,推进我国整体范围内的二手车互通贸易,从而平衡我国各地汽车市场的发展。

4. 汽车置换能推动我国汽车行业发展

汽车置换是开展全方位、全过程汽车贸易的重要内容之一,同时,汽车二手车贸易的发展还是形成我国汽车流通体系,形成完整汽车产业链的关键之一。因而发展汽车置换是发展我国汽车行业的必经之路,是推动我国汽车行业整体发展的重要手段。

四、车辆置换程序

(一) 基本程序

以上海通用的"诚新二手车"服务为例,来介绍车辆置换的基本程序:

(1) 顾客通过电话或直接到上海通用汽车特约经销店进行咨询,也可以登录"诚新二手车"网站进行置换登记。

(2) 新车销售顾问提供新车介绍、接受咨询,并陪同客户进行试乘试驾体验,选定新车车型。

(3) 旧车评估,填写 33 项车辆鉴定评估表,并确认车辆的合法性。

(4) 双方进行价格谈判,确定旧车的收购价格。

(5) 签订二手车买卖合同及置换协议,确定付款方式。

(6) 置换旧车的钱款直接冲抵新车的车款,顾客补足新车差价后,办理提车手续。

(7) 顾客如需贷款购新车,则置换旧车的钱款作为新车的首付款,"诚新二手车"为顾客办理购车贷款手续,建立提供因汽车消费信贷所产生的资信管理服务,并建立个人资信数据库。

(8) 办理旧车过户手续,顾客提供必要的协助和过户/转籍资料。

(9) 提取新车,交接旧车。

(10) 完成过户/转籍手续,置换完成。

(二) 所需证件

办理置换业务所要提交下列证件:

(1) 车主身份证(单位车辆还应提供法人代码证书、介绍信等证件)或户口簿。

(2) 机动车产权登记证。

(3) 机动车行驶证。

(4) 原始购车发票或前次过户发票。

(5) 车辆置换表。

(6) 33项鉴定评估表。

(7) 如直系亲属或亲兄弟、亲姐妹间置换,提供相应法律证明文件。

(8) 旧机动车过户证明。

旧车置换的操作流程见图7-1。

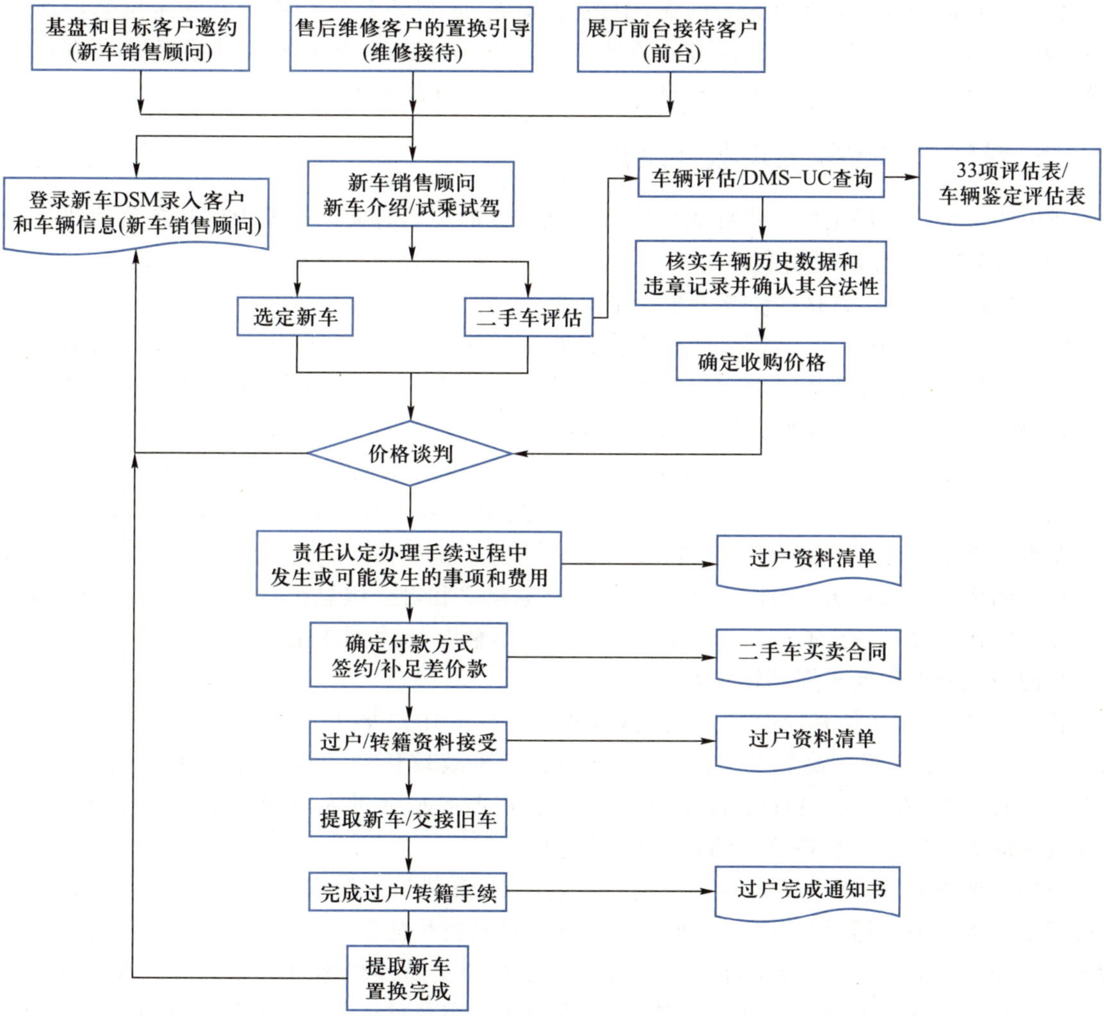

图7-1 旧车置换的操作流程

五、汽车置换的方式

汽车置换有以下三种方式:

第一种,用本厂旧车置换新车(即以旧换新)。如厂家为"一汽大众",车主可将旧捷达车折价卖给一汽大众的零售店,再买一辆新宝来。

第二种,用本品牌旧车置换新车。如品牌为"大众",假设拥有一辆旧捷达的车主看上了帕萨特,那么他可以在任何一家"大众"的零售店里置换到一辆他喜欢的帕萨特。

第三种,只要购买本厂或本店的新车,置换的旧车不限品牌。国外基本上采用的是这种汽车置换方式。目前上海通用等国内品牌车都已开始这种汽车置换的试运营。据报道,自2002年9月23日起,在北京、上海、广州、深圳四城市的四家专卖店,消费者可以用各种品牌的二手车置换别克品牌的新车。

如果考虑买车人的选择余地和便利程度,当然是第三种方式最佳。不过,这种方式对厂商和经销商而言非常具有挑战性。这是因为,中国的车主一般既不从一而终地在指定维修点保养维修,也不保留车辆的维修档案,车况极不透明;再者,不同品牌、不同型号的车在技术和零部件上千差万别;而且,对于个别已经停产车型更换零部件将越来越麻烦等等。

六、我国旧车置换的现状及发展趋势

我国的二手车市场正处于由导入期向成长期过渡的关键时期。根据中国汽车流通协会的调查,目前全国备案的品牌经销商超过1.5万家。其中,40%的经销商都已经有了二手车的品牌部门,差不多有20%的经销商已经开展了二手车业务。

统计数据显示,2006年,全国二手车交易总量中位列前10位的省(市、自治区)是:北京、广东、上海、浙江、山东、云南、河南、重庆、新疆、福建。其中,北京为32.2万辆,广东为30.73万辆,上海为22.23万辆,浙江为18.03万辆。目前,主流厂商的品牌二手车网点主要分布在江浙、广东、北京区域,因为这些地区的汽车保有量较高,市场发展较成熟。2009年全国31个省、直辖市、自治区市场共交易二手车333.86万辆,同比增长21.97%;实现交易额1 488.32亿元,同比增长25.85%。二手车市场在不同区域的发展不均衡,交易量排在前十位的省、市是广东、山东、北京、四川、上海、浙江、河南、辽宁、重庆、天津,二手车市场的交易量之和占全国总交易量的80.11%。

新华信调查显示,有40.3%的被调查者认为,车辆在使用到第五年时为最佳的换车时机,71.2%的被调查者将换车周期锁定在3~5年内。

我国从2003年开始私家车大规模出现,依据大部分用户集中在第五年换车的调查结果推测,2008年车市步入换车高峰期,且这种势头将就此延续较长的一段时间。由于二手车业务本身能带来较高的利润,在2004年后,国内的主流合资厂商相继进入品牌二手车市场。二手车也正在逐渐成为各经销商和各厂家的新利润实现点。

新华信调查显示,有超过21.4%的用户会选择到4S店进行旧车置换。如果4S店在旧车置换过程中更加规范和透明,相信二手车置换业务会得到更快的发展。据权威预测,我国二手车市场的成长期至少需要20年时间,在成长阶段,二手车的交易递增速度会保持在每年20%以上。我国二手车市场流通的硬件已基本具备,足以支撑现行市场的运行及适应潜在扩张的需要。

国家职业资格旧机动车鉴定估价专业委员会秘书长季君认为,没有汽车生产厂商和品牌经销商的加入,中国的二手车市场永远也得不到发展和提高。上海通用汽车市场营销部业务发展总监王军强调,品牌化的管理和国际化的操作流程,以及规范便捷的置换流程、专业的二手车认证、二手车原厂质保和遍布全国的售后服务网络等等,构筑了汽车厂商介入二手车交易不可替代的先天优势。旧车置换为车主提供了一个合理的旧车收购、新车价格与售后服务一体化的综合服务,使客户利益最大化。同时,一站式的置换服务为车主免除了东奔西走办理手续的辛苦,省时省心的交易模式意在彻底打消其二手车置换的顾虑。而二手车的多品牌置换模式,更是为车主多方位的实际需求打开了便利之门。一项先天的优势是,与传统的旧车经纪公司相比,汽车生产厂商开展置换可以确保客户的二手车依法过户或转籍,如果发生问题还可以追溯。来自上海通用汽车的统计表明,目前其部分经销商月置换量已达到其新车月销量的10%以上。从地域上来看,我国的二手车贸易相对集中于经济发达、汽车保有量大的一些中心城市;从二手车的流向看,置换下来的二手车有60%是流向乡镇和农村;从发展趋势来看,二手车交易越来越活,每年以20%的以上速度增长,前景十分广阔。二手车市场是汽车市场一个重要的组成部分,是汽车流通业一个必不可少的重要环节,它的培育和发展,直接影响着整个汽车市场的发展。二手车以低价位、经济实用的特点吸引了大批有购车欲望的消费者。二手车贸易的发展为大批有意更新旧车的人们打开了方便之门。

2008年全球金融危机之后,我国政府为了稳定中国经济,制定了一系列经济刺激政策,其中拉动国内需求,鼓励汽车、家电"以旧换新"是一项重要对策。

2009年5月19日,温家宝总理主持召开国务院常务会议,研究部署鼓励汽车、家电"以旧换新"政策措施,6月1日,国务院批准了国家发展改革委等部门《促进扩大内需,鼓励汽车、家电"以旧换新"实施方案》(以下简称《实施方案》),以国办发[2009]44号文件形式正式印发,要求各地、各部门贯彻实施。鼓励汽车、家电"以旧换新",一方面,进一步拉动国内需求特别是消费需求,扩大就业,保持经济平稳较快发展;另一方面,提高能源利用效率,减少环境污染,发展循环经济,促进节能减排。《实施方案》提出:采取财政补贴方式,鼓励汽车、家电"以旧换新",建立有效的激励机制,进一步扩大内需特别是消费需求,促进节能减排,发展循环经济。

鼓励汽车"以旧换新"采取的主要措施是在现有老旧汽车更新补贴政策的基础上,进一步扩大补贴范围,加大补助力度(2009年中央财政将老旧汽车报废更新补贴资金为50亿元),加快老旧汽车报废更新。发改委预测,鼓励政策实施后,可更新老旧汽车100万辆、家电500万台,直接拉动市场消费1 000~1 200亿元。同时,回收利用各种资源近230万吨,稳定和扩大就业近5万人,并带动相关产业发展。

这些政策进一步明确鼓励汽车置换和二手车流通,汽车品牌供应商向二手车市场进入的步伐在加快。其优势是利用全国的销售渠道形成全国汽车置换网络体系;利用品牌专卖店"四位一体"的功能,对收进和售出的二手车进行产品质量认证,确保所售车辆的质量;在一定范围内对所售二手车辆进行售后服务承诺;利用金融优势从新车的消费信贷向二手车消费信贷延伸。

第二节 汽车置换服务的业务体系

一、汽车置换的业务环节

(一)旧车收购

旧车置换要对二手车进行收购,首先要建立起一个二手车的质量认证和价格评估体系。通过该体系,对每一辆欲收购的二手车进行统一的质量认证和价格评估,从而以统一的价格标准收购符合质量要求的二手车。

能否成功发挥二手车收购功能的关键在于是否能建立起一个二手车的收购网络。这个网络可以由散点的二手车社会回收站和固定的大批量二手车的收购点两部分组成。前者主要针对私车用户的待更新的二手车而设；后者则针对成批定期的二手车单位收购而设。据调查，上海的出租车公司平均2到3年对其出租车进行一次大更新。这些开了两年左右的出租车在性能等方面尚算良好，但行驶里程数很高，出租车每日的高行驶里程数使这些车的维修和保养费用太高，而私人用户则不存在24小时都开车问题，因而存在着出租车淘汰成二手私家车的可能性。由此可以随出租公司的出租车更新置换周期，定期、大批量地对这些车加以收购。

整车厂商与品牌经销商的旧车收购工作都一套标准的工作程序，如上海通用汽车开展的"诚新二手车"业务（旧车置换业务），其旧车收购的标准流程如图7-2所示：

（二）旧车整修翻新

通过对二手车的整修翻新，可以大大提升二手车的价值，同时也提升了旧车置换公司在客户中的影响。目前，这项业务已在欧美国家广泛开展。德国的旧车置换公司在销售旧车的同时加上整修翻新业务，以提高收益率，创造公司整体形象。通常来说，开展二手车的整修翻新工作可以有以下几个途径：

（1）建立二手车整修翻新工厂，对所有收购来的二手车进行规模化的统一整修翻新。

（2）建立二手车整修翻新站，为需要对自己的二手车进行美容的二手车用户提供其所需的整修翻新服务。

中国一汽丰田在2008年年中全面启动"安心"二手车零售业务，还开发了对二手车商品实施严格的检测和与新车同等程度的彻底整备、高标准的清洁的"SMILE（微笑）认证"二手车商品，将二手车置换推入深层次的服务竞争阶段。

（三）旧车配送

要根据各地区二手车保有量和消费量的不同，以及各地不同的环境，在各地区间开展二手车的配送业务，平衡各地区的二手车供需关系，推动二手车贸易市场的发展，建立一个二手车配送网络，为开展二手车贸易建立基础。

配送功能的开展要分为国内和国际两部分来进行。

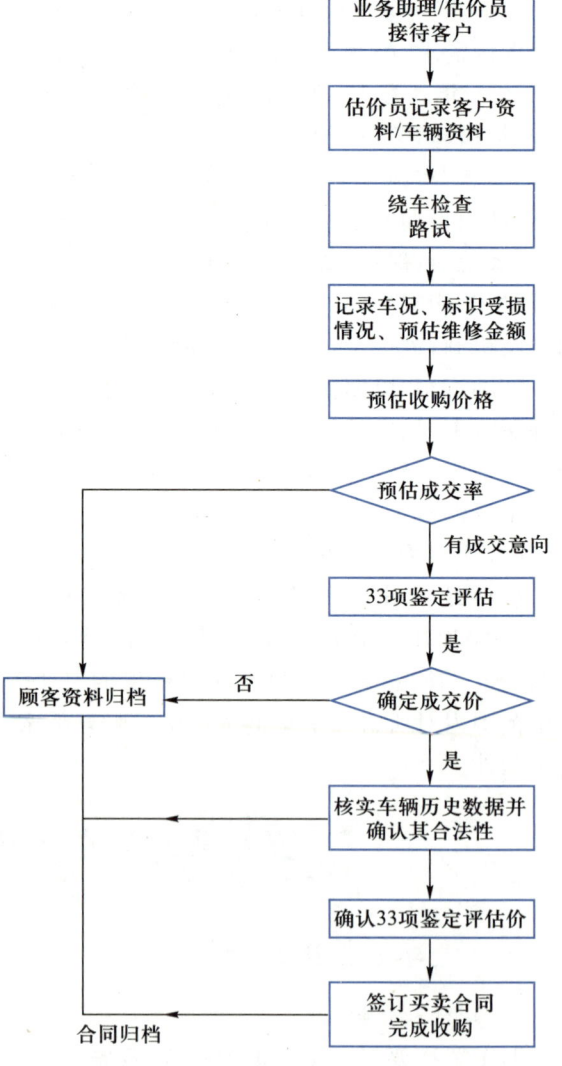

图7-2 旧车收购流程图

1. 国内的配送

一方面,根据保有量的不同,可以在我国经济发达地区(如上海、北京)和一些经济欠发达地区之间开展二手车的配送业务;另一方面,根据消费观念的不同,可以在我国经济发达地区和欠发达地区的一些消费观念较落后,二手车车源不足的地区之间开展二手车的配送业务。此外,由于一些城市(如上海、北京)的环保要求较高,对汽车排气量等指标要求都较严,而外地有些城市的要求则相对低一点,故一些不符合某些城市环保要求的二手车也可以配送到内地,而不造成二手车资源的浪费。

2. 国际的配送

根据各国经济水平和汽车工业发展的不平衡,可以在各国间开展二手车的配送业务,以平衡国际二手车的资源分配。同时也可为国内的二手车消费者积极引进国外的二手车,开拓国际二手车资源。

以上两部分都要求建立其二手车的物流系统,以对国内外的二手车资源进行统一的配送。

(四)旧车销售

在开展二手车的销售之前,首先要对二手车销售区域进行统一的规划,在此基础上,以各个销售区域为单位进行二手车的销售。主要有以下几种销售方式:

(1)"二手车超市"销售。以某一汽车置换公司的总体品牌为出发点,建立二手车超市,对各种不同品牌的二手车进行统一销售。

(2)特许经营销售。这就需要建立二手车贸易特许经营体系,建立二手车销售网点,通过汽车置换公司的特许经销商对各种品牌的二手车进行统一销售。

(3)与新车同地销售。即借用新车的车辆展示厅的一部分,用来展示与新车同一品牌的二手车,借新车的销售来促进二手车的销售。

(4)互联网销售。在网上建立二手车贸易平台,通过互联网进行二手车销售。

(五)旧车拍卖及旧车网上拍卖

1. 拍卖的基本知识

作为二手车拍卖者首先要了解两个基本问题,一个是报废时限,另一个是价格计算方法。1997年修订的《汽车报废标准》明确制定了各类汽车行驶里程和使用年限的报废标准,具体内容就是轿车累计行驶50万公里或使用10年报废;调整后的在用机动车使用、报废年限如表7-1所列。由于对二手车行驶里程较难确定,一般二手车交易价格多以使用时间作依据。对于买主来说应对汽车有一个初步的底价,提供一种简便的折旧计算方法(年数总和法)供参考,年数总和法的特点是折旧基数不变,而年折旧率递减。其计算公式如下:

$$年折旧率 = \frac{折旧年限 - 已使用年限}{折旧年限 \times (折旧年限 + 1)/2} \times 100\%$$

以普通轿车折旧年限为10年计算,则第一年折旧率是10/55,第二年折旧率是9/55,如此类推,第10年折旧率是1/55。如果轿车使用4年,那么计算方法是:

$$现价 = 原价 - (10/55 + 9/55 + 8/55 + 7/55) \times 原价$$

假设轿车原价20万元,按此计算方式现价应是7.64万元。当然,这是指轿车现时的抽象价格,尚未考虑轿车的质量和代理人的收益,具体操作还要视汽车的性能状态和市场行情而做相应的调整。

表 7-1 调整后的在用机动车使用、报废年限表

车辆种类	使用年限	延长使用年限	依据
9座(含9座)以下非营运载客汽车(包括轿车、越野型)	15年	达到报废年限后需继续使用的,必须依据国家机动车安全、污染物排放有关规定进行严格检验,检验合格后可延长使用年限。	关于调整汽车报废标准若干规定的通知(国经贸资源[2000]1202号)
旅游载客汽车和9座以上非营运载客汽车	10年	10年	
轻型载货汽车	10年	5年	关于调整轻型载货汽车报废标准的通知(国经贸经[1998]407号)
微型载货汽车19座以下出租、租赁车	8年	0	
吊车、消防车、钻探车等从事专门作业的车辆	10年	根据实际使用和检验情况,延长使用年限。	关于发布〈汽车报废标准〉的通知(国经贸经[1997]456号)
20座以上出租车	8年	4年	
其他车	10年	5年	

二手车拍卖业务一般有以下两种形式:

一是委托拍卖。二手车委托拍卖所需材料:① 车辆行驶证、购置证、通行费缴费凭证、车船税证;② 车辆所有人证件(私人为身份证、户口本,企事业单位为企业代码证)。二手车委托拍卖流程如图 7-3 所示。

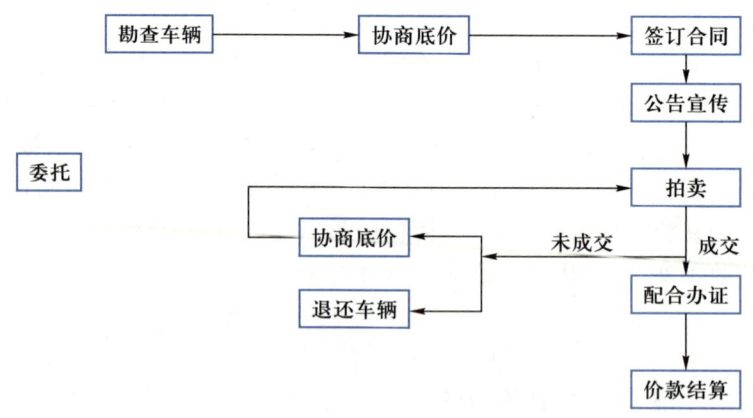

图 7-3 二手车委托拍卖流程

二是参加竞买。二手车参加竞买所需材料:① 竞买人身份证明:私人为身份证;企事业单位为企事业单位代码证书;② 保证金:按每次拍卖会规定的标准交付。二手车竞买流程如图 7-4 所示。

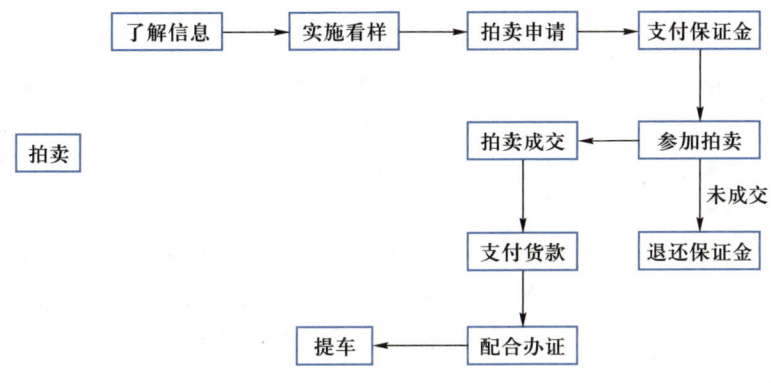

图 7-4 二手车竞买流程

2. 拍卖旧车注意事项

根据商务部 2006 年 3 月 24 日颁布的《二手车交易规范》，从事二手车拍卖及相关中介服务活动，应按照《拍卖法》及《拍卖管理办法》的有关规定进行。委托拍卖时，委托人应提供身份证明、车辆所有权或处置权证明及其他相关材料。拍卖人接受委托的，应与委托人签订委托拍卖合同。委托人应提供车辆真实的技术状况，拍卖人应如实填写拍卖车辆信息。如对车辆的技术状况存有异议，拍卖委托双方经商定可委托二手车鉴定评估机构对车辆进行鉴定评估。

拍卖人应于拍卖日 7 日前发布公告。拍卖公告应通过报纸或者其他新闻媒体发布，并载明下列事项：① 拍卖的时间、地点；② 拍卖的车型及数量；③ 车辆的展示时间、地点；④ 参加拍卖会办理竞买的手续；⑤ 需要公告的其他事项。拍卖人应展示拍卖车辆，并在车辆显著位置张贴《拍卖车辆信息》。车辆的展示时间不得少于 2 天。

进行网上拍卖，应在网上公布车辆的彩色照片和拍卖车辆信息，公布时间不得少于 7 天。网上拍卖是指二手车拍卖公司利用互联网发布拍卖信息，公布拍卖车辆技术参数和直观图片，通过网上竞价，网下交接，将二手车转让给超过保留价的最高应价者的经营活动。网上拍卖过程及手续应与现场拍卖相同。网上拍卖组织者应根据《拍卖法》及《拍卖管理办法》有关条款制定网上拍卖规则，竞买人则需要办理网上拍卖竞买手续。任何个人及未取得二手车拍卖人资质的企业不得开展二手车网上拍卖活动。

旧车交易网上拍卖体系的建立，可以起到规范二手车市场的功能，并且能使旧车交易进一步地透明化、规范化，并能在不到旧车拍卖现场的情况下可以进行旧车的拍卖业务，从而大大节省旧车拍卖的工作时间，提高旧车交易的效率。为了方便二手车贸易双方对旧车的查询、认证、评估和确定，大型专业网站都建立了旧车交易网上信息中心。中心将收纳公司所有旧车的详细资料，对其性能加以评估，并对用户提供旧车的网上身份确认服务。用规范化的语言描述各种旧车的性能，建设网上交易与认证系统，开展网上旧车定购和推介服务等。

拍卖成交后，买受人和拍卖人应签署《二手车拍卖成交确认书》。委托人、买受人可与拍卖人约定佣金比例。委托人、买受人与拍卖人对拍卖佣金比例未作约定的，依据《拍卖法》及《拍卖管理办法》有关规定收取佣金。拍卖未成交的，拍卖人可按委托拍卖合同的约定向委托人收取服务费用。拍卖人应在拍卖成交且买受人支付车辆全款后，将车辆、随车文件及法定证明、凭证交付给买受人，并向买受人开具二手车销售统一发票，如实填写拍卖成交价格。

（六）旧车特许经营

特许经营（Franchise），也称为经营模式特许（Business Format Franchise）或特许连锁（Franchise Chain），在我国台湾又称为加盟经营。虽然称呼有所不同，但在国际上，特许经营已经有了约定俗成的含义，借用欧洲特许经营联合会（EFF）的定义：

特许经营是一种营销产品（或服务和技术）的体系，是在法律和财务上分离和独立的当事人（特许人和他的单个受许人）之间、紧密而持续的合作基础之上的营销产品（或服务和技术）的体系。特许人授予其受许人权利，并附以义务，以特许人的概念进行经营。此项权利经由财务上的交流，给予受许人在双方一致同意而制定的书面特许合同的框架之内，使用特许人的商号（或商标和服务标记）、经营诀窍、商业和技术方法、保障体系及其他知识产权。

这一表述在法律上非常成熟，在目前中国特许经营立法大大落后于实践的现状下是极具借鉴意义的。

在特许经营的运营中，至少涉及以下二方当事人：特许人（Franchisor）和受许人（Franchisee）。它在本质上是一种连锁经营的市场销售分配方式。特许经营基本特征如图 7-5 所示。

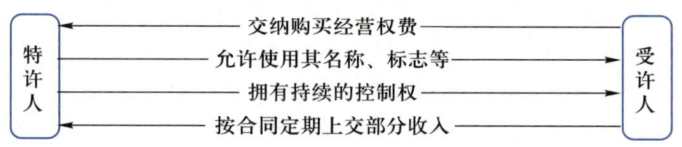

图 7-5 特许经营基本特征

建立旧车交易特许经营体系后，旧车置换公司可以在对特许经销商进行严格的审核之后，向其提供统一回收、翻新后的旧车，授予统一的品牌和标志，实行统一规范的价格，确保统一的售后服务，并且提供一套完整的管理和营销制度，如店址选择、人员培训、技术指导、商务建设等。这样，才能建立起"销售、整修、服务、信息"四位一体的旧车交易网络。

具体说来，旧车交易的特许经营体系实质上是扩大了旧车销售规模，可以直接带来产品价格、服务质量的长期优势，通过利用网络技术和现代化管理手段，有效兼顾经营成本和市场需求，这是因为：

（1）特许经营过程中销售的二手车辆的调配是利用计算机信息系统充分调动总部、分销中心、特许经营商的库存，科学利用仓储流动资金，大范围操控的物流体系。

（2）特许经营网络能将各特许经营商的有限资金集合起来，形成巨大的促销资金，这种投资规模和资产规模足以使整个特许经营网络的总部集中最专业的市场策划人员负责营销策划工作，组织各种媒体参与广告宣传，发动专业机构进行市场人员培训，从而快速、有效地提升旧车置换公司的品牌知名度。

（3）统一的特许经销商硬件条件及服务标准将进一步增强旧车置换的品牌形象，为旧车置换公司各种旧车的成功销售和盈利提供坚实的市场基础。而所有特许经销商又因为旧车置换公司的全国性广告、公关活动而得到更大的利益，从而形成全方位品牌管理的规模优势。

品牌二手车的出现，为二手车市场增添了新的变化，输送了新的力量，丰富了二手车交易模式，使得买卖二手车不再只通过二手车交易市场一个渠道来完成，同时很好地依靠和发挥了品牌的优势和强大的售后服务能力，能够提供与新车一样的质量担保，打消了消费者疑虑，激发了消费者的购买欲望。此外,品牌二手车通过执行生产企业严格的认证标准,明示车辆质量信息,明码标价,改变了长期以来二手车市场信息不透明问题。通过新旧置换,也为二手车市场提供了丰富的经营资源。品牌经销商置换业务的全面展开,品牌二手车的兴起与发展,为二手车市场快速发展又增添了一个强劲的引擎。

(七)旧车售后服务

现今在贸易领域,售后服务的地位越来越重要。在现代市场竞争中,售后服务问题已经愈来愈受到人们的关注,特别是汽车这种技术复杂的耐用消费品,售后服务更成为竞争的焦点。在现代汽车工业中,单纯靠生产制造所获得的利润已经降至10%以下,更多的利润来源于不断完善的服务。目前,汽车行业公认的最有效的汽车营销模式是整车销售(Sales)、零配件供应(Spare parts)、售后服务(Services)、信息调查反馈(Survey)"四位一体"的销售服务模式。而服务则是四位一体的核心。如果说,产品价格和质量是"第一次竞争"的话,那么,售后服务则是"第二次竞争",而且这场竞争层次更深,要求更高,更具有长远战略意义。因而,要成功开展旧车置换,就要充分发挥其售后服务功能。可以通过形成一个统一的二手车售后服务体系,来提高用户对该二手车贸易的信任度和满意程度。开展二手车的售后服务既可以由旧车置换公司独立开展,也可采取与各地维修商相联合的方式来开展。如可与目前已有400多个维修站的大众公司合作,向客户推出购买大众品牌二手车后半年免维修费的售后服务,即客户购二手车后半年内车辆发生非事故性故障,均可凭注明购买日期的置换公司售后服务卡,前往任何一个大众维修站进行免费维修,其维修费用由置换公司与大众维修站协商后定期统一支付。

旧车售后服务网络主要由两部分组成:一是旧车置换公司和特许经销商;二是各品牌汽车生产商已有的特约维修站。其中,各贸易网点和特许经销商是旧车售后服务体系的主体,有责任对贸易网络中销售的旧车进行维护;各品牌的汽车维修站可以和旧车置换公司通过适当的形式达成协议,进行合作,使其对本品牌的旧车提供维修、保养等服务。售后服务体系可以充分利用这些资源,合理规划,有效整合,建设布局合理、功能完善的售后服务体系,为顾客提供最大的方便。

旧车置换网点和特许经销商的功能之一就是提供完善的售后服务。本着"谁销售,谁负责"的原则,经销者要对自己销售的旧车做好售后服务工作。建立顾客档案,跟踪旧车的质量状况,了解顾客的使用情况。一旦所销售的车出现质量问题,应及时提供维修服务。这样,才能解除消费者购买时的疑虑,没有后顾之忧,消费者才能放心购买,旧车交易的潜力才能得到充分发挥。

各品牌汽车生产商已有的特约维修站也要纳入售后服务网络之中来。这样,一方面有利于各个汽车生产商树立品牌形象,如果能对本品牌的旧车实行维修保养,跟踪服务,消费者会感到该品牌很有保障,以后在选购新车时,自然会多加关注。这样,提高了消费者的忠诚度和满意度,形成良性循环。另一方面,利用设备、技术、人员等各方面条件都已较成熟的维修站,可以不用再另行投资,重新创建专门的旧车维修中心,如此大大节约了成本,充分利用了资源。

在此基础上,对特许经销商、特约维修站进行规划整合,优化选址,合理布局,统一标准,顾客信息网络化,建立与旧车销售网络相配套的、覆盖全国的售后服务网络。保证旧车无论在何时何地发生问题,都可以得到及时、方便的维修。

旧车置换要综合上面提到的几大功能,以贸易网络为基础,开展全过程、全方位的旧车交易。

全过程:对于个人客户来说,旧车交易应渗入到旧车售前、售中到售后服务全过程中;而对于汽车厂商,旧车交易又应提供从零配件购入到整车出售的一条龙服务。可以说是要从旧车的收购到售后服务全过程地开展旧车交易。

全方位:旧车置换公司的不同部门可以分工合作,同时开展多项二手车业务,即全方位地开展二手车的收购、销售、整修翻新、置换、配送、租赁、售后服务等多项服务,使旧车交易的各大功能融合成为一个统一的有机系统。

二、旧车交易市场

汽车置换中收购的旧车大都要通过旧车交易市场流向二手车用户的手中,所以有必要对旧车交易市场作一详细的介绍。

(一)旧车交易市场和旧车交易中心的概念

旧车交易市场是指旧车信息和资源聚集的,买主和卖主进行旧车的商品交换和产权交易的场所。

旧车交易市场具有中介服务和商品经营的双重属性。

汽车交易中心是指以企业经营活动为依托,辅以必要的政府协调功能,具有旧车评估定价及旧车收购、销售、寄售、代购、代销、租赁、拍卖、检测、维修、配件供应、美容,还有信息服务等功能的经济实体,并能为客户办理过户、上牌、办保险等手续的服务性机构。

旧车交易中心是我国汽车流通的主渠道之一,集物资、工商、公安、税务和鉴定评估等管理功能于一身,实行多形式、多元化、一体化、连动式汽车营销模式。

(二)旧车交易市场的功能

(1) 开展汽车营销业务功能:旧车的鉴定估价,旧车的收购、销售、寄售、代购、代销和拍卖,汽车的租赁,汽车的检测、维修,汽车配件销售,汽车美容、装饰,汽车信息咨询、服务等。

(2) 办理相关手续功能:车辆过户、转籍、上牌手续,车辆投保手续。

(3) 政府协调功能:审查旧车的合法性,杜绝盗窃车、非法拼装车和证照不全的车辆上市交易,堵截偷、漏税费行为(车辆购置税、车船税等),交易照章纳税。

(三)旧车交易中心开业条件

商务部制定的《旧机动车交易管理办法》日前发布实施。《办法》指出,旧机动车流通涉及车辆管理、交通安全管理、国有资产管理、社会治安管理、环境保护管理等各个方面,属特殊商品流通,必须在批准的旧机动车交易中心进行。

关于旧机动车交易中心的设立,《办法》规定,旧机动车交易中心实行分级审批制度,原则上每个地级以上城市批准设立一个。申请设立旧机动车交易中心必须具备下列条件:

(1) 注册资本金不低于 500 万元。

(2) 有固定的交易场所,场地面积不低于 10 000 m^2。

(3) 有专业的评估定价人员。

(4) 具备车辆检测、维修、配件供应等设施。

(5) 能够为客户提供过户、上牌、保险、代收税费等服务。

(6) 具备旧机动车收购、销售、寄售、代购、代销、租赁、拍卖、美容和信息服务功能。经批准的旧机动车交易中心的名称须冠以所在地名称。

三、旧车鉴定估价

旧机动车鉴定估价是指由专门的鉴定估价人员，按照特定的目的，遵循法定的标准和程序，运用科学的方法，对旧机动车进行手续检查、技术鉴定和估算价格的过程。

旧机动车鉴定估价从实质上来说，是市场经济的产物，是适应生产资料市场流转的需要，由鉴定估价人员所掌握的市场资料，并在对市场进行预测的基础上，对旧机动车辆的现时价格作出预测估算。

旧机动车鉴定估价由六大要素组成，即鉴定估价的目的、主体、客体、程序、原则和方法。鉴定估价目的是为旧机动车将要发生的经济行为提供公平的价格尺度，决定鉴定估价原则和方法；鉴定估价的主体是指旧机动车鉴定估价由谁来承担；鉴定估价的客体是指鉴定估价的对象；估价的程序是指旧机动车鉴定估价的步骤；鉴定估价标准是对鉴定估价采用的基本准则；鉴定估价的方法是用以确定旧机动车评估值的手段和途径。

（一）旧机动车鉴定估价的特点

旧机动车鉴定估价有以下几方面的特点。

1. 知识面广

机动车鉴定估价理论和方法以资产评估学为基础，涉及经济管理、市场营销、金融、价格、财会及机械原理、汽车构造等多方面知识。

2. 政策性强

既要熟知《拍卖法》、《国有资产评估管理办法》、《汽车报废标准》、《旧机动车交易管理办法》等政策法规，还要掌握车辆管理有关规定及各地相关的配套措施。

3. 实践和技能水平要求高

要求从业人员不仅会驾驶机动车，而且还能够使用检测仪器和设备，并能通过目测、耳听、手摸等手段判断旧机动车外观、总成的基本状况，并能够通过路试判断发动机、传动系、转向系、制动系、电路、油路等工作情况，甚至对机动车主要部件功能和更换也要有一定的了解。

4. 动态特征明显

目前汽车产品更新换代快，结构升级、技术创新层出不穷，加之市场经济条件下市场行情的多变难测，使旧机动车鉴定估价工作具有很强的动态性、时效性。要求从业人员在具体工作中不仅要掌握有关的账面原值、净值，手续及历史依据，更要结合评估基准日这一时点的现实价格和行情，才能准确做出评估结果。

（二）旧车鉴定估价师的职业道德规范

职业道德规范是指职业活动中体现的指导思想、行为观念、规章制度、工作守则、行为须知等行为准则和职业标准。

旧车鉴定估价师的职业道德规范为：

（1）旧车鉴定估价师在执业中，应严格遵守国家有关法律、法规，执行国家有关政策，坚持独立、客观和公正的原则。

（2）旧车鉴定估价师在执业中，不能受外界单位和当事人的干预、干扰和影响。

（3）旧车鉴定估价师在执业中，不论是搜集资料、调查、检测、估算和总结时，都应本着实事求是的精神，不好恶、无偏见地做出估价结论。

(4) 旧车鉴定估价师在执业中,坚持对当事人不偏不倚的态度,公平、公正、公开地进行估价工作。

(5) 旧车鉴定估价师要廉洁奉公,不谋取私利。

(三) 旧车鉴定估价的目的与业务类型

旧机动车鉴定估价的目的是为了正确反映机动车的价值量及其变动,为将要发生的经济行为提供公平的价格尺度。它是旧车定价的基础,决定了定价时应采用的标准,并在一定程度上制约着旧车交易方法的选择。旧车鉴定估价的目的有以下几点:

1. 确定旧机动车交易的成交额

按照国家有关规定,旧机动车成交,按其成交额收取一定的管理费,成交额是按当日机动车鉴定估价人员评估的价格来确定的。

2. 便于旧机动车的所有权转让

旧机动车在交易市场上进行买卖时,买卖双方对当日机动车交易价格的期望是不同的,甚至相差甚远。因此需要鉴定估价人员对被交易的旧机动车辆进行鉴定估价,评估的价格作为买卖双方成交的参考底价,便于旧机动车的所有权转让的顺利进行。

3. 办理抵押贷款

银行为了确保放贷安全,要求贷款人以机动车辆作为贷款抵押物。贷放者为回收贷款安全起见,要对旧机动车辆进行鉴定估价。而这种贷款的安全性在一定程度上取决于对抵押评估的准确性。

4. 为法律诉讼提供依据

当事人遇到机动车辆诉讼时,委托鉴定估价师对车辆进行评估,有助于把握事实真相;同时,法院判决时,可以依据鉴定估价师的结论为法院司法裁定提供现时价值依据。

5. 为拍卖提供底价

对于公物车辆、执法机关罚没车辆、抵押车辆、企业清算车辆、海关获得的抵税和放弃车辆等,都需要对车辆进行鉴定估价,以在预期之日为拍卖车辆提供拍卖底价。

除此而外还有企业或个人的产权变动,如:合资、合作和联营;企业分设,合并和兼并;企业出售、股份经营、企业清算或企业租赁等资产业务,必须要进行评估,也一定有旧机动车评估业务,如果这部分业务是局部或整体资产评估,且涉及国有资产,按国家有关规定,国有资产占用单位在委托评估之前须向国有资产管理部门办理评估立项申请,待批准后方可委托评估机构进行评估。

旧机动车鉴定估价还有一个重要任务就是要鉴定、识别走私车、盗抢车,非法拼装车、报废车、手续不全的车,严禁这些车辆在旧机动车交易市场上交易。

旧机动车鉴定估价业务类型是指鉴定估价的业务性质。按鉴定估价服务对象不同,把鉴定估价的业务类型分为:交易类和咨询服务类业务。交易类业务是服务于旧机动车交易市场内部的交易业务,它是以收取交易管理费的一部分作为有偿服务;咨询服务类业务是服务于旧机动车交易市场外部的非交易业务,它是按各地方政府物价管理部门对旧机动车鉴定估价制定的有关规定实行有偿服务。如融资业务的抵押贷款估价,为法院提供的咨询服务等。

(四) 旧机动车鉴定估价的主体

旧机动车鉴定估价的主体是指旧车鉴定估价业务的承担者,即从事旧车鉴定估价的机构和专业鉴定估价人员。

《旧机动车交易管理办法》规定,旧机动车评估定价从业人员根据机动车的行驶里程、使用时间、车辆安全排放情况、主要零部件的技术状况和该车型现行市场价等有关因素,依据《旧机动车评估定价标准》,确定旧机动车的价格。旧机动车评估定价从业人员必须取得证书方可上岗。

1. 旧机动车鉴定估价人员须持证上岗,注册登记

(1)从事旧车鉴定估价的人员,必须取得劳动和社会保障部颁布的旧机动车鉴定估价师职业资格证书,否则不得从事旧车鉴定评估工作。

(2)旧车鉴定估价师资格分为:鉴定估价师,高级鉴定估价师。

(3)旧车鉴定估价师实行注册登记管理制度。凡在执业过程中有违规操作行为的,不予注册登记。未经注册登记的不得执业。

2. 旧机动车鉴定估价机构的设置条件

(1)旧车鉴定评估机构是由专业汽车评估人员组成。

(2)地级以上城市设立2~3家专业鉴定估价机构。

(3)旧车鉴定评估机构应与旧车交易市场分离,以保证鉴定估价工作的公正、客观和独立性。

(4)设立旧车鉴定评估机构至少要有1名高级鉴定估价师和5名鉴定估价师。符合条件者持省级经贸部门的批准文件到当地工商行政管理部门办理注册登记。

(五)旧车鉴定估价的客体

旧车鉴定估价的客体是指被鉴定评估的车辆。汽车评估的最终目的就是要在交易过程中准确地确定旧车价格,并以此作为买卖成交参考底价。

进入旧车交易市场交易的旧车,必须具备以下条件:

① 单位或个人的鉴定估价申请。以介绍信或证明信(个人持居民身份证)为准。

② 车辆行驶证。

③ 原始购车发票或交易成交发票。

④ 车辆购置税凭证。

⑤ 车船使用税凭证。

⑥ 车辆档案。

(六)旧车鉴定估价的基本程序

旧车鉴定估价的基本程序如下。

1. 收集和整理有关资料

包括车辆状态性资料和车辆合法性资料。

车辆状态性资料:① 车辆的原价、折旧和净值。② 车辆预计使用年限和已使用年数。③ 车辆的型号。④ 车辆的技术等级。

车辆合法性资料:① 车辆购买发票。② 车辆行驶证、牌照、运输证、准运证。③ 各种税费、杂费的缴纳凭证。

2. 设计拟定鉴定估价方案

主要包含:① 按照申请人的评估目的和要求,确定计价标准和评估方法。② 拟定具体工作

步骤和鉴定评估作业进度。③ 确定评估基准日。④ 编制具体日程表。

3. 现场检查和检测,做出技术鉴定
4. 进行评定与估算
5. 核对评估值,撰写评估报告

(七) 旧车鉴定估价的原则

旧车鉴定估价的原则是指对旧车进行鉴定估价时遵守和依据的基本准则,具体内容如图 7-6 所示。

1. 旧车鉴定估价的工作原则

旧车鉴定估价的工作原则是指评估机构与评估人员在评估工作中应遵循的业务准则。包括以下 6 个原则。

(1) 公正权威性原则:
① 鉴定估价人员思想作风、工作态度应严谨、无私。
② 鉴定估价程序、方法应严格、正确、有序。
③ 鉴定估价结果应准确、公道和权威。
④ 鉴定估价费用只与工作量相关,不与评估车辆的价值挂钩(国际惯例)。

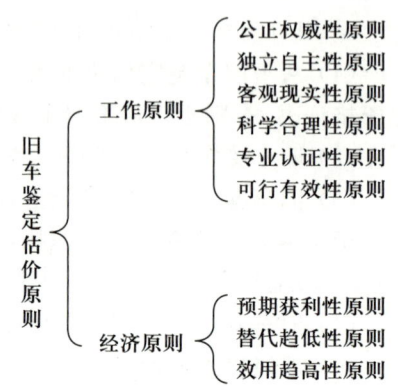

图 7-6 旧车鉴定估价的原则

(2) 独立自主原则:
① 鉴定估价师应依据国家法规和规章制度办事,不徇私舞弊。
② 鉴定估价的依据只凭可靠的资料数据估算。
③ 鉴定估价不受任何外界机构和人员的影响和干扰。
④ 鉴定估价不受委托者的意图影响。

(3) 客观现实性原则:
① 只尊重事实,实事求是。
② 只尊重数据,依数据说话。
③ 只尊重市场现实,随行就市。

(4) 科学合理性原则:
① 选择适用的评估标准和方法。
② 制定科学的评估方案。
③ 力求搜集足够的可利用资料、数据,保证技术检测数据的全面性和准确性。

(5) 专业认证性原则:
① 鉴定评估机构符合规定条件,经工商行政管理部门注册登记,具有法人资格。
② 鉴定估价师经过专业培训,熟悉旧车鉴定估价工作,取得劳动和社会保障部颁发的职业资格证书,持证上岗,并在中国汽车流通协会注册登记。
③ 旧车鉴定评估机构与旧车交易市场,各自履行各自的职能和职责,互不隶属,互不支配,互不干扰。
④ 旧车鉴定估价机构评估的估价是唯一的认证价格。

(6) 可行有效性原则：
① 旧车鉴定估价的方案切实可行、有效。
② 旧车鉴定估价的方法简单易行。
③ 旧车鉴定估价师具有较高素质，能保证鉴定估价过程的顺利实施。
④ 旧车检测设备、仪器的齐全和先进。
⑤ 旧车鉴定评估机构应具备较强的鉴定评估手段，采用计算机数据库管理。

2. 旧车鉴定估价的经济原则

旧车鉴定估价的经济原则是指在旧车鉴定评估过程中，进行具体技术处理的经济性准则。

(1) 预期获利原则：

对营运性车辆评估时，车辆的价值可以不按其过去形成的成本或购置价格决定，但必须充分考虑它在未来可能为投资者（一般为旧车购买人）带来的经济效益。鉴定估价时应预测未来的获利能力及未来的获利期限，未来获利越大或期限越长，则评估值越高。

(2) 替代趋低原则：

指价格最低的同质车辆对其他车辆具有替代性。也即同质车辆中的替代，都趋向于价格最低的车辆。这是商品交换的普遍规则。

① 相同或相似车辆价格不同时，应取较低的作为评估值。也即评估值不应高过可以替代车辆的价格。

② 该原则是站在买主角度考虑，因为这是买主愿意支付的价格，否则，买主可能选择可以替代的车辆，而不愿选择价格高的旧车。

(3) 效用趋高原则：

指同一车辆同时具有多种用途时，应按最佳效果、最高效能、最好效益、最能发挥用途来评估价值。这也是商品交换的普遍规则。

① 当一辆汽车有多种用途，各有其发挥的效用，应按最好的效用进行评估价值。

② 该原则是站在卖主角度考虑，因为这有利于车辆的合理使用，无疑是卖主最愿意接受的条件。

(八) 旧车鉴定估价的内容

机动车作为一类资产，有别于其他类型的资产有其自身的特点，由于车辆的本身特点决定了旧机动车鉴定估价的重点，旧车鉴定估价主要从以下几方面来考虑。

1. 旧机动车鉴定估价以技术鉴定为基础

由于机动车辆本身具有较强的工程技术特点，其技术含量较高。机动车在长期的使用中，由于机件的摩擦和自然力的作用，它处于不断磨损的过程中。随着使用里程和使用年数的增加，车辆实体的有形损耗和无形损耗加剧；其损耗程度的大小，因使用强度、使用条件、维修等水平差异很大。因此，评定车辆实物和价值状况，往往需要通过技术检测等技术手段来鉴定其损耗程度：由于汽车类别、型号各异，性能不一，技术含量各有高低；汽车使用条件和状况千差万别，机件自然损耗差异悬殊；汽车使用年限和行驶里程各不相同，汽车的有形损耗和无形损耗难以统一；汽车维修质量及机件质量差别很大，致使汽车技术状况千差万别。

针对以上旧车技术状况的千差万别，评定车辆现时的技术状况，最可靠的办法，莫过于对车辆进行科学的技术检测，以此作为鉴定估价的基础工作，才能使旧车估价的主体得出最为合理的结果。旧车估价,现场察看非常重要。由外往里地从车身→发动机→传动→底盘→试车等步骤逐项察看。

车身部分:外表应特别注意油漆面和翼子板、门下边缘、车身纵梁、轮罩及门槛等区域的锈蚀情况,车身缺乏保养、护理之处便是被锈蚀之所在。注意补漆处的颜色偏差以及橡胶密封件边缘处的油漆残渣。行驶里程较少且油漆很新的汽车不少是曾出过事故或车身经过了大修的汽车。车身或车架上的补焊点意味着该车曾出过事故或车身经过大修。察看发动机罩与车门接合是否密封良好,车门及发动机罩上的车锁及铁链开闭是否正常及活顶轿车的顶窗或顶篷必须能可靠地关闭。检查排气管是否生锈,因为新的排气装置常常较贵,不会随便更换。如果场地设有试水装置,应驾车驶过淋水洗车区,考察车身密封性,掀开地板垫,仔细检查车室内及行李箱内是否被淋湿。淋水后,检查各密封件是否完好,并注意车灯内是否因蒙上了水雾而变模糊。

车厢部分:破损的踏板胶垫、很脏的座椅以及磨损严重的门扶手等均意味着汽车已行驶了相当长的里程。如果卖主提供了座椅套,务必察看一下原始的椅垫。

电路部分:电路是关键部分,它涉及运行和安全性能。应当逐一检查仪表板、转向盘上及转向柱等处的各个开关及显示灯是否完好。顺便查看一下主电源线是否完好,线束里面的导线是否老化,尤其要注意有无自行搭线,如有搭线很可能线束里面的导线原有断路短路故障。蓄电池的电极夹子不应被腐蚀,电解液液位应适当。

发动机部分:发动机表面应清洁干燥。起动应迅速、怠速运转平稳、转速均匀,没有剧烈抖动。还应从发动机底部往上观察,如果发现发动机铮亮、塑料件与橡胶件全新,则说明有值得怀疑的地方。在热机状态下,检查排气管是否密封,可用鞋底或破布堵住排气管,如果发动机在几秒钟内熄火,则说明密封性能良好。在发动机正常运转时,打开机油添加口盖时,发现有汽油味溢出,则说明活塞环损坏。在机油标尺上粘有闪亮的金属屑,说明曲轴与连杆轴承出现了严重的磨损。

传动系统:离合器间隙应符合说明书的要求,汽车行驶中换档应轻便无噪声,否则说明离合器分离有问题。为了进一步检查离合器是否完好,可挂上二档,拉驻车制动,然后松开离合器,如果发动机不熄火,则表明离合器在打滑或磨损过甚。如果离合器分离无问题,而在汽车行驶中换档时出现击齿噪声,说明同步器有问题。

底盘部分:汽车轮胎至少应保持有4 mm的花纹深度。4个轮胎及备胎均应是同一牌号、尺寸及结构。如果轮胎侧磨损,则表明车轮定位参数不合适。如果减振器活塞杆潮湿或减振器筒油污严重,则表明减振器过度磨损、密封不良。

道路试验:道路试验包括平路面上的最高车速、山路爬坡能力以及曲线转弯行驶能力。还应找一段坏路面行驶,检查汽车是否有异响或有硬物碰撞的声音。发动机在怠速阶段不允许熄火。当汽车以40 km/h的速度行驶时,松开转向盘制动,汽车应能保持原来的直行方向。在反复多次强制动后,装有ABS的汽车,当汽车以30～40 km/h的速度在各种路面上全力制动时,车轮不应抱死,直至汽车快要停住为止。轻轻拉上驻车制动,汽车慢速行驶时应明显有被制动的感觉。当车轮轮圈损坏或车轮动平衡遭破坏时,在转向盘或车身上会明显感觉到振动。汽车滑行时,若发动机发出很大的霹雳声响,则表明未燃烧完的混合气进入了排气装置;其原因可能是排气门密封不严,点火角度错误或点火装置故障。若汽油机排气管大量冒蓝烟或黑烟,则说明气门或活塞磨损严重,其结果是油耗上升,白烟说明缸垫渗水。柴油机启动和提速时冒一些黑烟是正常现象。

最后应检查汽车各大总成(发动机、车身等)的标识号(流水号)应与证件相符,汽车上的各种证件齐全有效。上海通用汽车"诚新二手车"业务规定的33项鉴定评估内容见表7-2。

表7-2 "诚新二手车"业务规定的33项鉴定评估内容

车身外部油漆和钣金件	前引擎盖/水箱护罩前围板	车厢内部及静态检查	安全带安全气囊驻车系统
	前后四翼子板		空调冷暖工作系统/温度效果
	前后四车门		油箱、行李箱、前盖锁止机构
	前后保险杠		点火启动状况及风窗雨刮器
	后围板、后盖箱		离合器、刹车、油门踏板行程
	车顶、顶边、ABC柱	引擎盖下侧	前围/前纵梁及翼子板内侧
	前后全车灯罩		发动机怠速运转状况/点火正时
	全车风窗玻璃		变速箱状况/离合器换挡/油面
	全车门密封条及装饰条		方向机助力系统/液压管路
	发动机、车架号牌铭牌标牌		冷却及空调管路系统
车厢内部及静态检查	车内饰顶/内饰板/遮阳板/储物箱		点火系统/蓄电池/保险丝盒
	四座椅及其功能		四轮制动性能及刹车助动系统
	仪表装置及指示灯/车内外照明		四重避震系统/驱动半轴/横拉杆
	全车门锁扣手及儿童锁止装置		四轮胎/钢圈/轮罩帽
	收音机及音响喇叭系统		底盘大梁/消声器/三元催化
	电动窗机及天窗装置	其他	后盖箱/备胎/随车工具

2. 旧机动车鉴定估价以单台为评估对象

由于旧机动车单位价值相差比较大、规格型号多、车辆结构差异很大。为了保证评估质量,对于单位价值大的车辆,一般都是分整车、分部件逐台、逐件地进行鉴定评估,为了简化鉴定估价工作程序,节省时间,对于以产权转让为目的,单位价值小的车辆,也不排除采取"提篮作价"的评估方式。

针对旧车类别、型号、结构以及现时状况各异,不能采用批量或抽样鉴定估价方式;旧车虽旧,但单车价值还是相差较大,不宜采用粗略分等的办法鉴定评估。所以,对于旧车鉴定估价,不可为了简化过程,赶进度或其他原因而采取批量化操作,必须将单车作为鉴定估价标的,逐辆、分总成、分部件地进行鉴定估价,以保证评估结论的真实性、合理性和准确性。

3. 旧机动车鉴定估价要考虑其手续构成的价值

由于国家对车辆实行"户籍"管理,使用税费附加值高。因此,对旧机动车进行鉴定估价时,除了估算其实体价值以外,还要考虑由"户籍"管理手续和各种使用税费构成的价值。

针对车辆保有的经济价值、车辆具有的使用价值、车辆拥有的社会价值、车辆交易的各项规费、税金、车辆检测、鉴定和估价费用等情况,对于旧车的鉴定估价值,不仅考虑车辆实体本身的价值,还要综合考虑其多元性因素,将其他各方面的价值都包括在内,才是其整体估价。

第三节 旧车鉴定估价的基本方法

在旧车置换的交易过程中,旧车价格真实与否是买卖双方最关心的问题。卖车者怕收购方所给的评估价格过低,而买车者则担心车辆有隐患,价不符实。要想避免在二手车的交易过程中上当受骗,汽车的买卖双方就必须要掌握一些汽车鉴定估价的基本方法,了解目前国内二手车的价格评估的方法和原则。

旧机动车评估的方法,根据不同的评估目的、价值标准和业务条件,一般分为市价法(又称市场价格比较法或市场法)、收益法、成本法和处置清算法四种。

一、市场价格比较法

市场价格比较法是以与目前公开市场上出售的与被评估车辆完全相同的旧机动车作为参照物,依据参照物的价格来确定被评估车辆的价格;如果与被评估车辆不完全相同,但是相类似,则根据评估对象与参照物之间的异同对市场价格作出调整来确定旧机动车价格的一种方法。

(一)市场价格法应用的前提条件

(1)要有一个充分发育活跃的旧机动车市场,也就是公开的旧机动车交易市场。市场上的买卖双方信息对称,市场上成交的旧机动车价格可以准确地反映市场行情。

(2)评估中参照的旧机动车与被评估的旧机动车可比较的指标、技术参数等资料是可以收集到的,并且价值影响因素明确,可以量化。

市价法能够客观反映旧机动车目前的市场情况,其评估的参数、指标,直接从市场获得,评估值能反映市场现实价格,并易于被各方接受。但此法需要公开及活跃的市场交易作为基础,并且由于车辆品牌、型号、登记日期、车辆的使用情况等诸多因素错综复杂,故也给寻找适合参照物带来一定的困难。

(二)采用市场价格法评估的步骤

(1)收集评估旧车的资料:车辆类别、车辆名称、车辆型号、车辆性能、生产厂家及产地、出厂年月、车辆用途、使用状况、技术鉴定结论、尚余使用年限。

(2)选择市场上可类比的参照车辆(1~3辆)及其参数:车辆型号、生产厂家及产地、车辆的使用类别(营运、商务、公车、私车)、使用年限、行驶里程、车辆技术状况、成交时的市场状况(淡、中、旺)、交易目的、交易地的地理区域及经济状况、成交数量、成交时间。

(3)进行比较分析、类比和量化。

(4)进行差异量化:包括交易时期差异的量化、成交数量差异的量化、成交地理区域差异的量化、交易目的差异的量化、车辆技术状况的差异的量化、车辆使用类别差异的量化、市场供求状况差异的量化等。通过分析,调整差异,作出结论。

(三) 现行市价法的具体计算方法

现行市价法进行比较、分析、量化、确定被评估车辆价格的方法,有直接法和间接法两种。

1. 直接法

直接法是指在市场上能找到与被估车完全相同或基本类似的汽车的现行市价,并按照其价格直接作为评估价格的一种方法。

2. 类比法

类比法是指市场上找不到完全与被估车相同的参照对象,但能找到相似的可比汽车,并按照其价格作相应的差异调整,从而确定被评估车价格的一种方法。其基本计算公式为:

$$评估价格 = 市场交易参照车价格 + \sum 被评估车优于参照车的价格差额 - \sum 被评估车劣于参照车的价格差额$$

或者

$$评估价格 = 市场交易参照车价格 \times (1 \pm 调整系数)$$

式中:调整系数可以根据差异量化值确定。

使用现行市价法进行评估,了解市场情况是很重要的,并且要全面了解,了解的情况越多,评估的准确性就越高,这是现行市价法评估的关键所在。

二、收益现值法

(一) 收益现值法及其原理

收益现值法又称收益法,就是将剩余寿命内的收益按照一定的折现率折现为评估基准日的现值作为被评估车的价值,并以此确定评估价格的一种方法。

采用收益法对旧机动车进行评估所确定的价值,是指为获得该机动车以取得预期收益的权利所支付的货币总额。

采用收益法必须具备以下三个条件:

(1) 被评估的旧机动车必须是营运车辆,且具有继续营运的能力,并不断获得收益。

(2) 被评估的旧机动车在继续经营中的收益能够而且必须用货币金额来表示。

(3) 影响被评估未来经营风险的各种因素能够转化为数据加以计算。

采用收益法能与投资相结合,并且能真实和较准确地反映车辆本金化的价格,容易被交易双方接受。但预期收益额预测难度大,受较强的主观判断和未来不可预见因素的影响较大。

(二) 收益现值法评估值的计算

收益现值法的评估值的计算,实际上就是对被评估车辆未来预期收益进行折现的过程。被评估车辆的评估值等于剩余寿命期内各期的收益现值之和,其基本计算公式为:

$$P = \sum_{t=1}^{n} \frac{F_t}{(1+i)^t}$$

式中:P——评估值;

F_t——未来第 t 个收益期的预期收益额,收益期有限时 F_t 中还包括期末车辆的残值,一般可忽略不计;

n——收益期年限(剩余寿命的年限);

i——折现率;

t——收益期,一般以年计。

其中 $\frac{1}{(1+i)^t}$ 称为现值系数。

(三) 收益现值法中各评估参数的确定

1. 剩余寿命期的确定

剩余寿命期(即收益年限)指从评估基准日到车辆到达报废的年限。如果剩余寿命期估计过长,就会高估车辆价格;反之,则会低估价格。因此,必须根据车辆的实际状况对剩余寿命作出正确的评定。对于各类汽车来说,该参数可按《汽车报废标准》确定。

2. 预期收益额的确定

收益法运用中,收益额的确定是关键。收益额是指由被评估对象在使用过程中产生的超出其自身价值的溢余额。对于收益额的确定应把握两点:

(1) 收益额指的是车辆使用带来的未来收益期望值,是通过预测分析获得的。无论对于所有者还是购买者,判断某车辆是否有价值,首先应判断该车辆是否会带来收益。对其收益的判断,不仅仅是看现在的收益能力,更重要的是预测未来的收益能力。

(2) 收益额的构成,以企业为例,目前有几种观点:第一,企业所得税后利润;第二,企业所得税后利润与提取折旧额之和扣除投资额;第三,利润总额。

关于选择哪一种作为收益额,针对旧机动车的评估特点与评估目的,为估算方便,推荐选择第一种观点,目的是准确反映预期收益额。为了避免计算错误,一般应列出车辆在剩余寿命期内的现金流量表。

3. 折现率的确定

折现率的确定是运用收益现值法评估车辆时比较棘手的问题。从折现率本身来说,它是一种特定条件下的收益率,是指将未来收益折成现值的比率,说明车辆取得该项收益的收益率水平。收益率越高,车辆评估值越低。折现率必须谨慎确定,折现率的微小差异,会带来评估值很大的差异。确定折现率,不仅应有定性分析,还应寻求定量方法。折现率与银行利率不完全相同,利率是资金的报酬,折现率是管理的报酬。利率只表示资产(资金)本身的获利能力,而与使用条件、占用者和使用用途没有直接联系,折现率则与车辆以及所有者使用效果有关。一般来说,折现率应包含无风险利率、风险报酬率和通货膨胀率。无风险利率是指资产在一般条件下的获利水平,风险报酬率则是指冒风险取得报酬与车辆投资中为承担风险所付代价的比率。风险收益能够计算,而为承担风险所付出的代价为多少却不好确定,因此风险收益率不容易计算出来,只要求选择的收益率中包含这一因素即可。

每个行业,每个企业都有具体的资金收益率。因此在利用收益法对机动车评估选择折现率时,应该进行本企业、本行业历年收益率指标的对比分析。但是,最后选择的折现率应该起码不低于国家债券或银行存款的利率。

此外还应注意,在使用资金收益率这一指标时,要充分考虑年收益率的计算口径与资金收益率的口径是否一致。若不一致,将会影响评估值的准确性。

(四) 收益现值法评估的程序

(1) 调查、了解营运车辆的经营行情,营运车辆的消费结构。

(2) 充分调查、了解被评估车辆的情况和技术状况。

(3) 确定评估参数（预测预期收益，确定折现率）。
(4) 将预期收益折现处理，确定旧机动车评估值。

（五）收益现值法评估应用举例

某人拟购置一台较新的普通桑塔纳车用作个体出租车经营使用，经调查得到以下数据和情况。

车辆登记之日是 2005 年 4 月，已行驶公里数为 18.3 万 km，目前车况良好，能正常运行。如用于出租使用，全年可出勤 300 天，每天平均毛收入 450 元。评估基准日是 2007 年 2 月。分析：从车辆登记之日起至评估基准日止，车辆投入运行已二年。根据行驶里程、车辆外观和发动机等技术状况看来，该车辆原投入出租营运，还算使用正常、维护较好。根据国家有关规定和车辆状况，车辆剩余寿命为 6 年。预期收益额的确定思路是：将一年的毛收入减去车辆使用的各种税和费用，包括驾驶人员的劳务费等，以计算其税后纯利润。根据目前银行储蓄年利率、国家债券、行业收益等情况，确定资金预期收益率为 15%，风险报酬率 5%，具体计算如下：

预计年收入：450×300 元	13.5 万元
预计年支出：每天汽油费用 75 元，年汽油费用为 75×300 元	2.25 万元
日常维修费	1.2 万元
平均大修费用	0.8 万元
牌照、保险、养路费及各种规费、杂费	3.0 万元
人员劳务费	1.5 万元
出租车车标费	0.6 万元

故年毛收入为：(13.5－2.25－1.2－0.8－3.0－1.5－0.6) 万元＝4.15 万元

按个人所得税条例规定年收入在 3～5 万元之间，应缴纳所得税率为 30%。故年纯收入：

$$4.1 \times (1-30\%) 万元 = 2.9 万元$$

该车剩余寿命为 6 年，预计资金收益率为 15%，再加上风险率 5%，故折现率为 20%，假设每年的纯收入相同，则由收益现值法公式求得收益现值，即评估值为：

$$P = \sum_{t=1}^{n} \frac{F_t}{(1+i)^t} = F_t \sum_{t=1}^{6} \frac{1}{(1+i)^t} = 2.9 \times \sum_{t=1}^{6} \frac{1}{(1+20\%)^t}$$

$$= 2.9 \times \left\{ \frac{1}{(1+20\%)} + \frac{1}{(1+20\%)^2} + \frac{1}{(1+20\%)^3} + \frac{1}{(1+20\%)^4} + \frac{1}{(1+20\%)^5} + \frac{1}{(1+20\%)^6} \right\}$$

$$= 9.6 (万元)$$

（六）收益现值法的优缺点

1. 收益现值法的优点

(1) 与投资决策相结合，容易被交易双方接受；
(2) 能真实和较准确地反映车辆本金化的价格。

2. 收益现值法的缺点

主要缺点表现为：预期收益额预测难度大，受较强的主观判断和未来不可预测因素的影响。

三、重置成本法

（一）重置成本法及其理论依据

重置成本法又称成本法，是指在现实条件下重新购置一辆全新状态的被评估车辆所需的全部成本（即完全重置成本），减去该被评估车辆的各种陈旧贬值后的差额作为被评估车辆现时价格的一种评估方法。其基本公式可以表示为：

$$被评估车辆的评估值 = 重置成本 - 实体性贬值 - 功能性贬值 - 经济性贬值$$

或者：
$$被评估车辆的评估值 = 重置成本 \times 成新率$$

式中：
$$实体性贬值 + 功能性贬值 + 经济性贬值 = 陈旧性贬值；$$
$$成新率 = 1 - 有形损耗率$$

重置成本法的理论依据是：任何一个精明的投资者在购买某项资产时，他所愿意支付的价款，绝对不会超过具有同等效用的全新资产的最低成本。如果该项资产的价格比重置一全新状态的同等效用的资产的最低成本高，投资者肯定不会购买这项资产，而会去新建或购置全新的资产。换句话说，就是待评估资产的重置成本是其价格的最大可能值。

（二）重置成本及其估算

重置成本是购买一辆全新的与被评估车辆相同的车辆所支付的最低金额。按重新购置车辆所用的材料、技术的不同，可把重置成本区分为复原重置成本（简称复原成本）和更新重置成本（简称更新成本）。复原成本指用与被评估车辆相同的材料、制造标准、设计结构和技术条件等，以现时价格复原购置相同的全新车辆所需的全部成本。更新成本指利用新型材料、新技术标准、新设计等，以现时价格购置相同或相似功能的全新车辆所支付的全部成本。一般来说，复原重置成本大于更新重置成本。一般情况下，在进行重置成本计算时，如果同时可以取得复原成本和更新成本，应选用更新成本；如果不存在更新成本，则再考虑用复原成本。

重置成本的估算方法很多，对于旧机动车评估定价，一般采用如下三种方法：

1. 直接计算法

直接计算法也称重置核算法，它是按待评估车辆的成本构成，以现行市价为标准，计算被评估车辆重置全价的一种方法。也就是将车辆按成本构成分成若干组成部分，先确定各组成部分的现时价格，然后加总得出待评估车辆的重置全价。

重置成本的构成可分为直接成本和间接成本两部分。直接成本是指直接可以构成车辆成本的支出部分，具体来说是按现行市价的买价，加上运输费、购置附加费、消费税、人工费等。间接成本是指购置车辆发生的管理费、专项贷款发生的利息、注册登记手续费等。

以直接法取得的重置成本，无论国产或进口车辆，尽可能采用国内现行市场价作为车辆评估的重置成本全价。市场价可通过市场信息资料（如报纸、专业杂志和专业价格资料汇编等）和车辆制造商、经销商询价取得。

旧机动车重置成本全价的构成一般分下述两种情况考虑：

（1）属于所有权转让的经济行为，可按被评估车辆的现行市场成交价格作为被评估车辆的重置全价，其他费用略去不计。

（2）属于企业产权变动的经济行为（如企业合资、合作和联营、企业分设、合并和兼并等），其重置成本构成除了考虑被评估车辆的现行市场购置价格以外,还应考虑国家和地方政府对车辆加收的其他税费(如车辆购置附加费、教育费附加、社控定编费、车船使用税等)一并计入重置成本全价。

2. 物价指数调整法

物价指数调整法是在旧机动车辆原始成本基础上,通过现时物价指数确定其重置成本。计算公式为:

$$车辆重置成本 = 车辆原始成本 \times \frac{车辆评估时物价指数}{车辆购买时物价指数}$$

或

$$车辆重置成本 = 车辆原始成本 \times (1 + 物价变动指数)$$

如果被评估车辆是淘汰产品,或是进口车辆,当询问不到现时市场价格时,这是一种很有用的方法,用物价指数调整法时注意的问题是:

(1) 一定要先检查被评估车辆的账面购买原价。如果购买原价不准确,则不能用物价指数法。

(2) 运用物价指数调整法时,如果现在选用的指数往往与评估对象规定的评估基准日之间有一段时间差。这一时间差内的价格指数可由评估人员依据近期内的指数变化趋势结合市场情况确定。

(3) 物价指数要尽可能选用有法律依据的国家统计部门或物价管理部门以及政府机关发布和提供的数据,或选用权威性的国家政策部门所辖单位提供的数据。不能选用无依据,不明来源的数据。

(三) 实体性贬值及其估算

实体性贬值是指机动车在存放和使用的过程中,由于物理和化学原因而导致的车辆实体发生的价值损耗,即由于自然力的作用而发生的损耗。实体性贬值的估算,一般可以采取以下两种方法:

1. 观察法

观察法也称成新率法,是指由具有专业知识和丰富经验的工程技术人员对被评估车辆的实体各主要总成、部件进行技术鉴定,并综合分析车辆的设计、制造、使用、磨损、维护、修理、大修理、改装情况和经济寿命等因素,将评估对象与其全新状态相比较,考察由于使用磨损和自然损耗对车辆的功能、技术状况带来的影响,判断被评估车辆的有形损耗率,从而估算实体性贬值的一种方法,计算公式为:

$$车辆实体性贬值 = 重置成本 \times 有形损耗率$$

成新率是反映旧机动车新旧程度的指标。旧机动车成新率是表示旧机动车的功能或使用价值占全新机动车的功能或使用价值的比率。也可以理解为旧机动车的现时状态与机动车全新状态的比率。

机动车的有形损耗率与机动车的成新率的关系是:

$$成新率 = 1 - 有形损耗率;或有形损耗率 = 1 - 成新率$$

所以
$$车辆实体性贬值 = 重置成本 \times (1 - 成新率)$$

在旧机动车鉴定估价的实践中,重置成本法是旧机动车鉴定估价的首选办法,要想较为准确地评估车辆的价值,成新率的确定是关键。成新率作为重置成本法的一项重要的指标,如何科学、准确地确定该项指标,是旧机动车评估中的重点和难点。因为成新率的确定不仅需要根据一定的客观资料和检测手段,而且在很大程度上依靠评估人员的学识和评估经验来进行判断。

观察法主要是采用人工观察的方法,辅之以简单的仪器检测,对旧机动车技术状况进行鉴定、分级以确定成新率的一种方法。对旧机动车技术状况分级的办法是先确定两头,即先确定刚投入使用不久的车辆和将报废处理的车辆,然后再根据车辆评估的精细程度要求在刚投入使用不久与报废车辆之间分若干等级。其技术状况分级见表7-3。

表7-3 旧机动车评估参考值

车况等级	新旧程度	有形损耗率(%)	技术状况情况描述	成新率(%)
1	新	0~10	行驶里程3~5万公里。状态良好,无异常	100~90
2	良好	11~35	使用1年以上,行驶5~8万公里,可随时出车使用	89~65
3	一般	36~60	使用4~5年,发动机或整车大修1次,外观中度受损,在用状态和修复情况良好	64~40
4	老旧	61~85	使用5~8年,发动机或整车大修2次,性能有所下降,外观损伤较多,故障率上升。但符合安全技术条件,在用状态一般	39~15
5	残旧	86~100	将达到使用年限,各种性能严重恶化,不能正常使用	15以下

一般来说,二手车的车况品质可分为如下几类:

(1) 新。刚使用不久,行驶里程一般3~5万公里,在用状态良好,能按设计要求正常使用,车主往往由于其他原因,又急着将其出售的车辆。此类车有形损耗率为0~10%,成新率100%~90%。

(2) 良好。使用1~3年,行驶5~8万公里,使用过程中正常维护保养,在用状况良好。车门车窗开启正常,内饰良好,车身漆面无锈点。故障率低,可随时出车使用。此类车的有形损耗率为11%~35%,成新率89%~65%。

(3) 一般。使用4~6年,每年行驶超过3万公里,发动机或整车经过大修一次,大修后较好地恢复原性能,在用状态良好,外观中度受损,修复情况良好。该类车有形损耗为36%~60%,成新率64%~40%。

(4) 老旧。使用6年以上,发动机或整车经过二次大修,动力性能、经济性能、工作可靠性能都有所下降。外观油漆脱落受损,金属件锈蚀程度明显,故障率上升。但车辆符合《机动车安全技术条件》,在用状态一般或较差。此类车有形损耗为61%~85%,成新率39%~15%。

(5) 残旧。使用10年以上,基本达到或达到使用年限,燃料费、维修费、大修费用增长速度快。排放污染和噪声污染超过标准。此类车有形损耗率为86%~100%,成新率在15%以下。

这种方法简单易行,一般用于中低等价值的旧机动车的初步估算。

2. 使用年限法

使用年限法首先是建立在旧机动车在整个使用寿命期间,实体性损耗是随线性递增的。机动车价值的降低与其损耗的大小成正比。因此,使用年限法的计算公式为:

$$车辆实体性贬值 = (重置成本 - 残值) \times \frac{已使用年限}{规定使用年限}$$

或者

$$车辆实体性贬值 = (重置成本 - 残值) \times (1 - 成新率)$$

式中,残值是指旧机动车辆在报废时净回收的金额,在鉴定估价中一般忽略不计。

机动车的规定使用年限,即机动车的使用寿命。机动车使用寿命的概念与汽车使用寿命的概念相同,它分为技术使用寿命、经济使用寿命和合理使用寿命,这里所指的机动车规定使用年限是指机动车的合理使用寿命。对于汽车来说,汽车规定使用年限是指根据国家经济贸易委员会、国家发展计划委员会、公安部、国家环境保护总局《关于调整汽车报废标准若干规定的通知》(国经贸资源〔2000〕1202号)和公安部《关于实施〈关于调整汽车报废标准若干规定的通知〉有关问题的通知》(公交管〔2001〕2号)的精神,规定的机动车使用、报废年限(见表7－1)。即微型载货汽车、带拖挂的载货汽车、矿山作业专用车及各类出租汽车使用8年,其他车辆使用10年;对于9座以下非营运客车,其使用年限为15年;对于其他机动车辆,国内尚无可供评估使用的规定使用年限,其规定使用年限的确定需要评估人员自行解决。解决的办法是参照《汽车报废标准》和该类产品的会计折旧年限。

已使用年限是指旧机动车开始使用到评估基准日所经历的时间。

运用使用年限法估算旧机动车成新率注意两点:第一,使用年限是代表车辆运行或工作量的一种计量,这种计量是以车辆的正常使用为前提的,包括正常的使用时间和正常的使用强度。在实际评估过程中,应充分注意车辆的实际已使用的时间,而不是简单的日历天数,同时也要考虑实际使用强度。第二,已使用年限不是指会计折旧中已计提折旧年限。规定使用年限也不是指会计折旧年限。

使用年限法方法简单,容易操作,一般用于旧机动车的价格粗估或价值不高的旧机动车价格的评估。

3. 综合分析法

综合分析法在鉴定估价时要综合考虑的因素有:车辆的实际使用时间、实际技术状况;车辆使用强度、使用条件、使用和维护保养情况;车辆的原始制造质量;车辆的大修、重大事故经历;车辆外观质量等。

综合分析法是以使用年限法为基础,再综合考虑对机动车价值影响的种种因素,因此,成新率采用综合调整系数进行调整。即:

$$成新率 = \left(1 - \frac{已使用年限}{规定使用年限}\right) \times 综合调整系数$$

这是旧车鉴定估价最常用的方法之一。采用这种方法复杂、费时、费力,但它充分考虑了影响车辆价值的各种因素,评估值准确度较高,适合使用在中等价值(7万元～25万元)的旧机动车辆。旧机动车成新率综合调整系数见表7－4。

表7－4　旧机动车成新率综合调整系数表

影响因素	因素分级	调整系数	权重(%)
技术状况	好	1.2	30
	较好	1.1	

续表

影响因素	因素分级	调整系数	权重(%)
	一般	1	
	较差	0.9	
	差	0.8	
维护保养	好	1.1	25
	一般	1	
	较差	0.9	
制造质量	进口	1.1	20
	国产名牌	1	
	国产非名牌	0.9	
工作质量	私用	1.2	15
	公务、商务	1	
	营运	0.7	
工作条件	较好	1	10
	一般	0.9	
	较差	0.8	

（四）确定旧车评估价

确定了旧机动车的成新率后，则用重置成本法评估：

$$评估值＝重置成本\times成新率$$

[实例] 2005年6月，重庆市民李先生转让一辆桑塔纳2000-MT。经与李先生洽谈，了解车辆情况并分析如下：

(1) 基本情况　车辆生产厂家上海大众汽车有限公司，排量1.8 L，水冷直列四缸四冲程多点喷射发动机。初次登记日期是2003年6月，已使用年限二年，累计行驶里程5.5万公里。工作性质属个人私家用车，账面原值20万元。无大修记录，工作条件一般，维修保养情况一般，现时状态在用良好。事故情况前门有轻度撞伤，已修复，现时技术状况较好。经现场手续检查，核对实物，证照齐全有效。

(2) 对车辆进行静态和动态的技术状况鉴定　该车属于国产名牌，来源为私人用车，使用强度正常，工作条件一般，维护正常，整车动力性、经济性、可靠性、排放污染等与车辆新旧程度相适应。前门撞伤修复后无损整车车况，技术状况良好，对成新率的估算有增加的可能。

采用综合分析法确定成新率(表7-5)：

成新率=(1-2/15)×[(技术状况1.1×30％)+(维护保养1×25％)+
(制造质量1×20％)+(工作性质1.2×15％)+(工作条件0.9×10％)]
=(1-0.13)×(0.33+0.25+0.2+0.18+0.09)
=0.87×1.05
=0.91

表7-5 成新率评价因素

影响因素	因素分级	调整系数	权重（％）
技术状况	较好	1.1	30
维护保养	一般	1	25
制造质量	国产名牌	1	20
工作性质	私用	1.2	15
工作条件	一般	0.9	10

（3）采用重置成本法估价　据市场行情调查，桑塔纳2000-MT现行购买市价为16.45万元。因该车属于私人所有权转让的经济行为，故不再考虑购车后的有关税费列入被评估车辆的重置全价内。则：

评估值＝16.45万元×0.91＝14.97万元

（五）功能性贬值及其估算

功能性贬值是由于科学技术的发展导致的车辆贬值。由于影响因素众多，而且难以量化，因此往往采用调整系数进行修正的办法。

（六）经济性贬值估算的思考方法

经济性贬值是指由于外部经济环境变化所造成的车辆贬值。所谓外部经济环境，包括宏观经济政策、市场需求、通货膨胀、环境保护等。由于造成车辆经济性贬值的外部因素很多，并且造成贬值的程度也不尽相同。所以在评估时只能统筹考虑这些因素，而无法单独计算所造成的贬值。

其评估的思考方法如下：

（1）估算前提。车辆经济性贬值的估算主要以评估基准日以后是否停用，闲置或半闲置作为估算依据。

（2）已封存或较长时间停用，且在近期内仍将闲置，但今后肯定要继续使用的车辆最简单的估算方法是：可按其可能闲置时间的长短及其资金成本估算其经济贬值。

（3）根据市场供求关系估算其贬值。

（七）重置成本法的优缺点

采用成本法的优点是比较充分地考虑了车辆的损耗，评估结果更趋于公平合理。在不易计算车辆未来收益或难以取得市场参照物的条件下可以广泛采用。但缺点在于工作量大，且经济性贬值也不易准确计算。

第四节　汽车置换操作实务

一、旧车置换的咨询服务

(一) 旧车置换的相关法规咨询

可用于旧车置换的旧机动车必须符合如下规定：

(1) 旧车须经公安交通管理机关申请临时检验，检验合格，在行驶证上签注检验合格记录，方可进行交易。

(2) 军队转地方的退役车不满2年的，不能交易置换。

(3) 距报废时间不足1年的，一律不能办理过户、转籍手续。

(4) 延缓报废的旧车不准办理过户、转籍手续。

(5) 旧车来历手续不明、不全，不能交易置换。

(6) 走私、拼装等非法车，不能交易置换。

(7) 华侨、港澳台同胞捐赠免税进口汽车，只限接受单位自用，不准转让或转卖(经海关审定同意者除外)。

(8) 各种车辆证照不全(行驶证、营运证、牌照等)，不能交易置换。

(9) 各种规费不全(车辆购置税、车辆保险费、车船使用税等)，不能交易置换。

(10) 没有车辆产权证明(机动车登记证书、购车发票、旧车交易凭证、具有法律效力的判决书、拍卖凭证以及政府批文等)，不能交易置换。

(11) 凡伪造、仿冒、涂改文件(凭证、票据、证照)的，不但不能交易，还要扣车，转交有关部门查处。

(12) 抵押车、封存车、海关免税期内以及其他不准过户、不准转籍的车辆需由车主在相关管理部门办理解禁手续后，方可进行交易。

(二) 旧车置换的价格咨询

作为旧车置换服务的提供者应随时了解行情，向消费者提供以下信息：

(1) 新车价格。

(2) 旧车交易价格。

(3) 维修价格。

(4) 维修工时定额及其工时价格。

(5) 配件价格。

(6) 价格变动指数。

(7) 通货膨胀率。

(8) 银行储蓄、借贷利率。

(9) 各种税种和税率。

(10) 各种险种和费用。

(11) 交易费用。

(12) 旧车交易的验证费、转籍过户费、牌证费、管理费等。

(13) 鉴定估价费。

二、旧车置换应提交的证件及申请文件的填写

（一）办理置换业务所要提交的证件

办理置换业务所需证件详见本章第一节"四、车辆置换程序"部分。

（二）车辆置换的申请文件

（1）车辆置换表（表7-6）。
（2）车辆鉴定估价表。

表7-6　车辆置换表

客户,公司名		
联系地址		
邮政编码		
联系电话		
客户身份证,公司代码		
车辆品牌		
车辆型号,配置号		
车辆牌照		
VIN		
发动机编号		
发动机排量		
变速箱	手/自动	手/自动
行驶里程数		
颜色		
车辆出厂年月		
初次购车日期		
新车销售,旧车过户发票号码		
新车销售/旧车收购价格		
付款方式	□旧车款折价加余款全部用现钞支付 □旧车款作为首付其余分期付款支付 □其他支付方式	

旧车卖主签名/日期：　　　　　　新车买主签名/日期：

经销商代码：

经销商二手车经理签字：　　　　申请日期：

三、旧车的评估定价

（一）旧车鉴定估价
旧车鉴定估价的内容与步骤见本章第二节。

（二）旧车收购价格的确定
旧车收购的价格确定一般有以下三种：

（1）运用现行市价法对旧车确定评估价格，然后根据快速变现的原则，估定一个折扣率，得出旧车的收购价格。

$$旧车收购价格＝评估价格×折扣率$$

折扣率是指汽车能够当即出售的清算价格与现行市场价格之比值。它的确定是经营者对市场销售情况的充分调查和了解，凭经验而估算得出。

（2）运用重置成本法对旧车确定评估价格，也根据快速变现原则，估定一个折扣率，得出旧车收购价格。表达公式同上式。

（3）运用梯形快速折旧法对旧车确定收购价格。

首先，计算出旧车已使用的累计折旧额。

然后，将重置成本全价减去累计折旧额，再减去旧车收购后需要维修、换件的费用，即得到旧车的收购价格。

$$旧车收购价格＝重置成本全价－累计折旧额－维修费用$$

式中：重置成本全价一律采用国内现行市场价格作为收购旧车的重置成本全价。

累计折旧额由年数总和法求得的各年折旧额相加而得。

利用年数总和法计算年折旧额：

$$D_t = (K_o - S_v) \times \frac{N-t}{\frac{N(N+1)}{2}}$$

式中： D_t——年折旧额；

K_o——旧车原值（收购旧车时，一般取重置成本，而不取原值）；

S_v——旧车残值（一般可忽略不计）；

N——旧车规定的折旧年限；

t——旧车在使用期限内某一确定年限；

$\frac{N-t}{\frac{N(N+1)}{2}}$——递减系数或年折旧率。

维修费用就是当前状态的旧车为了恢复某些必需的功能，需要维修和换件而支出的费用。

（三）旧车收购价与旧车鉴定评估价的区别

1. 主体不同

旧车收购行为的当事人是收购者与卖方双方，旧车收购价的估算可以洽谈，讨价还价，自由定价。而旧车鉴定估价的当事人是车主与客户双方，旧车鉴定评估机构是第三方，其鉴定估价是公正、客观和科学的，不能随意变动的。

2. 目的不同

旧车收购价的确定,最终以收购商的经营效益为目的。而旧车鉴定估价的确定是为了旧车买卖双方的交易提供价值依据,它是以服务为目的。

3. 标准和方法不同

旧车收购虽然参照了评估标准和方法,但具有灵活性。而旧车鉴定估价必须严格遵守国家颁布的有关评估法规,按特定的目的,选择与之相应的评估标准和方法进行估价,具有约束性。

4. 估价的价值概念不同

旧车收购价虽也具有市场价值和交易价值概念,但更倾向于交易价值,为了使旧车能快速销售,其价格往往大大低于市场价格。而旧车鉴定估价则充分体现市场价值和交易价值概念。

四、旧车收购合同的签订

根据车辆评估结果,参考当期价格中心《收购参考价目表》,依照收购人员具备的权限确定最高收购报价。若客户接受收购业务员报价,则直接进入"签订收购合同"流程。最后,在双方自愿的前提下,友好地签订委托合同,并移交所有资料和物品,旧车收购流程也就完成了。旧车置换中的旧车收购,是双方在经过旧车鉴定估价、确定了旧车收购价后,由双方签订旧机动车买卖合同来实现的。旧机动车买卖合同的标准样式如下。

旧机动车买卖合同

签订时间:　　年　　月　　日　　　　合同编号:

买方:　　　　　　　　　　　　　　　卖方:

买卖双方经协商,达成本合同:
第一条　卖方依法出售具备以下条件的旧机动车
车主名称
车辆品牌车型
车架号
证件种类　　　　,证件号码　　　　　　　,证件有效期　　　　　,
颜色　　,初次登记日期　　年　　月,发动机号　　　　　,
最近年检的时间　　年　　月。
第二条　车款及交验车
卖方向买方出售旧机动车的价格为(人民币大写)　　　元。
买方应于　　年　　月　　日在　　　　(地点)同卖方当面验收车辆及审验相关文件,审验无误之日起　　日内向卖方支付车款的　　%,待办理完过户手续后再即时支付剩余车款,卖方应在收到第一笔车款后　　日内交付车辆及相关文件,并协助买方在15个工作日内办理完车辆过户、转籍手续。

车辆过户、转籍过程中发生的税、费负担方式：

第三条 买卖双方的权利和义务

1. 卖方应提供以下相关文件：车辆行驶证、车辆购置费凭证、机动车登记证、税讫证明、车辆年检证明、销售旧机动车委托书等。

2. 卖方保证对出卖车辆享有所有权或处置权，且该车符合国家有关规定，能够依法办理过户、转籍手续。

3. 卖方保证向买方提供的相关文件真实有效及其对车辆状况的陈述完整、真实，不存在隐瞒或虚假成分。

4. 买方应按照约定时间、地点与卖方当面验收车辆及审验相关文件，并按约定方式支付车款。

5. 卖方收取车款后，应开具合法、有效的收款凭证。

6. 买方应持有效证件与卖方共同办理车辆过户、转籍手续。

7. 车辆交付后办理过户、转籍过程中，因车辆使用发生的问题由使用者负责。

第四条 违约责任

1. 第三人对车辆主张权利并有确实证据的，卖方应承担由此给买方造成的一切损失。

2. 卖方未按照约定交付车辆或相关文件的应每日按车款　　％的标准支付违约金。

3. 因卖方原因致使车辆在约定期限内不能办理过户、转籍手续的，买方有权要求卖方返还车款并承担一切损失，因买方原因致使车辆在约定期限内不能办理过户、转籍手续的，卖方有权要求买方返还车辆并承担一切损失。

4. 买方未按照约定支付剩余车款的，卖方有权要求买方承担由此造成的一切损失。

第五条 合同争议的解决办法

本合同发生的争议，由双方协商或申请调解解决，协商或调解解决不成的，按下列第＿种方式解决（以下两种方式只能选择一种）：

1. 移交　　　　仲裁委员会仲裁； 2. 向有管辖权的人民法院起诉。

第六条 其他约定事项

本合同一式三份，买方一份，卖方一份，备档一份。本合同在双方签字盖章后生效。合同生效后，双方对合同内容的变更或补充应采取书面形式，作为本合同的附件。附件与本合同具有同等的法律效力。

买方(签章)：	卖方(签章)：
地址：	地址：
电话：	电话：
证照号码：	证照号码：
委托代理人：	委托代理人：

五、新车销售

旧车置换中的新车销售与一般车辆销售区别不大，业务员应按下列程序进行工作。

（一）招呼

通常购买新车的客户的心理并不十分奔放豪爽，求实的心理居主导地位，所以不要过早地上前招呼,使他(们)感到无所适从,而应让他(们)自由自在地先转转看看,看过展示的车辆后,目光定在某一辆汽车上时,才正是上前招呼的时机。

招呼客户,首先要表示欢迎,出示自己的业务卡,作自我介绍,然后礼貌地询问有何要求。如果出现僵局,可先迂回话题,伺机再转入主题。

(二) 询问

招呼寒暄之后,就应该主动询问客户。问客户需要哪些帮助?要弄清楚客户买车作何用途(突出何种汽车性能和功能)、客户想买哪种车型、客户的心理价位、客户买车的急迫程度等情况。

(三) 介绍

业务员应主动介绍企业自身情况、介绍销售员自我经历和业绩、介绍现有车型。

(四) 展示

将客户感兴趣的汽车驶出展台,扩展四周空间,便于客户和销售员活动。销售员先展示、解说各种特点,然后让客户自己走动、检查,销售员此时应与客户保持一定距离,不直靠得过近,但应关注,一旦客户提问,应立即上前应答。客户们议论的话题应记在心里,利用适当时机解释、介绍,切不可当场反驳,避免伤害客户自尊心。

(五) 演示

邀请客户坐进车内,启动发动机,当条件适当时可驾车路试,路试时要有意变换各种驾驶操作,并提示客户注意动态。

路试线路应事先有所计划安排,尽量走右转弯路线,少走或不走左转弯路线。

客户若主动提出亲自驾车,一定要礼貌地请他出示驾驶证,到了合适、宽阔的道路上才将车交给客户试驾。也可在车场内试驾,更妥当。

(六) 参观

将试车路线经过服务部,将车停在销售服务部门口,邀请客户参观服务部。良好的服务部印象往往会使客户感到规范、可靠,放心将来的售后服务有保障。

(七) 等待

招待客户就座、待茶,说:"您们商量一下",或"您考虑一下"。暂时离开,中断一下销售接触。该过程很重要,一可使销售人员回忆一下自己前段有无缺陷,必要时还可以向销售主管汇报情况,设计下一步的业务过程或补救措施;二可使客户有一个考虑、协商的余地。

如果客户决定暂时不买,则销售员和主管就应与客户交换名片,赠送资料,热情送客,使客户将来再来。

(八) 签约

达成口头协议后,就可以签订书面协议。该举措非同一般商品交易,一手交钱,一手交货那么简单,而应显得慎重、严肃、可靠,这样才会博得客户的信任和放心,乐意签约。

经销商应该由销售部经理或指定的助手签字,以体现慎重、负责。某些特殊条款应该附注在协议上,不能口头承诺,这是塑造良好形象的重要表现。

(九) 代办

经销商应帮客户代办入户、入籍手续,代办缴费、完税手续以及其他手续。

(十) 交车

交车前应请客户再看一遍车辆,以视确认。

交付钥匙前,应讲几句祝福、祝贺的话,显得既庄重又活跃,使双方都感到这是一个非同一般的交接仪式,给客户留下难以忘怀的终生印象。客户和经销商的良好关系从此就正式建立起来了。

交车时应预约初次售后服务(上门访问)时间。

(十一) 售后

一般在交车后 5 天内进行第 1 次售后上门访问。尤其是在交车后的早期(一般为 1~2 个月)要经常主动联系、询问车辆状况,指导用车经验,解决客户要求。

良好的售后服务应予坚持,给客户造成极为深刻的印象。售后服务应有记录,并整理归档,以备随时查阅。

第五节 汽车置换的手续办理

一、旧机动车的手续

旧机动车的手续是指机动车上路行驶,按照国家法规和地方法规应该办理的各项有效证件和应该交纳的各项税费凭证。旧机动车属特殊商品,只有手续齐全,才能发挥机动车辆的实际效用,才能构成车辆的全价值。

(一) 车辆购置附加税

2000 年 10 月 22 日,国务院颁布《中华人民共和国车辆购置税暂行条例》,规定从 2001 年 1 月 1 日起开始向有关车辆征收车辆购置税,原有的车辆购置附加费取消。国家决定对所有购置车辆的单位和个人,包括国家机关和单位一律征收车辆购置附加税,其目的是切实解决发展公路运输事业与国家财力紧张的突出矛盾,将车辆购置附加税作为中国公路建设的一项长期稳定的资金来源,车辆购置附加税由税务部门负责征收工作,基金的使用由交通部按照国家有关规定统一安排,车辆购置附加税的征收标准,一般是车辆价格的 10% 左右。

车辆购置附加费的征收范围:

(1) 国内生产和组装(包括各种形式的中外合资和外资企业生产和组装的)并在国内销售和使用的大、小客车、通用型载货汽车、越野车、客货两用汽车、摩托车(二轮、三轮)、牵引车、半挂牵引车以及其他运输车(如厢式车、集装箱车、自卸汽车、液罐车、粉状粒状物散装车、冷冻车、保温车、牲畜车、邮政车等)和挂车、半挂车、特种挂车等。

(2) 国外进口的(新的和旧的)前款所列车辆。

对下列车辆免征车辆购置附加费:

(1) 设有固定装置的非运输用车辆。

(2) 外国驻华使领馆自用车辆,联合国所属驻华机构和国际金融组织自用车辆。

(3) 其他经交通部、财政部批准免征购置附加费的车辆。

(二) 机动车辆保险费

机动车辆保险是各种机动车辆在使用过程中发生道路交通事故造成车辆本身以及第三者人身伤亡和财产损失后的一种经济补偿制度。保险费用各地区有所差别,交纳时按本地区保险费用标准交付。保险险种主要有以下几种:机动车交通事故责任强制保险、车辆损失险、第三者责任险、车辆风窗玻璃单独破碎险、乘客意外伤害责任险、驾驶员意外伤害责任险和机动车辆盗抢险。其中,机动车交通事故责任强制保险(以下简称"交强险")是我国首个由国家法律规定实行的强制保险制度。《机动车交通事故责任强制保险条例》规定:交强险是由保险公司对被保险机动车发生道路交通事故造成受害人(不包括本车人员和被保险人)的人身伤亡、财产损失,在责任限额内予以赔偿的强制性责任保险。第三者责任险是强制性的,是必须投保的。

(三) 车船使用税

国务院1986年发布《中华人民共和国车船使用税暂行条例》规定,凡在中华人民共和国境内拥有车船的单位和个人,都应该依照规定缴纳车船使用税,这项税收按年征收,分期缴纳。

(四) 客、货运附加费

客、货运附加费是国家本着取之于民、用之于民的原则,向从事客、货营运的单位或个人征收的专项基金。它属于地方建设专项基金,各地征收的名称叫法不一,收取的标准也不尽相同。客运附加费的征收是用于公路汽车客运站、点设施建设的专项基金;货运附加费的征收是用于港航、站场、公路和车船技术改造的专项基金。

二、旧机动车交易中证件的识伪

机动车是高价商品,一方面违法者总是试图从这里寻找突破口,从中获取暴利;另一方面用户利益一旦受到损失,不仅金额巨大,而且往往带来许多难以解决的后续问题。因此,提醒大家要防止假冒欺骗行为。

旧机动车交易的手续证件和税费凭证,违法者都可能仿造,他们伪造的主要目的有三个:一是将非法车辆挂上伪造牌号,携带伪造行驶证非法上路行使,以蒙骗公安交通管理部门的检查;二是伪造各种税费凭证,企图拖、欠、漏、逃应交纳的各种规费。三是在交易中以伪造证件,蒙骗用户从中获取暴利。常见的伪造证件和凭证有:机动车号牌、机动车行驶证、车辆购置附加费凭证、准运证。

(一) 机动车号牌的识伪

非法者常以非法加工,偷牌拼装等手段伪造机动车号牌。国家规定,机动车号牌生产实行准产管理制度,凡生产号牌的企业,必须申请号牌准产证,经省级公安交通管理部门综合评审,对符合条件的企业发给《机动车号牌准产证》,其号牌质量必须达到公安行业标准。号牌上加有防伪合格标记。因此,机动车号牌的识伪方法:一是看号牌的识伪标记;二是看号牌底漆颜色深浅;三是看白底色或白字体是否涂以反光材料;四是查看号牌是否按规格冲压边框,字体是否模糊等。

(二) 机动车行驶证的识伪

国家对行驶证制作,也有统一规定,为了防止伪造行驶证,行驶证塑封套上有用紫光灯照射可识别的不规则的与行驶证卡片上图形相同的暗记,并且行驶证上按要求粘贴车辆彩色照片,因此机动车行驶证最好的识伪方法,就是查看识伪标记;再则查看车辆彩照与实物是否相符;再次将被查行驶证上的印刷字体字号、纸质、印刷质量与车辆管理机关核发的行驶证式样进行比较认定。一般来说,伪造行驶证纸质差,印刷质量模糊。

(三) 车辆购置附加税缴纳凭证的识伪

车辆购置附加税单位价值大,曾经有一段时间,有些单位和个人千方百计逃避附加费的征收,造成漏征现象;有些地方少数不法分子伪造,倒卖车辆购置附加税缴纳凭证。他们对那些漏征或来历不明的车辆;在交易市场上以伪造凭证蒙骗坑害用户,从中获取暴利。车辆购置附加税缴纳凭证真伪的识别一是以对比法进行认定;二是到征收机关查验。

(四)准运证的识伪

一段时期以来,伪造"准运证"的现象十分突出,有时这些假证还会在路途检查中蒙混过关。因此,购买这类车辆时要注意这些证件的真伪和有效性。鉴别方法:一是请当地市以上的工商行政管理机关、内贸管理部门或公安车辆管理部门帮助认定;二是自己寻找现行的由国家内贸部门会同有关部门下发的"准运证"式样进行对比认定。国家内贸部门发放的"准运证"式样是不定期更换的,要注意"准运证"的时效性。

三、旧车交易过户的办理程序

车辆置换涉及旧机动车交易,《旧机动车交易管理办法》规定,旧机动车进行交易的具体流程和程序如图 7-7 所示。

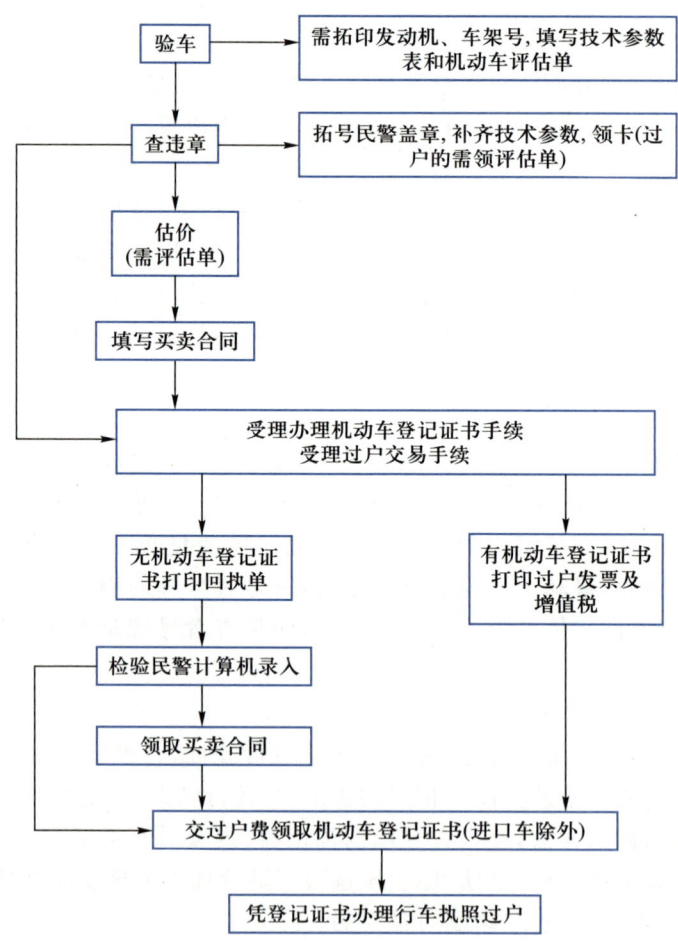

图 7-7 办理二手车辆交易流程及程序

2008年4月21日,修订后的《机动车登记规定》已经公安部部长办公会议通过,自2008年10月1日起施行。规范了旧机动车交易过户、转籍登记行为,全国车辆管理机关在执行这一法定程序时,由于各地区情况不一,在执行时根据实际情况略有变化。下面以北京今日新概念公司旧车置换业务为例,将车辆过户登记办理程序介绍如下。

(一)车辆的过户办理程序

(1)办理旧车过户之前,今日新概念置换服务人员陪同原车主本人开着过户车辆,并带齐车辆手续到各区县所对应的车管所办理《机动车登记证》,取得《机动车登记证》后方可办理过户手续。

(2)过户前,原车主须清理所有的违章记录,按国家规定缴纳了当年的税费,并按时通过机动车年检。

(3)旧机动车市场在车辆过户时实行经纪公司代理制,过户窗口不直接对消费者办理。买卖双方在办理过户时应手续齐全无违章,并将车辆开到市场,由今日新概念旧机动车经纪公司为其代理完成过户程序。验车、估价、打票当日就可完成。[1]

(4)签订买卖合同。按北京市工商局的规定,买卖双方需签订由北京市工商局监制的《北京市旧机动车买卖合同》,买卖双方应仔细阅读合同条款,合同的填写需真实有效,不得涂改。合同一式三份,买卖双方各持一份,驻场工商部门留存一份,并经过工商部门的验证备案才能办理车辆的过户或转籍手续。

(5)办理过户及相关费用。按北京市现行政策,过户费按市场评估价的2.5%收取,而不是按实际成交价的百分比提取。

(二)过户所需手续

1. 个人对个人

(1)买卖双方持本人有效身份证(原件)办理;
(2)卖方原购车发票或前次交易过户票及机动车登记证;
(3)将车开到交易市场验车定价;
(4)迁往外地的车辆,需带车辆购置附加税证;
(5)交易过户费按车辆评估价的2.5%收取;
(6)持过户票办理行驶证、购置税、保险等变更手续;
(7)买方为军人,需持军官证并所在部队团以上保卫部门介绍信,证明此人居住地,贴照片压章。

2. 单位对个人

(1)卖方单位介绍信、法人代码证书(原件);
(2)卖方原购车发票或前次交易过户票及机动车登记证;
(3)买方持本人有效身份证(原件);
(4)卖方开具的收款成交发票;
(5)迁往外地的车辆,需带附加费证;
(6)将车开到交易市场验车定价,交易过户费按车辆评估价的2.5%收取。

---

[1] 新购车辆和前次交易过的旧车,在取得合法手续后,即可进行下一次交易过户,不受时间限制。对达到规定的报废标准的,或者距报废期限不足一年的车辆不予办理交易过户手续。

(7) 持过户票办理行驶证、购置税、保险等变更手续；

(8) 买方为军人，需持军官证并所在部队团以上保卫部门介绍信，证明此人居住地，贴照片压章。

第六节 典型案例

"诚新二手车"车辆置换案例

苏小姐在上海一家外资企业工作，有一辆2003年的大众二厢POLO轿车，因使用多年，车况车貌都不太理想。随着家庭经济条件的改善，很想换一台空间大一点的家用轿车，经过咨询和比较，产生了置换一辆通用别克品牌新车的想法。

2012年年初，苏小姐来到别克4S店，新车销售员李先生热情地接待了她，通过与苏小姐的交流，得知苏小姐有一辆旧车要置换，想换台空间大一点的家用轿车。在言谈中李先生知晓了苏小姐对车辆的性能要求和购车预算，便针对性的从上海通用别克品牌众多的车型中遴选出2011款新君威介绍给苏小姐。并按上海通用"诚新二手车"旧车置换流程，展开旧车置换工作：

一、选择新车

苏小姐在李先生的陪同下来到了新车展示厅，详细察看了新君威的外观、内饰，向李先生了解了新君威的动力性能、油耗、配置、价格等自己关注的问题，感到十分满意。随即李先生又请苏小姐来到停车场，挑了一辆试驾车请苏小姐进行试驾体验。场外一圈兜下来，车辆表现出色，苏小姐决定接受李先生的建议，就换新君威。李先生对苏小姐介绍了上海通用的"诚新二手车"旧车置换业务，并将苏小姐带到负责旧车置换业务的王经理处。

二、旧车评估

王经理和苏小姐一见面便热情招呼："你好，苏小姐，我是本公司的二手车评估师，我姓王，你可以叫我小王，我将认真负责的对您的爱车进行仔细的评估"。由于POLO轿车停在展厅外，在路上，王经理又简单地向苏小姐介绍了上海通用"诚新二手车"服务是全国最大的二手车服务品牌，服务内容全面，诚信度高，服务范围遍及全国400多个大中城市。

王经理对照"诚新二手车"专用33项鉴定评估表对苏小姐的车进行鉴定评估，并将车辆基本信息、车辆外观情况、车辆使用状况一一做了记录。为了确保车辆机械状况鉴定无误，特将车辆送至维修车间，在二手车专用工位由维修技师使用专业仪器对车辆进行检测。经过检测，除车辆发生过一次追尾事故，后车门有过整形修复外，确认该车无大的技术问题，并作出确认。检测完毕后将车停回到客户停车位，锁好车门，将钥匙交还给了苏小姐。

三、洽谈旧车收购价格

王经理把苏小姐带到客户洽谈室，询问道："苏小姐需要什么茶水或饮料？""来杯茶水吧"。为苏小姐倒好茶水后入座，与苏小姐进行二手车价格洽谈。王经理先将目前同品牌同等车型的新车价格报出，再将记录车辆检测情况的33项鉴定评估表给苏小姐看，并将车辆检测的情况向苏小姐做了交流。根据苏小姐车辆年份、型号、使用状况，采用市场价格比较法确定旧车价格，给出3.8万元的评估价格。苏小姐觉得价格还是蛮公道的,而且新车旧车在一家汽车公司同时操作,感觉特别的方便,于是同意以这个价格签订置换合同。

四、签订旧车收购合同和置换协议

王经理把早就备好的二手车交易合同拿了出来,请苏小姐把车辆的行驶证、机动车登记证书、车辆购置税完税凭证、交强险保单,车辆交易时所需的材料给他查看,并一一做好登记。然后请苏小姐出示身份证,在二手车交易合同中将车牌号、车架号、车型、年份、颜色,包括车主姓名、身份证号码、联系电话、联系地址一一填写好。由于苏小姐的车是上海牌照,牌照额度需要留下给新车上牌,所以在合同中特意写明是不带牌照出售的,另外就车辆的交车日期、违章事项等也作了约定。合同签订完毕后,向苏小姐一一解释合同条款,苏小姐表示接受合同条款并在合同上签字。

王经理又与苏小姐协商新车的付款方式,苏小姐同意将置换旧车的钱款直接冲抵新车的车款,然后补足新车差价,办理提车手续。双方顺利地签订了车辆置换协议。

五、办理旧车过户手续

两天后,苏小姐来办理旧车过户手续,提取新车。王经理将苏小姐的旧车车辆材料:车辆钥匙、行驶证、机动车登记证书、购置税完税证明凭证、交强险保单、车主身份证复印件、旧机动车过户证明等收齐,并在交通信息网站查询该车是否有交通违章记录。确认无违章记录后,办理旧车过户手续,填写车辆入库单,将二手车交易合同、该车车辆登记证书、车辆入库单交公司财务,经过财务验收签字,将旧车收购的价格抵扣到新车价格中,并将二手车交易合同的客户联作为收购凭证交于苏小姐,车辆过户收购完成。

六、提取新车

苏小姐持收购凭证到财务处补足了新车差价,开具了购车发票,并办理了提车手续,顺利地提取了新车。

七、旧车整备、出售

王经理将收购车辆送至公司的售后维修站,按公司的旧车整备要求做106项检测,然后车辆整备员根据检测结果对车辆进行车辆整备。车辆整备过程除了必要的故障修理外,通常先将车辆底盘清洗干净,再用发动机专用清洗剂清洗发动机、擦干上光。然后对车辆内饰及后行李箱、备胎进行清洗,用不同的清洗剂对不同的内饰及后行李箱进行清洗,清洗完毕后将备胎用轮胎清洗剂清洗完毕晾干、上光后放入备胎箱内,最后对车辆外观进行修补、抛光清洗上蜡,车辆轮胎清洗上光。车辆整备完毕后再经过仔细检查,确保车辆整备没有问题,将车辆停入二手车展厅进行展示销售。

思考题

1. 组织学生扮演不同角色模拟经销商汽车旧车置换的业务流程。
2. 旧车鉴定估价的原则是什么?
3. 简述市场价格法评估的步骤。
4. 某营运车辆剩余使用寿命为5年,预计资金收益率为12%,风险率6%,假设每年的纯收入5万元,请用收益现值法求评估值。
5. 简述重置成本法评估旧车的具体步骤。

附 录

附录一

汽车金融公司管理办法

中国银行业监督管理委员会令

[2008]第1号

第一章 总 则

第一条 为加强对汽车金融公司的监督管理,促进我国汽车金融业的健康发展,依据《中华人民共和国银行业监督管理法》、《中华人民共和国公司法》等法律法规,制定本办法。

第二条 本办法所称汽车金融公司,是指经中国银行业监督管理委员会(以下简称中国银监会)批准设立的,为中国境内的汽车购买者及销售者提供金融服务的非银行金融机构。

第三条 汽车金融公司名称中应标明"汽车金融"字样。未经中国银监会批准,任何单位和个人不得从事汽车金融业务,不得在机构名称中使用"汽车金融"、"汽车信贷"等字样。

第四条 中国银监会及其派出机构依法对汽车金融公司实施监督管理。

第二章 机构设立、变更与终止

第五条 设立汽车金融公司应具备下列条件:

(一)具有符合本办法规定的出资人;

(二)具有符合本办法规定的最低限额注册资本;

(三)具有符合《中华人民共和国公司法》和中国银监会规定的公司章程;

(四)具有符合任职资格条件的董事、高级管理人员和熟悉汽车金融业务的合格从业人员;

(五)具有健全的公司治理、内部控制、业务操作、风险管理等制度;

(六)具有与业务经营相适应的营业场所、安全防范措施和其他设施;

(七)中国银监会规定的其他审慎性条件。

第六条 汽车金融公司的出资人为中国境内外依法设立的企业法人,其中主要出资人须为生产或销售汽车整车的企业或非银行金融机构。

第七条　汽车金融公司出资人中至少应有1名出资人具备5年以上丰富的汽车金融业务管理和风险控制经验。

汽车金融公司出资人如不具备前款规定的条件，至少应为汽车金融公司引进合格的专业管理团队。

第八条　非金融机构作为汽车金融公司出资人，应当具备以下条件：

（一）最近1年的总资产不低于80亿元人民币或等值的可自由兑换货币，年营业收入不低于50亿元人民币或等值的可自由兑换货币（合并会计报表口径）；

（二）最近1年年末净资产不低于资产总额的30%（合并会计报表口径）；

（三）经营业绩良好，且最近2个会计年度连续盈利；

（四）入股资金来源真实合法，不得以借贷资金入股，不得以他人委托资金入股；

（五）遵守注册所在地法律，近2年无重大违法违规行为；

（六）承诺3年内不转让所持有的汽车金融公司股权（中国银监会依法责令转让的除外），并在拟设公司章程中载明；

（七）中国银监会规定的其他审慎性条件。

第九条　非银行金融机构作为汽车金融公司出资人，除应具备第八条第三项至第六项的规定外，还应当具备注册资本不低于3亿元人民币或等值的可自由兑换货币的条件。

第十条　汽车金融公司注册资本的最低限额为5亿元人民币或等值的可自由兑换货币。注册资本为一次性实缴货币资本。

中国银监会根据汽车金融业务发展情况及审慎监管的需要，可以调高注册资本的最低限额。

第十一条　汽车金融公司的设立须经过筹建和开业两个阶段。申请设立汽车金融公司，应由主要出资人作为申请人，按照《中国银监会非银行金融机构行政许可事项申请材料目录和格式要求》的具体规定，提交筹建、开业申请材料。申请材料以中文文本为准。

第十二条　未经中国银监会批准，汽车金融公司不得设立分支机构。

第十三条　中国银监会对汽车金融公司董事和高级管理人员实行任职资格核准制度。

第十四条　汽车金融公司有下列变更事项之一的，应报经中国银监会批准：

（一）变更公司名称；

（二）变更注册资本；

（三）变更住所或营业场所；

（四）调整业务范围；

（五）改变组织形式；

（六）变更股权或调整股权结构；

（七）修改章程；

（八）变更董事及高级管理人员；

（九）合并或分立；

（十）中国银监会规定的其他变更事项。

第十五条　汽车金融公司有以下情况之一的，经中国银监会批准后可以解散：

（一）公司章程规定的营业期限届满或公司章程规定的其他解散事由出现；

（二）公司章程规定的权力机构决议解散；

（三）因公司合并或分立需要解散；
（四）其他法定事由。

第十六条　汽车金融公司有以下情形之一的，经中国银监会批准，可向法院申请破产：
（一）不能清偿到期债务，并且资产不足以清偿全部债务或明显缺乏清偿能力，自愿或应其债权人要求申请破产；
（二）因解散或被撤销而清算，清算组发现汽车金融公司财产不足以清偿债务，应当申请破产。

第十七条　汽车金融公司因解散、依法被撤销或被宣告破产而终止的，其清算事宜，按照国家有关法律法规办理。

第十八条　汽车金融公司设立、变更、终止和董事及高级管理人员任职资格核准的行政许可程序，按照《中国银监会非银行金融机构行政许可事项实施办法》执行。

第三章　业　务　范　围

第十九条　经中国银监会批准，汽车金融公司可从事下列部分或全部人民币业务：
（一）接受境外股东及其所在集团在华全资子公司和境内股东3个月（含）以上定期存款；
（二）接受汽车经销商采购车辆贷款保证金和承租人汽车租赁保证金；
（三）经批准，发行金融债券；
（四）从事同业拆借；
（五）向金融机构借款；
（六）提供购车贷款业务；
（七）提供汽车经销商采购车辆贷款和营运设备贷款，包括展示厅建设贷款和零配件贷款以及维修设备贷款等；
（八）提供汽车融资租赁业务（售后回租业务除外）；
（九）向金融机构出售或回购汽车贷款应收款和汽车融资租赁应收款业务；
（十）办理租赁汽车残值变卖及处理业务；
（十一）从事与购车融资活动相关的咨询、代理业务；
（十二）经批准，从事与汽车金融业务相关的金融机构股权投资业务；
（十三）经中国银监会批准的其他业务。

第二十条　汽车金融公司发放汽车贷款应遵守《汽车贷款管理办法》等有关规定。

第二十一条　汽车金融公司经营业务中涉及外汇管理事项的，应遵守国家外汇管理有关规定。

第四章　风险控制与监督管理

第二十二条　汽车金融公司应按照中国银监会有关银行业金融机构内控指引和风险管理指引的要求，建立健全公司治理和内部控制制度，建立全面有效的风险管理体系。

第二十三条　汽车金融公司应遵守以下监管要求：
（一）资本充足率不低于8%，核心资本充足率不低于4%；
（二）对单一借款人的授信余额不得超过资本净额的15%；
（三）对单一集团客户的授信余额不得超过资本净额的50%；

(四)对单一股东及其关联方的授信余额不得超过该股东在汽车金融公司的出资额;

(五)自用固定资产比例不得超过资本净额的40%。

中国银监会可根据监管需要对上述指标做出适当调整。

第二十四条 汽车金融公司应按照有关规定实行信用风险资产五级分类制度,并应建立审慎的资产减值损失准备制度,及时足额计提资产减值损失准备。未提足准备的,不得进行利润分配。

第二十五条 汽车金融公司应按规定编制并向中国银监会报送资产负债表、损益表及中国银监会要求的其他报表。

第二十六条 汽车金融公司应建立定期外部审计制度,并在每个会计年度结束后的4个月内,将经法定代表人签名确认的年度审计报告报送公司注册地的中国银监会派出机构。

第二十七条 中国银监会及其派出机构必要时可指定会计师事务所对汽车金融公司的经营状况、财务状况、风险状况、内部控制制度及执行情况等进行审计。中国银监会及其派出机构可要求汽车金融公司更换专业技能和独立性达不到监管要求的会计师事务所。

第二十八条 汽车金融公司如有业务外包需要,应制定与业务外包相关的政策和管理制度,包括业务外包的决策程序、对外包方的评价和管理、控制业务信息保密性和安全性的措施和应急计划等。汽车金融公司签署业务外包协议前应向注册地中国银监会派出机构报告业务外包协议的主要风险及相应的风险规避措施等。

第二十九条 汽车金融公司违反本办法规定的,中国银监会将责令限期整改;逾期未整改的,或其行为严重危及公司稳健运行、损害客户合法权益的,中国银监会可区别情形,依照《中华人民共和国银行业监督管理法》等法律法规的规定,采取暂停业务、限制股东权利等监管措施。

第三十条 汽车金融公司已经或可能发生信用危机、严重影响客户合法权益的,中国银监会将依法对其实行接管或促成机构重组。汽车金融公司有违法经营、经营管理不善等情形,不撤销将严重危害金融秩序、损害公众利益的,中国银监会将予以撤销。

第三十一条 汽车金融公司可成立行业性自律组织,实行自律管理。自律组织开展活动,应当接受中国银监会的指导和监督。

第五章 附 则

第三十二条 本办法第二条所称中国境内,是指中国大陆,不包括港、澳、台地区;所称销售者,是指专门从事汽车销售的经销商,不包括汽车制造商及其他形式的汽车销售者。

第三十三条 本办法第六条所称主要出资人是指出资数额最多并且出资额不低于拟设汽车金融公司全部股本30%的出资人。

第三十四条 本办法第十九条所称汽车融资租赁业务,是指汽车金融公司以汽车为租赁标的物,根据承租人对汽车和供货人的选择或认可,将其从供货人处取得的汽车按合同约定出租给承租人占有、使用,向承租人收取租金的交易活动。

第三十五条 本办法第十九条所称售后回租业务,是指承租人和供货人为同一人的融资租赁方式。即承租人将自有汽车出卖给出租人,同时与出租人签订融资租赁合同,再将该汽车从出租人处租回的融资租赁形式。

第三十六条 本办法第二十三条所称关联方是指《企业会计准则》第36号——关联方披露所界定的关联方。

第三十七条 本办法第二十三条有关监管指标的计算方法遵照中国银监会非现场监管报表指标体系的有关规定。

第三十八条 本办法所称汽车是指我国《汽车产业发展政策》中所定义的道路机动车辆(摩托车除外)。汽车金融公司涉及推土机、挖掘机、搅拌机、泵机等非道路机动车辆金融服务的,可比照本办法执行。

第三十九条 本办法由中国银监会负责解释。

第四十条 本办法自公布之日起施行,原《汽车金融公司管理办法》(中国银监会令2003年第4号)及《汽车金融公司管理办法实施细则》(银监发〔2003〕23号)同时废止。

附录二

汽车贷款管理办法

中国人民银行令

[2004]第 2 号

第一章 总 则

第一条 为规范汽车贷款业务管理,防范汽车贷款风险,促进汽车贷款业务健康发展,根据《中华人民共和国中国人民银行法》、《中华人民共和国商业银行法》、《中华人民共和国银行业监督管理法》等法律规定,制定本办法。

第二条 本办法所称汽车贷款是指贷款人向借款人发放的用于购买汽车(含二手车)的贷款,包括个人汽车贷款、经销商汽车贷款和机构汽车贷款。

第三条 本办法所称贷款人是指在中华人民共和国境内依法设立的、经中国银行业监督管理委员会及其派出机构批准经营人民币贷款业务的商业银行、城乡信用社及获准经营汽车贷款业务的非银行金融机构。

第四条 本办法所称自用车是指借款人通过汽车贷款购买的、不以营利为目的的汽车;商用车是指借款人通过汽车贷款购买的、以营利为目的的汽车;二手车是指从办理完机动车注册登记手续到规定报废年限一年之前进行所有权变更并依法办理过户手续的汽车。

第五条 汽车贷款利率按照中国人民银行公布的贷款利率规定执行,计、结息办法由借款人和贷款人协商确定。

第六条 汽车贷款的贷款期限(含展期)不得超过5年,其中,二手车贷款的贷款期限(含展期)不得超过3年,经销商汽车贷款的贷款期限不得超过1年。

第七条 借贷双方应当遵循平等、自愿、诚实、守信的原则。

第二章 个人汽车贷款

第八条 本办法所称个人汽车贷款,是指贷款人向个人借款人发放的用于购买汽车的贷款。

第九条　借款人申请个人汽车贷款,应当同时符合以下条件:
(一)是中华人民共和国公民,或在中华人民共和国境内连续居住一年以上(含一年)的港、澳、台居民及外国人;
(二)具有有效身份证明、固定和详细住址且具有完全民事行为能力;
(三)具有稳定的合法收入或足够偿还贷款本息的个人合法资产;
(四)个人信用良好;
(五)能够支付本办法规定的首期付款;
(六)贷款人要求的其他条件。

第十条　贷款人发放个人汽车贷款,应综合考虑以下因素,确定贷款金额、期限、利率和还本付息方式等贷款条件:
(一)贷款人对借款人的资信评级情况;
(二)贷款担保情况;
(三)所购汽车的性能及用途;
(四)汽车行业发展和汽车市场供求情况。

第十一条　贷款人应当建立借款人信贷档案。借款人信贷档案应载明以下内容:
(一)借款人姓名、住址、有效身份证明及有效联系方式;
(二)借款人的收入水平及资信状况证明;
(三)所购汽车的购车协议、汽车型号、发动机号、车架号、价格与购车用途;
(四)贷款的金额、期限、利率、还款方式和担保情况;
(五)贷款催收记录;
(六)防范贷款风险所需的其他资料。

第十二条　贷款人发放个人商用车贷款,除本办法第十一条规定的内容外,应在借款人信贷档案中增加商用车运营资格证年检情况、商用车折旧、保险情况等内容。

第三章　经销商汽车贷款

第十三条　本办法所称经销商汽车贷款,是指贷款人向汽车经销商发放的用于采购车辆和(或)零配件的贷款。

第十四条　借款人申请经销商汽车贷款,应当同时符合以下条件:
(一)具有工商行政主管部门核发的企业法人营业执照及年检证明;
(二)具有汽车生产商出具的代理销售汽车证明;
(三)资产负债率不超过80%;
(四)具有稳定的合法收入或足够偿还贷款本息的合法资产;
(五)经销商、经销商高级管理人员及经销商代为受理贷款申请的客户无重大违约行为或信用不良记录;
(六)贷款人要求的其他条件。

第十五条　贷款人应为每个经销商借款人建立独立的信贷档案,并及时更新。经销商信贷档案应载明以下内容:
(一)经销商的名称、法定代表人及营业地址;

（二）各类营业证照复印件；
（三）经销商购买保险、商业信用及财务状况；
（四）中国人民银行核发的贷款卡（号）；
（五）所购汽车及零部件的型号、价格及用途；
（六）贷款担保状况；
（七）防范贷款风险所需的其他资料。

第十六条　贷款人对经销商采购车辆和（或）零配件贷款的贷款金额应以经销商一段期间的平均存货为依据，具体期间应视经销商存货周转情况而定。

第十七条　贷款人应通过定期清点经销商汽车和（或）零配件存货、分析经销商财务报表等方式，定期对经销商进行信用审查，并视审查结果调整经销商资信级别和清点存货的频率。

第四章　机构汽车贷款

第十八条　本办法所称机构汽车贷款，是指贷款人对除经销商以外的法人、其他经济组织（以下简称机构借款人）发放的用于购买汽车的贷款。

第十九条　借款人申请机构汽车贷款，必须同时符合以下条件：
（一）具有企业或事业单位登记管理机关核发的企业法人营业执照或事业单位法人证书等证明借款人具有法人资格的法定文件；
（二）具有合法、稳定的收入或足够偿还贷款本息的合法资产；
（三）能够支付本办法规定的首期付款；
（四）无重大违约行为或信用不良记录；
（五）贷款人要求的其他条件。

第二十条　贷款人应参照本办法第十五条之规定为每个机构借款人建立独立的信贷档案，加强信贷风险跟踪监测。

第二十一条　贷款人对从事汽车租赁业务的机构发放机构商用车贷款，应监测借款人对残值的估算方式，防范残值估计过高给贷款人带来的风险。

第五章　风 险 管 理

第二十二条　贷款人发放自用车贷款的金额不得超过借款人所购汽车价格的80%；发放商用车贷款的金额不得超过借款人所购汽车价格的70%；发放二手车贷款的金额不得超过借款人所购汽车价格的50%。

前款所称汽车价格，对新车是指汽车实际成交价格（不含各类附加税、费及保费等）与汽车生产商公布的价格的较低者，对二手车是指汽车实际成交价格（不含各类附加税、费及保费等）与贷款人评估价格的较低者。

第二十三条　贷款人应建立借款人资信评级系统，审慎确定借款人的资信级别。对个人借款人，应根据其职业、收入状况、还款能力、信用记录等因素确定资信级别；对经销商及机构借款人，应根据其信贷档案所反映的情况、高级管理人员的资信情况、财务状况、信用记录等因素确定资信级别。

第二十四条　贷款人发放汽车贷款，应要求借款人提供所购汽车抵押或其他有效担保。

第二十五条　贷款人应直接或委托指定经销商受理汽车贷款申请,完善审贷分离制度,加强贷前审查和贷后跟踪催收工作。

第二十六条　贷款人应建立二手车市场信息数据库和二手车残值估算体系。

第二十七条　贷款人应根据贷款金额、贷款地区分布、借款人财务状况、汽车品牌、抵押担保等因素建立汽车贷款分类监控系统,对不同类别的汽车贷款风险进行定期检查、评估。根据检查评估结果,及时调整各类汽车贷款的风险级别。

第二十八条　贷款人应建立汽车贷款预警监测分析系统,制定预警标准;超过预警标准后应采取重新评价贷款审批制度等措施。

第二十九条　贷款人应建立不良贷款分类处理制度和审慎的贷款损失准备制度,计提相应的风险准备。

第三十条　贷款人发放抵押贷款,应审慎评估抵押物价值,充分考虑抵押物减值风险,设定抵押率上限。

第三十一条　贷款人应将汽车贷款的有关信息及时录入信贷登记咨询系统,并建立与其他贷款人的信息交流制度。

第六章　附　　则

第三十二条　贷款人在从事汽车贷款业务时有违反本办法规定之行为的,中国银行业监督管理委员会及其派出机构有权依据《中华人民共和国银行业监督管理法》等法律规定对该贷款人及其相关人员进行处罚。中国人民银行及其分支机构可以建议中国银行业监督管理委员会及其派出机构对从事汽车贷款业务的贷款人违规行为进行监督检查。

第三十三条　贷款人对借款人发放的用于购买推土机、挖掘机、搅拌机、泵机等工程车辆的贷款,比照本办法执行。

第三十四条　本办法由中国人民银行和中国银行业监督管理委员会共同负责解释。

第三十五条　本办法自 2004 年 10 月 1 日起施行,中国人民银行 1998 年颁布的《汽车消费贷款管理办法》自本办法施行之日起废止。

附录三

机动车登记规定

中华人民共和国公安部令
[2008]第 102 号

第一章　总　　则

第一条　根据《中华人民共和国道路交通安全法》及其实施条例的规定,制定本规定。

第二条　本规定由公安机关交通管理部门负责实施。

省级公安机关交通管理部门负责本省（自治区、直辖市）机动车登记工作的指导、检查和监督。直辖市公安机关交通管理部门车辆管理所、设区的市或者相当于同级的公安机关交通管理部门车辆管理所负责办理本行政辖区内机动车登记业务。

县级公安机关交通管理部门车辆管理所可以办理本行政辖区内摩托车、三轮汽车、低速载货汽车登记业务。条件具备的，可以办理除进口机动车、危险化学品运输车、校车、中型以上载客汽车以外的其他机动车登记业务。具体业务范围和办理条件由省级公安机关交通管理部门确定。

警用车辆登记业务按照有关规定办理。

第三条　车辆管理所办理机动车登记，应当遵循公开、公正、便民的原则。

车辆管理所在受理机动车登记申请时，对申请材料齐全并符合法律、行政法规和本规定的，应当在规定的时限内办结。对申请材料不齐全或者其他不符合法定形式的，应当一次告知申请人需要补正的全部内容。对不符合规定的，应当书面告知不予受理、登记的理由。

车辆管理所应当将法律、行政法规和本规定的有关机动车登记的事项、条件、依据、程序、期限以及收费标准、需要提交的全部材料的目录和申请表示范文本等在办理登记的场所公示。

省级、设区的市或者相当于同级的公安机关交通管理部门应当在互联网上建立主页，发布信息，便于群众查阅机动车登记的有关规定，下载、使用有关表格。

第四条　车辆管理所应当使用计算机登记系统办理机动车登记，并建立数据库。不使用计算机登记系统登记的，登记无效。

计算机登记系统的数据库标准和登记软件全国统一。数据库能够完整、准确记录登记内容，记录办理过程和经办人员信息，并能够实时将有关登记内容传送到全国公安交通管理信息系统。计算机登记系统应当与交通违法信息系统和交通事故信息系统实行联网。

第二章　登　记

第一节　注册登记

第五条　初次申领机动车号牌、行驶证的，机动车所有人应当向住所地的车辆管理所申请注册登记。

第六条　机动车所有人应当到机动车安全技术检验机构对机动车进行安全技术检验，取得机动车安全技术检验合格证明后申请注册登记。但经海关进口的机动车和国务院机动车产品主管部门认定免予安全技术检验的机动车除外。

免予安全技术检验的机动车有下列情形之一的，应当进行安全技术检验：

（一）国产机动车出厂后两年内未申请注册登记的；

（二）经海关进口的机动车进口后两年内未申请注册登记的；

（三）申请注册登记前发生交通事故的。

第七条　申请注册登记的，机动车所有人应当填写申请表，交验机动车，并提交以下证明、凭证：

（一）机动车所有人的身份证明；

（二）购车发票等机动车来历证明；

（三）机动车整车出厂合格证明或者进口机动车进口凭证；

（四）车辆购置税完税证明或者免税凭证；

（五）机动车交通事故责任强制保险凭证；

（六）法律、行政法规规定应当在机动车注册登记时提交的其他证明、凭证。

不属于经海关进口的机动车和国务院机动车产品主管部门规定免予安全技术检验的机动车，还应当提交机动车安全技术检验合格证明。

车辆管理所应当自受理申请之日起二日内，确认机动车，核对车辆识别代号拓印膜，审查提交的证明、凭证，核发机动车登记证书、号牌、行驶证和检验合格标志。

第八条 车辆管理所办理消防车、救护车、工程救险车注册登记时，应当对车辆的使用性质、标志图案、标志灯具和警报器进行审查。

车辆管理所办理全挂汽车列车和半挂汽车列车注册登记时，应当对牵引车和挂车分别核发机动车登记证书、号牌和行驶证。

第九条 有下列情形之一的，不予办理注册登记：

（一）机动车所有人提交的证明、凭证无效的；

（二）机动车来历证明被涂改或者机动车来历证明记载的机动车所有人与身份证明不符的；

（三）机动车所有人提交的证明、凭证与机动车不符的；

（四）机动车未经国务院机动车产品主管部门许可生产或者未经国家进口机动车主管部门许可进口的；

（五）机动车的有关技术数据与国务院机动车产品主管部门公告的数据不符的；

（六）机动车的型号、发动机号码、车辆识别代号或者有关技术数据不符合国家安全技术标准的；

（七）机动车达到国家规定的强制报废标准的；

（八）机动车被人民法院、人民检察院、行政执法部门依法查封、扣押的；

（九）机动车属于被盗抢的；

（十）其他不符合法律、行政法规规定的情形。

第二节 变更登记

第十条 已注册登记的机动车有下列情形之一的，机动车所有人应当向登记地车辆管理所申请变更登记：

（一）改变车身颜色的；

（二）更换发动机的；

（三）更换车身或者车架的；

（四）因质量问题更换整车的；

（五）营运机动车改为非营运机动车或者非营运机动车改为营运机动车等使用性质改变的；

（六）机动车所有人的住所迁出或者迁入车辆管理所管辖区域的。

机动车所有人为两人以上，需要将登记的所有人姓名变更为其他所有人姓名的，可以向登记地车辆管理所申请变更登记。

属于本条第一款第(一)项、第(二)项和第(三)项规定的变更事项的,机动车所有人应当在变更后十日内向车辆管理所申请变更登记;属于本条第一款第(六)项规定的变更事项的,机动车所有人申请转出前,应当将涉及该车的道路交通安全违法行为和交通事故处理完毕。

第十一条　申请变更登记的,机动车所有人应当填写申请表,交验机动车,并提交以下证明、凭证:

(一)机动车所有人的身份证明;

(二)机动车登记证书;

(三)机动车行驶证;

(四)属于更换发动机、车身或者车架的,还应当提交机动车安全技术检验合格证明;

(五)属于因质量问题更换整车的,还应当提交机动车安全技术检验合格证明,但经海关进口的机动车和国务院机动车产品主管部门认定免予安全技术检验的机动车除外。

车辆管理所应当自受理之日起一日内,确认机动车,审查提交的证明、凭证,在机动车登记证书上签注变更事项,收回行驶证,重新核发行驶证。

车辆管理所办理本规定第十条第一款第(三)项、第(四)项和第(六)项规定的变更登记事项的,应当核对车辆识别代号拓印膜。

第十二条　车辆管理所办理机动车变更登记时,需要改变机动车号牌号码的,收回号牌、行驶证,确定新的机动车号牌号码,重新核发号牌、行驶证和检验合格标志。

第十三条　机动车所有人的住所迁出车辆管理所管辖区域的,车辆管理所应当自受理之日起三日内,在机动车登记证书上签注变更事项,收回号牌、行驶证,核发有效期为三十日的临时行驶车号牌,将机动车档案交机动车所有人。机动车所有人应当在临时行驶车号牌的有效期限内到住所地车辆管理所申请机动车转入。

申请机动车转入的,机动车所有人应当填写申请表,提交身份证明、机动车登记证书、机动车档案,并交验机动车。机动车在转入时已超过检验有效期的,应当在转入地进行安全技术检验并提交机动车安全技术检验合格证明和交通事故责任强制保险凭证。车辆管理所应当自受理之日起三日内,确认机动车,核对车辆识别代号拓印膜,审查相关证明、凭证和机动车档案,在机动车登记证书上签注转入信息,核发号牌、行驶证和检验合格标志。

第十四条　机动车所有人为两人以上,需要将登记的所有人姓名变更为其他所有人姓名的,应当提交机动车登记证书、行驶证、变更前和变更后机动车所有人的身份证明和共同所有的公证证明,但属于夫妻双方共同所有的,可以提供《结婚证》或者证明夫妻关系的《居民户口簿》。

变更后机动车所有人的住所在车辆管理所管辖区域内的,车辆管理所按照本规定第十一条第二款的规定办理变更登记。变更后机动车所有人的住所不在车辆管理所管辖区域内的,迁出地和迁入地车辆管理所按照本规定第十三条的规定办理变更登记。

第十五条　有下列情形之一的,不予办理变更登记:

(一)改变机动车的品牌、型号和发动机型号的,但经国务院机动车产品主管部门许可选装的发动机除外;

(二)改变已登记的机动车外形和有关技术数据的,但法律、法规和国家强制性标准另有规定的除外;

(三)有本规定第九条第(一)项、第(七)项、第(八)项、第(九)项规定情形的。

第十六条　有下列情形之一,在不影响安全和识别号牌的情况下,机动车所有人不需要办理变更登记:

(一) 小型、微型载客汽车加装前后防撞装置;

(二) 货运机动车加装防风罩、水箱、工具箱、备胎架等;

(三) 增加机动车车内装饰。

第十七条　已注册登记的机动车,机动车所有人住所在车辆管理所管辖区域内迁移或者机动车所有人姓名(单位名称)、联系方式变更的,应当向登记地车辆管理所备案。

(一) 机动车所有人住所在车辆管理所管辖区域内迁移、机动车所有人姓名(单位名称)变更的,机动车所有人应当提交身份证明、机动车登记证书、行驶证和相关变更证明。车辆管理所应当自受理之日起一日内,在机动车登记证书上签注备案事项,重新核发行驶证。

(二) 机动车所有人联系方式变更的,机动车所有人应当提交身份证明和行驶证。车辆管理所应当自受理之日起一日内办理备案。

机动车所有人的身份证明名称或者号码变更的,可以向登记地车辆管理所申请备案。机动车所有人应当提交身份证明、机动车登记证书。车辆管理所应当自受理之日起一日内,在机动车登记证书上签注备案事项。

发动机号码、车辆识别代号因磨损、锈蚀、事故等原因辨认不清或者损坏的,可以向登记地车辆管理所申请备案。机动车所有人应当提交身份证明、机动车登记证书、行驶证。车辆管理所应当自受理之日起一日内,在发动机、车身或者车架上打刻原发动机号码或者原车辆识别代号,在机动车登记证书上签注备案事项。

第三节　转移登记

第十八条　已注册登记的机动车所有权发生转移的,现机动车所有人应当自机动车交付之日起三十日内向登记地车辆管理所申请转移登记。

机动车所有人申请转移登记前,应当将涉及该车的道路交通安全违法行为和交通事故处理完毕。

第十九条　申请转移登记的,现机动车所有人应当填写申请表,交验机动车,并提交以下证明、凭证:

(一) 现机动车所有人的身份证明;

(二) 机动车所有权转移的证明、凭证;

(三) 机动车登记证书;

(四) 机动车行驶证;

(五) 属于海关监管的机动车,还应当提交《中华人民共和国海关监管车辆解除监管证明书》或者海关批准的转让证明;

(六) 属于超过检验有效期的机动车,还应当提交机动车安全技术检验合格证明和交通事故责任强制保险凭证。

现机动车所有人住所在车辆管理所管辖区域内的,车辆管理所应当自受理申请之日起一日内,确认机动车,核对车辆识别代号拓印膜,审查提交的证明、凭证,收回号牌、行驶证,确定新的机动车号牌号码,在机动车登记证书上签注转移事项,重新核发号牌、行驶证和检验合格标志。

现机动车所有人住所不在车辆管理所管辖区域内的,车辆管理所应当按照本规定第十三条的规定办理。

第二十条　有下列情形之一的,不予办理转移登记:
(一)机动车与该车档案记载内容不一致的;
(二)属于海关监管的机动车,海关未解除监管或者批准转让的;
(三)机动车在抵押登记、质押备案期间的;
(四)有本规定第九条第(一)项、第(二)项、第(七)项、第(八)项、第(九)项规定情形的。

第二十一条　被人民法院、人民检察院和行政执法部门依法没收并拍卖,或者被仲裁机构依法仲裁裁决,或者被人民法院调解、裁定、判决机动车所有权转移时,原机动车所有人未向现机动车所有人提供机动车登记证书、号牌或者行驶证的,现机动车所有人在办理转移登记时,应当提交人民法院出具的未得到机动车登记证书、号牌或者行驶证的《协助执行通知书》,或者人民检察院、行政执法部门出具的未得到机动车登记证书、号牌或者行驶证的证明。车辆管理所应当公告原机动车登记证书、号牌或者行驶证作废,并在办理转移登记的同时,补发机动车登记证书。

第四节　抵押登记

第二十二条　机动车所有人将机动车作为抵押物抵押的,应当向登记地车辆管理所申请抵押登记;抵押权消灭的,应当向登记地车辆管理所申请解除抵押登记。

第二十三条　申请抵押登记的,机动车所有人应当填写申请表,由机动车所有人和抵押权人共同申请,并提交下列证明、凭证:
(一)机动车所有人和抵押权人的身份证明;
(二)机动车登记证书;
(三)机动车所有人和抵押权人依法订立的主合同和抵押合同。

车辆管理所应当自受理之日起一日内,审查提交的证明、凭证,在机动车登记证书上签注抵押登记的内容和日期。

第二十四条　申请解除抵押登记的,机动车所有人应当填写申请表,由机动车所有人和抵押权人共同申请,并提交下列证明、凭证:
(一)机动车所有人和抵押权人的身份证明;
(二)机动车登记证书。

人民法院调解、裁定、判决解除抵押的,机动车所有人或者抵押权人应当填写申请表,提交机动车登记证书、人民法院出具的已经生效的《调解书》、《裁定书》或者《判决书》,以及相应的《协助执行通知书》。

车辆管理所应当自受理之日起一日内,审查提交的证明、凭证,在机动车登记证书上签注解除抵押登记的内容和日期。

第二十五条　机动车抵押登记日期、解除抵押登记日期可以供公众查询。

第二十六条　有本规定第九条第(一)项、第(七)项、第(八)项、第(九)项或者第二十条第(二)项规定情形之一的,不予办理抵押登记。对机动车所有人提交的证明、凭证无效,或者机动车被人民法院、人民检察院、行政执法部门依法查封、扣押的,不予办理解除抵押登记。

第五节 注销登记

第二十七条 已达到国家强制报废标准的机动车,机动车所有人向机动车回收企业交售机动车时,应当填写申请表,提交机动车登记证书、号牌和行驶证。机动车回收企业应当确认机动车并解体,向机动车所有人出具《报废机动车回收证明》。报废的大型客、货车及其他营运车辆应当在车辆管理所的监督下解体。

机动车回收企业应当在机动车解体后七日内将申请表、机动车登记证书、号牌、行驶证和《报废机动车回收证明》副本提交车辆管理所,申请注销登记。

车辆管理所应当自受理之日起一日内,审查提交的证明、凭证,收回机动车登记证书、号牌、行驶证,出具注销证明。

第二十八条 除本规定第二十七条规定的情形外,机动车有下列情形之一的,机动车所有人应当向登记地车辆管理所申请注销登记:

(一)机动车灭失的;

(二)机动车因故不在我国境内使用的;

(三)因质量问题退车的。

已注册登记的机动车有下列情形之一的,登记地车辆管理所应当办理注销登记:

(一)机动车登记被依法撤销的;

(二)达到国家强制报废标准的机动车被依法收缴并强制报废的。

属于本条第一款第(二)项和第(三)项规定情形之一的,机动车所有人申请注销登记前,应当将涉及该车的道路交通安全违法行为和交通事故处理完毕。

第二十九条 属于本规定第二十八条第一款规定的情形,机动车所有人申请注销登记的,应当填写申请表,并提交以下证明、凭证:

(一)机动车登记证书;

(二)机动车行驶证;

(三)属于机动车灭失的,还应当提交机动车所有人的身份证明和机动车灭失证明;

(四)属于机动车因故不在我国境内使用的,还应当提交机动车所有人的身份证明和出境证明,其中属于海关监管的机动车,还应当提交海关出具的《中华人民共和国海关监管车辆进(出)境领(销)牌照通知书》;

(五)属于因质量问题退车的,还应当提交机动车所有人的身份证明和机动车制造厂或者经销商出具的退车证明。

车辆管理所应当自受理之日起一日内,审查提交的证明、凭证,收回机动车登记证书、号牌、行驶证,出具注销证明。

第三十条 因车辆损坏无法驶回登记地的,机动车所有人可以向车辆所在地机动车回收企业交售报废机动车。交售机动车时应当填写申请表,提交机动车登记证书、号牌和行驶证。机动车回收企业应当确认机动车并解体,向机动车所有人出具《报废机动车回收证明》。报废的大型客、货车及其他营运车辆应当在报废地车辆管理所的监督下解体。

机动车回收企业应当在机动车解体后七日内将申请表、机动车登记证书、号牌、行驶证和《报废机动车回收证明》副本提交报废地车辆管理所,申请注销登记。

报废地车辆管理所应当自受理之日起一日内,审查提交的证明、凭证,收回机动车登记证书、号牌、行驶证,并通过计算机登记系统将机动车报废信息传递给登记地车辆管理所。

登记地车辆管理所应当自接到机动车报废信息之日起一日内办理注销登记,并出具注销证明。

第三十一条 已注册登记的机动车有下列情形之一的,车辆管理所应当公告机动车登记证书、号牌、行驶证作废:

(一)达到国家强制报废标准,机动车所有人逾期不办理注销登记的;

(二)机动车登记被依法撤销后,未收缴机动车登记证书、号牌、行驶证的;

(三)达到国家强制报废标准的机动车被依法收缴并强制报废的;

(四)机动车所有人办理注销登记时未交回机动车登记证书、号牌、行驶证的。

第三十二条 有本规定第九条第(一)项、第(八)项、第(九)项或者第二十条第(一)项、第(三)项规定情形的之一的,不予办理注销登记。

第三章 其他规定

第三十三条 申请办理机动车质押备案或者解除质押备案的,由机动车所有人和典当行共同申请,机动车所有人应当填写申请表,并提交以下证明、凭证:

(一)机动车所有人和典当行的身份证明;

(二)机动车登记证书。

车辆管理所应当自受理之日起一日内,审查提交的证明、凭证,在机动车登记证书上签注质押备案或者解除质押备案的内容和日期。

有本规定第九条第(一)项、第(七)项、第(八)项、第(九)项规定情形之一的,不予办理质押备案。对机动车所有人提交的证明、凭证无效,或者机动车被人民法院、人民检察院、行政执法部门依法查封、扣押的,不予办理解除质押备案。

第三十四条 机动车登记证书灭失、丢失或者损毁的,机动车所有人应当向登记地车辆管理所申请补领、换领。申请时,机动车所有人应当填写申请表并提交身份证明,属于补领机动车登记证书的,还应当交验机动车。车辆管理所应当自受理之日起一日内,确认机动车,审查提交的证明、凭证,补发、换发机动车登记证书。

启用机动车登记证书前已注册登记的机动车未申领机动车登记证书的,机动车所有人可以向登记地车辆管理所申领机动车登记证书。但属于机动车所有人申请变更、转移或者抵押登记的,应当在申请前向车辆管理所申领机动车登记证书。申请时,机动车所有人应当填写申请表,交验机动车并提交身份证明。车辆管理所应当自受理之日起五日内,确认机动车,核对车辆识别代号拓印膜,审查提交的证明、凭证,核发机动车登记证书。

第三十五条 机动车号牌、行驶证灭失、丢失或者损毁的,机动车所有人应当向登记地车辆管理所申请补领、换领。申请时,机动车所有人应当填写申请表并提交身份证明。

车辆管理所应当审查提交的证明、凭证,收回未灭失、丢失或者损毁的号牌、行驶证,自受理之日起一日内补发、换发行驶证,自受理之日起十五日内补发、换发号牌,原机动车号牌号码不变。

补发、换发号牌期间应当核发有效期不超过十五日的临时行驶车号牌。

第三十六条 机动车具有下列情形之一,需要临时上道路行使的,机动车所有人应当向车辆管理所申领临时行驶车号牌:
(一)未销售的;
(二)购买、调拨、赠予等方式获得机动车后尚未注册登记的;
(三)进行科研、定型试验的;
(四)因轴荷、总质量、外廓尺寸超出国家标准不予办理注册登记的特型机动车。

第三十七条 机动车所有人申领临时行驶车号牌应当提交以下证明、凭证:
(一)机动车所有人的身份证明;
(二)机动车交通事故责任强制保险凭证;
(三)属于本规定第三十六条第(一)项、第(四)项规定情形的,还应当提交机动车整车出厂合格证明或者进口机动车进口凭证;
(四)属于本规定第三十六条第(二)项规定情形的,还应当提交机动车来历证明,以及机动车整车出厂合格证明或者进口机动车进口凭证;
(五)属于本规定第三十六条第(三)项规定情形的,还应当提交书面申请和机动车安全技术检验合格证明。

车辆管理所应当自受理之日起一日内,审查提交的证明、凭证,属于本规定第三十六条第(一)项、第(二)项规定情形,需要在本行政辖区内临时行驶的,核发有效期不超过十五日的临时行驶车号牌;需要跨行政辖区临时行驶的,核发有效期不超过三十日的临时行驶车号牌。属于本规定第三十六条第(三)项、第(四)项规定情形的,核发有效期不超过九十日的临时行驶车号牌。

因号牌制作的原因,无法在规定时限内核发号牌的,车辆管理所应当核发有效期不超过十五日的临时行驶车号牌。

对具有本规定第三十六条第(一)项、第(二)项规定情形之一,机动车所有人需要多次申领临时行驶车号牌的,车辆管理所核发临时行驶车号牌不得超过三次。

第三十八条 机动车所有人发现登记内容有错误的,应当及时要求车辆管理所更正。车辆管理所应当自受理之日起五日内予以确认。确属登记错误的,在机动车登记证书上更正相关内容,换发行驶证。需要改变机动车号牌号码的,应当收回号牌、行驶证,确定新的机动车号牌号码,重新核发号牌、行驶证和检验合格标志。

第三十九条 已注册登记的机动车被盗抢的,车辆管理所应当根据刑侦部门提供的情况,在计算机登记系统内记录,停止办理该车的各项登记和业务。被盗抢机动车发还后,车辆管理所应当恢复办理该车的各项登记和业务。

机动车在被盗抢期间,发动机号码、车辆识别代号或者车身颜色被改变的,车辆管理所应当凭有关技术鉴定证明办理变更备案。

第四十条 机动车所有人可以在机动车检验有效期满前三个月内向登记地车辆管理所申请检验合格标志。

申请前,机动车所有人应当将涉及该车的道路交通安全违法行为和交通事故处理完毕。申请时,机动车所有人应当填写申请表并提交行驶证、机动车交通事故责任强制保险凭证、机动车安全技术检验合格证明。

车辆管理所应当自受理之日起一日内,确认机动车,审查提交的证明、凭证,核发检验合格标志。

第四十一条　除大型载客汽车以外的机动车因故不能在登记地检验的,机动车所有人可以向登记地车辆管理所申请委托核发检验合格标志。申请前,机动车所有人应当将涉及机动车的道路交通安全违法行为和交通事故处理完毕。申请时,应当提交机动车登记证书或者行驶证。

车辆管理所应当自受理之日起一日内,出具核发检验合格标志的委托书。

机动车在检验地检验合格后,机动车所有人应当按照本规定第四十条第二款的规定向被委托地车辆管理所申请检验合格标志,并提交核发检验合格标志的委托书。被委托地车辆管理所应当自受理之日起一日内,按照本规定第四十条第三款的规定核发检验合格标志。

第四十二条　机动车检验合格标志灭失、丢失或者损毁的,机动车所有人应当持行驶证向机动车登记地或者检验合格标志核发地车辆管理所申请补领或者换领。车辆管理所应当自受理之日起一日内补发或者换发。

第四十三条　办理机动车转移登记或者注销登记后,原机动车所有人申请办理新购机动车注册登记时,可以向车辆管理所申请使用原机动车号牌号码。

申请使用原机动车号牌号码应当符合下列条件:

(一)在办理转移登记或者注销登记后六个月内提出申请;

(二)机动车所有人拥有原机动车三年以上;

(三)涉及原机动车的道路交通安全违法行为和交通事故处理完毕。

第四十四条　确定机动车号牌号码采用计算机自动选取和由机动车所有人按照机动车号牌标准规定自行编排的方式。

第四十五条　机动车所有人可以委托代理人代理申请各项机动车登记和业务,但申请补领机动车登记证书的除外。对机动车所有人因死亡、出境、重病、伤残或者不可抗力等原因不能到场申请补领机动车登记证书的,可以凭相关证明委托代理人代理申领。

代理人申请机动车登记和业务时,应当提交代理人的身份证明和机动车所有人的书面委托。

第四十六条　机动车所有人或者代理人申请机动车登记和业务,应当如实向车辆管理所提交规定的材料和反映真实情况,并对其申请材料实质内容的真实性负责。

第四章　法律责任

第四十七条　有下列情形之一的,由公安机关交通管理部门处警告或者二百元以下罚款:

(一)重型、中型载货汽车及其挂车的车身或者车厢后部未按照规定喷涂放大的牌号或者放大的牌号不清晰的;

(二)机动车喷涂、粘贴标识或者车身广告,影响安全驾驶的;

(三)载货汽车、挂车未按照规定安装侧面及后下部防护装置、粘贴车身反光标识的;

(四)机动车未按照规定期限进行安全技术检验的;

(五)改变车身颜色、更换发动机、车身或者车架,未按照本规定第十条规定的时限办理变更登记的;

(六)机动车所有权转移后,现机动车所有人未按照本规定第十八条规定的时限办理转移登记的;

(七)机动车所有人办理变更登记、转移登记,机动车档案转出登记地车辆管理所后,未按照本规定第十三条规定的时限到住所地车辆管理所申请机动车转入的。

第四十八条 除本规定第十条和第十六条规定的情形外，擅自改变机动车外形和已登记的有关技术数据的，由公安机关交通管理部门责令恢复原状，并处警告或者五百元以下罚款。

第四十九条 以欺骗、贿赂等不正当手段取得机动车登记的，由公安机关交通管理部门收缴机动车登记证书、号牌、行驶证，撤销机动车登记；申请人在三年内不得申请机动车登记。对涉嫌走私、盗抢的机动车，移交有关部门处理。

以欺骗、贿赂等不正当手段办理补、换领机动车登记证书、号牌、行驶证和检验合格标志等业务的，由公安机关交通管理部门处警告或者二百元以下罚款。

第五十条 省、自治区、直辖市公安厅、局可以根据本地区的实际情况，在本规定的处罚幅度范围内，制定具体的执行标准。

对本规定的道路交通安全违法行为的处理程序按照《道路交通安全违法行为处理程序规定》执行。

第五十一条 交通警察违反规定为被盗抢、走私、非法拼（组）装、达到国家强制报废标准的机动车办理登记的，按照国家有关规定给予处分，经教育不改又不宜给予开除处分的，按照《公安机关组织管理条例》规定予以辞退；对聘用人员予以解聘。构成犯罪的，依法追究刑事责任。

第五十二条 交通警察有下列情形之一的，按照国家有关规定给予处分；对聘用人员予以解聘。构成犯罪的，依法追究刑事责任：

（一）不按照规定确认机动车和审查证明、凭证的；

（二）故意刁难，拖延或者拒绝办理机动车登记的；

（三）违反本规定增加机动车登记条件或者提交的证明、凭证的；

（四）违反本规定第四十四条的规定，采用其他方式确定机动车号牌号码的；

（五）违反规定跨行政辖区办理机动车登记和业务的；

（六）超越职权进入计算机登记系统办理机动车登记和业务，或者不按规定使用机动车登记系统办理登记和业务的；

（七）向他人泄漏、传播计算机登记系统密码，造成系统数据被篡改、丢失或者破坏的；

（八）利用职务上的便利索取、收受他人财物或者谋取其他利益的；

（九）强令车辆管理所违反本规定办理机动车登记的。

第五十三条 公安机关交通管理部门有本规定第五十一条、第五十二条所列行为之一的，按照国家有关规定对直接负责的主管人员和其他直接责任人员给予相应的处分。

公安机关交通管理部门及其工作人员有本规定第五十一条、第五十二条所列行为之一，给当事人造成损失的，应当依法承担赔偿责任。

第五章 附 则

第五十四条 机动车登记证书、号牌、行驶证、检验合格标志的种类、式样，以及各类登记表格式样等由公安部制定。机动车登记证书由公安部统一印制。

机动车登记证书、号牌、行驶证、检验合格标志的制作应当符合有关标准。

第五十五条 本规定下列用语的含义：

（一）进口机动车是指：

（1）经国家限定口岸海关进口的汽车；
（2）经各口岸海关进口的其他机动车；
（3）海关监管的机动车；
（4）国家授权的执法部门没收的走私、无合法进口证明和利用进口关键件非法拼（组）装的机动车。

（二）进口机动车的进口凭证是指：
（1）进口汽车的进口凭证，是国家限定口岸海关签发的《货物进口证明书》；
（2）其他进口机动车的进口凭证，是各口岸海关签发的《货物进口证明书》；
（3）海关监管的机动车的进口凭证，是监管地海关出具的《中华人民共和国海关监管车辆进（出）境领（销）牌照通知书》；
（4）国家授权的执法部门没收的走私、无进口证明和利用进口关键件非法拼（组）装的机动车的进口凭证，是该部门签发的没收走私汽车、摩托车证明书。

（三）机动车所有人是指拥有机动车的个人或者单位。
（1）个人是指我国内地的居民和军人（含武警）以及香港、澳门特别行政区、台湾地区居民、华侨和外国人；
（2）单位是指机关、企业、事业单位和社会团体以及外国驻华使馆、领馆和外国驻华办事机构、国际组织驻华代表机构。

（四）身份证明是指：
（1）机关、企业、事业单位、社会团体的身份证明，是该单位的《组织机构代码证书》、加盖单位公章的委托书和被委托人的身份证明。机动车所有人为单位的内设机构，本身不具备领取《组织机构代码证书》条件的，可以使用上级单位的《组织机构代码证书》作为机动车所有人的身份证明。上述单位已注销、撤销或者破产，其机动车需要办理变更登记、转移登记、解除抵押登记、注销登记、解除质押备案、申领机动车登记证书和补、换领机动车登记证书、号牌、行驶证的，已注销的企业的身份证明，是工商行政管理部门出具的注销证明。已撤销的机关、事业单位、社会团体的身份证明，是其上级主管机关出具的有关证明。已破产的企业的身份证明，是依法成立的财产清算机构出具的有关证明；
（2）外国驻华使馆、领馆和外国驻华办事机构、国际组织驻华代表机构的身份证明，是该使馆、领馆或者该办事机构、代表机构出具的证明；
（3）居民的身份证明，是居民身份证或者临时居民身份证。在暂住地居住的内地居民，其身份证明是居民身份证或者临时居民身份证，以及公安机关核发的居住、暂住证明；
（4）军人（含武警）的身份证明，是居民身份证或者临时居民身份证。在未办理居民身份证前，是指军队有关部门核发的军官证、文职干部证、士兵证、离休证、退休证等有效军人身份证件，以及其所在的团级以上单位出具的本人住所证明；
（5）香港、澳门特别行政区居民的身份证明，是其入境时所持有的港澳居民来往内地通行证或者港澳同胞回乡证、香港、澳门特别行政区居民身份证和公安机关核发的居住、暂住证明；
（6）台湾地区居民的身份证明，是其所持有的有效期六个月以上的公安机关核发的台湾居民来往大陆通行证或者外交部核发的中华人民共和国旅行证和公安机关核发的居住、暂住证明；
（7）华侨的身份证明，是中华人民共和国护照和公安机关核发的居住、暂住证明；

(8) 外国人的身份证明,是其入境时所持有的护照或者其他旅行证件、居(停)留期为六个月以上的有效签证或者居留许可,以及公安机关出具的住宿登记证明;

(9) 外国驻华使馆、领馆人员、国际组织驻华代表机构人员的身份证明,是外交部核发的有效身份证件。

(五) 住所是指:

1. 单位的住所为其主要办事机构所在地的地址;

2. 个人的住所为其身份证明记载的地址。在暂住地居住的内地居民的住所是公安机关核发的居住、暂住证明记载的地址。

(六) 机动车来历证明是指:

(1) 在国内购买的机动车,其来历证明是全国统一的机动车销售发票或者二手车交易发票。在国外购买的机动车,其来历证明是该车销售单位开具的销售发票及其翻译文本,但海关监管的机动车不需提供来历证明;

(2) 人民法院调解、裁定或者判决转移的机动车,其来历证明是人民法院出具的已经生效的调解书、裁定书或者判决书,以及相应的协助执行通知书;

(3) 仲裁机构仲裁裁决转移的机动车,其来历证明是仲裁裁决书和人民法院出具的协助执行通知书;

(4) 继承、赠予、中奖、协议离婚和协议抵偿债务的机动车,其来历证明是继承、赠予、中奖、协议离婚、协议抵偿债务的相关文书和公证机关出具的公证书;

(5) 资产重组或者资产整体买卖中包含的机动车,其来历证明是资产主管部门的批准文件;

(6) 机关、企业、事业单位和社会团体统一采购并调拨到下属单位未注册登记的机动车,其来历证明是全国统一的机动车销售发票和该部门出具的调拨证明;

(7) 机关、企业、事业单位和社会团体已注册登记并调拨到下属单位的机动车,其来历证明是该单位出具的调拨证明。被上级单位调回或者调拨到其他下属单位的机动车,其来历证明是上级单位出具的调拨证明;

(8) 经公安机关破案发还的被盗抢且已向原机动车所有人理赔完毕的机动车,其来历证明是权益转让证明书。

(七) 机动车整车出厂合格证明是指:

(1) 机动车整车厂生产的汽车、摩托车、挂车,其出厂合格证明是该厂出具的机动车整车出厂合格证;

(2) 使用国产或者进口底盘改装的机动车,其出厂合格证明是机动车底盘生产厂出具的机动车底盘出厂合格证或者进口机动车底盘的进口凭证和机动车改装厂出具的机动车整车出厂合格证;

(3) 使用国产或者进口整车改装的机动车,其出厂合格证明是机动车生产厂出具的机动车整车出厂合格证或者进口机动车的进口凭证和机动车改装厂出具的机动车整车出厂合格证;

(4) 人民法院、人民检察院或者行政执法机关依法扣留、没收并拍卖的未注册登记的国产机动车,未能提供出厂合格证明的,可以凭人民法院、人民检察院或者行政执法机关出具的证明替代。

(八)机动车灭失证明是指:

(1)因自然灾害造成机动车灭失的证明是,自然灾害发生地的街道、乡、镇以上政府部门出具的机动车因自然灾害造成灭失的证明;

(2)因失火造成机动车灭失的证明是,火灾发生地的县级以上公安机关消防部门出具的机动车因失火造成灭失的证明;

(3)因交通事故造成机动车灭失的证明是,交通事故发生地的县级以上公安机关交通管理部门出具的机动车因交通事故造成灭失的证明。

(九)本规定所称"一日"、"二日"、"三日"、"五日"、"七日"、"十日"、"十五日",是指工作日,不包括节假日。

临时行驶车号牌的最长有效期"十五日"、"三十日"、"九十日",包括工作日和节假日。

本规定所称以下、以上、以内,包括本数。

第五十六条 本规定自 2008 年 10 月 1 日起施行。2004 年 4 月 30 日公安部发布的《机动车登记规定》(公安部令第 72 号)同时废止。本规定实施前公安部发布的其他规定与本规定不一致的,以本规定为准。

参 考 文 献

[1] 王再祥.汽车金融[M].北京:中国金融出版社,2004.

[2] 肖国普.汽车服务贸易[M].上海:同济大学出版社,2004.

[3] 张国方.汽车服务工程[M].北京:电子工业出版社,2004.

[4] 郭基元.汽车消费信贷手册[M].北京:中国商业出版社,1999.

[5] 李江天.汽车营销实务[M].北京:电子工业出版社,2005.

[6] 张洪源.汽车商务[M].北京:人民交通出版社,2004.

[7] 何忱予.汽车金融服务[M].北京:机械工业出版社,2006.

[8] 费洁.汽车保险[M].北京:中国金融出版社,2009.

[9] Philip Kotler. Marketing management: Analysis, Planning, Implementation, and Control.[M]. Ninth Edition. 北京:清华大学出版社,1997.

[10] Jane J Kim. Should you Consider a Longer Car Loan[J]. Wall Street Journal(Eastern edition). 2003(11).

郑重声明

高等教育出版社依法对本书享有专有出版权。任何未经许可的复制、销售行为均违反《中华人民共和国著作权法》，其行为人将承担相应的民事责任和行政责任；构成犯罪的，将被依法追究刑事责任。为了维护市场秩序，保护读者的合法权益，避免读者误用盗版书造成不良后果，我社将配合行政执法部门和司法机关对违法犯罪的单位和个人给予严厉打击。社会各界人士如发现上述侵权行为，希望及时举报，本社将奖励举报有功人员。

反盗版举报电话　（010）58581897　58581896　58581879
反盗版举报传真　（010）82086060
E-mail：dd@hep.com.cn
通信地址　北京市西城区德外大街 4 号
　　　　　高等教育出版社打击盗版办公室
邮政编码　100120
购书请拨打电话：(010)58581118